敦煌与丝绸之路石窟艺术丛书编委会

主　编　郑炳林

副主编　魏迎春　张善庆

编　委　马　德　王惠民　宁　强　孙晓峰
张元林　张善庆　张景峰　沙武田
罗世平　苗利辉　郑炳林　姚崇新
徐永明　谢继胜　魏文斌　魏迎春

兰州大学『双一流』建设项目经费资助

国家科技支撑计划国家文化科技创新工程项目
『丝绸之路文化主题创意关键技术研究』
（2013BAH40F01）

2020年度兰州大学『中央高校基本科研
业务费专项资金』资助项目
（2020JBKYJD002）

国家社科基金项目（17XKG010）

甘肃省教育厅：青年博士基金项目（2021QB-101）

敦煌与丝绸之路石窟艺术丛书·第二辑

郑炳林 主编

李甜 著

文殊山石窟研究

读者出版传媒股份有限公司
甘肃教育出版社

图书在版编目（CIP）数据

文殊山石窟研究 / 李甜著. -- 兰州 : 甘肃教育出版社，2022.2
（敦煌与丝绸之路石窟艺术丛书 / 郑炳林主编. 第二辑）
ISBN 978-7-5423-5290-3

Ⅰ. ①文… Ⅱ. ①李… Ⅲ. ①石窟－研究－肃南裕固族自治县 Ⅳ. ①K879.294

中国版本图书馆CIP数据核字(2021)第268960号

文殊山石窟研究
郑炳林 主编 李 甜 著

策　　划 薛英昭 孙宝岩
项目负责 孙宝岩
责任编辑 李慧娟
封面设计 张小乐

出　版 甘肃教育出版社
社　址 兰州市读者大道 568 号 730030
网　址 www.gseph.cn E-mail gseph@duzhe.cn
电　话 0931-8436105（编辑部） 0931-8435009（发行部）
传　真 0931-8435009
淘宝官方旗舰店 http://shop111038270.taobao.com

发　行 甘肃教育出版社 印 刷 兰州新华印刷厂
开　本 787 毫米×1092 毫米 1/16 印 张 29.5 插 页 2 字 数 412 千
版　次 2022 年 2 月第 1 版
印　次 2022 年 2 月第 1 次印刷
印　数 1~2 000 册
书　号 ISBN 978-7-5423-5290-3 定 价 96.00 元

总　序

丝绸之路是中西文明交流的永恒通途，也是连接中外的一条艺术之路。西域地区的音乐舞蹈、佛教艺术都是通过这条道路传入中国的。隋代“九部乐”、唐代“十部乐”中的西凉、高昌、龟兹、疏勒、康国、安国、天竺等风格的乐舞都来自于西域地区，也都是通过这条路线进入中原地区的，特别是《西凉乐》，就是《龟兹乐》与传入河西的中原古乐融合之后形成的一种乐舞。佛教壁画艺术和雕塑艺术通过丝绸之路进入中原，形成自己特色后又回传到河西、敦煌及西域地区。丝绸之路石窟众多，各有特色，著名的有麦积山石窟、北石窟、南石窟、大像山石窟、水帘洞石窟、炳灵寺石窟、天梯山石窟、马蹄寺石窟、金塔寺石窟、文殊山石窟、榆林窟、莫高窟、西千佛洞等。祆教艺术通过粟特人的墓葬石刻被保留了下来，沿着丝绸之路和粟特人聚落分布于古代天水、长安等商贸城市。体现中原文化特色的墓葬壁画艺术，也分布于丝绸之路上的河西走廊沿线和吐鲁番地区。文化的交融和碰撞通过艺术内容和风格充分体现出来，所以将丝绸之路称为艺术之路一点也不为过，反而更能体现出它的特色。

丝绸之路沿线星罗棋布地分散着大大小小的石窟殿堂，让人叹为观止。丝绸之路把古代印度地区，中亚地区，我国的新疆地区、甘青宁地区、中原地区、东北地区乃至朝鲜半岛和日本，都串联了起来。如果说石窟殿堂是耀眼的珍珠，那么丝绸之路就像一条线，经过它的串接，亚欧大陆的颈项上出现了一副华美的璎珞，耀眼而又迷人。百年以来，丝绸之路及其沿线的石窟殿堂以其独特的气质和魅力，吸引着来自世界各地一代又一代的学者，前赴后继，投身于相关的研究领域。

敦煌与丝绸之路石窟艺术一直都是教育部人文社科重点研究基地兰州大学敦煌学研究所多年来研究的主要内容。30 多年来，我们不但有一批专家持之以恒地进行石窟考古和石窟艺术研究，同时我们还培养了一批从事石窟艺术研究的博硕研究生和留学生，他们在这个领域作出了卓越的贡献。1980 年我们创办了中国大陆首家敦煌学专业刊物《敦煌学辑刊》，截至 2015 年年底已经发行了 90 期，石窟艺术研究专栏连同敦煌文献研究、敦煌历史地理研究等板块共同构成了刊物内容的主体，已然成为国内石窟艺术研究成果发布的重要平台。2008 年沙武田博士学位论文《敦煌画稿研究》获得该年度全国百篇优秀博士学位论文提名奖；《吐蕃统治时期敦煌石窟研究》进入《国家哲学社会科学成果文库》。与此同时，为了对敦煌与丝绸之路石窟艺术研究进行梳理和总结，兰州大学敦煌学研究所启动了“丝绸之路石窟研究文库”项目。其中《天水麦积山石窟研究论文集》《永靖炳灵寺石窟研究论文集》和《河西陇右石窟研究论文集》已经陆续出版，龟兹地区和陕西地区石窟研究论文集正在收集、整理过程之中。这种工作虽然耗费人力和物力，但若能对学界研究有所裨益，也是我们最大的荣光。

结合目前学术研究动态，兰州大学敦煌学研究所启动了“敦煌与丝绸之路石窟艺术”丛书项目，研究内容涵盖甘肃省境内的大部分石窟，既有石窟群整体性的研究，又有石窟个案研究；一方面多层次地透视丝绸之路石窟艺术文化的博大精深，另一方面紧抓学术研究前沿，集中体现了未来丝绸之路石窟艺术研究的方向。

一、石窟艺术专题研究

学界在过去 50 多年中进行了大量基础的测绘调查和壁画内容考释，这种研究基本上是以单个题材壁画为重点，按照时间顺序或者空间划分来对某种特定题材进行考察。这项研究是基础。无数前辈已经为我们做出了榜样。本套丛书中的《敦煌石窟彩塑艺术概论》则是一个新的案例。该书以敦煌石窟彩塑为主要研究对象，同时涉及中国其他石窟的雕塑。其结合洞窟建筑、壁画，以时代为线索，展示出了敦煌石窟彩塑独特的艺术魅力。此类研究还包括《敦煌石窟中的少数民族服饰研究》《敦煌藏经洞出土绘画品研究史》《敦煌隋代石窟壁画样式与题材研究》《北周石窟造像研究》《甘肃省博物馆藏北朝石刻造像研究》，等等。

二、石窟艺术与社会历史研究

石窟艺术与社会历史研究丝丝相扣。对于敦煌石窟而言，藏经洞出土的敦煌遗书，包括记录敦煌社会开窟造像的功德记、敦煌历史人物的邈真赞等，都是不可或缺的研究材料。史苇湘先生《敦煌社会历史与莫高窟艺术》提出敦煌本土文化论和石窟皆史论，成功运用艺术社会学研究敦煌石窟，这种研究方法意在最大程度地把莫高窟考古资料和藏经洞遗书结合起来，还原敦煌社会历史。本丛书中的《敦煌阴氏与莫高窟研究》就是运用石窟与文献相结合的方法，在石窟营建史的背景下对阴氏家族开凿或参与开凿的 7 个洞窟进行全面研究，从而分析阴家窟所反映出来的佛教思想、佛教功能以及社会和艺术功能。

三、佛教洞窟与寺院仪轨的综合研究

丝绸之路佛教寺院中的壁画造像题材，不同于博物馆藏品，它没有像藏品一样脱离原来的空间关系。这就为学者通过壁画造像所在的空间位置探索古代佛教仪轨提供了可能。本套丛书中的《麦积山石窟初期洞窟调查与研究》《马蹄寺石窟群汉传佛教艺术研究》《陇东地区北朝佛教造像研究》等主要研究对象集中于甘肃北朝洞窟，其综合造像内容、佛教经典以及中古时期寺院仪轨，系统阐释了图像与寺院生活的密切关系。这一研究方向是未来石窟艺术研究方向之一。

四、洞窟个案研究

专题性研究是基础，不过其弊端也清晰可见。这种研究割裂了一个洞窟之中壁画和壁画、壁画和塑像之间的互动关系。而实际上所有的造像题材都是一个有机的整体，它们共同诠释了主尊乃至整个洞窟的造像设计理念，同时也反映了洞窟背后的历史信息。因此，我们在过去数十年工作的基础上，将某一特定洞窟的诸种壁画造像题材作为一个整体进行研究，这也是未来丝绸之路佛教艺术研究的大势。本套丛书就包含了莫高窟第 61 窟、第 100 窟、第 454 窟、第 98 窟，麦积山第 127 窟以及瓜州榆林窟第 25 窟的个案研究。这些成果选取特定历史时期极富代表性的洞窟作为研究对象，全面透视洞窟设计理念，深层次构建了石窟艺术发展史。

五、特定历史时期特定区域图像的普查与研究

随着新资料的不断公布以及学者对洞窟历史背景认识的加深，部分特定阶段的佛教洞窟研究有待再探讨。本丛书《敦煌十六国至隋石窟艺术》《川北佛教石窟和摩崖造像研究》和《吐蕃统治时期敦煌密教研究》即属于此类。以敦煌为例，学者们认为，敦煌石窟的晚期，由于西藏后弘期佛教的兴起和广泛流传，敦煌石窟营造被推进到了一个崭新的时期。目前随着藏语文献的整理和藏学研究队伍的壮大，学界对敦煌中唐到元代的历史有了更深的认识，原来对敦煌藏传佛教艺术的认知需要重新架

构。如本丛书中的《吐蕃统治时期敦煌密教研究》就对相关问题作了探讨,整理了与吐蕃统治敦煌时期密教有关的大量文献与图像资料,对汉藏文献以及图像作了初步的分类与对比;讨论了吐蕃时期敦煌密教与其他信仰的关系;总结了中唐密教在整个敦煌密教发展史上的里程碑意义。

本丛书以丝路沿线石窟整体为研究对象,既注重梳理其内在的逻辑关系,又注重对个别石窟的重点探究,以开放的、广阔的研究视野,重新审视西到龟兹,东到天水、西安,西南到川北的石窟寺遗址,探索石窟艺术风格的发展演变。

这套丛书主要汇集了兰州大学敦煌学研究所近年在敦煌与丝绸之路研究方面的最新成果,希望借此出版机会倾听学界的批评和指正。

郑炳林

2015 年 12 月

目 录

绪 论

一、选题缘起及意义

文殊山石窟为河西地区著名的石窟群之一，位于甘肃省肃南裕固族自治县祁丰区，距离酒泉市15千米。该地古代称“嘉谷沟”，据元泰定三年（1326年）《重修文殊寺碑》可知，至少元泰定三年起该寺即被称为“文殊寺”，现代一般称之为文殊山，它是祁连山山前冲积平原上隆起的低山群。现存文殊山石窟分前山区和后山区，大部分分布于山谷内的崖体间。经调查，现存窟龛共有152座，其主要洞窟形制为中心柱窟、禅窟、僧房窟、佛殿窟等。此外，还有窟前寺院遗址28处。重要的洞窟有前山第19窟（万佛洞）、第29窟（千佛洞）、第31窟（文殊寺）以及后山第69窟（千佛洞）、第73窟（古佛洞）等，均为早期洞窟遗存，并留有不同时代的造像与壁画。

文殊山石窟为中国早期佛教遗存，属于河西石窟的范畴，是研究河西地区佛教艺术弥足珍贵的实物资料，对研究整个河西地区与西域的佛教建筑、艺术的关系都有极为重要的价值。文殊山石窟群更为重要的意义还在于有西夏回鹘时期的遗存，对于研究河西地区西夏、回鹘佛教史及佛教艺术也有重要价值。

从现存石窟遗迹来看，文殊山石窟有一千多年的历史，从北魏到清代一直都在不断地重修和维护。文殊山石窟是河西地区不同时期佛教及石窟寺研究的重要组成部分,对河西石窟考古和研究工作有推动作用。具体来说:

1. 文殊山石窟遗存丰富,其中前山第 19 窟(万佛洞)、第 29 窟(千佛洞)、后山第 69 窟(千佛洞)、第 73 窟(古佛洞)为其代表性洞窟,地位突出,颇有影响。

2. 文殊山石窟部分中心柱窟、禅窟的形制及部分壁画有从西域直接传入的迹象,说明文殊山石窟和西域有着某种密切的联系和往来,是我们研究早期佛教艺术传播不可多得的珍贵资料。

3. 文殊山石窟相关问题的专题研究,如开始营造年代及历代重修年代等,对文殊山整体营建历史意义重大,尤其是西夏、元的重修可以反映出晚期对早期洞窟的利用和改造过程,同时也突显出文殊山石窟在西夏及元代的重要历史地位。

二、研究综述

学界对文殊山石窟的关注始于20世纪四五十年代，夏鼐和阎文儒于1944年考察过文殊山，并作过简单的记录。[①]最早的研究则始于史岩，1954年6月15日，史岩由敦煌经酒泉，去文殊山参观了两日，后发表《酒泉文殊山的石窟寺院遗迹》[②]一文，记录了文殊山的石窟寺院遗迹，对文殊山寺观群的内容、性质以及营造年代作了一定论述，并就文殊山残存的石窟遗迹，进行了择要略述。另外对文殊山出土的经塔也作了相应的研究。1965年，甘肃省文物工作队（甘肃省文物考古研究所的前身）发表了《马蹄寺、文殊山、昌马诸石窟调查简报》[③]。其后一直到20世纪80年代张宝玺发表了《文殊山万佛洞西夏壁画内容》[④]及耿世民、张宝玺发表《元回鹘

---

①夏鼐《夏鼐日记》卷3，上海：华东师范大学出版社，2011年，第187页。

②史岩《酒泉文殊山的石窟寺院遗迹》，《文物参考资料》，1956年第7期，第53—59页。

③甘肃省文物工作队《马蹄寺、文殊山、昌马诸石窟调查简报》，《文物》，1965年第3期，第13—30页。

④张宝玺《文殊山万佛洞西夏壁画内容》，《1983年全国敦煌学术讨论会文集（石窟·艺术编）》，兰州：甘肃人民出版社，1985年，第256—271页。

文〈重修文殊寺碑〉初释》[①]，关于文殊山石窟的研究才逐渐增多。甘肃省文物工作队出版了20世纪60年代考察河西石窟的专著《河西石窟》[②]，并发表了一系列专题研究和成果，如董玉祥《河西走廊马蹄寺、文殊山、昌马诸石窟群》[③]等。之后诸多学者对包括文殊山在内的河西石窟展开了深入的研究，如张宝玺《河西北朝中心柱窟》[④]，暨远志《酒泉地区早期石窟分期试论》[⑤]，杨益民、唐晓军《肃南县文殊山石窟寺院》[⑥]，李国《河西几处中小石窟述论》[⑦]，井上豪《酒泉·文殊山石窟後山区千仏洞の西域様式壁画について》[⑧]，伊斯拉菲尔·玉素甫、张宝玺《文殊山万佛洞回鹘文题记》[⑨]，杨富学《酒泉文殊山：回鹘佛教文化的最后一方净土》[⑩]《文殊山万佛洞西夏说献疑》[⑪]，施爱民《文殊山石窟万佛洞西夏壁画》[⑫]，张小刚、郭俊叶《文殊山

①耿世民、张宝玺《元回鹘文〈重修文殊寺碑〉初释》，《考古学报》1986年第2期，第253—264页。

②董玉祥《河西走廊马蹄寺、文殊山、昌马诸石窟群》，甘肃省文物考古研究所编：《河西石窟》，北京：文物出版社，1987年，第1—22页。

③董玉祥《河西走廊马蹄寺、文殊山、昌马诸石窟群》，甘肃省文物考古研究所编：《河西石窟》，北京：文物出版社，1987年，第1—22页。

④张宝玺《河西北朝中心柱窟》，《1987年敦煌石窟研究国际讨论会文集·石窟考古编》，沈阳：辽宁美术出版社，1990年，第123—164页。

⑤暨远志《酒泉地区早期石窟分期试论》，《敦煌研究》，1996年第1期，第59—75页。

⑥杨益民、唐晓军《肃南县文殊山石窟寺院》，《丝绸之路》，1998年第1期，第49—53页。

⑦李国《河西几处中小石窟述论》，《敦煌研究》，1998年第3期，第11—22页。

⑧井上豪《酒泉·文殊山石窟後山区千仏洞の西域様式壁画について》，《文学研究科纪要》，第43辑第3分册，1998年，第117—129页。

⑨伊斯拉菲尔·玉素甫、张宝玺《文殊山万佛洞回鹘文题记》，吐鲁番学研究院编：《语言背后的历史——西域古典语言学高峰论坛论文集》，上海：上海古籍出版社，2012年，第94页。

⑩杨富学《酒泉文殊山：回鹘佛教文化的最后一方净土》，《河西学院学报》，2012年第6期，第1—6页。

⑪杨富学《文殊山万佛洞西夏说献疑》，《西夏研究》，2015年第1期，第25—33页。

⑫施爱民《文殊山石窟万佛洞西夏壁画》，《文物世界》，2003年2月28日，第57—59页。

石窟西夏〈水月观音图〉与〈摩利支天图〉考释》[①],张小刚《关于凉州瑞像的一些新资料——兼谈黑水城出土凉州瑞像》[②]等都从不同角度对文殊山石窟的断代分期、壁画内容及风格、题记和碑文作过研究。现就其中几个方面的学术成果略作论述。

(一)关于石窟开凿年代的研究

关于文殊山石窟的创建和发展情况,元泰定三年(1326年)《重修文殊寺碑》载:"肃州西南三十里嘉谷山者,乃一切贤圣栖神化远之归心。林泉秀美,涧壑寂寥,神光现于长空,石室藏于畔侧。爰有郑善进睹兹祥瑞,发心修盖文殊殿已经年远……所观文殊圣寺古迹建立已经八百年矣。"[③]清《重修肃州新志》载:"[肃州]城西南三十里山硖之内,凿山为洞,盖房为寺,内塑佛像……旧称有三百禅室,号曰小西天。"[④]《马蹄寺、文殊山、昌马诸石窟调查简报》一文根据《重修文殊寺碑》"建立已经八百年"的记载认为:"若依此说,自公元1326年,上溯八百年,正值北魏孝明帝正光、孝昌年间(即公元526年左右),说明此时,这里已有寺庙建筑。至于洞窟的开凿,就其形制及现留窟内壁画的题材风格看,绝非自此始。"[⑤]此文虽然认为在北魏孝明帝正光、孝昌年间文殊山已有佛寺,但对其石窟开凿的具体年代,却也没有给出一个明确的判断。史岩根据洞窟形制推定,前山千佛洞、万佛洞以及后山古佛洞、千佛洞,均属北朝系的制底(支提)窟,从样式

①张小刚、郭俊叶《文殊山石窟西夏〈水月观音图〉与〈摩利支天图〉考释》,《敦煌研究》,2016年第2期,第8—15页。

②张小刚《关于凉州瑞像的一些新资料——兼谈黑水城出土凉州瑞像》,《西夏研究》,2012年第4期,第29—36页。

③耿世民、张宝玺《元回鹘文〈重修文殊寺碑〉初释》,《考古学报》,1986年第2期,第253—264页。

④(清)黄文炜修,吴生贵等校注《重修肃州新志》,北京:中华书局,2008年,第557页。

⑤甘肃省文物工作队《马蹄寺、文殊山、昌马诸石窟调查简报》,《文物》,1965年第3期,第13—30页。

上可以判定为北魏晚期所造[①]。张宝玺在《河西北朝中心柱窟》一文中也认为,据元泰定三年碑载"所观文殊圣寺古迹建立已八百年矣",碑阴的回鹘文又补充了"由郑善进修建的圣文殊寺时",据此推算创建于公元6世纪20年代,即北魏孝明帝时期,它和东阳王元荣在莫高窟大兴土木的时间相仿。也正是这个时候——北魏孝昌年间(525—528年)——复置酒泉置郡,从敦煌镇分出来。估计文殊山石窟的兴建与上述历史背景有关,还有拓跋烙在此医病的传说及梁代建筑遗址,时代上都相当于北魏。千佛洞画风有些早期的风格,但也有北魏晚期的风格,时间上相当于莫高窟北朝二、三期,更多的接近于第三期[②]。伊斯拉菲尔·玉素甫、张宝玺《文殊山万佛洞回鹘文题记》中也认为创建年代在526年左右,即北魏正光、孝昌年间[③]。暨远志《酒泉地区早期石窟分期试论》中首先将文殊山石窟分成前后二期。前期洞窟包括后山千佛洞及右邻中心主窟;后期包括后山古佛洞及左邻中心柱窟,前山千佛洞及左邻中心柱窟、万佛洞,现新修文殊寺后侧残中心柱窟。此外他还认为,元泰定三年《重修文殊寺碑》给我们断代提供了一条年代依据,根据碑文可知526年以前文殊山早已有开凿石窟的记录。又,酒泉以西的敦煌出现秀骨清像、褒衣博带风格的壁画在大统四五年(538、539年)。这样,酒泉文殊山早期石窟确定在太和稍后的北魏时期(490—538年)或许更为稳妥[④]。杨富学《酒泉文殊山:回鹘佛教文化的最后一方净土》[⑤]《文殊山万佛洞西夏说献

①史岩《酒泉文殊山的石窟寺院遗迹》,《文物参考资料》,1956年第7期,第53—59页。

②张宝玺《河西北朝中心柱窟》,《1987年敦煌石窟研究国际讨论会文集·石窟考古编》,沈阳:辽宁美术出版社,1990年,第123—164页。

③伊斯拉菲尔·玉素甫、张宝玺《文殊山万佛洞回鹘文题记》,吐鲁番学研究院编:《语言背后的历史——西域古典语言学高峰论坛论文集》,上海古籍出版社,2012年,第94页。

④暨远志《酒泉地区早期石窟分期试论》,《敦煌研究》,1996年第1期,第59—75页。

⑤杨富学《酒泉文殊山:回鹘佛教文化的最后一方净土》,《河西学院学报》,2012年第6期,第1—6页。

疑》[①]及井上豪《酒泉·文殊山石窟後山区千仏洞の西域様式壁画について》[②]中均持此观点。张小刚、郭俊叶的《文殊山石窟西夏〈水月观音图〉与〈摩利支天图〉考释》[③]亦采此说。李国在《河西几处中小石窟述论》一文认为文殊山石窟创建于北魏，但壁画风格却与北魏晚期所盛行的“秀骨清像”迥然不同，因此，“酒泉是河西古道上的一个重镇，也是五凉佛教盛行区，中西方政治、经济、文化交往的孔道，在附近凿窟建寺是有可能的，文殊山石窟是否开凿于比北魏更早的“五凉”时期尚待进一步探讨”。[④]而董玉祥、杜斗城的《北凉佛教与河西诸石窟的关系》[⑤]、董玉祥的《河西走廊马蹄寺、文殊山、昌马诸石窟群》中认为，根据早期窟龛的形制、造像、壁画内容和风格等，再结合相关文献的记述，推断文殊山石窟有可能开创于十六国时期的北凉，前山千佛洞、万佛洞为北凉所建。[⑥]杜斗成《关于河西早期石窟的年代问题》中通过对古代文献和译经规模以及考古“比较学”的结果，认为“北魏说”不符合北魏统治河西的历史形势，所以河西地区包括文殊山石窟应为北凉窟。杨益民、唐晓军《肃南县文殊山石窟寺院》[⑦]中也认为“根据现存洞窟甬道顶中心柱或窟形和壁画特征，结合西域佛教最早向河西地区传播的历史状况以及酒泉地区曾出土的 13 座北凉时期寺院里供奉的石雕佛塔（有纪年的三座，即承玄元年、承玄二年、缘和三年），可以

---

①杨富学《文殊山万佛洞西夏说献疑》，《西夏研究》，2015 年第 1 期，第 25—33 页。

②井上豪《酒泉·文殊山石窟後山区千仏洞の西域様式壁画について》，《文学研究科纪要》，第 43 辑第 3 分册，1998 年，第 118 页。

③张小刚、郭俊叶《文殊山石窟西夏〈水月观音图〉与〈摩利支天图〉考释》，《敦煌研究》，2016 年第 2 期，第 8—15 页。

④李国《河西几处中小石窟述论》，《敦煌研究》，1998 年第 3 期，第 15 页。

⑤董玉祥、杜斗城《北凉佛教与河西诸石窟的关系》，《敦煌研究》，1986 年第 1 期，90—98 页。

⑥董玉祥《河西走廊马蹄寺、文殊山、昌马诸石窟群》，甘肃省文物考古研究所编：《河西石窟》，北京：文物出版社，1987 年，第 1—22 页。

⑦杨益民、唐晓军《肃南县文殊山石窟寺院》，《丝绸之路》，1998 年第 1 期，第 49—53 页。

肯定该地最早开窟建寺的时期为北凉”[①]。

综上所述，学界依据元泰定三年《重修文殊寺碑》以及早期窟龛的形制、造像、壁画内容和风格等等，对文殊山开凿的具体年代基本持两种观点（绪表1），即北魏说和北凉说。

绪表1 文殊山石窟开凿年代统计表

创建年代	代表人	主要依据	发表时间
北魏晚期	史 岩	窟内布局配置样式及画风	1956年
北凉	董玉祥	形制和窟内壁画的题材和风格	1965年
北魏(526年左右)	张宝玺	元泰定三年《重修文殊寺碑》及拓跋恪医病的传说、梁代建筑遗址和洞窟画风	1988年
北凉	杜斗成	对古代文献和译经规模以及考古“比较学”的结果	1994年
北魏(490—538年)	暨远志	元泰定三年《重修文殊寺碑》及壁画风格	1996年
北魏	李 国	与敦煌早期石窟相比较	1998年
北凉	杨益民 唐晓军	窟形、壁画和北凉石雕佛塔	1998年

（二）关于洞窟形制的研究

洞窟的建造空间及内部设施，是与洞窟的使用功能相联系的。洞窟使用功能上的不同，又决定了洞窟形制上的差异。石窟群是由多种不同使用功能的洞窟组成的，因此洞窟的形制也有不同的类型。[②]

①杜斗成《关于河西早期石窟的年代问题》，《敦煌学辑刊》，1994年第2期，第101—111页。
②国家文物局教育处《佛教石窟考古概要》，北京：文物出版社，1993年，第13页。

对于文殊山石窟的形制，史岩在《酒泉文殊山的石窟寺院遗迹》[①]中已经提到，均系北魏早期的“支提”窟。1954年，甘肃省文物工作队《马蹄寺、文殊山、昌马诸石窟调查简报》[②]称之为中心柱窟。赵声良《敦煌北朝石窟形制诸问题》中认为，文殊山前山千佛洞、万佛洞、后山古佛洞、千佛洞都属于中心塔柱窟，不同的是前山千佛洞、万佛洞的中心塔柱都是在塔基以上分两层，每一层各面开一龛，内塑佛像。而后山古佛洞，则是在中心塔柱的每一面开一龛，后山千佛洞则只在正面开一龛。他认为这些中心柱窟，与龟兹式的中心柱窟有较大差异，更有可能直接受印度式支提窟的影响，采用中国的方塔形式来重新营建支提窟。[③]暨远志在《酒泉地区早期石窟分期试论》[④]中认为文殊山可分前期和后期石窟，均为中心柱窟，对于开龛情况与上述观点基本一致，根据塔柱的分层和其上人物形象的变化，他认为只有文殊山这一时期继承，发展新疆石窟这一脉络最为明显。张宝玺《河西北朝中心柱窟》则认为，5世纪末中原已经出现了中心柱窟及与中心柱窟相似的石造像塔，因此河西中心柱（包括文殊山）的兴起更多的是受中原的影响，但又和中原不完全相同，窟壁大都不开龛或很少开龛，壁画画千佛，可以说几乎都是千佛窟性质。[⑤]由上述可知，虽然各家对其传承的渊源有不同理解，但是对中心柱的形制基本没有异议。

（三）学界对相关洞窟的研究

1. 前山千佛洞。对于前山千佛洞最早的论述是史岩的《酒泉文殊山的石窟寺院遗迹》，文中对于其所处位置，窟外建筑均作了简单介绍，认为其

---

①史岩《酒泉文殊山的石窟寺院遗迹》，《文物参考资料》，1956年第7期，第53—59页。

②甘肃省文物工作队《马蹄寺、文殊山、昌马诸石窟调查简报》，《文物》，1965年第3期，第13—30页。

③赵声良《敦煌北朝石窟形制诸问题》，《敦煌研究》，2006年第5期，第8页。

④暨远志《酒泉地区早期石窟分期试论》，《敦煌研究》，1996年第1期，第59—75页。

⑤张宝玺《河西北朝中心柱窟》，《敦煌研究》，1988年第2期，第19页。

构造的形制是北朝系的制底(支提)窟,有中央方形塔柱,塔柱分两层开龛,龛内塑一佛二胁侍菩萨,都经过历代补修[①]。宿白在《凉州石窟遗迹与"凉州模式"》中认为天梯山石窟残存遗迹为凉州样式的第一期,金塔寺石窟和文殊山前山千佛洞为第二期[②]。甘肃省文物工作队在《马蹄寺、文殊山、昌马诸石窟调查简报》[③],张宝玺在《河西北朝中心柱窟》[④],李国在《河西几处中小石窟述论》[⑤],杨益民、唐晓军在《肃南县文殊山石窟寺院》[⑥]等文中对于其洞窟形制基本没有异议。而对于该窟四壁和窟顶所存的壁画,大都认同窟顶及甬道顶作伎乐天和千佛,东壁全部脱落,南壁残存千佛,北壁正中有说法图,两旁为菩萨像,下层为供养人。《马蹄寺、文殊山、昌马诸石窟调查简报》称从四壁及窟顶所存壁画的颜色和风格,以及内容与特点上看,应是开窟之时所作,是研究我国佛教艺术早期壁画珍贵的实物资料。《佛教石窟考古概要》一书中提到,文殊山有较完整的塔庙窟两个,即千佛洞和万佛洞,此外还有一个残损的塔庙窟。之后对千佛洞的洞窟形制、塑像、壁画、千佛等作了较为详细的描述,认为万佛洞与千佛洞类似,壁画经后代重修,但未具体指明为哪个时代重修。对于后山古佛洞和千佛洞均未提及。最终结论认为文殊山有以下几点值得注意的现象:(1)窟顶和甬道顶部近似券形,与龟兹塔庙窟相似;(2)大飞天、伎乐画在窟顶,在龟兹石窟中可以看到相同的例子;(3)晕染为西域流行的注重人体质感的画法,与中原不同;(4)壁画中出现较早的西方三圣;(5)壁画分局分段,

---

①史岩《酒泉文殊山的石窟寺院遗迹》,《文物参考资料》,1956 年第 7 期,第 53—59 页。

②宿白《凉州石窟遗迹与"凉州模式"》,《考古学报》,1986 年第 4 期,第 435—446 页。

③甘肃省文物工作队《马蹄寺、文殊山、昌马诸石窟调查简报》,《文物》,1965 年第 3 期,第 13—30 页。

④张宝玺《河西北朝中心柱窟》,《1987 年敦煌石窟研究国际讨论会文集·石窟考古编》,沈阳:辽宁美术出版社,1990 年,第 123—164 页。

⑤李国《河西几处中小石窟述论》,《敦煌研究》,1998 年第 3 期,第 11—22 页。

⑥杨益民、唐晓军《肃南县文殊山石窟寺院》,《丝绸之路》,1998 年第 1 期,第 49—53 页。

为敦煌北魏窟所承袭；(6)成组的双窟(千佛洞和残塔庙窟)为北魏云冈、龙门所承袭。这些表明文殊山明显受到来自龟兹的影响。[①]杨益民、唐晓军《肃南县文殊山石窟寺院》认为千佛洞窟内四壁及甬道顶为北凉绘千佛及飞天。[②]史岩《酒泉文殊山的石窟寺院遗迹》[③]认为千佛洞色彩鲜丽，足以称为文殊山唯一可贵的北朝遗迹。对于千佛洞佛、菩萨、飞天壁画等的绘画技法，几篇文章都认为是运用了西域的凹凸晕染法，用线粗犷，色彩浓厚、艳丽。但甘肃省文物工作队的《马蹄寺、文殊山、昌马诸石窟调查简报》认为其绘画技法与新疆克孜尔千佛洞以及敦煌272、275、254、259等早期洞窟壁画，有着不可分割的渊源关系。[④]而李国在《河西几处中小石窟述论》[⑤]中则认为这种绘画技法与中原风格不同，其明显受到龟兹风格的影响。杨益民、唐晓军在《肃南县文殊山石窟寺院》[⑥]中却认为这是莫高窟十六国时期壁画中常用的技法。

2. 前山万佛洞。史岩据《重修肃州新志》："万佛峡内有洞曰万佛洞，据云系北魏所造。"认为其所指即此万佛洞，从样式上他认为是北魏晚期所开凿，原为北朝式制底窟即中心塔柱窟。他认为四面壁画也均为元明时代所加，四隅有天王像，里壁有千佛，但均非北魏原作。前方左壁有西藏风壁画。李国在《河西几处中小石窟述论》中认为其塑像形式与千佛洞基本一样，中心柱四面两层开龛，每龛塑一佛二菩萨，造像仅存残迹，龛内保存有

---

①国家文物局教育处《佛教石窟考古概要》，北京：文物出版社，1993年，第39页。

②杨益民、唐晓军《肃南县文殊山石窟寺院》，《丝绸之路》，1998年第1期，第49页—53页。

③史岩《酒泉文殊山的石窟寺院遗迹》，《文物参考资料》，1956年第7期，第53—59页。

④甘肃省文物工作队《马蹄寺、文殊山、昌马诸石窟调查简报》，《文物》，1965年第3期，第13—30页。

⑤李国《河西几处中小石窟述论》，《敦煌研究》，1998年第3期，第11—22页。

⑥杨益民、唐晓军《肃南县文殊山石窟寺院》，《丝绸之路》，1998年第1期，第49—53页。

部分早期壁画。现存四壁绘画大部分为西夏、元、明重制[①]。董玉祥在《河西走廊马蹄寺、文殊山、昌马诸石窟群》中也提到万佛洞四壁彩绘壁画为西夏重新制作，认为窟内壁画除个别为元代所绘而外，绝大部分为西夏时期重绘[②]。伊斯拉菲尔·玉素甫、张宝玺《文殊山万佛洞回鹘文题记》一文认为，万佛洞创建于北魏，经历西夏整体性重修，表层是西夏壁画[③]。张宝玺《文殊山石窟西夏壁画内容及其价值》一文认为，文殊山石窟经历代重修重绘，其中尤以西夏时期重绘的壁画内容比较重要。因为它不仅对于敦煌莫高窟及安西榆林窟这样一些西夏洞窟从内容到形式上有所补充，而且有助于了解西夏统治时期河西地区的文化面貌、民族关系等[④]。但是，需要注意的一点是，笔者认为张宝玺先生的这篇文章应该写的是前山万佛洞，而非文中所写千佛洞。这一点从他文中所写洞窟的形制、内容及摘录的回鹘文等题记均为万佛洞所有即可看出。文中对窟内四壁壁画及经变画的内容作了释读，我们可以把这些释读放置于万佛洞的研究当中，是不可多得的。杨益民、唐晓军在《肃南县文殊山石窟寺院》中也认为，窟室四壁及甬道顶均为西夏、元代重绘壁画，其整体布局与榆林窟西夏第 3 窟壁画布局相同。文中还对四壁以及甬道顶部的壁画进行了较为详细的释读。[⑤]张小刚在《关于凉州瑞像的一些新资料——兼谈黑水城出土凉州瑞像》中认为万佛洞是开凿于北朝时期的中心方柱窟，整窟壁面、柱面及顶在西夏时

---

①李国《河西几处中小石窟述论》，《敦煌研究》，1998 年第 3 期，第 11—22 页。

②董玉祥《河西走廊马蹄寺、文殊山、昌马诸石窟群》，甘肃省文物考古研究所编：《河西石窟》，北京：文物出版社，1987 年，第 1—22 页。

③伊斯拉菲尔·玉素甫、张宝玺《文殊山万佛洞回鹘文题记》，吐鲁番学研究院编：《语言背后的历史——西域古典语言学高峰论坛论文集》，上海：上海古籍出版社，2012 年，第 94 页。

④张宝玺《文殊山石窟西夏壁画内容及其价值》，《1983 年全国敦煌学术讨论会文集（石窟·艺术编）》，兰州：甘肃人民出版社，1985 年，第 256—271 页。

⑤杨益民、唐晓军《肃南县文殊山石窟寺院》，《丝绸之路》，1998 年第 1 期，第 51 页。

期抹泥重绘，窟顶还绘有一周西夏时期的凉州瑞像。[①]施爱民在《文殊山石窟万佛洞西夏壁画》中认为万佛洞为中心塔柱式，分三层，下层不开龛，无壁画。上层龛外两侧表层为西夏重绘的十方佛。窟内四壁不开龛，表层大部为西夏重绘的壁画。[②]王艳云在《河西石窟西夏壁画中的弥勒经变》[③]中认为文殊山万佛洞东壁所绘的弥勒上生经变图，描绘的是弥勒菩萨成佛前居住的兜率天宫的景象，突出了天宫里雄奇的殿宇、楼阁、台榭，是西夏时期优秀且很成熟的建筑界画。以上观点基本认同该窟壁画为西夏遗存无疑。而与此不同的是，杨富学在《文殊山万佛洞西夏说献疑》中却认为万佛洞现存壁画大多应为元代遗墨，今天所见文殊山石窟的基本规模，大致就是在元朝后期豳王家族统辖河西时期奠定的。万佛洞所见上师像，应为蒙古豳王家族重修文殊山石窟时绘制的，其很有可能就是这次修复活动的主持者。[④]以上都是对万佛洞壁画所属年代的讨论。

3. 后山千佛洞。史岩在《酒泉文殊山的石窟寺院遗迹》[⑤]中对千佛洞的记录更加简略，文中提到壁间有以西游记为内容的壁画，入口两侧也经同时补修，画有四天王像，恶劣不堪。洞窟构造和规模，和古佛洞大体相同。四壁有壁画，残损严重，疑不是原作。窟顶为平棋藻井，但也非北朝原迹，应为后世重修时模仿北朝样式。暨远志在《酒泉地区早期石窟分期试论》中认为，文殊山后山千佛洞的丰乳、细腰、大臀式飞天，和敦煌第 272 窟飞

---

①张小刚《关于凉州瑞像的一些新资料——兼谈黑水城出土凉州瑞像》，《西夏研究》，2012 年第 4 期，第 31 页。

②施爱民《文殊山石窟万佛洞西夏壁画》，《文物世界》，2003 年第 1 期，第 57 页。

③王艳云《河西石窟西夏壁画中的弥勒经变》，《宁夏大学学报》，2003 年第 4 期，第 16—21 页。

④杨富学《文殊山万佛洞西夏说献疑》，《西夏研究》，2015 年第 1 期，第 25—33 页。另参张海娟、杨富学《蒙古豳王家族与河西西域佛教》，《敦煌学辑刊》，2011 年第 4 期，第 84—97 页。

⑤史岩《酒泉文殊山的石窟寺院遗迹》，《文物参考资料》，1956 年第 7 期，第 53—59 页。

天相近，都更接近于新疆克孜尔早期石窟的飞天样式。而前山千佛洞菩萨塑像，头发披于双肩，肩部辫作涡状纹，这种表现形式更见于克孜尔石窟和库木吐喇石窟。因此可以说，在河西早期石窟中，只有酒泉文殊山这一时期继承、发展新疆石窟的这一脉最为明显[①]。李国在《河西几处中小石窟述论》一文中认为，千佛洞形制为平面方形，中心塔柱，仅正面开一龛，塑像不存。南、北、西三面不开龛，只绘有壁画。绘画分两栏布局，上栏绕柱一周，绘券形天宫和凹凸形凭台，天宫内有坐佛。下栏被后代壁画覆盖。窟内四壁，分栏布局，上栏绘券形天宫和凹凸形凭台，内有坐佛。中栏中间绘"佛说法图"，周围所绘人物复杂难辨，有菩萨（？）、罗汉、金刚力士等。窟顶为平棋图案。西南隅有飞天两身，西北隅窟顶绘对鸟纹，飞天呈西域风格，袒胸露臂、丰乳、细腰、大臀，与克孜尔石窟飞天相近[②]。杨益民、唐晓军在《肃南县文殊山石窟寺院》中认为，千佛洞为中心柱式分两层，正面开一龛，龛上层两排七佛，已被清代改为密宗佛。其余三面不开龛，现存清代沥粉勾绘的一佛说法图残部。四壁分栏绘画：上栏是三身佛一组的千佛，下栏脱落。北壁也分栏绘画，上栏底层为北魏绘圆券形天宫和佛，一字排列。拱眼壁上绘密宗小佛。中栏为清代沥粉勾一结跏趺坐须弥坐上的佛，四周三身佛为一组的千佛，共六排。甬道顶保存为完整的北凉绘斗四平棋，有后人仿绘，但北凉风格依然存在。尤其是后部左右角处的对鸟纹和二飞天图，与新疆吐峪沟第 12、38 窟、吐鲁番七康湖第 4 窟斗四平棋构图相似。他还认为这种丰乳、细腰、大臀式飞天就是新疆克孜尔石窟北凉飞天形象的继承和发展，也和莫高窟第 272、275 窟飞天造型一致[③]。此观点和暨远

①暨远志《酒泉地区早期石窟分期试论》，《敦煌研究》，1996 年第 1 期，第 59—75 页。

②李国《河西几处中小石窟述论》，《敦煌研究》，1998 年第 3 期，第 11—22 页。

③杨益民、唐晓军《肃南县文殊山石窟寺院》，《丝绸之路》，1998 年第 1 期，第 49 页—53 页。

志在《酒泉地区早期石窟分期试论》[①]中所持观点基本一致。对于千佛洞的壁画风格日本学者井上豪专门写过《酒泉·文殊山石窟後山区千仏洞の西域様式壁画について》[②]一文进行论述，文中通过对千佛洞窟顶三角图案、飞天和鸟的图像研究，并和新疆地区绘画风格的比对，认为其画风直接受到西域的影响，或者还有西域的画工曾来此绘画。

4. 后山古佛洞。史岩在《酒泉文殊山的石窟寺院遗迹》一文中对古佛洞作了简单介绍：中央方形塔柱，除了基坛，柱身分两层，从其形制看，完全符合魏氏规制。佛像从颜面细部到衣褶的表现手法，从莲座到背光的样式，都显示出西藏风的特征。认为全窟壁画，主题内容多非北魏所有，疑和塑像均为明代后所绘。并根据前壁右方近入口处的四行题记推断，入口两侧壁画为明弘治十年（1497 年）重修洞窟时所增绘。[③]暨远志在《酒泉地区早期石窟分期试论》一文中将文殊山石窟分成前后二期，后山古佛洞及左邻中心柱窟属于后期。通过比对，他还认为，文殊山后期洞窟中的供养人像，更是习见于敦煌第 272 窟以及稍后的北魏诸窟，而这些都是孝文帝服制改革后的产物。[④]李国在《河西几处中小石窟述论》一文中对于此洞窟形制开龛情况的论述基本和上述观点一致，此外他还指出中心塔柱正面上方画《涅槃变》一幅，除此外，还有弟子、天龙八部等众等数十身，但是并没有断定具体年代。四壁绘画分栏布局，上栏绘一列坐佛，南、北二壁绘“净土变》（？），西、东二壁不能辨认。[⑤]赵声良在《敦煌北朝石窟形制诸问题》中认为文殊山前山千佛洞、万佛洞的中心塔柱都是在塔基以上分两层，每一

①暨远志《酒泉地区早期石窟分期试论》，《敦煌研究》，1996 年第 1 期，第 59—75 页。

②井上豪《酒泉·文殊山石窟後山区千仏洞の西域様式壁画について》，《文学研究科纪要》，第 43 辑第 3 分册，1998 年，第 123—128 页。

③史岩《酒泉文殊山的石窟寺院遗迹》，《文物参考资料》，1956 年第 7 期，第 53—59 页。

④暨远志《酒泉地区早期石窟分期试论》，《敦煌研究》，1996 年第 1 期，第 59—75 页。

⑤李国《河西几处中小石窟论述》，《敦煌研究》，1998 年第 3 期，第 11—22 页。

层各面开一龛，内塑佛像。文殊山后山古佛洞，是在中心柱的每一面开一龛。[①]杨益民、唐晓军在《肃南县文殊山石窟寺院》中认为古佛洞塔柱分三层，上层正面无龛，西夏绘《涅槃图》，其余三面为清代重绘七佛像两排。窟内四壁，南壁为四臂观音，北壁为一佛二菩萨，均为清代沥粉金线勾绘。甬道顶为北魏四环忍冬纹。[②]张小刚、郭俊叶在《文殊山石窟西夏〈水月观音图〉与〈摩利支天图〉考释》[③]一文中认为后山古佛洞约开凿于北魏时期，在西夏时期重修。窟内中心柱表面残存重层壁画，底层为白底的早期壁画，表层为西夏时期重新抹泥后绘制的壁画。四壁与顶部表面残存西夏时期的壁画。之后对古佛洞《水月观音图》《玄奘取经图》以及《摩利支天图》作了介绍与考释，最终认为包括这三幅图像在内的古佛洞表层壁画的年代大约都在西夏时期。

总之，对于文殊山目前遗留的四个重要洞窟的论述，只有上述文章中的简单提及，并没有一个全面具体的综合性论述，如各窟开凿年代的考证，窟与窟之间的相互关系，洞窟内壁画内容的总录以及窟内所有壁画的考释，都有待进一步的研究。

（四）对文殊山石窟题记、碑文和经塔的释读与研究

文殊山石窟的题记和碑文主要在前山万佛洞，有汉文、回鹘文、藏文、蒙古文和西夏文。伊斯拉菲尔·玉素甫、张宝玺在《文殊山万佛洞回鹘文题记》[④]一文中写到，从万佛洞窟壁画中可以确认，有 1 处西夏文榜题，1 处回鹘文式蒙古文榜题，10 处回鹘文榜题。窟内四壁，有明清以来游人题

---

①赵声良《敦煌北朝石窟形制诸问题》，《敦煌研究》，2006 年第 5 期，第 1—19 页。

②杨益民、唐晓军《肃南县文殊山石窟寺院》，《丝绸之路》，1998 年第 1 期，第 49—53 页。

③张小刚、郭俊叶《文殊山石窟西夏〈水月观音图〉与〈摩利支天图〉考释》，《敦煌研究》，2016 年第 2 期，第 8—15 页。

④伊斯拉菲尔·玉素甫、张宝玺《文殊山万佛洞回鹘文题记》，吐鲁番学研究院编：《语言背后的历史——西域古典语言学高峰论坛论文集》，上海：上海古籍出版社，2012 年，第 94—106 页。

记,计有汉文 10 多则,回鹘文题记 9 则,藏文题名 4 则。并在文中对这些题记作了较为详细的译注。耿世民、张宝玺在《元回鹘文〈重修文殊寺碑〉初释》中认为,文殊山石窟所存的重修文殊寺碑,在史学方面、文化史方面和回鹘语文学方面都具有较高的学术价值,并对此碑作了详细的释读[①]。张宝玺在《喃答失太子〈有元重修文殊寺碑铭〉再考》[②]中认为,据碑铭应是赐宗王喃忽里白城子屯田之地在前,后有喃答失重修文殊寺碑,而这点却恰好与历史记载相反。杨富学在《酒泉文殊山:回鹘佛教文化的最后一方净土》中则认为,万佛洞的这些回鹘文题记,加上文殊沟发现的回鹘文《金光明最胜王经》写本,足以证明文殊山成了回鹘佛教文化的最后一方净土。[③]

史岩在《酒泉文殊山的石窟寺院遗迹》[④]一文中不仅对前山千佛洞、万佛洞和后山古佛洞、千佛洞作了一定论述,还记录了太子寺、残留的石窟小集群以及观音洞的大致情况。文章最后提到,为了进一步了解文殊山历史文物的丰富悠久和它艺术上的成就,附带介绍本山洞窟中出土的经塔。经塔共五体,体积极小,形制近似后世的石经幢。他认为,经幢的样式可能就是由此经塔演变而成的,主要有:田弘造经塔残石、白双且造经塔残石、令狐飒造经塔残石和未知名经塔残石,并对这些经塔作了详细的释读和断代。他认为田弘造经塔和白双且造经塔无疑是北凉作品,其余也应与之差不多同时。经塔当时是供养在石窟里的,应该晚于石窟开凿年代。由此也可推断,文殊山石窟至迟在 5 世纪初,即晋末十六国后就出现了。据经

①耿世民、张宝玺《元回鹘文〈重修文殊寺碑〉初释》,《考古学报》,1986 年第 2 期,第 253—264 页。

②张宝玺《喃答失太子〈有元重修文殊寺碑铭〉再考》,新疆龟兹学会编:《龟兹学研究》第 3 辑,新疆大学出版社,2008 年,第 201—210 页。

③杨富学《酒泉文殊山:回鹘佛教文化的最后一方净土》,《河西学院学报》,2012 年第 6 期,第 1—6 页。

④史岩《酒泉文殊山的石窟寺院遗迹》,《文物参考资料》,1956 年第 7 期,第 53—59 页。

塔的雕刻风格也可推断，其艺术风格和莫高窟是同一系统的。索伯著《北凉和北魏时期的甘肃》[①]中认为，文殊山石窟寺中发现的一些刻有铭文的小经塔，为该地区的早期渊源提供了旁证。其中两件经塔的纪年分别是5世纪的20年代和30年代，正值著名的"蛮族"北凉王沮渠蒙逊和其子在位的时期。这里所指的两件经塔即是史岩所说的1、2两塔。之后分别对五件经塔的造像作了介绍和研究，认为文殊山发现的这些经塔极为重要。并以此来推断和说明北凉佛教艺术和造像的基本特征，还与新疆吐鲁番塔以及中亚、印度的造像进行比较研究。最后得出，北凉石塔的造像艺术影响了麦积山、云冈等石窟的北魏早期造像。王毅在《北凉石塔》[②]一文中也详细地对酒泉、敦煌所出的八座石塔进行了刊录，但认为其出土地并不是文殊山。《佛教石窟考古概要》[③]中认为酒泉共发现五件石塔，其中三件为清末光绪年间在酒泉城内西南发现，另两件是1969年9月在酒泉城内施工时发现的，地点也在城西南。同时认为《酒泉文殊山的石窟寺院遗迹》一文中将出土地点误定为文殊山，个别录文也有误。

---

①[英]索伯著，殷光明译《北凉和北魏时期的甘肃》，《敦煌研究》，1999年第4期，第60—81页。

②王毅《北凉石塔》，《文物资料丛刊》第1辑，北京：文物出版社，1977年，第179—188页。

③国家文物局教育处《佛教石窟考古概要》，北京：文物出版社，1993年，第38—43页。

三、拟解决的问题和研究方法

(一)拟解决的问题

1. 对文殊山石窟所有遗存进行详尽的调查梳理。对洞窟形制及洞窟组合进行分类、分区研究。

2. 对该石窟一些颇有争议的问题,诸如营建时间、历史文献记载与石窟壁画的重修年代问题进行探讨。

3. 辨识现存洞窟的壁画图像,特别是原作壁画及后代重修壁画,对图像结合佛经进行解读。

4. 对文殊山石窟与其他石窟进行比较研究,找出它们之间相互影响的关系。

5. 对石窟内所有的题记和碑铭进行全面识读和记录。

(二)研究方法

1. 运用石窟寺考古学的方法对文殊山石窟进行分区,对所有石窟遗存全面调查、测绘和详细地记录。解读和诠释该窟群在营建、重修等过程中的历史信息,作为研究的基础。

2. 用历史学的方法梳理酒泉与文殊山石窟的历史脉络,结合前人的研究成果，作为文殊山石窟研究的背景依据及参照。在充分考虑酒泉所处地理位置重要性的基础上，将文殊山石窟置于文化交通联系带上的一个节点和产物，客观地看待其代表的石窟开凿及历史地位。

3. 用图像学的方法进行图像解析。理解文殊山石窟的历史传承与创新，以及它与新疆石窟、河西其他石窟的重要关系。

4. 对文殊山石窟群的组成进行分区研究，统一架构。比如洞窟的开凿需要从整体进行规划，同一时期内可能会在同一个区域进行开凿，并且会开凿不同形制和功能的洞窟，来组成一个石窟寺院。而窟内壁画则通过对其图像内容的识读，寻找其佛教经典依据，并找出其中所表现的与中国传统文化融合的因素；对窟内历代题记，进行整理记录，并从历史学和民俗学的角度来阐发其相关历史价值。

四、创新之处

1. 首次对文殊山石窟进行完整的分区编号，对所有遗存进行实测记录，并按其形制进行分类统计和研究。

2. 对文殊山石窟内早期造像题材和壁画内容进行全面解读，并结合北魏时期酒泉的佛教历史文化背景，对文殊山早期洞窟进行分期断代。

3. 通过对文殊山石窟历代重修遗存的考证，梳理出文殊山石窟的重修历史和佛教发展状况。

4. 对文殊山石窟中西夏、元、明时期的重修壁画进行对比研究，找出它们之间的异同，对其重修时代进行确认。

第一章

概　述

第一节 地理位置与环境

一、地理位置

文殊山，又名嘉峪山，位于酒泉市西南15千米的嘉峪山中。历史上属酒泉辖区，现归肃南县祁丰区管辖。文殊山石窟是河西石窟中的大型石窟群落之一，西邻昌马石窟、五个庙石窟、莫高窟、榆林窟等；东邻马蹄寺石窟、天梯山石窟、炳灵寺石窟等。宋元以前的文殊山，名嘉峪山，因传说文殊菩萨曾在这里显圣，故称文殊山。文殊山是凸起于祁连山主峰北麓坡地的一条支脉，从祁丰藏族乡文殊村的沟口起，向西延伸，至嘉峪关城北坡下与黑山连接，轴向略于弧形，长约30千米。这条山脉原属祁连山北麓急剧下沉范围，堆积的砾石层厚达800米(包括老更新世的玉门砾石层和中更新世的酒泉砾石层)，后伴随祁连山前褶部急剧上升，基底发生岩体断裂而隆起形成中山。山之东端处有一峡谷，称“文殊山口”，山色黄褐，虽与祁连山脉以峙，形似孤立，但仍被视为祁连山的一条支脉。文殊山有山峰25座，沟谷14条，总面积120平方千米。洞窟依山势开凿于文殊山前山、后山等处的崖壁上，分布于南北1.5千米、东西2.5千米的范围内。

二、自然环境

文殊山历史上所在地酒泉位于甘肃省西北部河西走廊西端的阿尔金山、祁连山与马鬃山（北山）之间，其地势南高北低，自西南向东北倾斜。南部祁连山地是一系列3000~5000米的高山群，层峦叠嶂，陡峻高拔。自东而西有祁连主峰、讨赖山、大雪山、野马山、阿尔金山、党河南山、赛什腾山。特殊的地理位置和地势高亢而复杂的地貌，构成了其局部复杂的大气运动及水热变化的特征。既有夏季降水集中的季风气候特点，又具有沙尘暴天气为主要标志的极端大陆性气候特点，形成了水热在水平和垂直两个方向上变化的立体气候。

酒泉属大陆性干旱气候，干燥寒冷，降水奇缺。从东到西海拔1500~1100米，年均温3.9℃~9.3℃，无霜期127~158天。夏季干热而较短促，冬季寒冷而较漫长，但春季升温迅速。以温带干旱气候（中部绿洲、戈壁相间区和北部荒漠戈壁区）和高寒半干旱气候（南部阿尔金山和祁连山沿山区）为主，另有部分地方属暖温带干旱气候热量富余区（敦煌、瓜州、金塔等地）。文殊山石窟所在的西南部山区，其前山区年均气温为3℃~6℃，后山区年平均气温为0℃~3℃。年降水量祁丰区的前山地带为100~150毫米，后山地带为200~280毫米。近年虽然降雨量小，河流已经干涸，但从文献记载上看，此地古时有树有水，环境优雅，特别适合古代僧人坐禅修行。前凉马岌任酒泉太守时，曾给张骏上表言："酒泉南山，即昆仑之体也。周穆王见西王母，乐而忘归，即谓此山。此山有石室玉堂，珠玑镂饰，焕若神宫。"①"此山有石室玉堂"可能就是指文殊山石窟的前身。

泰定三年元太子喃答失所立《有元重修文殊寺碑铭》载：

①《晋书》卷86《张骏传》，北京：中华书局，1974年，第2240页。

且肃州西南三十里嘉谷山者，乃一切贤圣栖神化远之归心。林泉秀美，涧壑寂寥，神光现于长空，石室藏于畔侧。爰有郑善进睹兹祥瑞，发心修盖文殊殿已经年远。①

被称为肃州八景之一的“西山古刹”即指文殊山，据《重修肃州新志》载：

西山古刹：西山即肃州城西文殊山是也。其山口透卯来泉路，口内有唐贞观所遗佛像，又有元太子喃嗒失重修碑记，又有近年修造庵、观、寺院。山硖之中，有乔木二株，列于大寺门外；田土数亩，罗于寺之东西。山上獐鹿攸伏，树稍头鸟雀喧呼，幽林雅趣，真是佳景。②

又载：

文殊山，城西南三十里。山硖之内，凿山为洞，盖房为寺，内塑佛像，近年又修庵阁，曰黑窑洞、曰红门寺……古雕无数，旧称有三百禅室，号曰小西天……两山南北对峙，中有药泉东流。③

僧人坐禅修行需要远离闹市的寂静之处。后秦鸠摩罗什译《禅秘要法经》云：“佛告阿难：佛灭度后，佛四部众弟子，若修禅定求解脱者，如重病人随良医教。当于静处，若塚间，若林树下，若阿练若处，修行甚深诸贤圣道。当密身口。于内心中修四梵行。修四念处。修四正勤。修四如意

①耿世民、张宝玺《元回鹘文〈重修文殊寺碑〉初释》，《考古学报》，1986年第2期，第263页。
②（清）黄文炜修，吴生贵等校注《重修肃州新志》，北京：中华书局，2008年，第65页。
③（清）黄文炜修，吴生贵等校注《重修肃州新志》，北京：中华书局，2008年，第57页。

足。修五根。修五力。修七觉道。修八圣道分。修四禅……”[①]北魏昙曜等译《付法藏因缘传》卷2:“常着商那衣,成就五支禅。山岩空谷间,坐禅而龛定,风寒诸勤苦,悉能忍受之。心善得解脱,智慧自庄严。犹如空野象,坦然无忧患。”[②]《广弘明集》卷37《统归篇》也有“凿仙窟以居禅”[③]的记载。文殊山“林泉秀美,涧壑寂寥”,至清代依然“山上獐鹿攸伏,树稍头鸟雀喧呼,幽林雅趣”,是僧人们习禅和修行的理想之地。因此,从开创之初便成为有名的禅修之地,更是石窟开凿之胜地,才有后来的“禅室三百”之称。

三、重要的交通地理位置

文殊山因为环境清雅,是僧人禅修的圣地,同时它所属的酒泉在古代还是重要的交通枢纽,是汉代河西四郡之一,自古是中原通往西域的交通要塞,是丝绸之路的咽喉要冲,地理位置十分重要。早在马厂晚期,青铜时代,四坝文化时期,酒泉一带地处欧亚草原地带的组成部分就已经开始东西文化的交流。正如郑炳林先生所言:“酒泉是中西文化交流的重要节点和十字路口。发生在酒泉影响中国历史的几件重大事件,首先是穆天子与西王母的会面。”[④]《穆天子传》卷3《宾西王母章第十八》:“吉日甲子,天子宾于西王母,乃执白圭玄璧,以见西王母。好献锦组百纯,素组三百纯。西王母再拜受之。乙丑,天子觞西王母于瑶池之上。西王母为天子谣,曰:‘白云在天,山陵自出。道里悠远,山川间之,将子无死,尚能复来’。天子答之曰:‘予归东土,和治诸夏,万民平均,吾顾见汝。比及三年,将复尔野。’……天子遂驱,升于弇山,乃纪其于弇山之石,而树之槐,眉曰:西王

①(后秦)鸠摩罗什译《禅秘要法经》卷下,《大正藏》,第15册。

②(北魏)昙曜等译《付法藏因缘传》卷2,《大正藏》,第50册。

③(唐)道宣《广弘明集统归篇》第29《鹿苑赋》,《大正藏》第52册。

④郑炳林《肃州历史文化遗产研究论集·序》,兰州:甘肃文化出版社,2016年。

母之山。”在东汉画像石中，也有“穆天子见西王母”的题材。汉画像中也有相关构图。方艳在《“穆天子见西王母”题材汉画像辨析》①一文中从汉画像出发，结合“穆天子传”所提供的文本信息，对构图方式所体现的人物关系进行考察，认为可以将“穆天子见西王母”图像分为三个阶段，周穆王与西王母，东王公与西王母，凡夫与神女。“穆天子西行见西王母的历史事件不仅仅被各种历史典籍所转载，也被古代历史学家所共同肯定，因此如果将丝绸之路开启放在先秦，穆天子就是史载的西行第一人，穆天子会见西王母发生在酒泉，酒泉不仅是这件历史事件的见证之所，而且是中西文化交流的重要交汇处。”②

图1 酒泉鼓楼

①方艳《“穆天子见西王母”题材汉画像辨析》，民族艺术研究，2015 年第 3 期，第 116—121页。

②郑炳林《肃州历史文化遗产研究论集·序》，兰州：甘肃文化出版社，2016 年。

汉以后，酒泉更成为汉朝经营河西、开拓西域的重要基地和战略前哨。据《甘肃省肃镇志》记载：

> 酒泉“周为西戎地，秦初为月氏国地，后为匈奴浑邪休屠二王所据。汉武帝元狩二年，以霍去病为骠骑将军，出陇西，击匈奴，过焉支。夏复出北地，逾居延，遇小月氏，至祁连山，斩获首虏余级四万而还。秋，浑邪杀休屠，并将其众合四万余人来降，置五属国以处之。元鼎二年，张骞欲以厚币招乌孙居故浑邪之地，以断匈奴右臂。乌孙不肯东还，乃置酒泉郡。稍发徙民以实之。又分置武威郡，以绝匈奴与羌通之道。六年，分武威酒泉之地，置张掖敦煌郡为河西四郡。隶凉州部各统县。”①

由此可知，酒泉原属匈奴辖地，汉武帝遣霍去病击匈奴，河西尽为汉王朝所有，后采取移民充边政策，进行了大规模的开发和建设。酒泉因地居咽喉之地，至今酒泉鼓楼四门额题：“东接华岳”“西连伊吾”“南望祁连”“北通沙漠”，故成为经营西域的前哨基地，又是通往中亚和西亚的重要交通要道，所以有“边陲锁钥”“河西保障之襟喉”之称。同时，它也是西域和中亚、西亚商人与中原通商的重要交汇之地，是羌戎各族来往通商的必经之地。《史记》卷 123《大宛列传》：“而北道酒泉抵大夏，使者既多，而外国益厌汉币，不贵其物。”②这里交通方便，经济发达，商贾往来频繁，贸易丰富，是河西四镇中重要的贸易市场。而且丝绸之路的河西段主要经过武威、永昌、张掖、临水、酒泉到嘉峪关，经玉门到敦煌。然后分南北两路进

---

①(清)李德魁纂修《甘肃省肃镇志》卷 1《地理志》(影印本)，顺治十四年抄本，成文出版社有限公司印行，第 8 页。

②《史记》卷 123《大宛列传》，北京：中华书局，1963 年，第 3171 页。

入新疆，越过葱岭到达中亚、西亚和南亚，以及欧洲的大秦帝国。《甘肃省肃镇志》中《风俗志》专门附有番夷物产，如：葡萄、安石榴、毗梨勒、香枣、剪绒车、五色花毡、西洋布、橐驼、狮子等。[①]所以，在两汉时期，地处中西陆路交通要道的酒泉，因“南有雪山，嵯峨万仞。北有紫塞，延袤千里。乃诸夷入贡之要路，河西保障之襟喉。”可见，酒泉的地理位置十分重要，它不仅使中原与西域的商品可以交换，而且也使中原和西域两地的文化艺术、宗教艺术得以互相融合，共同发展，发挥着极其重要的中转作用。

魏晋时期，河西地区社会安定，经济发展，文化发达，发掘于酒泉境内的魏晋壁画墓记载了这一时期汉文化传播的主要内容。之后酒泉经历了前凉、后凉、前秦、西凉、北凉、北魏、西魏、北周等十个割据政权的统治，一度是河西地区的文化政治中心，西凉曾建都于此，虽然时间短，但其影响深远。

隋文帝仁寿二年(602 年)改酒泉为肃州。[②]“肃州的‘肃’字，古义是大院门内的照壁，又叫‘萧墙’，因酒泉在边防上的重要作用，相当于守卫中原大门的萧墙，故称肃州。”[③]明代时酒泉仍是中西陆路交通的重要通道，据史书记载，有十几个国家和地区与明朝有政治、经济往来。如阿富汗、埃及、土耳其等，他们的使节、商人要到中原来，必须经过敦煌、酒泉。

以上充分说明古代酒泉在交通地理位置上的重要性，而地理位置的重要和优越，也往往是文化交流的重要条件。“佛教的传播基本上沿着古代丝绸之路沿线传播，丝绸之路沿线的重要城镇，都很容易接受这种外来文化。古代石窟寺的分布，也是遵循着这一原则，基本都选择既适合于佛

①(清)李德魁纂修《甘肃省肃镇志》卷 1《风俗志》(影印本)，顺治十四年抄本，成文出版社有限公司印行，第 29 页。

②《隋书》卷 29《地理志上》，北京：中华书局，1973 年，第 815 页。

③蔡俊堂主编《酒泉历史文化读本》，兰州：甘肃文化出版社，2015 年，第 32 页。

教徒清静修行，又离大的市镇或交通要道不太远的地方开凿”[①]，文殊山石窟也是在具备了这样的先天条件下产生的。文殊山的地理位置也十分重要，据《读史方舆纪要》载：“文殊山口在卫西南三十里，为南疆门户之要筹，卫卒戍守，南疆无虑也！”[②]又据《重修肃州新志》所载：

> 文殊山口，在(肃)州西南三十里，文殊山北。明嘉靖中，南山海寇，由滹泥山出生桥，潜入文殊山口抢掠。参将柳栋自嘉峪斩断山硖，又设卯来泉墩，以扼其冲。《行都司志》：又有黄草坝堡，在卫西南十五里……口南为滥泥山，可通天生桥。此口无守，贼由此以进，塔尔湾、黄草坝皆受其荼毒矣。又有小硖在口内，峭壁窄径，人马限行，其险可守。[③]

可见，无论是酒泉，还是文殊山，在地理位置上的重要性不言而喻。正因为酒泉、文殊山的位置重要，所以受到西域及其他文化的冲击，形成了有特色的历史文化与佛教文化。

---

①魏文斌《麦积山石窟初期洞窟调查与研究》，兰州：甘肃教育出版社，2017 年，第 10 页。

②(清)顾祖禹撰，贺次君、施和金点校《读史方舆纪要》卷 63《陕西十二·肃州卫》，北京：中华书局，2005 年，第 2985 页。

③(清)黄文炜修，吴生贵等校注《重修肃州新志》，北京：中华书局，2008 年，第 192 页。

第二节 酒泉历史文化与佛教

酒泉之名与泉有关,故称酒泉。《汉书·地理志》载:“酒泉郡,武帝太初元年开。”下注有,应劭曰:“其水若酒,故曰酒泉也。”师古曰:“旧俗传云城下有金泉,泉味如酒。”[①]据考古资料显示,酒泉在新石器时代就有人类定居,创造了灿烂的马家窑文化,这是新石器时代晚期遗存下来的。进入奴隶社会以后,酒泉还遗留下来火烧沟文化、四坝类型和骟马文化,这些都是酒泉历史文化的遗产,足见其历史悠久。

上古文献记载,在黄帝、尧舜、禹汤时期,酒泉就已经和中原发生了联系,为其领属之地。肃州在合黎、弱水以西,三危流沙以东之地,黄帝、大禹经营之处古迹犹存。《史记》卷1《五帝本纪》:黄帝为天子时,其土地疆域“东至于海,登丸山,及岱宗。西至于空桐,登鸡头。南至于江,登熊、湘。北逐荤粥,合符釜山,而邑于涿鹿之阿。”[②]这里的“空桐”即“崆峒”。《史记》卷

①《汉书》卷28下《地理志第八下》,北京:中华书局,1962年,第1614页。

②《史记》卷1《五帝本纪》,北京:中华书局,1963年,第6页。

1《五帝本纪》云:“崆峒山在肃州福禄县东南六十里。”[①]《史记》卷1《五帝本纪》云:帝颛顼时,其土地“北至于幽陵,南至于交阯,西至于流沙,东至于蟠木。”[②]《史记》卷1《五帝本纪》云:“三苗在江淮、荆州数为乱。于是舜归而言于帝,请流共工于幽陵,以变北狄;放驩兜于崇山,以变南蛮;迁三苗于三危,以变西戎;殛鲧于羽山,以变东夷;四辠而天下咸服。”[③]《史记》卷1《五帝本纪》云:帝舜时,其境域“南抚交阯、北发,[西至]西戎、析枝、渠廋、氐、羌;北[至]山戎、发、息慎;东长夷、鸟夷,四海之内,咸戴帝舜之功。”[④]据《史记集解》注:颛顼时的流沙“在张掖居延县”,即今内蒙古额济纳旗。尧帝时的三危即三危山。《史记》卷1《五帝本纪》:“三危山……在沙州敦煌县东南三十里。”[⑤]尧从江淮、荆州迁于三危的三苗族,即为后世河西之西戎,舜时的析枝、渠廋,均为古地名,在今青海及甘肃河西西部。而当时的氐、羌居于今青海、甘肃河西走廊等地。

由上记载可知,酒泉在远古时期就有人类生活、繁衍。《甘肃通志》载:“古西戎地,秦为月支国。”[⑥]由此可知,周代酒泉主要为西夷犬戎族。到了战国至秦乃为乌孙、月氏国。《汉书》卷61《张骞传》:“天子数问骞大夏之属。骞既失侯,因曰:‘臣居匈奴中,闻乌孙王号昆莫。昆莫父难兜靡本与大月氏俱在祁连、敦煌间,小国也。’”[⑦]《汉书》卷28下《地理志第八下》:“酒泉郡,武帝太初元年开。户万八千一百三十七,口七万六千七百二十六。县

---

①《史记》卷1《五帝本纪》,北京:中华书局,1963年,第7页。
②《史记》卷1《五帝本纪》,北京:中华书局,1963年,第11页。
③《史记》卷1《五帝本纪》,北京:中华书局,1963年,第28页。
④《史记》卷1《五帝本纪》,北京:中华书局,1963年,第43页。
⑤《史记》卷1《五帝本纪》,北京:中华书局,1963年,第29页。
⑥许容等监修《中国边疆丛书》(第2辑),《甘肃通志》,台湾:文海出版社,1966年,第331页。
⑦《汉书》卷61《张骞传》,北京:中华书局,1962年,第2692页。

九:禄福,表是,乐涫,天依,玉门,会水,池头,绥弥,乾齐。”[①]元狩二年(公元前 121 年),“汉置五属国以处之”,此后酒泉归入汉之疆域。“乃分武威、酒泉地置张掖、敦煌郡,徙民以实之”。[②]从西汉设置酒泉郡,到北魏太延元年,均称酒泉郡。《后汉书》卷 47《班超传》:“如自以寿终屯部,诚无所恨,然恐后世或名臣为没西域。臣不敢望到酒泉郡,但愿生入玉门关。”[③]魏晋南北朝时期,酒泉先后属曹魏、西晋、前凉、前秦、后凉、西凉、北凉、北魏、西魏、北周等政权统治,曾是西凉都城所在,是当时的文化经济中心。但由于战乱频繁,政权更迭,北魏至北周时期,豪强兼并,政治中心东移,所以也出现空虚现象。隋朝时加强对西域的经营,隋王朝开始重视河西,恢复了郡县制。文帝开皇三年(583 年),废郡,置酒泉镇,隶属甘州。仁寿二年(602 年),从甘州分出,改酒泉镇为肃州。炀帝大业元年(605 年),罢肃州,以福禄县入张掖郡。义宁元年(617 年),改福禄县委酒泉县。唐代对瓜、沙、肃三州进行管辖,设置安西都护府。安史之乱后,甘、肃等州相继失陷,被吐蕃所占,后由张议潮平定。

酒泉是归义军的主要管辖区域,曹氏归义军时期,由于甘州回鹘强大,酒泉成了双方争夺的主要地点。据《敕河西节度兵部尚书张公德政之碑》载,张议潮时期“次屠张掖、酒泉,攻城野战,不逾星岁,克获两州”。[④]酒泉是张议潮最初管辖的六州之一。曹议金对回鹘发动了两次战争,第二次就是以对酒泉的争夺展开的。如 P.4011《儿郎伟》:“自从太保亲统,千门喜贺殷勤,甘州数年作贼,直拟欺负侵凌。去载阿郎发愤,点集兵甲军人。亲领精兵十万,围绕张掖狼烟。未及张弓拔剑,他自放火烧燃。……

①《汉书》卷 28 下《地理志》,北京:中华书局,1962 年,第 1614 页。
②《汉书》卷 6《帝纪》,北京:中华书局,1962 年,第 189 页。
③《后汉书》卷 47《班超传》,北京:中华书局,1974 年,第 1583 页。
④郑炳林《敦煌碑铭赞辑释》,兰州:甘肃教育出版社,1992 年,第 34 页。

未至酒泉郡内，他自魂胆不残。便献飞龙白马，兼及绫绵数般。”[①]再如P.3718《都头守常乐县令薛善通邈真赞并序》：“伏自曹王秉政，收复甘、肃二州。”[②]

河西自唐大中年间张议潮逐吐蕃后，收复诸州归唐，但先后不断遭到党项羌及吐蕃残余势力的侵犯。公元1028年，李元昊打败回鹘，占领甘州，征服酒泉、玉门、安西、敦煌一带。自此酒泉长期为西夏政权统治，其经济和文化有一定的发展。元代时为肃州路，明代为肃州卫，雍正二年罢卫，将肃州并入甘州府。

由上论述可知，酒泉因地理位置重要，历史文化悠久，又有少数民族的频繁定居与生活，如早期的羌、氐、乌孙、月氏，后来的裕固族、蒙古族、哈萨克族，为不同文化在此汇聚与融合提供了基础，对当地的文化产生了很大影响。特别是佛教文化在这里也形成了独有的特色。

公元5世纪是河西佛教的兴盛时期，在此之前佛教已经经西域传入河西，佛教传入中国与“丝绸之路”有莫大关系，而酒泉是“丝绸之路”上众多僧侣的必经之地，许多东来西去的僧人曾在这里停留、译经、说法，准备进入中原，所以酒泉地区是近水楼台先得月，那些东来传经、西去求法的大德高僧，在游历诸国后，沿途传译，驻留授经，使酒泉成为佛教的兴盛之地。文殊山石窟也正是在这一特殊的历史区域内吸收了不同时期的佛教文化艺术。1996年，暨远志先生在论文《酒泉地区早期石窟分期试论》[③]中认为文殊山石窟是“具有西域风格”的最早的例子。

酒泉西临敦煌通西域，东近凉州往长安。相传在汉武帝时已经创建了

①上海古籍出版社、法国国家图书馆合编《法国国家图书馆藏敦煌西域文献》第30册，上海：上海古籍出版社，2003年，第342页。

②郑炳林《敦煌碑铭赞辑释》，兰州：甘肃教育出版社，1992年，第297页。

③暨远志《酒泉地区早期石窟分期试论》，《敦煌研究》，1996年第1期，第59—75页。

吉祥寺,[1]北凉时又建西峰宝寺。[2]在晋惠帝元康四年十二月二十五日,月支菩萨沙门法护,已经于酒泉演出过《佛说圣法印经》。[3]与酒泉相关的僧人也有很多,如著名高僧释慧览便是酒泉人,《高僧传》卷第十一记载:“释慧览,姓成,酒泉人,少与玄高俱以寂观见称。览曾游西域顶戴佛钵,仍于罽宾从达摩比丘咨受禅要,达摩曾入定往兜率天,从弥勒受菩萨戒,后以戒法授览。览还至于填,复以戒法授彼方诸僧,后乃归。”[4]又如高僧释慧达(刘萨诃)于“元魏太武大延元年,达行至肃州酒泉县城西七里石涧中死,其骨并碎,如葵子大,可穿之,今在城西古寺中”。[5]又《重修肃州新志》云:“西古寺原名西峰宝寺,在肃州城西三里,慧达瘗骨于此,后世遂拓为寺”。[6]

公元420—441年,酒泉属北凉政权统治,在北凉灭亡之后的公元439—442年,沮渠牧犍的弟弟沮渠无讳还被封为酒泉王,在酒泉又统治了近三年时间。北凉政权重佛法,“先是,沮渠蒙逊在凉州,亦好佛法。有罽宾沙门昙摩谶,习诸经论。于姑臧,与沙门智嵩等,译《涅槃》诸经十余部。又晓术数、禁咒,历言他国安危,多所中验。蒙逊每以国事谘之。神中,帝命蒙逊送谶诣京师,惜而不遣。既而,惧魏威责,遂使人杀谶”。[7]又“素奉大清,志在弘通”。在他的积极扶植下,北凉佛教得到很大发展。这一点从其译经便可知晓。据《开元释教录》卷4载:

北凉沮渠氏,初都张掖,后徙姑臧。自蒙逊(谥武宣王)永安

①(清)黄文炜修,吴生贵等校注《重修肃州新志》,北京:中华书局,2008年,第106页。

②(清)黄文炜修,吴生贵等校注《重修肃州新志》,北京:中华书局,2008年,第107页。

③(西晋)竺法护译《佛说圣法印经》,《大正藏》,第02册No.0103,500b页。

④(梁)慧皎撰,汤用彤校注,汤一玄整理《高僧传》卷11,北京:中华书局,1992年,第418页。

⑤(唐)道宣撰《续高僧传》卷25,《大正藏》第50册No.2060,644c。

⑥(清)黄文炜修,吴生贵等校注《重修肃州新志》,北京:中华书局,2008年,第107页。

⑦《魏书》卷114《释老志》,北京:中华书局,1974年,第3032页。

> 元年辛丑。至茂虔(魏封河西王)承和七年己卯,凡经二主三十九年。缁素九人所出经律论等,并新旧集失译诸经,总八十二部,合三百一十一卷。[①]

此外,还有北凉石塔、北凉石窟的开凿等都可以反映出北凉佛教的兴盛情况。北凉河西王蒙逊,为母造丈六石像在于山寺,素所敬重。[②]蒙逊之子沮渠茂虔玄始九年(420年)任酒泉太守后,亦在酒泉"起浮图于中街,有石像在焉"。[③]北凉时在吐鲁番、敦煌、酒泉、武威先后出土了北凉时期的石塔14座,其中吐鲁番地区二座,敦煌地区五座,酒泉地区六座,武威地区一座。[④]出于酒泉的六座分别是:马德惠承阳(承玄)二年(426年)石塔、高善穆承玄元年(428年)石塔、田弘承玄二年(429年)石塔、白双且缘禾(延和)三年(434年)石塔、程段儿太缘(太延)二年(436年)石塔和残塔段。这时期的石塔除了出现高浮雕等一些犍陀罗和西域的造像特征外,造像的形象和服装进一步汉化,这恰是北凉时期国力不断增强,酒泉、敦煌一带的经济文化不断繁荣的表现。可见,北凉时期,酒泉佛教的兴盛亦不亚于凉州和敦煌,这些对于北魏时期文殊山石窟的创建,奠定了一定的基础。

魏晋南北朝时期,中国北方政权割据,战乱频仍。这一时期,玄学盛行,佛教与玄学相得益彰,互相发展。三国后期,酒泉的佛教迅速发展。后五凉君主也亟须为自己的统治找寻精神支柱,利用佛教教义来安抚百姓,以便统治。于是,敦煌、酒泉、武威逐渐成为佛教由西向东传播的中心。这

---

①(唐)智升撰《开元释教录》卷4,《大正藏》,第55册No.2154,页519b。

②(唐)道宣《集神州三宝感通录》卷中,《大正藏》,第52册No.2106,页418a。

③(北魏)崔鸿《十六国春秋》卷95《北凉录》,钦定四库全书本,第137页。

④殷光明《北凉石塔分期试论》,《敦煌研究》,1997年第3期,第84页。

里广建寺庙，开窟造像，大兴佛事活动。“仅敦煌文书所见西晋至北周的敦煌佛寺就有：仙岩寺、建文寺、长乐寺、龙泉寺、法海寺、普济寺、阿育王寺、梵释寺、永晖寺。还有敦煌莫高窟、西千佛洞、瓜州榆林窟、东千佛洞、玉门昌马石窟、酒泉文殊山石窟”。[①]西凉建都酒泉，为酒泉佛教的发展提供了便利条件，同时在酒泉还出现了许多高僧和译经团体。可见，五凉时期佛教兴盛，为佛教文化的传播起了重要作用。

开皇元年，隋文帝杨坚下令在河西营窟造寺，推动了佛教的发展，出现了空前繁盛的局面。唐太宗贞观三年(629 年)，西行取经的玄奘路经酒泉，对当地的佛教发展产生了一定的影响。据《重修肃州新志》载：“文殊山……古雕无数，旧称有三百禅室，号曰小西天。增废先后不常，大曰皆是唐贞观中所遗也。”[②]便可知唐代时文殊山的盛况。“安史之乱”后，吐蕃先后占领凉、甘、肃和瓜、沙等州，统治河西地区几十年，在河西地区大兴佛事，统治酒泉时期，仅沙州一地就有报恩寺、净土寺、莲台寺等 14 所僧寺，同时还有安国寺、灵修寺等 5 所尼寺。归义军时期，中原与西域联系加强，各地僧人来往频繁，很多僧人经酒泉、敦煌前往印度求法，酒泉的佛教得到了进一步发展。甘州回鹘迁居河西之后，原被奉为国教的摩尼教被佛教逐渐取代，成为甘州回鹘最为盛行的宗教。在文殊山石窟中就可以看到不少回鹘文题记直至清代。西夏政权建立后，西夏统治者重视佛教的发展，一方面向宋朝求取佛经，另一方面大量翻译刊印佛经。文殊山石窟中就有西夏晚期藏式风格的壁画。元代统治者信奉藏传佛教，藏传佛教在酒泉境内传播，很多汉传佛教寺院改为藏传佛教寺院，二者相互融合，共同发展。元太子喃嗒失重修文殊寺并立碑石《有元重修文殊寺碑铭》更是文殊山石窟唯一的文献记载。文殊山文殊寺内元代所绘千身文殊菩萨像则是元代

---

①孙占鳌主编《酒泉华夏文明概论》，兰州：甘肃人民出版社，2014 年，第 360 页。

②(清)黄文炜修，吴生贵等校注《重修肃州新志》，北京：中华书局，2008 年，第 57 页。

文殊信仰与藏传佛教结合的重要表现。明代中期，酒泉的佛教已十分兴盛，仅文殊山一带就有寺院300多座。文殊山石窟内有许多明代题记，还有明代重修壁画，肃州城内明代重修重建寺院也很多。清代酒泉的佛教寺院变化不大，但重修较多（表1–1）。据《重修肃州新志》记载：肃州城内及周围有16处寺院，除此之外，在肃州所属境内，还分布14处寺院，有观音寺、弥陀寺、延寿寺、钟楼寺、吉祥寺、观音堂、文殊寺、归化寺等。[①]"其中，文殊山的石窟寺庙等古建筑共有70余院，360座，有石窟18洞，占地约长两千米，素有'小西天'之称，并设僧纲、僧正、僧会各1人。肃州远近数百里之内，各族善男信女，每逢朔望，特别是农历四月初一至初八日，四乡山堡，山泽草原，各族教会堂等，赶来文殊山参加佛道盛会。整个山寺人山人海，香烟缭绕，鼓乐齐鸣"。[②]到晚清时，肃州大部分寺院被战火焚烧。直到清光绪、宣统至"民国"初年，仍有重修重建。

由上论述可知，佛教在河西地区的历史发展中起了重要的作用，尤其是北凉时期河西更是作为当时的佛教中心之一，极为兴盛。北魏灭北凉后，北凉僧人至平城、建康、高昌等地，凉州佛教更是影响了整个中国，文殊山石窟便是开凿于这一时期。北朝、唐、五代、宋、元、明、清时期，这里的佛教文化也是相当繁荣。酒泉作为河西四郡之一，又近邻于凉州和敦煌，也正因如此，造就了文殊山这一特殊的石窟艺术宝库，成为今天研究这一地区佛教文化、艺术的重要载体。酒泉的佛教历史离不开河西佛教文化的影响，文殊山石窟的创建和延续千年的经久不衰，也离不开酒泉的历史文化和佛教文化积淀。

---

①（清）黄文炜修，吴生贵等校注《重修肃州新志》，北京：中华书局，2008年，第105—108页。

②酒泉市肃州区委员会编《酒泉文史1–5辑合编本》，深圳：深圳市普加彩印刷有限责任公司，第263页。

表 1-1 酒泉历代寺院统计

寺院名称	始建年代	备注
吉祥寺	相传创建于汉武时	康熙年间重修
西峰宝寺(今西古寺)	北凉	
文殊寺(文殊山)	北魏	
弥陀寺(卧佛寺)	天顺年建	康熙年间重修
归化寺	明正统八年建	雍正十年重修
归华寺	正德初	拜言卜剌所建
石佛寺(大赫寺、太平寺)	嘉靖间	康熙时重修
观音堂	隆庆建	康熙间重修
观音寺	崇祯戊寅建	
廷寿寺	康熙二十九年	甘州僧剑刃募建
文殊寺	顺治十六年	僧慧法等募建
钟楼寺(本名救生寺)	顺治十八年	副使李雨沾倡修,康熙年间重修
清泉寺(钟家寺)	未知	
宝善寺	未知	
玉塔寺	未知	
寄骨寺	未知	
顺城寺	未知	蕃僧所修

第二章

文殊山石窟现存遗迹调查

文殊山石窟群由洞窟及庵、观、寺院等其他附属建筑构成，成为一个不可分割的整体。石窟依山势开凿于文殊山前山、后山等处的崖壁上，分布于南北 1.5 千米、东西 2.5 千米的范围之内。经过此次调查和统计，将文殊山石窟群分为谷口区、前山区、营房后及后山区四个主要区域（图 2-1），并将文殊山现存石窟编号 152 个。以下将对所有崖面洞窟遗存和寺院及其他建筑遗迹进行全面调查。

图 2-1 文殊山石窟分区示意图

第一节　崖面洞窟等遗迹

文殊山石窟有记录和研究最多的分别为前山万佛洞、千佛洞；后山千佛洞和古佛洞。一般研究均以洞窟名称为主，为了便于记录和研究，笔者对 152 个石窟进行了编号，下面按照笔者编号顺序对调查结果进行叙述：

一、谷口区

谷口区（图 2–2）位于文殊山山谷的入口处，洞窟分布于自东向西约 500 余米的崖面上。北纬：39°39'16.83"，东经：98°21'15.22"，海拔：1699 米。共有大小洞窟 18 个，废弃年久，几乎没有完整的洞窟，通过实际调研、测绘，对窟形完整的 5 个洞窟（图 2–3）进行测绘制图，对其余废窟进行编号记录。

第 1~4 窟，窟内塌毁严重，仅存部分窟口，已无法进行实际测绘。

第 5 窟，窟口方向：西偏南 30°。

形制及内容：平面纵长方形，宽 3.10 米、进深 3.40 米、高 1.89 米，平顶，拱形窟口，窟口处堆积沙石，左壁中间开小龛，龛宽 0.48 米、进深 0.33 米、高 0.55 米，窟内堆满沙石、垃圾。

第6~8窟，存留部分窟口，窟内为沙石掩埋，无法测绘。

第9窟，窟口方向：西偏南20°。

形制及内容：平面纵长方形，宽2.73米、进深4.76米、高1.75米，平顶，窟前坍塌，存留不规则小窟口，四壁无龛。

第10窟，窟口方向：正西。

形制及内容：平面呈刀把形，宽2.86米、进深3.52米、高1.88米，平

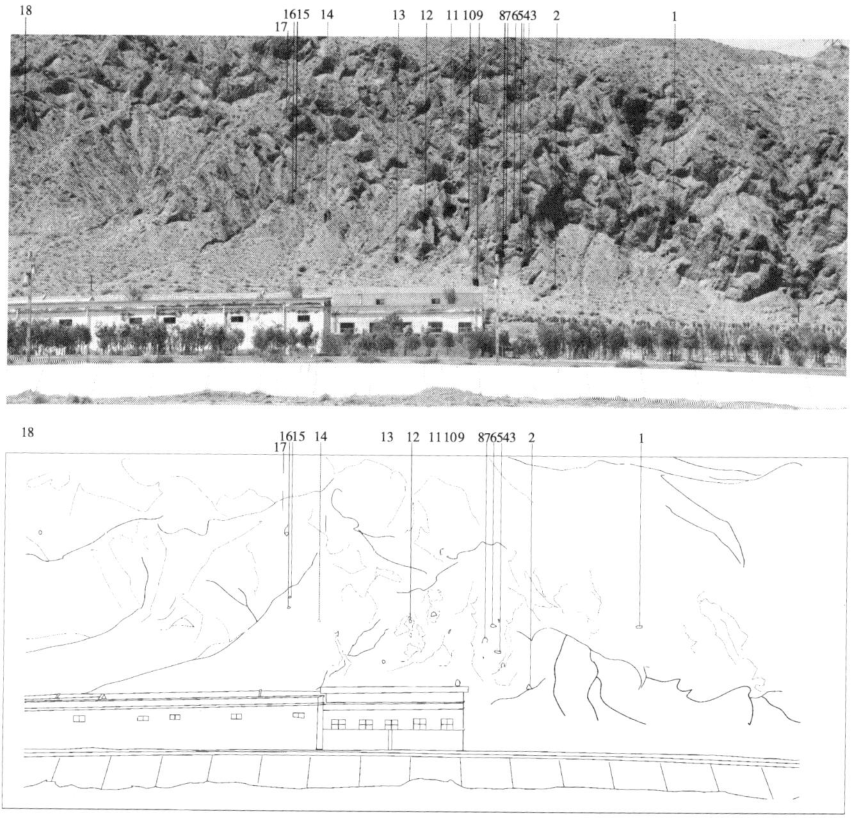

图2–2 文殊山石窟谷口区立面图[①]

①注：凡本文中未加注释的照片、测绘图、线描图均为作者自拍或自绘。

顶，窟口较小，四壁无龛，窟内堆满沙石、垃圾。

第 11 窟，窟口方向：正西。

形制及内容：平面近方形，宽 2.75 米、进深 2.31 米、高 1.73 米，平顶，窟口处塌毁，存拱形窟口，堆满沙石、垃圾。

第 12 窟，窟口处塌毁严重，窟口较小无法进入。

第 13 窟，窟口方向：南偏东 35°。

形制及内容：平面横长方形，宽 4.20 米、进深 2.40 米、高 1.67 米，平顶。窟口处塌毁，残留拱形门洞，外部崖面有凿龛痕迹。主壁中间位置凿有小龛台，宽 0.49 米、进深 0.30 米、高 0.35 米，窟内堆满沙石、垃圾，整窟被烟熏黑。

第 14 窟，窟口方向：南偏东 40°。

形制及内容：平面呈刀把形，宽 2.68 米、进深 2.48 米、高 2.63 米，平顶。拱形窟口，左壁中间凿有小龛台，宽 0.50 米、进深 0.27 米、高 0.28 米，窟内堆满沙石、垃圾。

第 15~18 窟，仅存小窟口，窟内坍塌严重，无法测绘。

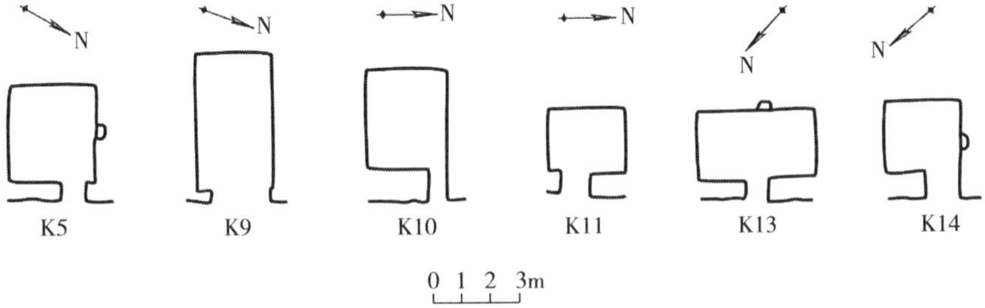

图 2-3　第 5、9、10、11、13、14 窟平面图

二、前山区

前山区（图 2-4）位于红庙沟，有石窟 15 个，包括保存完整的两个中心柱窟和两个废中心柱窟以及与其处于同一水平位置上左右相邻的所有

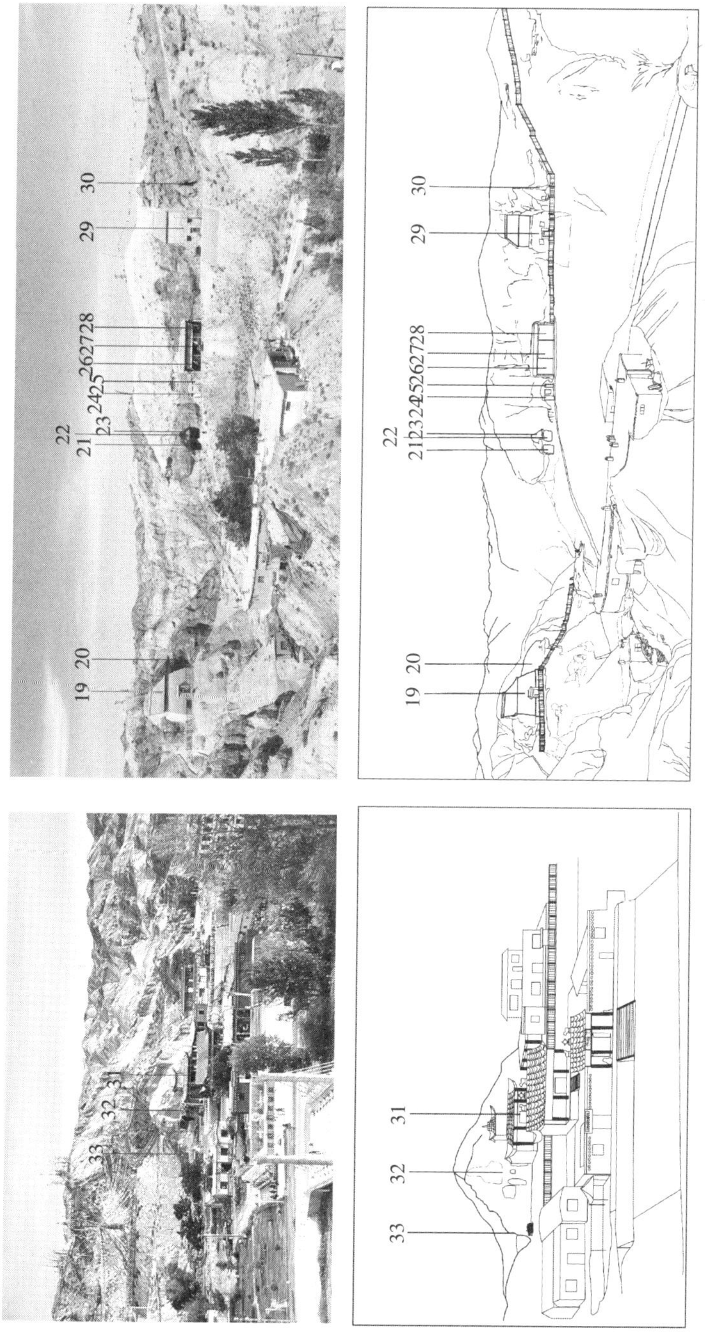

图2-4 文殊山石窟前山区立面图

洞窟。北纬:39°39′19.28",东经:98°20′55.53",海拔:1737 米。

第 19 窟(图 2-5),俗称万佛洞,窟口方向:南偏西 15°。

形制及内容:平面方形中心塔柱窟,窟坐北朝南,前方有塌毁,原应有窟前建筑,现为单室中心塔柱窟,窟宽 5.60 米、进深 5.65 米、高 3.60 米。窟平面呈方形,券顶,中心塔柱上下收分,四面开龛,龛分上下两层,有塔基。窟门高 1.87 米。入口处甬道,残长左侧为 0.84 米、右侧为 0.92 米,甬道前侧宽为 1.23 米、后侧宽为 1.35 米、深约 5.60 米、宽约 5.65 米。中心塔柱高 3.60 米,其中塔基高 0.80 米、中层高 1.50 米、上层高 1.30 米。窟内右壁、前壁有大部分损毁,其余壁面壁画保存完整。中心柱正面上层壁画损毁,露出底层早期壁画,与左壁所露底层壁画风格一致,应为同时期所绘。

第 20 窟(图 2-6),窟口方向:南偏东 3°。

形制及内容:平面方形佛殿窟,全部塌毁,仅存后部及平面近方形地面,宽 6.14 ~ 6.58 米、进深 6.56 米、残高 3.37 米。地面铺有砖,窟前有砖砌痕迹,后部存崖体。

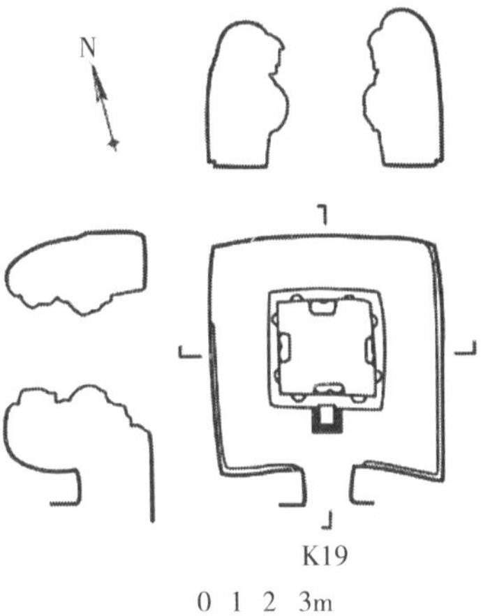

图 2-5　第 19 窟平、剖面图

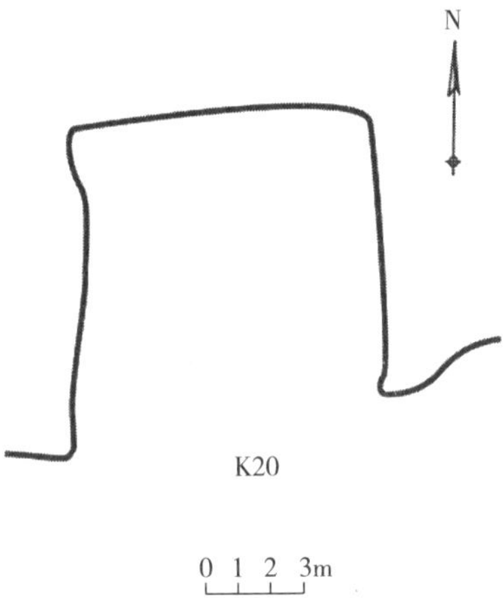

图 2-6　第 20 窟平面图

第 21~23 窟为相邻的一组窟(图 2-7),窟口方向:南偏西 20°。

形制及内容：第 21 窟平面纵长方形，宽 2.46 米、进深 5.00 米、高 1.99 米，券顶。窟口处塌毁，已废弃，内堆沙石、杂物；第 22 窟，平面纵长方形，宽2.28 米、进深 5.08 米、高 1.89 米，券顶。依崖面而凿，从崖面开凿痕迹来看，第21、22 窟应属同期开凿的两个窟，内堆沙石杂物；第 23 窟，龛窟，宽 3.44 米、进深约 0.97 米、高约 2.10 米，位于第 22 窟上方，下部塌毁，仅存龛口裸露于崖面。

第 24、25 窟，两窟相邻（图 2–8），窟口方向：南偏西 13°。

形制及内容：第 24 窟平面方形，宽约 2.78 米、进深约 3.21 米、高约 2.20 米。窟前加木门、窗户；第 25 窟平面方形，宽 2.38~2.87 米、进深约 3.16、高 1.86~2.20 米，正壁和左壁开龛，正壁龛宽 0.78 米、进深 0.28 米、高 0.23 米；左壁龛宽 1.54 米、进深 0.51 米、高 0.61 米，内置杂物。第 24、25 窟原应为一窟，后改建为民房两间，现中间砌墙一堵，分为两室，原窟平面横长方形，平顶。

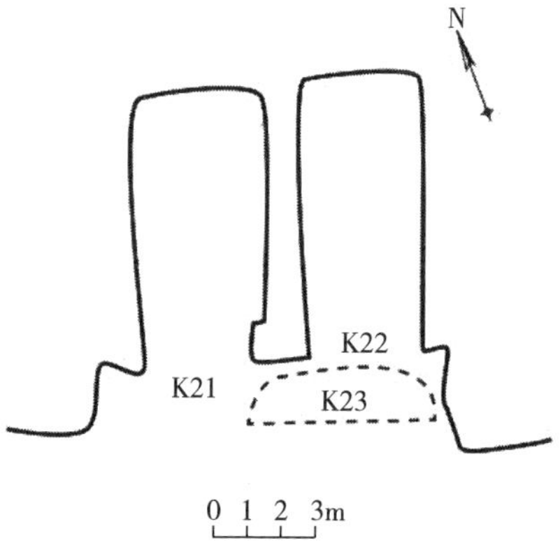

图 2–7　第 21、22、23 窟平面图

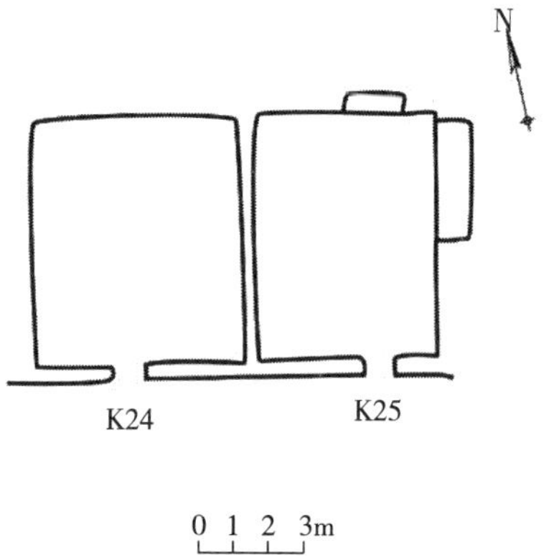

图 2–8　第 24、25 窟平面图

第 26、27、28 窟，三窟相邻（图 2–9），窟口方向：南偏西 9°、南偏西 15°、南偏西 25°。

形制及内容：三窟均为平面纵长方形，第 26 窟宽 1.70 米、进深 3.60 米、高 1.50 米；第 27 窟宽 1.70 米、进深 4.10 米、高约 1.50 米；第 28 窟宽

2.30 米、进深 3.90 米、高约 1.50 米；券顶。这三窟为同时期开凿的连续洞窟，与第 24、25 窟开凿于同一崖面，现经重修分别为观音殿、弥勒殿、地藏殿，窟外现修有窟前建筑。

第 29 窟（图 2–10），俗称千佛洞，南偏西 35°。

形制及内容：北魏中心柱塔窟，窟门略向西开，原有前殿或前檐的木构建筑，今已残毁。平面呈方形，宽 4.10 米、进深 3.80 米、高 3.56 米，拱形门洞，券顶。中心柱四面开龛，上下收分，每面分别开上下两层龛，洞窟右壁及后壁均毁，仅存前壁与右壁的部分壁画。中心塔柱四面龛都经过后代重修或重妆。洞窟前壁门右侧长 1.35 米、左侧长 1.40 米，左壁长 3.80 米、右壁长 3.82 米、后壁长 4.10 米。中心塔柱前面长 2.09 米、左面长 1.95 米、右面长2.11 米、后面长 2.10 米。洞窟高 3.60 米，中心柱下层高 0.80 米，中层高 1.28 米、宽 1.75 米，上层高 1.45 米、宽 1.20 米。窟前左右对称各开一圆拱形龛，左侧龛宽 0.77 米、龛高 0.90 米、进深 0.78 米；右侧龛宽 0.96 米、高 0.92 米、进深 1.23 米，应为早期遗存。窟内右壁及后壁均毁，仅存前壁与右壁的部分壁画，中心塔柱四面龛都经过后代重修或重妆。

第 30 窟（图 2–11），窟口方向：南偏西 36°。

形制及内容：残中心柱窟，残宽 3.43~3.67 米、残进深 2.68~4.10 米、残

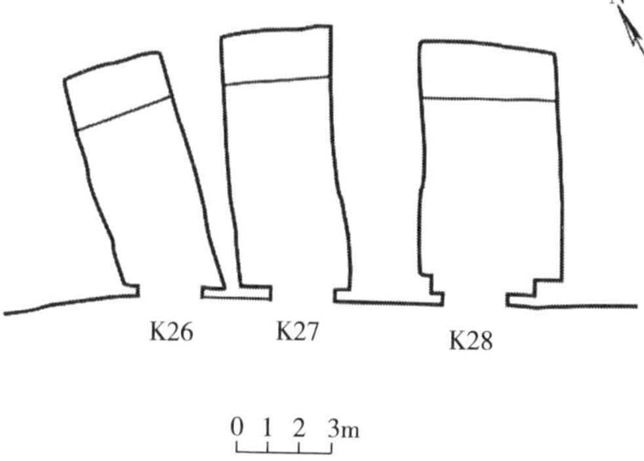

图 2–9　第 26、27、28 窟平面图

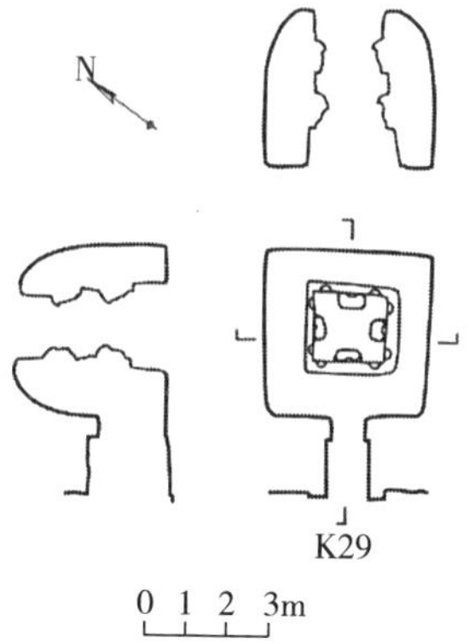

图 2–10　第 29 窟平、剖面图

高约3.75米。中心柱残宽0.59~0.91米、残长1.53米、残高2.58~3.04米。整窟距山顶约5.90米。位于第29窟的左侧一点，窟前整个塌毁，中心柱露于崖面之前。柱体损毁严重，可见下层开拱形龛，龛宽约0.59米、残进深0.25米、残高1.07米，内存留部分草泥皮，上部塌毁露砂砾岩，无法识别有无开龛。从中心柱左侧残口进入，窟内损毁严重露砂砾岩体，中心柱后面残留草泥皮上刷白灰，残留部分早期壁画痕迹，已无法识别。

第31窟(图2-12)，窟口方向:东偏南55°。

形制及内容:平面方形，宽5.60米、进深4.56米、高4.05米，穹隆顶。位于文殊寺内，后殿后室靠山是一座石窟，窟前建有寺院一座。左部、右部、后部和顶部均有早期壁画，由于烟熏严重，有的可辨，有的模糊不清。从内容看，全为密教题材，顶部绘坛城，其余三壁绘千身文殊菩萨，为元代所作。

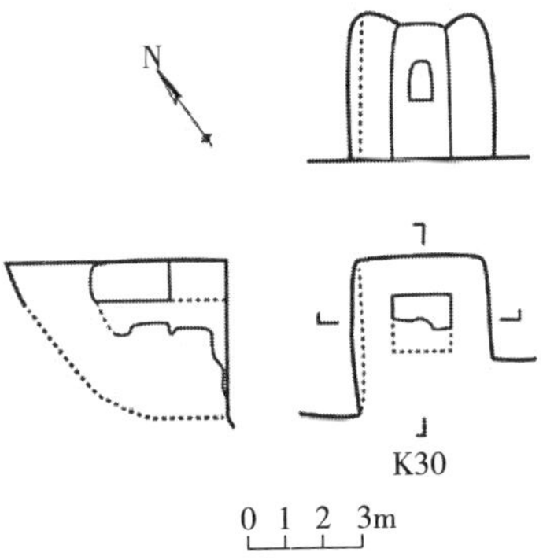

图2-11 第30窟平、剖面图

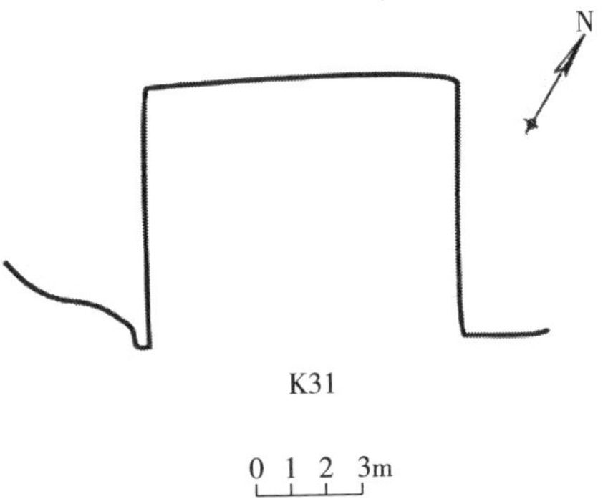

图2-12 第31窟平面图

第32窟(图2-13)，窟口方向:东偏南50°。

形制及内容:残中心柱窟，残宽4.65米、残进深2.70米、残高3.06米，窟前部已全塌毁。中心柱露于崖体前，残长2.02米、残宽1.42米、高2.98米。中心柱正壁开一龛，龛残宽0.82米、进深约0.33米、高约0.92米，留部分泥皮。后部甬道为拱顶，内堆杂物香烛。前壁右侧有开龛遗迹，残宽2.38米、进深约1.17米、高1.06米，此龛应为后世重凿，原左侧应该对称而开，损毁不存。

第 33 窟（图 2-14），窟口方向：西偏南 30°。

形制及内容：平面纵长方形，宽 3.25 米、进深 4.21 米、高 2.09 米，平顶。右壁后部有开龛痕迹，龛宽 0.98 米、进深 0.42 米、宽 0.28 米。窟为早期所开，现为坐禅修行所用，内供佛像。

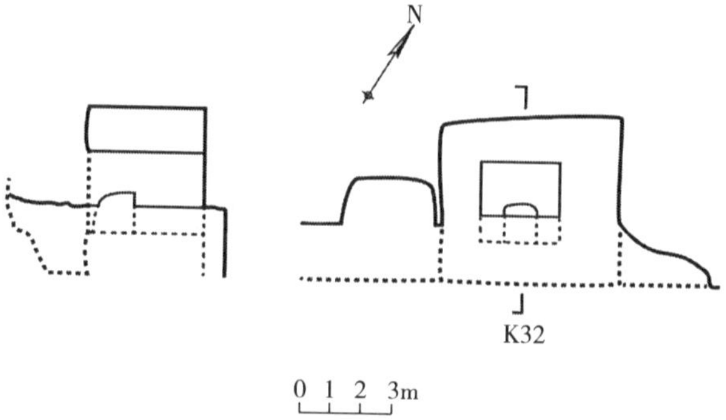

图 2-13　第 32 窟平、剖面图

图 2-14　第 33 窟平面图

三、营房后区

此区位于营房后（图 2-15）长约 570 米的山崖之上。北纬：39°39′02.29"，东经：98°20′33.71"，海拔：1725 米。共有洞窟 26 个，洞窟分层依次排列于崖面，窟口均朝南。由于长期废弃和崖面塌毁，给实际测绘带来了很大的困难，有的窟口悬于半崖，无法测绘，现仅给予编号。其中，第 34~38 号窟处于同一水平高度，第 39~44 号窟处于同一水平高度，第 45~48 号窟处于同一水平高度，第 49~54 号窟处于同一水平高度，第55~59 处于同一水平高度。

第 34 窟（图 2-16），窟口方向：东偏南 32°。

形制及内容：平面近方形，宽 2.57 米、进深 2.63 米、高 1.90 米，残留长方形窟口，平顶，四壁均无遗存。

第 35 窟（图 2-17），窟口方向：东偏南 60°。

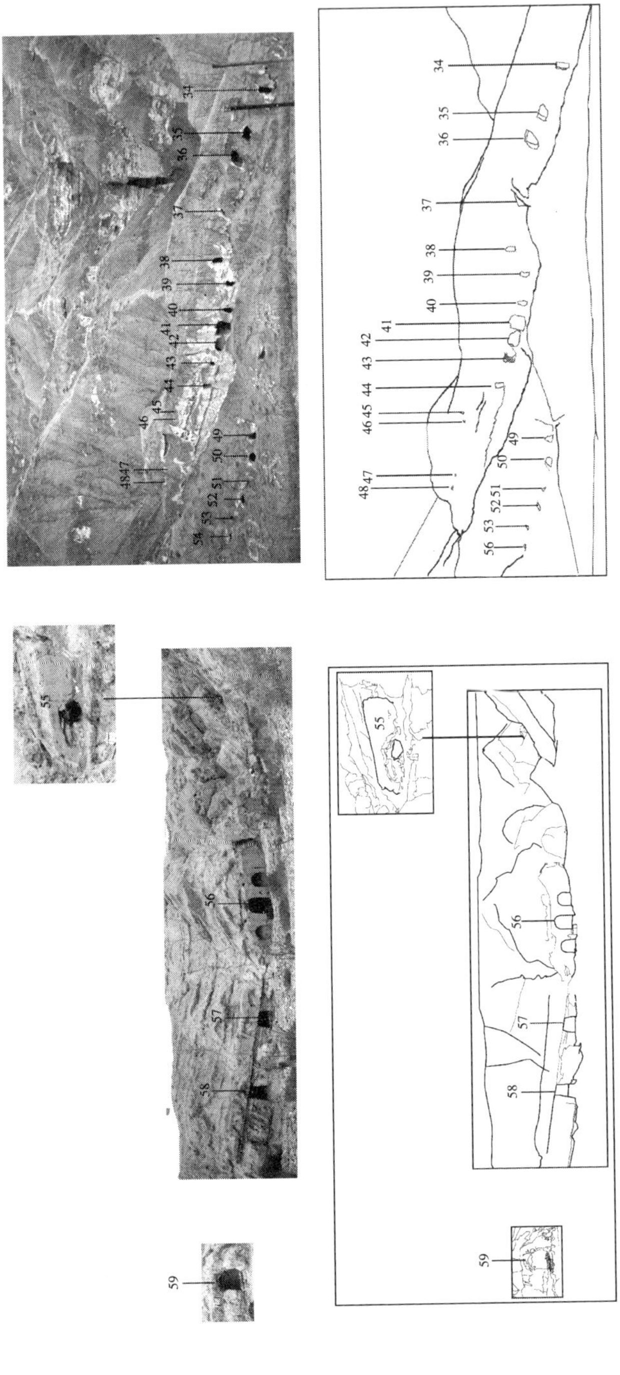

图 2-15　文殊山石窟营房后区立面图

形制及内容：平面近方形，宽 2.80 米、进深 1.71 米、高 1.52 米，窟口处坍塌被泥沙掩埋过半，平顶，四壁均无遗存。

图 2–16　第 34 窟平面图

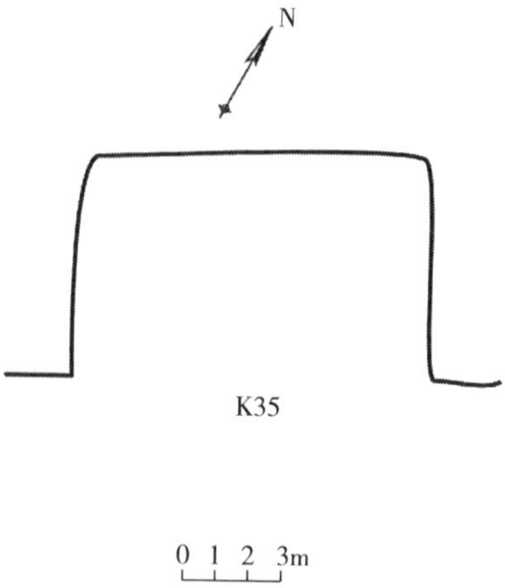

图 2–17　第 35 窟平面图

第 36 窟(图 2–18)，窟口方向：东偏南 58°。

形制及内容：平面近方形，宽 2.56 米、进深 1.75 米、高 1.41 米，平顶，窟口处有塌毁，存留不规则外敞窟口，四壁均无遗存。

第 37 窟，窟口方向：东偏南 57°。

形制及内容：塌毁严重，存一小窟口，无法进入测绘。

第 38 窟(图 2–19)，窟口方向：东偏南 30°。

形制及内容：平面近方形，宽 3.05 米、进深 2.73 米、高 2.01 米，拱形窟口，平顶。主壁下有一长方形佛坛遗迹，进深 1.11 米、高 0.25 米，其余三壁均无遗存，窟内堆沙石。

第 39 窟(图 2–20)，窟口方向：东偏南 34°。

形制及内容：平面近方形，宽 2.61 米、进深 2.27 米、高 1.76 米，平顶。崖面塌毁留不规则窟口，主壁下方有一长方形佛台遗迹，进深 1.00 米、高 0.20 米，损毁严重，其余三壁均无遗存，窟内堆沙石。

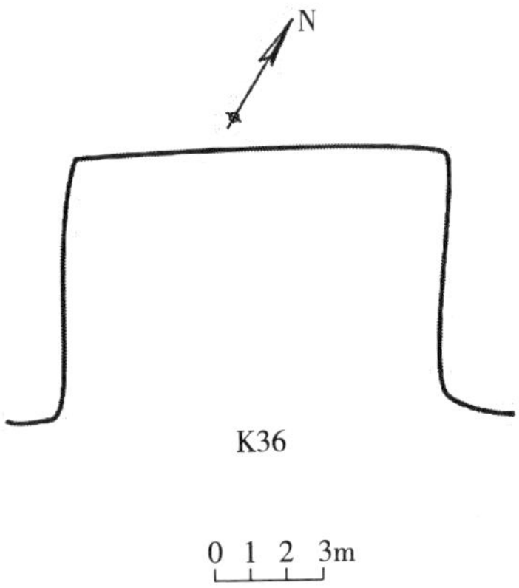

图 2-18 第 36 窟平面图

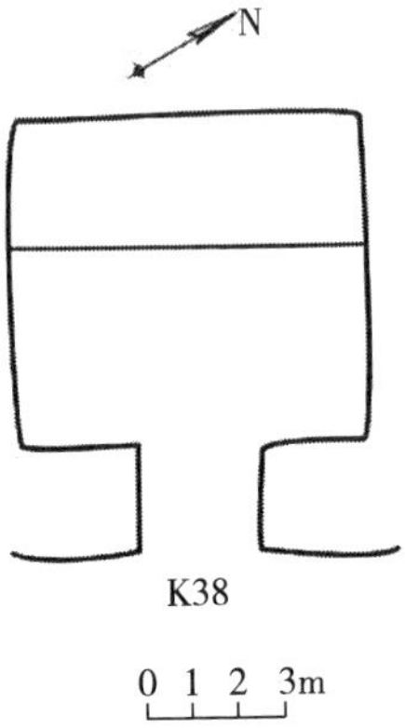

图 2-19 第 38 窟平面图

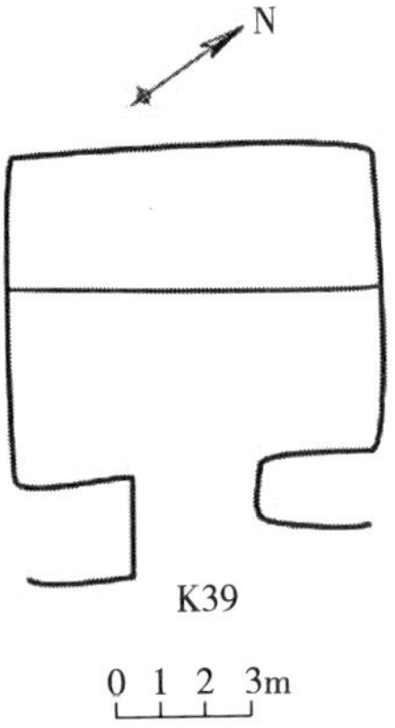

图 2-20 第 39 窟平面图

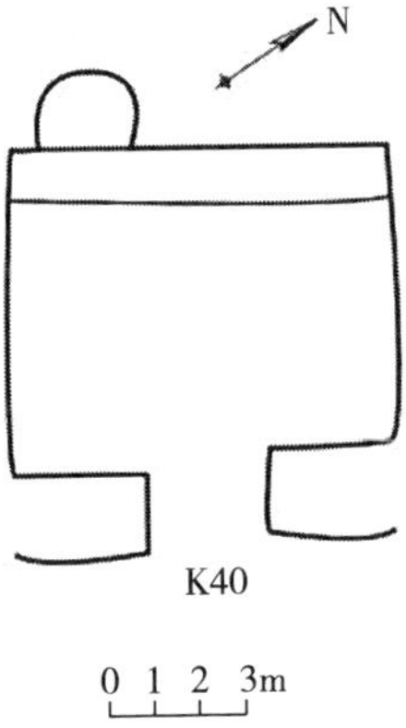

图 2-21 第 40 窟平面图

第 40 窟(图 2-21),窟口方向:东偏南 33°。

形制及内容:平面近方形,宽 2.48 米、进深 2.04 米、高 1.90 米,平顶。崖面坍塌存留不规则窟口。主壁下方有长方形佛坛,进深 0.36 米、高 1.10 米。右下角凿有小龛,龛宽 0.58 米、进深 0.51 米,高 0.37 米,其余三壁均无遗存,窟内堆沙石。

第 41 窟(图 2-22),窟口方向:东偏南 30°。

形制及内容:平面近方形,宽 2.99 米、进深 2.56 米、高 2.23 米,平顶。原有窟门处塌毁,窟前壁不存,露出方形外敞窟口。主壁下有台基,进深

0.29 米、残长 1.84 米、高顶部和右壁残留泥皮，上涂白灰，顶部与右壁交界处以红色分割。右壁白色墙面上留有部分壁画，上部有坐佛四身，脸部损毁，有圆形头光和身光，以绿色、白色填充；坐佛发髻呈尖三角，着右袒式暗红色袈裟，袈裟上沥粉装饰，手部损毁、手势各异。与后山区千佛洞内所绘坐佛如出一辙，同为元代所绘。坐佛下方并排绘有三身较大坐佛，均有头光身光，坐于佛台之上，其余损毁严重无法识别。

第 42 窟（图 2-23），窟口方向：东偏南 19°。

形制及内容：残宽 2.24 米、残进深 1.78 米、高约 1.47 米，整窟塌毁严重，主壁左侧开一小龛，龛宽 0.48 米、进深 0.29 米、高 0.33 米，右壁后部有一小门通向 43 窟。

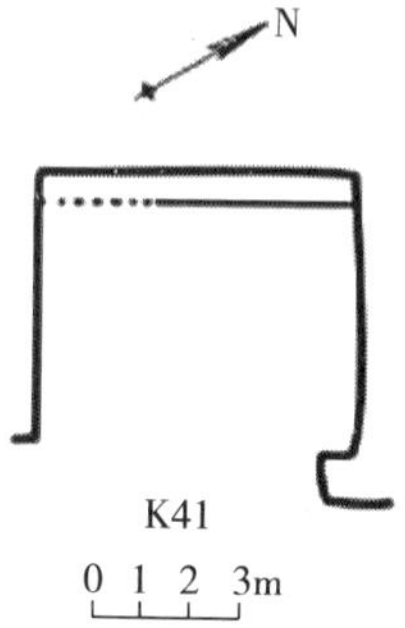

图 2-22 第 41 窟平面图

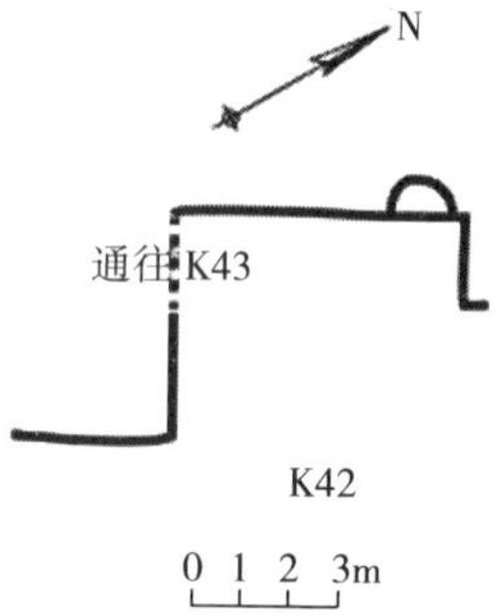

图 2-23 第 42 窟平面图

第 43 窟（图 2-24），窟口方向：东偏南 20°。

形制及内容：平面近方形，宽 3.21 米、进深 2.51 米、高 1.98~2.08 米，四角攒尖顶，位于 42 窟右侧，与 42 窟相通，为后代打通，43 窟原有窟口被砖石封堵，现仅露出小洞口。主壁左侧开有小龛，龛宽 0.43 米、进深 0.24 米、高 0.35 米；右壁前部开小龛，龛宽 0.55 米、进深 0.30 米、高 0.33 米，均为后期开凿，窟顶中间有半圆形凹陷天井，已被烟熏黑，四壁均为烟熏黑。

第 44 窟

形制及内容：崖面塌毁，存留拱形小窟口，露于崖面间，无法进入。

第 45~48 窟处于 44 窟右侧较高的位置，依次排列，由于崖面塌毁严重，窟口全露于崖体中间位置，可以看出四个小窟口遗迹，但无法进入测绘，此处仅给予编号。

第 49 窟（图 2–25），窟口方向：东偏南 50°。

形制及内容：平面方形，宽 2.47 米、进深 2.60 米、高 1.72 米，四角攒尖顶。崖面损毁，露拱形窟口，整窟被烟熏黑，右壁有门洞通向 50 窟。

第 50 窟（图 2–26），窟口方向：东偏南 52°。

形制及内容：平面方形，宽 2.51 米、进深 2.72 米、高 1.74 米，四角攒尖顶。位于 49 窟左侧，拱形不规则窟口，整窟被烟熏黑。

第 51~54 窟，窟口崖面塌毁被沙石掩埋，仅存小窟口，无法进入。

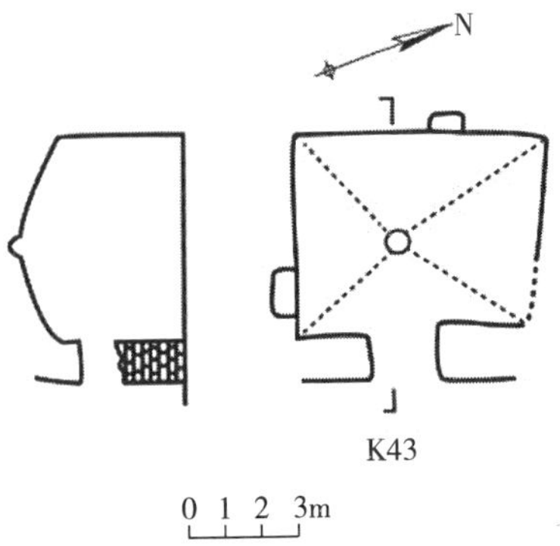

图 2–24　第 43 窟平、剖面图

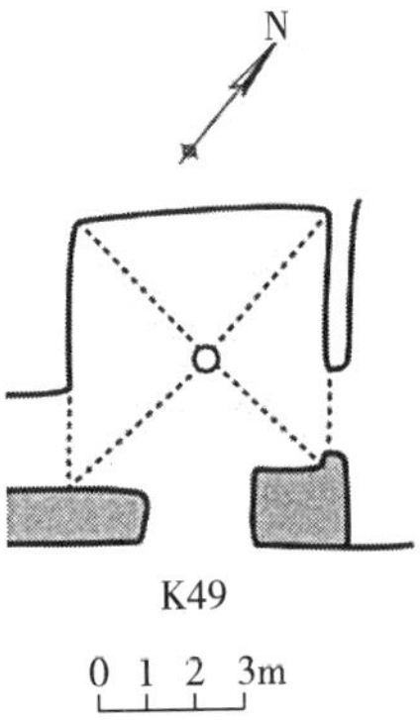

图 2–25　第 49 窟平面图

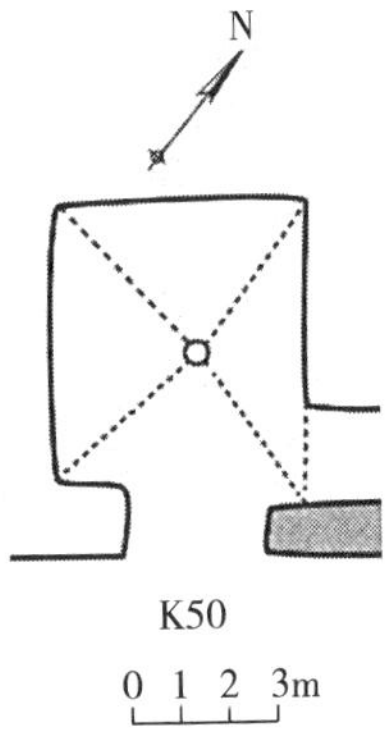

图 2–26　第 50 窟平面图

第 55 窟（图 2–27），窟口方向：南偏西 47°。

形制及内容：平面横长方形佛殿窟，宽 5.43 米、进深 3.20 米、高 3.50 米，平顶。窟口处坍塌，留近方形窟口，主壁下有佛坛，宽 5.43 米、进深 1.34 米、高 0.70 米，整窟被熏黑，窟内堆满大块山石。

第 56 窟（图 2–28），窟口方向：东偏南 41°。

形制及内容：平面呈“凸”字形，分前后室，前室宽 5.98 米、进深3.52 米、高 5.10 米；后室宽 2.75 米、进深 2.76 米、高 5.10 米，平顶。圆拱形窟门，窟口上方崖面塌毁，左右有小洞，原应有窟前建筑。窟门左右对称凿有拱形龛，左侧龛宽 1.70 米、进深 0.65 米、高 1.79 米；右侧龛宽 1.76 米、进深 0.67 米、高 1.89 米。龛内损毁严重，残留部分泥皮。窟内堆大量废弃物和山石，整窟被熏黑。

第 57 窟（图 2–29），窟口方向：东偏北 7°。

形制及内容：平面近方形佛殿窟，宽 5.19 米、进深 4.15 米、高 4.50 米，平顶。窟前塌毁，存方形窟口，原应有大型窟前建筑，现已不存。主壁开龛，龛宽 2.10 米、进深 0.87 米、高 1.80 米，窟内堆满山石杂物，整窟被烟熏黑。

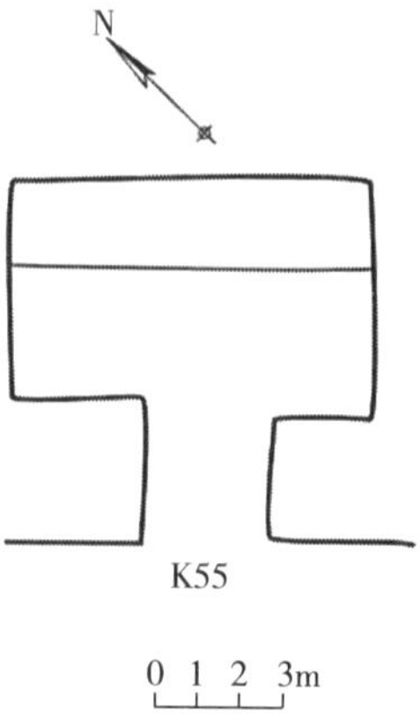

图 2–27　第 55 窟平面图

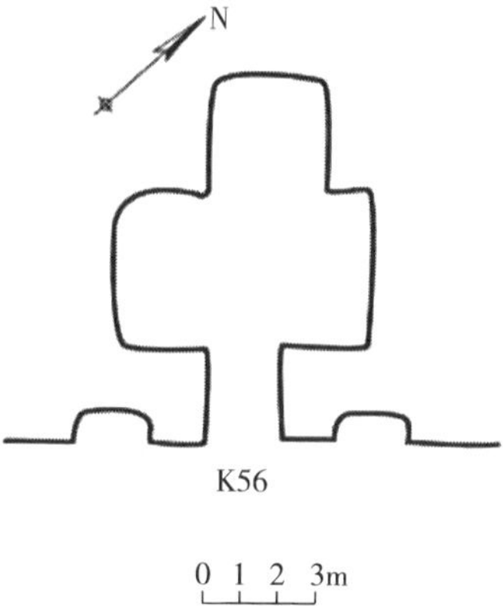

图 2–28　第 56 窟平面图

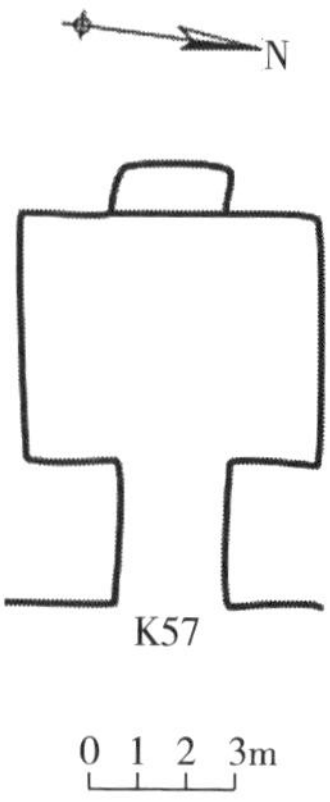

图 2–29　第 57 窟平面图

第 58 窟（图 2–30），窟口方向：东偏北 8°。

形制及内容：平面方形，宽 2.42 米、进深 3.20 米、高 2.90 米，平顶。近邻于 20 窟右侧，窟口处崖面塌毁留一方形窟口，窟口处被沙石掩埋过半，堆满山石杂物，整窟被烟熏黑。

第 59 窟（图 2–31），窟口方向：东偏南 42°。

形制及内容：窟内平面近方形，宽 2.80 米、进深 2.30 米、高 2.91 米。位于 58 窟右侧拐角处，是营房后最后一个窟，距后山较近，处于山体断崖处，前部塌毁，窟口处堆青砖泥土和杂物。主壁和左右壁下设坛，左壁台基宽 0.37 米、右壁宽 0.43 米、进深 0.70 米、高约 0.39 米，主壁下坛基上原应有塑像，顶部遗存一块清代所绘壁画，其余壁面均露崖体。

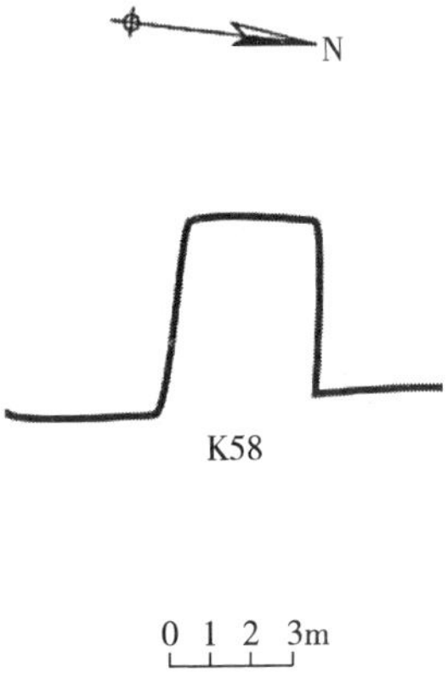

图 2-30 第 58 窟平面图

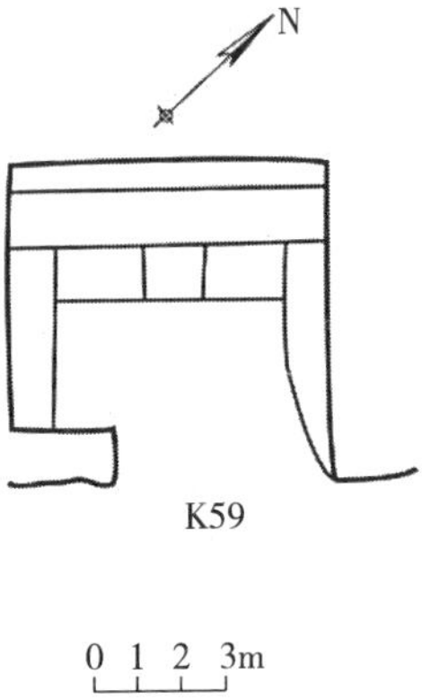

图 2-31 第 59 窟平面图

四、后山区

后山区（图 2-32）石窟遍布于后山沟东西两侧，共有石窟 93 个，海拔：1769~1843 米。北纬：39°38'96.02"，东经：98°20'27.31"。

第 60、61、62 窟为相邻的三个（图 2-33）洞窟，位于后山区最底层，这

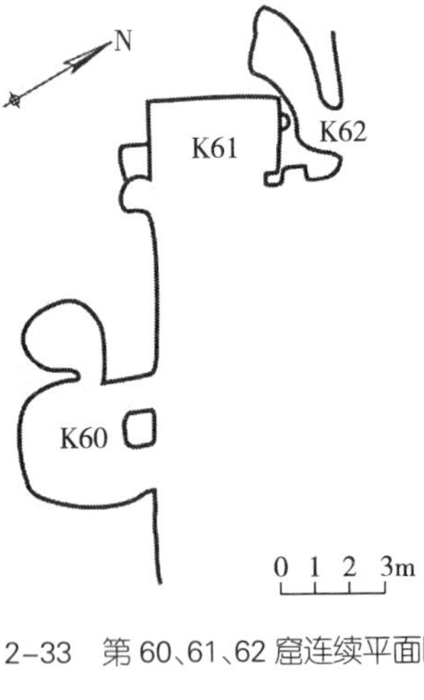

图 2-33 第 60、61、62 窟连续平面图

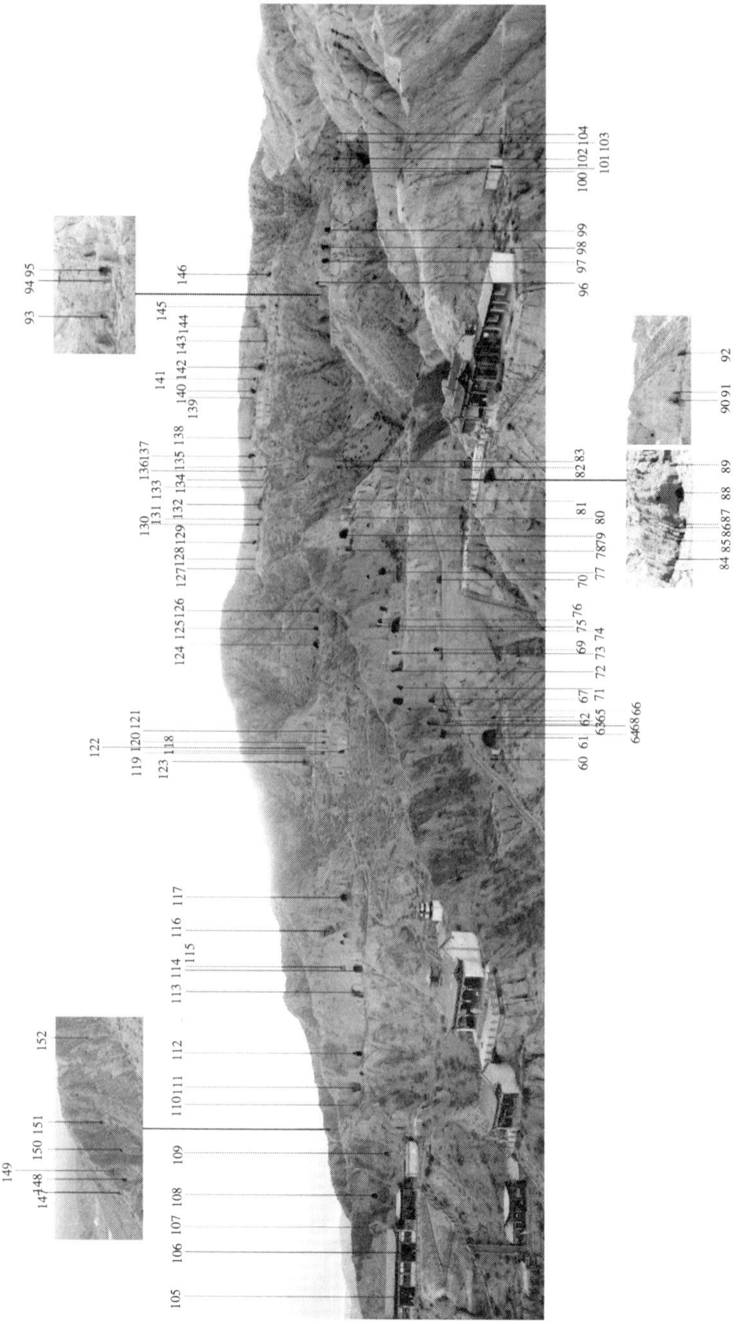

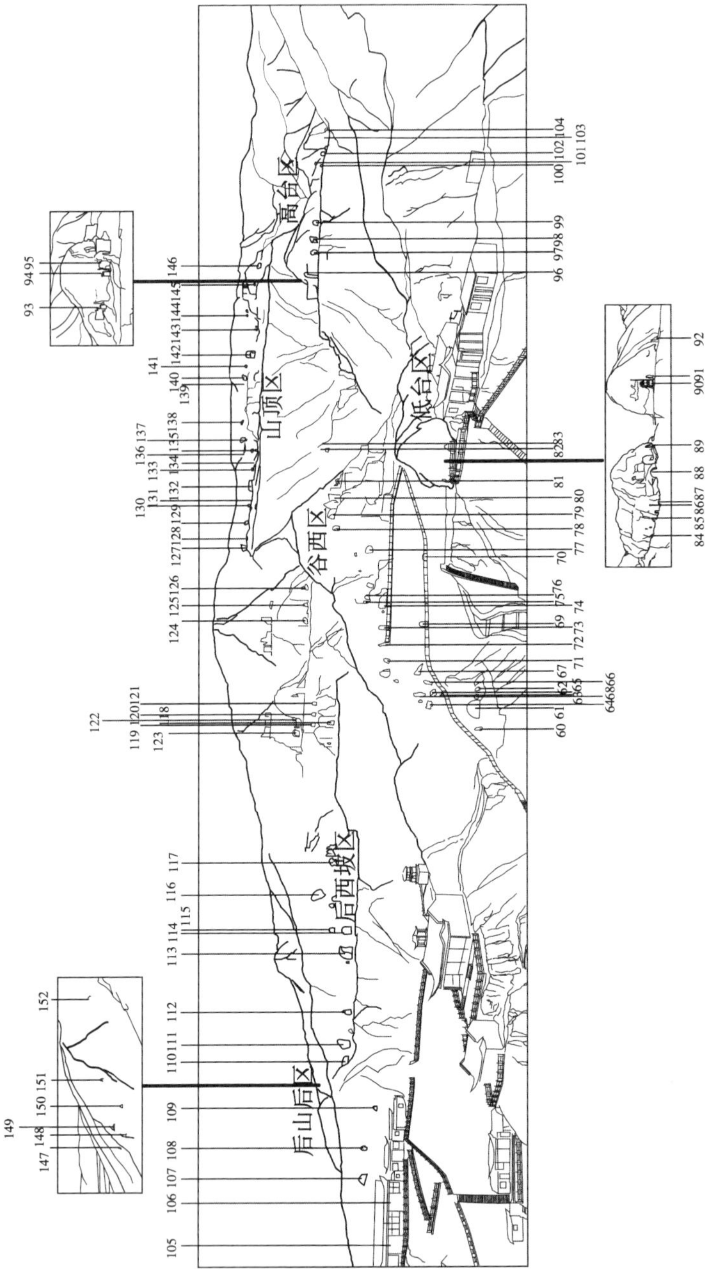

图 2-32 文殊山石窟后山区立面图

一平台上现存只有这三个洞窟。

第 60 窟，窟口方向：北偏东 18°。

形制及内容：平面马蹄形，宽 3.20 米、进深 4.10 米、高 2.50 米，穹隆顶。窟口处坍塌，堆积沙石，左侧还有一小窟口，宽 2.50 米、进深 2.30 米、高 1.21 米，下方堆满沙石，应为后来所凿。

第 61 窟，窟口方向：东偏南 23°。

形制及内容：平面近方形宽 4.00 米、进深 3.70 米、高 2.81 米，穹隆顶。有窟前建筑，已全损毁，可看出窟口壁面左侧残留较厚的草泥皮，右侧开一方形小龛，龛内残留部分草泥皮。窟内右侧有残留小龛，左侧有烟道，炕迹，窟内有烟熏黑痕迹，为僧房窟。

第 62 窟，窟口方向：东偏北 14°。

形制及内容：平面为不规则长方形，宽 1.40 米、进深 3.50 米、高 2.53 米，穹隆顶。窟前塌毁严重，窟口处沙石堆积较多。窟内底层和上层有一条明显的烟熏痕迹，为后期改建的僧房窟。

第 63 窟（图 2–34），窟口方向：北偏西 17°。

形制及内容：平面马蹄形，宽约 1.60 米、进深 1.95~2.00 米、高约 1.00 米，穹隆形残顶。窟前有建筑遗迹，窟口处坍塌残存拱形小窟口，顶部有塌毁，仅能容一人坐修，内堆沙石杂物，为禅窟。

第64 窟（图 2–35），窟口方向：北偏西 7°。

形制及内容：有窟前建筑，已全部塌毁，窟口左右壁面残留泥砖墙坯，窟口处壁面塌毁，露出三个龛，龛前有泥砖砌台阶。中间龛，宽 2.80 米、进深 2.70 米、高约 2.80 米，拱顶；左侧龛，宽 1.25 米、进深 1.80 米、高约 2.20 米，拱顶；右侧龛，宽 1.25 米、进深 1.70 米、高约 2.20 米，拱顶。中间龛内刷黑灰色底，主壁有造像痕迹，造像已不存，露出底层泥坯，有头光背光；左侧龛也刷黑灰色底，中间造像不存，留头光和背光；右侧龛也为黑灰色底残损过半，中间造像不存。

第 65 窟(图 2-36),窟口方向:北偏东 45°。

形制及内容:平面长方形,宽 3.60 米、进深 2.51 米、高约 2.00 米。窟前塌毁,留方形窟口,顶部有塌毁,残留部分泥草皮,内堆满沙石。

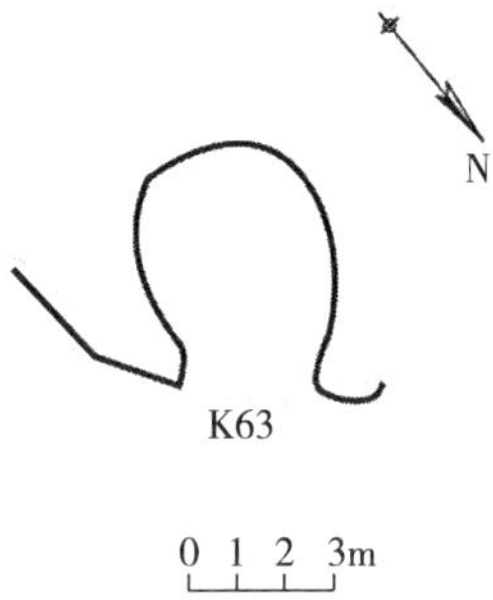

图 2-34　第 63 窟平面图

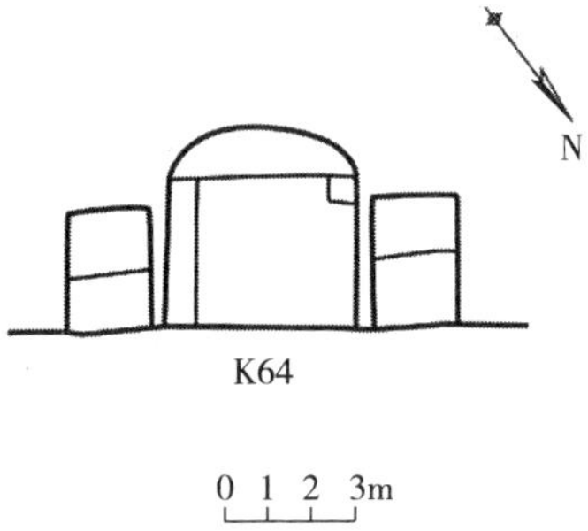

图 2-35　第 64 窟平面图

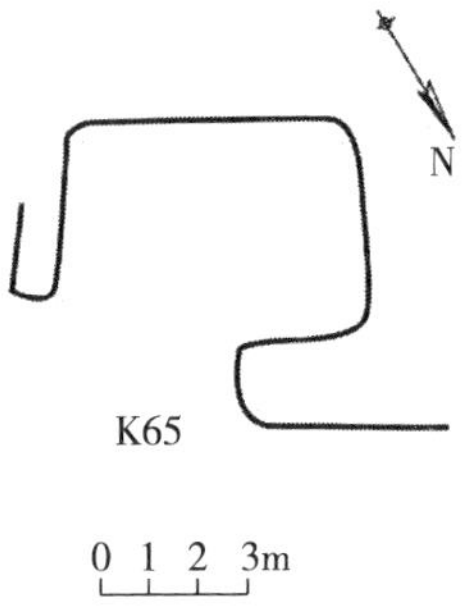

图 2-36　第 65 窟平面图

第 66 窟(图 2-37),窟口方向:北偏东 23°。

形制及内容:平面方形,宽 3.71 米、进深约 3.78 米、高约 2.13 米,平顶。窟口处有坍塌,残留草泥皮,窟口右侧残留部分台基,四壁留少量草泥皮,内堆有落石杂物。

第 67 窟(图 2-38),窟口方向:北偏东 40°。

形制及内容:平面方形残中心柱窟,宽 4.50 米、进深 4.41 米、高约 3.87 米,残顶。窟内坍塌严重,沙石堆积较多。中心柱正面下层有开龛痕迹,其余柱面损毁,未见有开龛痕迹。四壁壁面损毁严重,左壁与前壁拐角处凿有通道,通向一个平面圆形的小窟,应为后来重新开凿,下有成堆沙石,原本壁面应是完整的。圆形小窟前壁向内凿有一个小通道。

第 68 窟(图 2-39),窟口方向:北偏东 25°。

形制及内容:平面不规则形,窟内宽约 4.40 米、残进深 3.72 米、高 1.35~2.37 米。位于第 65 窟和第 66 窟之上,窟口距离地面 2.37 米。窟内塌毁严重,堆满沙石,有泥砌高台,台子进深 1.48 米。左壁有甬道口通往 67 窟残中心柱窟,正壁左侧角有甬道通向上层古佛洞窟。右侧留有不规则侧

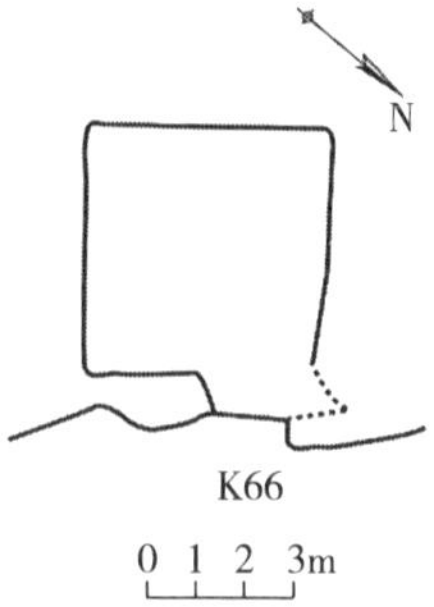

图 2–37　第 66 窟平面图

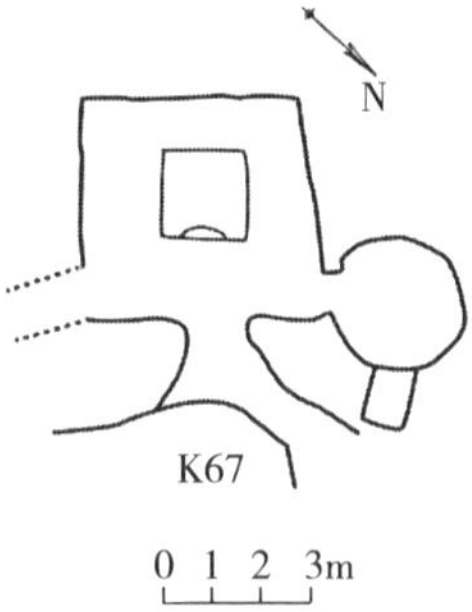

图 2–38　第 67 窟平面图

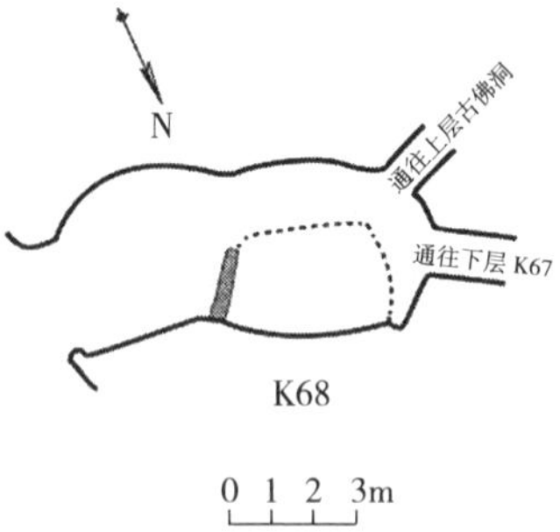

图 2–39　第 68 窟平面图

室，侧室宽 3.48 米、进深 4.30 米，内堆满沙石杂物。

第 69 窟（图 2–40），窟口方向：北偏东 40°。

形制及内容：平面方形中心塔柱窟，洞窟甬道左侧长 3.10 米、右侧长 3.20 米，宽 1.05 米；前壁门左侧 2.35 米、门右侧 2.20 米。窟宽 6.15 米、进深 5.35 米、高约 3.90 米，券顶。窟门略向西开，窟门上部左右两侧各开拱形小龛，原有前殿或前檐的木构建筑，今已残毁。中心柱仅正面开一圆拱形龛，中心柱正面中间开一尖圆拱形龛，龛高 1.25 米、宽 0.93 米、进深 0.32 米。龛内造像不存，其余各面均无开龛。窟内顶部留有早期壁画，其余壁面经后世多次重绘。

图 2–40　第 69 窟（后山千佛洞）平、剖面图

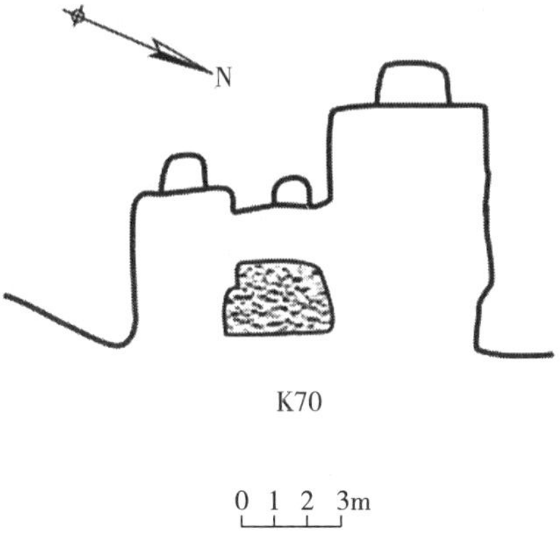

图 2–41　第 70 窟平面图

第 70 窟(图 2–41),窟口方向:东偏北 23°。

形制及内容:平面近方形,宽约 2.71~3.80 米、进深 2.18~3.75 米、残高 1.55 米,拱顶,主壁下开龛,残龛宽约 1.29 米、进深约 0.60 米、龛高约 1.37 米。此窟依崖面露有两个窟口,右侧被掩埋存一小洞口。左侧窟口处有坍塌,存半圆拱形窟口,左右壁残留两层泥草皮,右侧壁面留有壁画痕迹。窟内右壁被打通,主室通往侧室甬道右壁开一龛,龛宽 0.58 米、进深 0.52 米。右侧室,宽 1.47 米、进深 1.84 米、高 1.55 米,主壁开龛,龛宽 0.74 米、进深 0.58 米,窟内堆满沙石,壁面存部分泥草皮。

第 71 窟(图 2–42),窟口方向:东偏北 10°。

形制及内容:平面方形,宽 4.32 米、进深 4.43 米、高约 3.20 米,穹隆顶。主壁开龛,宽 1.10 米、进深 0.41 米、高约 1.00 米。左壁残留小龛,宽 0.33 米、进深 0.14 米、高 0.56 米,右壁与前壁拐角处向下开凿小室,宽 3.10 米、进深 1.20 米。内堆大量落沙石,应为后来重新开凿。

第 72 窟,窟口方向:东偏北 15°。

形制及内容:平面马蹄形残窟,宽 2.15 米、进深 1.85 米、高约 2.33 米。位于古佛洞右侧,前方塌毁严重,现存平面半圆弧形穹隆顶残窟,内有落石堆积,左壁凿有小龛。第 72 窟口处右侧有甬道通向第 71 窟。

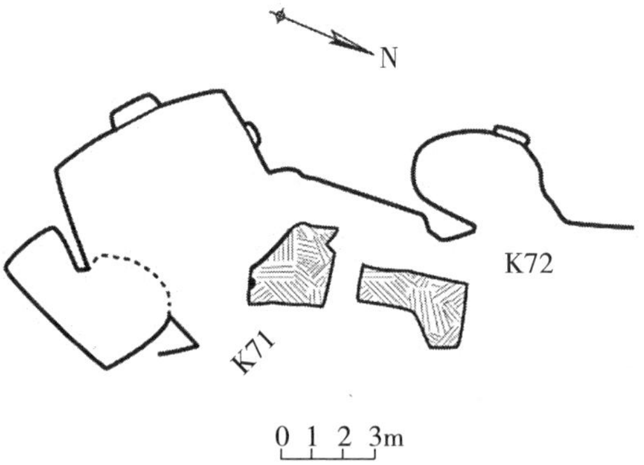

图 2–42　第 71、72 窟连续平面图

第 73 窟(图 2–43 古佛洞),窟口方向:东偏北 22°。

形制及内容:平面方形中心塔柱窟,宽 5.40 米、进深 5.55 米、高约 3.50 米,顶部为不规则平顶。中心塔柱四面均为上层不开龛,下层开龛。窟内烟熏损毁严重，存有两层壁画。

第 74 窟（图 2-44），窟口方向：东偏北 43°。

形制及内容：平面横长方形，宽 5.93 米、进深 3.46 米、高约 2.83 米，平顶。第 74 窟位于古佛洞左侧，有窟前泥坯墙建筑，但塌毁严重并残留泥坯墙基，右壁与前壁拐角处有烟洞和熏黑痕迹，为僧房窟。

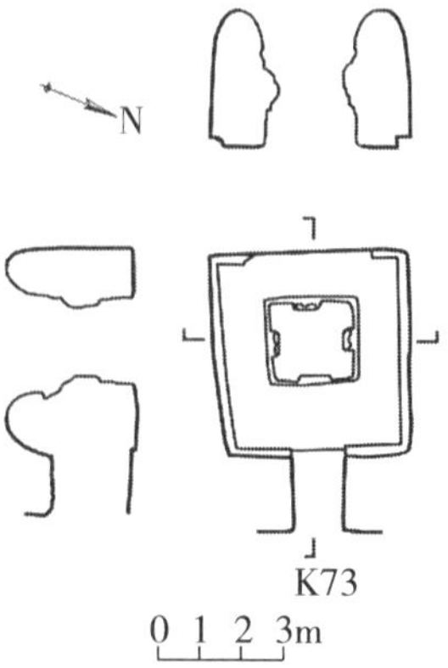

图 2-43　第 73 窟（古佛洞）平、剖面图

第 75 窟（图 2-45），窟口方向：南偏西 59°。

形制及内容：宽约 2.33 米、残进深 1.07~1.44 米、残高约 2.21 米，损毁严重，仅留有右侧土坯墙，有黑色烟熏痕迹。

第 76 窟，窟口方向：南偏西 57°。

形制及内容：平面方形，宽 3.00 米、进深 3.16 米、高 2.80 米，平顶。窟前方有塌毁泥坯墙建筑，窟口处左侧留有泥砖砌墙，拱形甬道券顶，刷为灰色。绕甬道一周绘有壁画，壁画内容主要有蝙蝠和云朵，左右对称而绘，用色主要以黑、白、蓝、绿、红为主。主壁残留圆形绿色头光和红色身光，外

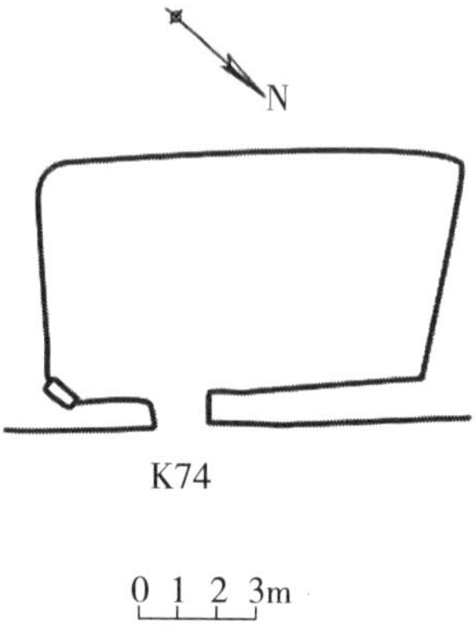

图 2-44　第 74 窟平面图

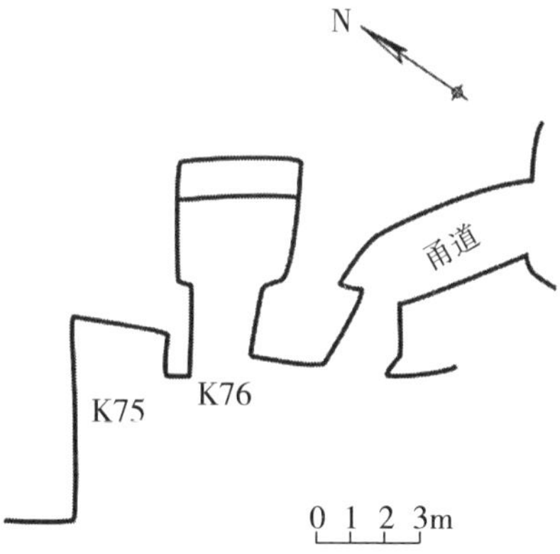

图 2-45　第 75、76 窟连续平面图

绘万道光芒，残损处露出泥坯墙和下方的泥坯砖，主壁下有水泥砌佛坛。其余壁面刷黑灰色，均无壁画。第 76 窟左侧为甬道口。

第 77 窟（图 2–46），窟口方向：东偏南 40°。

形制及内容：残中心柱窟，宽 8.30 米、进深 7.65 米、高约 3.23 米，残顶。中心柱残宽 2.40 米、残进深 1.03~1.24 米、残高约 3.23 米。窟前塌毁，窟口与崖面平齐，窟内坍塌严重，沙石堆积较多。中心柱正面下层部分为沙石掩埋，有开龛痕迹，其余柱面开龛情况不明。四壁壁面损毁严重，残留少量草泥皮，右壁与前壁拐角处凿有小圆洞，下有成堆沙石。原本壁面应是完整的。

第 78 窟（图 2–47），窟口方向：北偏东 54°。

形制及内容：此窟位于第 77 窟右侧甬道口向上的出口处，拱形窟口处留有晚期绘画痕迹。由主室和侧室组成，主室平面纵长方形，宽 2.10 米、进深 3.95 米、高 2.47 米，平顶。主室正壁下方有上下两层佛坛，上层佛坛宽 0.60 米、长 1.17 米，下层佛坛宽 0.76 米、长 2.10 米。前边位于中间位置，较后边略短，佛坛损毁严重，留泥砖土坯。佛坛后壁中间以红、绿色绘染圆形头光和身光，头光损毁露出下层泥皮，头光上绘一圆形的太极图，周围绘云朵。侧室宽 2.66 米、进深 2.48 米、高 2.47 米，平顶。侧室主壁下方有佛坛

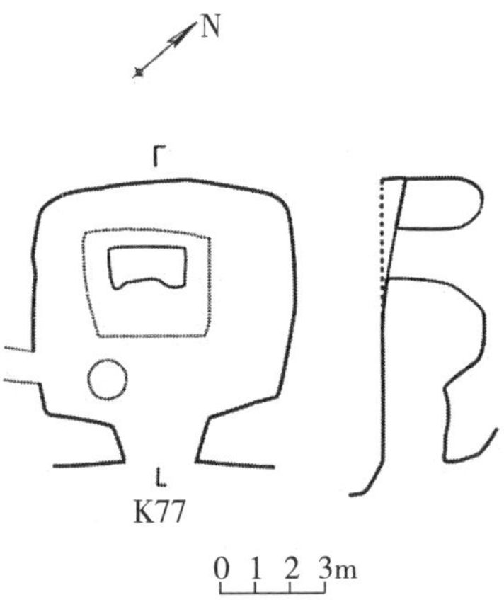

图 2–46 第 77 窟平、剖面图

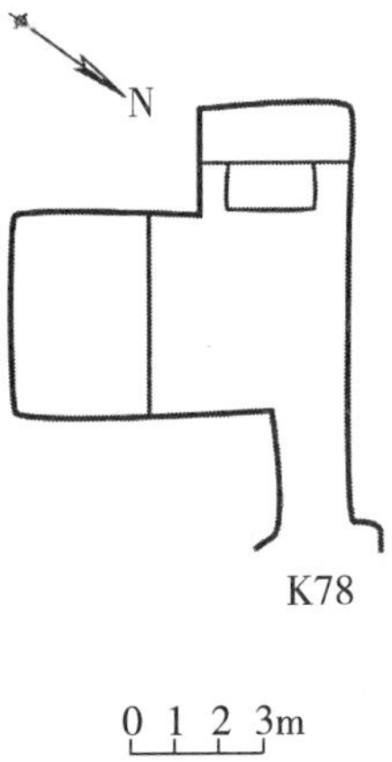

图 2–47 第 78 窟平面图

遗迹，宽约 1.81 米、长约 2.66 米，损毁严重，堆大量泥砖。四壁面均绘有横长方形山水画，有不同程度的损毁，上部和顶部绘云朵。此窟为清代所绘。

第 79 窟（图 2–48），窟口方向：北偏东 53°。

形制及内容：平面呈“凸”形，有前室和后室，前室宽 3.40 米、进深 2.66 米、高 3.35 米，平顶。后室宽约 2.58 米、进深 2.05 米、高 2.58 米。此窟在一座建筑遗迹的正壁后部，原可能被此壁面所堵，现于此壁右侧，露出一破损窟口，堆满沙石，四壁损毁露砂砾岩。

第 80 窟（图 2–48），窟口方向：北偏东 53°。

形制及内容：平面横长方形，有窟前建筑，现存左右土坯墙。窟宽 3.31 米、进深 2.05 米、高 3.35 米，平顶。

第 81 窟（图 2–49），窟口方向：北偏东 7°。

形制及内容：平面横长方形，宽 5.90 米、进深 2.60 米、高 2.77 米，平顶。甬道出口处，窟口塌毁严重，呈不规则形状，正壁下方有损毁佛坛，左壁和右壁下方都有泥砖砌长方形台基遗迹，窟内堆满泥砖沙石，四壁露崖体。右壁下台基长 2.71 米、宽 1.27 米、高 0.55 米；主壁下右侧有方形小台阶，长 1.03 米、宽 0.80 米、高 0.52 米；前壁左侧开小龛，龛宽 0.56 米、高 0.20 米。

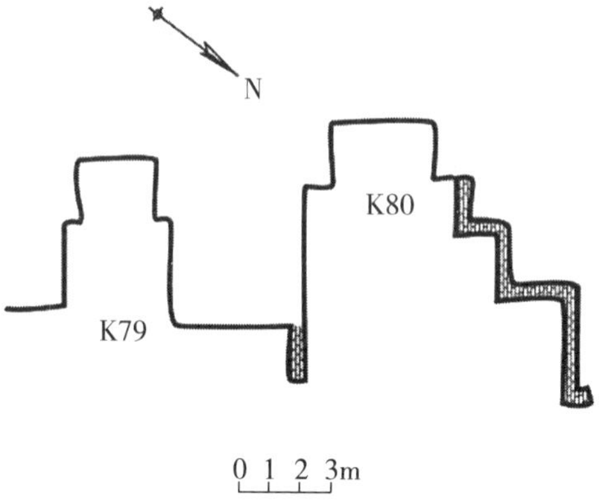

图 2–48　第 79、80 窟平面图

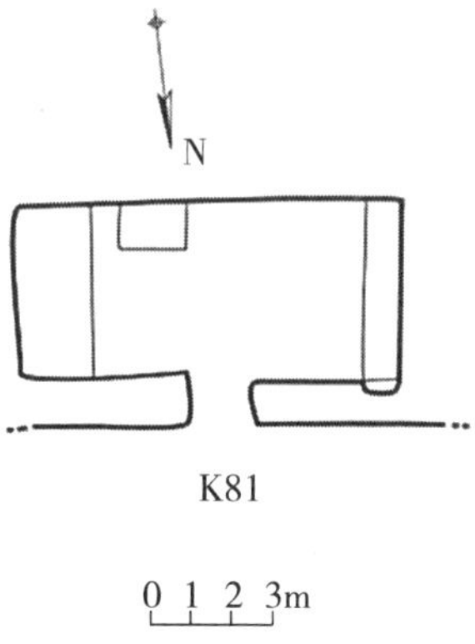

图 2–49　第 81 窟平面图

第 82 窟(图 2–50),窟口方向:北偏东 42°。

形制及内容:平面横长方形,宽 4.93 米、进深 3.63 米,高 2.43 米,平顶。位于 K83 窟右侧,有窟口和甬道。四壁砌有草泥皮,主壁凿有小龛,应为置物用。

第 83 窟(图2–51),窟口方向:东偏南 30°。

形制及内容:平面横长方形,宽 10.54 米、进深 4.10 米、高 3.80 米,平顶。窟前建筑已完全塌毁,窟口开于平齐的崖面中间,有甬道,主壁开龛,龛宽 1.90 米、进深 1.04 米、高 1.94 米。其余壁面露砂砾崖体,地面较平整,有大量落沙石。

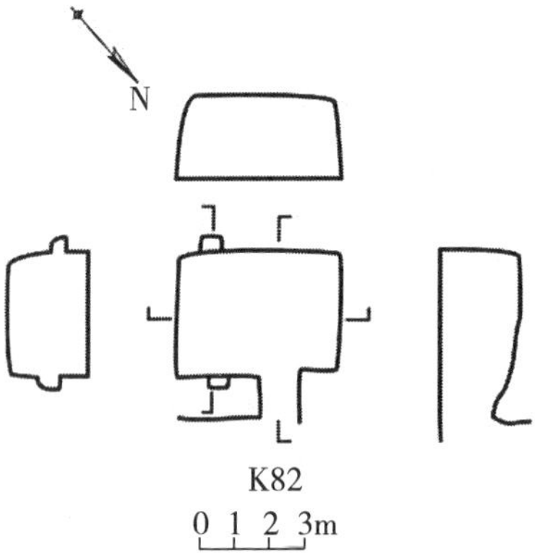

图 2–50 第 82 窟平、剖面图

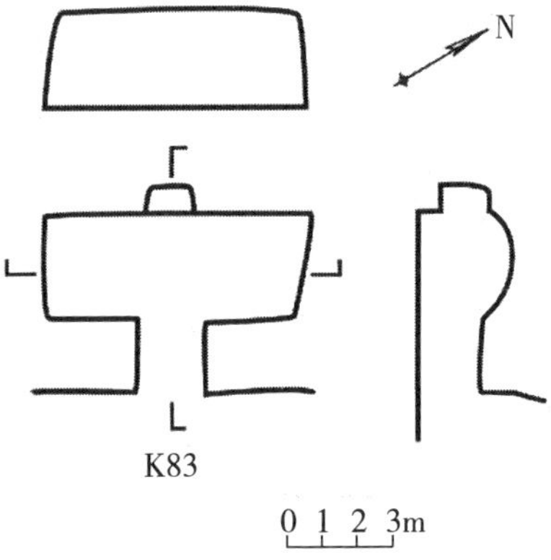

图 2–51 第 83 窟平、剖面图

第 84 窟(图 2–52),窟口方向:西偏南 20°。

形制及内容:窟口被沙石掩埋,可从第 85 窟进入窟内。分前后室,前室平面方形,宽 4.34 米、进深约 5.12 米、高约 2.93 米,平顶;后壁中间有门洞通向后室,宽 3.85 米、进深 3.35 米、高 2.30 米。后室平面近方形,不规则平顶,主壁中间开小龛,龛宽 1.41 米、进深 0.43 米、高 1.10 米,下部堆满沙石,应为后期所凿。左壁上有小龛,龛宽 1.06 米、进深 0.42 米、高 1.20 米。环正壁及左壁有台基,正壁台基残损,台基宽 0.45 米;右侧室宽 4.95 米、进深 4.48 米。右壁靠前壁门洞处有烟道,主室左壁前侧有烟道,左壁后部有甬道通往第85 窟。整个窟内堆满沙石垃圾。

第 85 窟(图 2-53),窟口方向:西偏北 4°。

形制及内容:拱形窟口,分前后室,前室平面方形,宽 4.33 米、进深 4.40 米、高约 2.91 米,平顶;左室宽 3.10 米、进深 4.46 米、高约 2.31 米。前室后壁中间有柱体,上开小龛,左右为门洞向后室;后室平面横长方形,宽 5.94 米、进深 3.67 米,高约 2.31 米,平顶。窟内堆砖石,四壁有烟熏痕迹,主壁上开龛,宽 1.29 米、进深 0.75 米,前室右壁与后壁拐角处有门洞通向第 84窟。

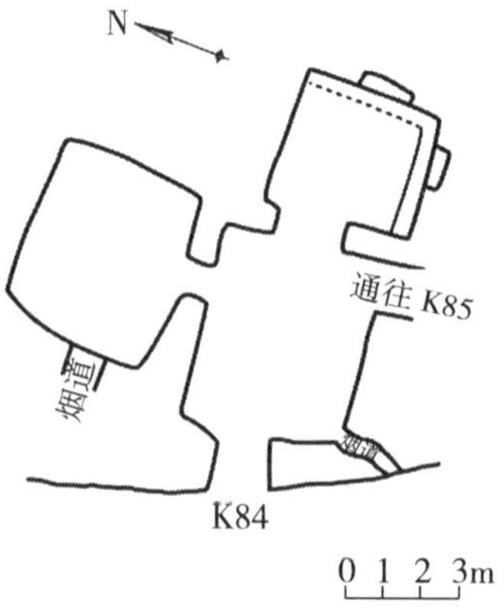

图 2-52　第 84 窟平面图

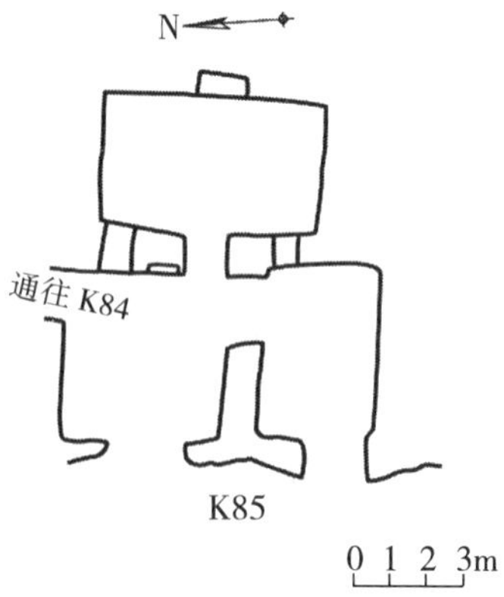

图 2-53　第 85 窟平面图

第 86 窟(图 2-54),窟口方向:西偏北 20°。

形制及内容:窟口处有坍塌,堆满沙石,窟内平面方形穹隆顶,宽 3.65 米、进深 2.3~5.24 米、高约 2.31 米。后壁右侧开龛,龛宽 1.15 米、进深 0.92 米;后壁左侧开龛,龛宽 0.23 米、进深 0.10 米,中间有拱形门洞与 88 窟相通。窟门口左上角处有烟道,前壁左侧开龛,龛宽 0.50 米、进深 0.16 米。前壁右侧开龛,龛宽 0.70 米、进深 0.35 米。现有窟门很有可能是原有洞窟的窗户,原有窟门应被掩埋。

第 87 窟(图 2-55),窟口方向:北偏东 6°。

形制及内容:窟口处坍塌严重,仅存一小窟口,窟内平面近方形,宽

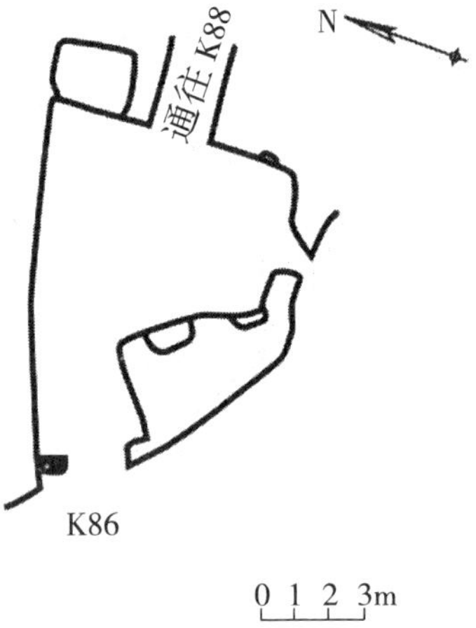

图 2-54 第 86 窟平面图

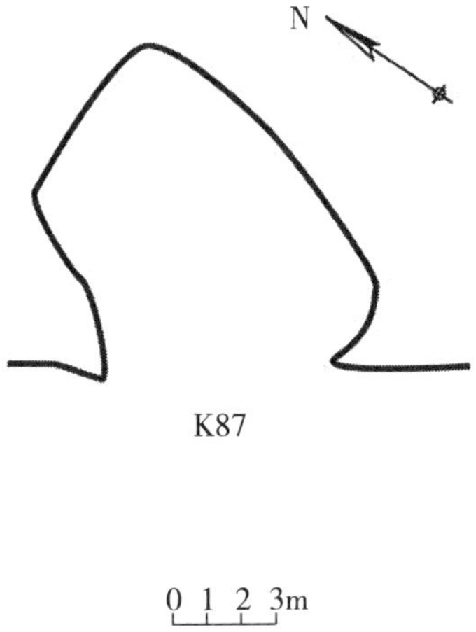

图 2-55 第 87 窟平面图

1.71~2.71 米、进深 3.10 米、高约 2.31 米。窟内塌毁，沙石掩埋严重。

第 88 窟（图 2-56），窟口方向：北偏东 5°。

形制及内容：开凿于梯形山包正面中间位置，前方崖面塌毁，留一拱形窟口。窟口左右堆满沙石，窟内平面纵长方形，宽 2.60 米、残进深约 7.00 米、高 2.40 米，顶纵券式。主壁左右现存两个拱形禅室，主壁左侧禅室高宽 0.76 米、进深 1.78 米、高 1.10 米；右侧龛宽 0.76 米、进深 1.60 米、主壁下部残留部分佛台遗迹。左侧墙原有 4 个禅室，2 个被后期封堵；右侧原应有对称的 4 个禅室，现存 2 个禅室，宽 0.77 米、进深 1.34 米、高 1.21 米，前边的部分塌毁，后边的被改作通道，通向第 87 窟。左壁禅室宽 0.84 米、进深 1.35 米、高 1.20 米，残宽 0.94 米。窟外左侧壁面有小龛，龛宽 1.33 米、进深 0.44 米、高约 1.00 米。

第 89 窟（图 2-57），窟口方向：南偏东 45°。

形制及内容：位于第 88 窟的左侧，窟口处装现代木门，平面近方形，宽 4.21 米、进深 3.46 米、高 2.86 米，穹隆顶。前壁装有玻璃窗户，主壁左下角凿小龛，龛宽 0.57 米、进深 0.57 米、高约 0.46 米。主壁右侧有门洞通

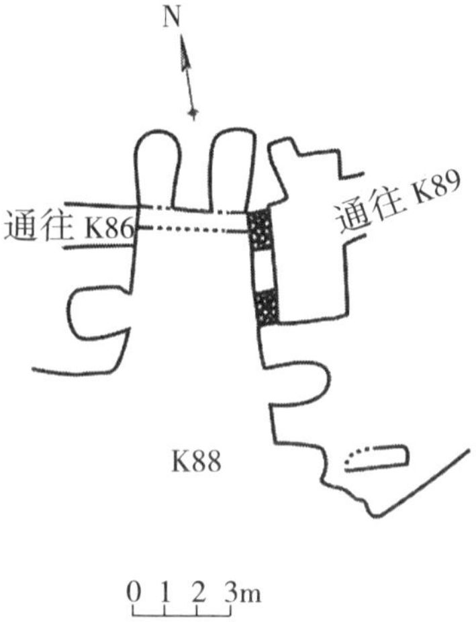

图 2-56　第 88 窟平面图

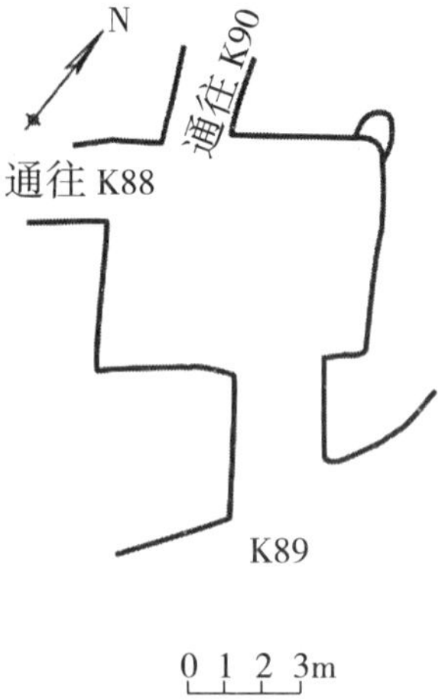

图 2-57　第 89 窟平面图

向第 90 窟，右壁后部有门洞通向右室，右室平面纵长方形券顶，后壁被凿为不规则形状，且与第 88 窟相通。

第 90 窟（图 2-58），窟口方向：东偏北 12°。

形制及内容：拱形窟口，平面纵长方形，宽 3.00 米、进深 4.38 米、高 2.72 米，平顶。四壁存留少量泥皮，前壁留有采光口，采光口左侧有烟道。左壁前部和右壁后部分别有甬道通往第 91 窟和第 89 窟。甬道右侧有龛，宽 0.73 米、进深约 0.77 米、高约 0.86 米。

第 91 窟（图 2-59），窟口方向：东偏南 39°。

形制及内容：位于第 90 窟左后侧面，原为拱形门，现上部被砖封堵，下部装有现代玻璃窗户。窟内平面纵长方形，宽 3.53 米、进深 3.67 米、高约 2.70 米，右前有甬道，通向第 90 窟。

第 92 窟（图 2-60），窟口方向：东偏北 37°。

形制及内容：拱形窟口，分左室和后室。左室平面长方形，宽1.40 米、进深 2.00 米、高 2.31 米，券顶；后室平面方形宽 1.60 米、进深 1.54 米、高约 2.31 米，券顶。可能为早期遗留禅窟改建而来。

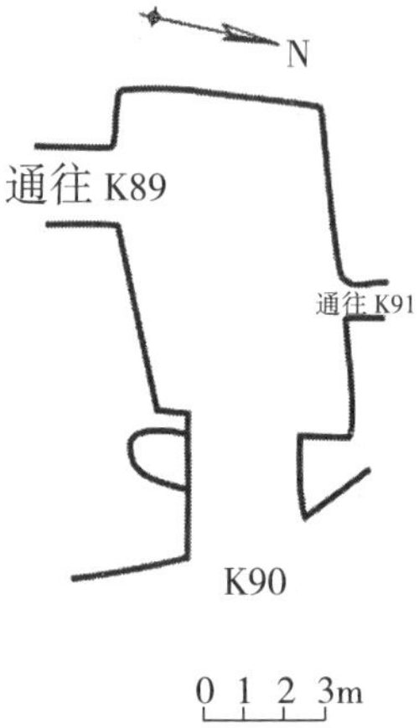

图 2-58　第 90 窟平面图

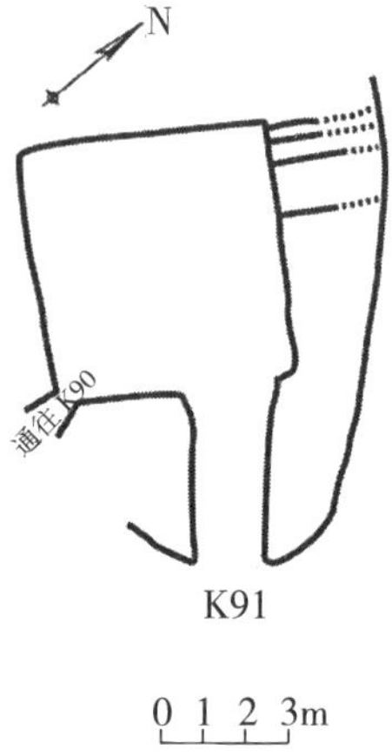

图 2-59　第 91 窟平面图

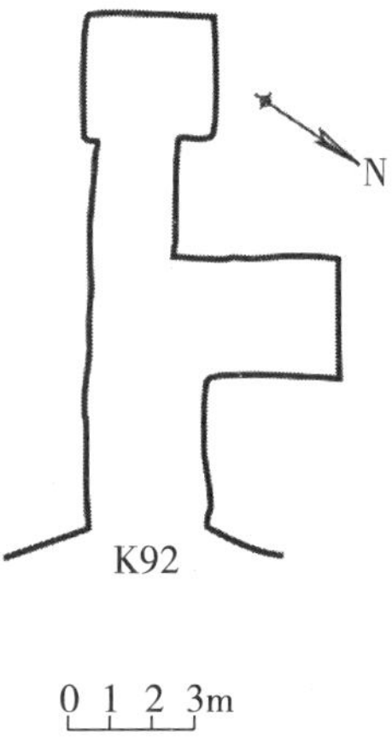

图 2-60　第 92 窟平面图

第 93 窟(图 2-61),窟口方向:北偏东 60°。

形制及内容:可分三室,进窟左侧有一室,平面纵长方形,宽 4.85 米、进深 2.33 米、高 2.42 米,平顶;主壁右侧有龛,宽 0.70 米、进深 0.48 米。窟内四壁均为现代重修,右壁砌有一高台,置杂物,有香和蜡烛。右侧一室,平面方形,宽 2.47 米、进深 3.11 米、高 2.50 米,平顶。该窟右壁有龛,龛宽 0.53 米、进深 0.42 米;左壁开龛,龛宽 0.82 米、进深 0.42 米、高 0.91 米;后一室,平面横长方形,宽 5.98 米、进深 1.98 米、高 1.93 米。左右两壁均有台基,左臂台基长 1.97 米、宽 0.69 米;右壁台基长 2.00 米、进深 0.64 米,平顶。窟前有塌毁建筑,有木门。此窟为现代改造居住所用,内堆积杂物。

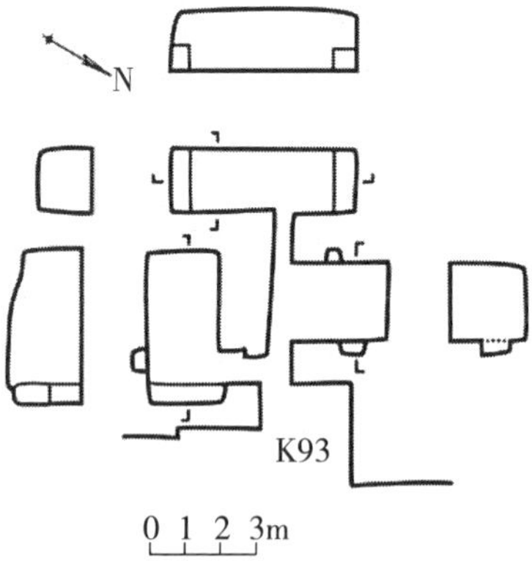

图 2-61　第 93 窟平、剖面图

第 94 窟(图 2-62),窟口方向:北偏东 65°。

形制及内容:平面长方形,宽 3.05 米、进深 4.54 米、高 2.50 米,拱顶。长方形窟口,有木门,为现代人做厨房用。

左壁下部凿有小龛，龛宽 0.79 米、进深 0.40 米、高 0.72 米。

第 95 窟（图 2–63），窟口方向：北偏东 60°。

形制及内容：平面方形，宽 2.37~2.54 米、进深 3.58 米、高 2.55 米，拱顶。前方有窟前建筑，现存窟口处残留泥坯墙台阶，壁面残留有较厚的草泥皮，窟内现堆满杂物。

第 96 窟（图 2–64），窟口方向：北偏西 30°。

形制及内容：残窟为平面方形，宽 4.40 米、进深 3.51 米、高 3.80 米，拱形顶。开凿于山包正面梯形面中间位置，前方有塌毁的三层窟前建筑，窟门面墙依崖体筑有土坯墙，均已塌毁，沙石土坯堆积下方和窟口处。窟门左右两侧残留土坯墙，土坯墙两侧各有拱形小门，通向山体的左右两侧。窟内主壁下方有泥坯砌长方形佛坛，长约 4.40 米、宽 1.65 米。佛坛残损严重，窟内四壁面均砌有很厚的草泥坯，上涂白灰，有现代人乱刻乱画墨迹。主壁墙皮有三部分脱落，应为之前的三尊造像遗留痕迹，最左侧佛台上存有凸形佛坐，台座宽 1.19 米、进深 0.87 米。右壁上凿有上下两个小龛，下方龛宽 0.56 米、进深

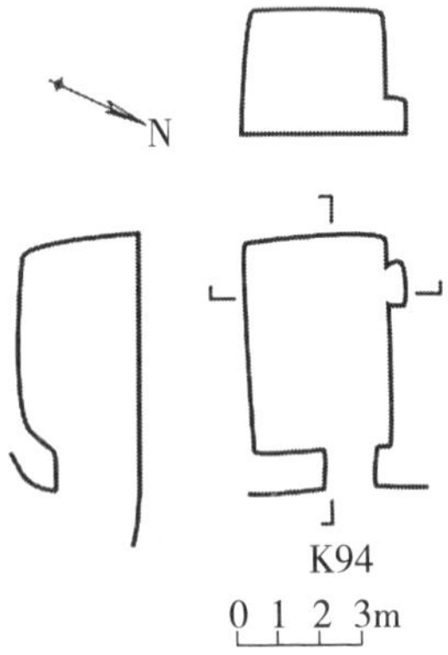

图 2–62　第 94 窟平、剖面图

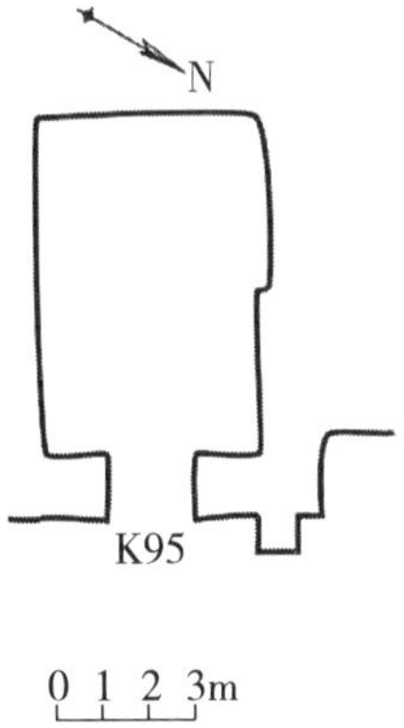

图 2–63　第 95 窟平面图

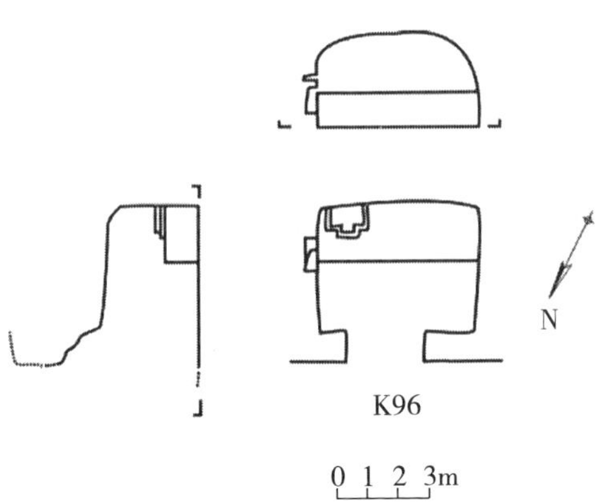

图 2–64　第 96 窟平、剖面图

0.36 米、高 0.73 米；上方龛宽 0.64 米、进深 0.34 米、高 0.41 米。龛内外层墙皮脱落，露出底层青金色壁画痕迹，为早期壁画遗留，说明此窟至少经历两次重修，表明其为早期开凿石窟，因此推断此区为原有早期窟群，而非近代新开。

第 97、98 窟（图 2–65），窟口方向：南偏西 15°。

形制及内容：第 97 窟平面纵长方形，宽 3.19 米、进深 5.40 米、高 2.80 米，拱形顶；第 98 窟平面长方形，宽 4.74 米、进深 4.56 米、高 3.00~3.40 米，穹隆顶。第 97 窟与第 98 窟内部有门洞相通。第 97 窟内有沙石土坯堆积，右侧壁面凿有两个拱形小龛，宽 1.27 米、进深 0.90 米，另一龛宽 1.00 米、进深0.97 米，可供一人打坐禅修，内有沙土泥砖堆积，从其形制可断为禅窟。第 97 窟与第 98 为组合双窟，第 98 窟口处有部分塌毁泥砖砌墙，窟口被封一半。主壁有烟熏痕迹，右壁有少部分泥砖砌墙。墙与前壁间留门洞通向第 97 窟，左壁与前壁拐角间有烟道。第 97、98 窟应为禅窟僧房窟的双窟组合。

第 99 窟（图 2–66），窟口方向：南偏西 20°。

形制及内容：平面纵长方形，宽 3.87 米、进深 5.10 米、高 2.95 米，穹隆顶。长方形窟口，窟内损毁严重，四壁残留草泥坯痕迹。

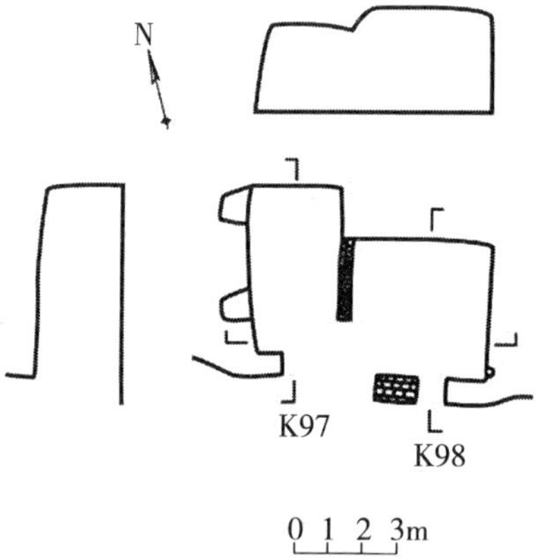

图 2–65　第 97、98 窟平、剖面图

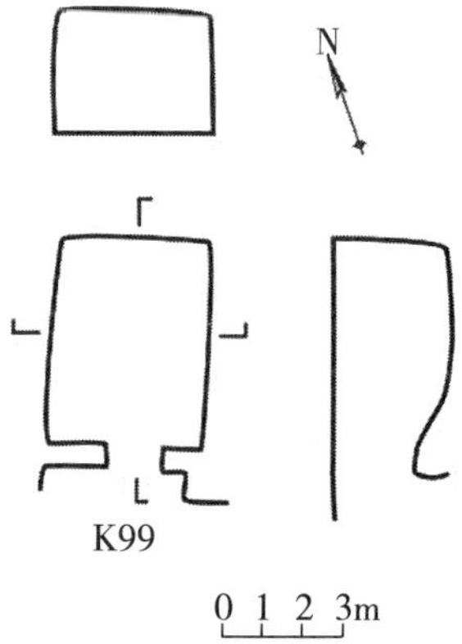

图 2–66　第 99 窟平、剖面图

第 100 窟(图 2–67),窟口方向:南偏西 30°。

形制及内容:平面方形,宽 3.52 米、进深 2.45 米、高 2.30 米,平顶,拱形窟口,窟内堆积沙石泥砖。主壁左侧向内凿有不规则龛,宽 1.55 米、进深 0.83 米、高 1.17 米。为后期所凿。最初的窟形应还是平面方形窟。

第 101 窟(图 2–68),窟口方向:南偏西 25°。

形制及内容:平面扇形,宽 1.45~4.17 米、进深 2.84 米、高 1.94 米,平顶。位于 100 窟与 102 窟之间的上层。方形窟口,主壁下方依窟形砌有弧形长台,高 0.54 米、长约 4.00 米,四壁均残。

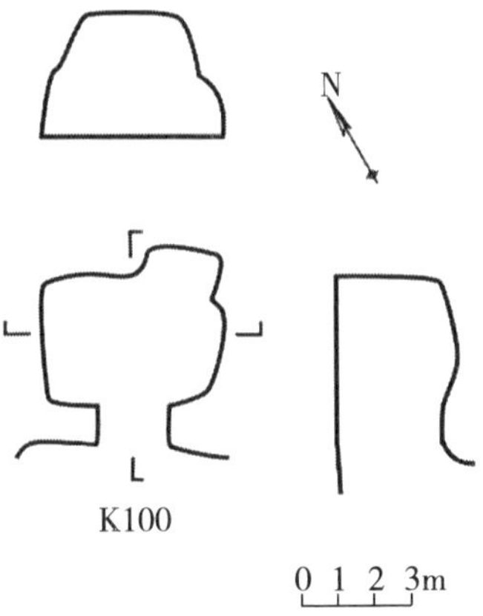

图 2–67 第 100 窟平、剖面图

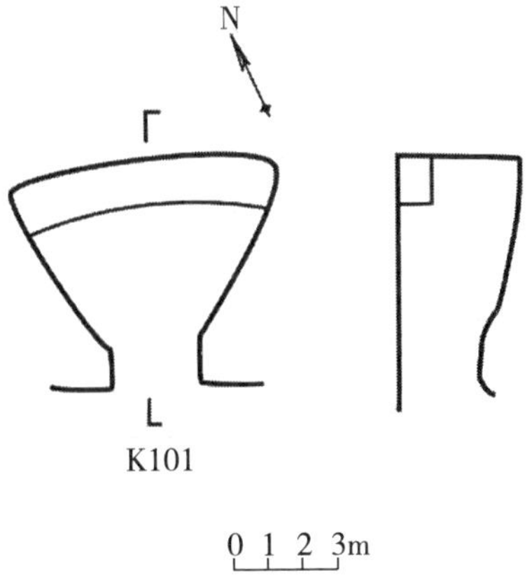

图 2–68 第 101 窟平、剖面图

第 102 窟(图 2–69),窟口方向:南偏西 40°。

形制及内容:平面纵长方形,宽 3.42 米、进深 4.06 米、高 2.12~3.80 米,人字披顶。拱形窟口,四壁为白灰墙,有现代人乱涂痕迹,主壁下方有水泥砌长佛坛,长 3.42 米、宽 0.78 米、高 0.70 米。无造像,地上铺红砖,为现代人重修。

第 103 窟(图 2–70),窟口方向:西偏北 22°。

形制及内容:平面方形,宽 3.66 米、进深 3.94 米、高 2.63 米,穹隆顶。拱形窟口,窟前有较长的甬道,窟内主壁开龛,龛宽 1.24 米、进深 0.37 米、

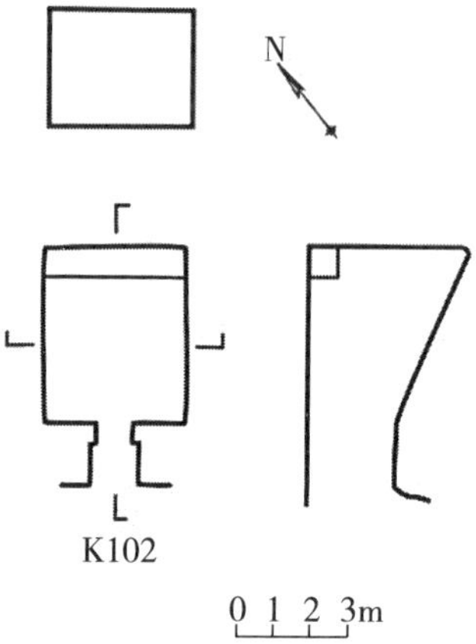

图 2–69 第 102 窟平、剖面图

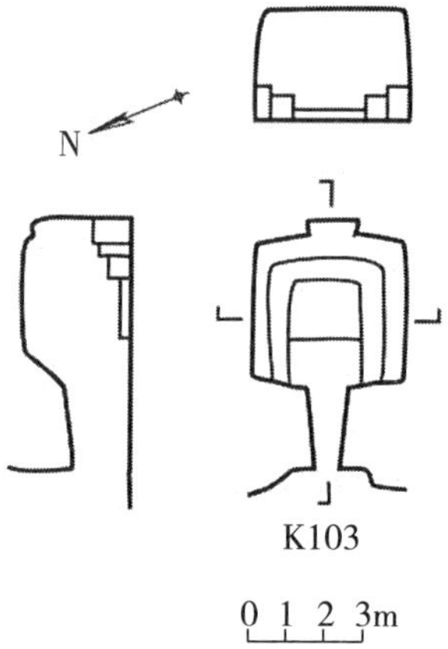

图 2–70 第 103 窟平、剖面图

高 1.50 米。主壁及左右壁下方砌双层佛坛，中间砌三层，均有损毁，窟内积沙石泥砖。

第 104 窟（图 2–71），窟口方向：东偏南 30°。

形制及内容：平面方形，宽 1.54 米、进深 2.06 米、高 0.68 米，拱顶。窟口被沙石掩埋，为坍塌所致。

第 105 窟（图 2–72），窟口方向：东偏北 30°。

形制及内容：分前、后两室，整窟于后世重修（现据前室窟顶横栏题记

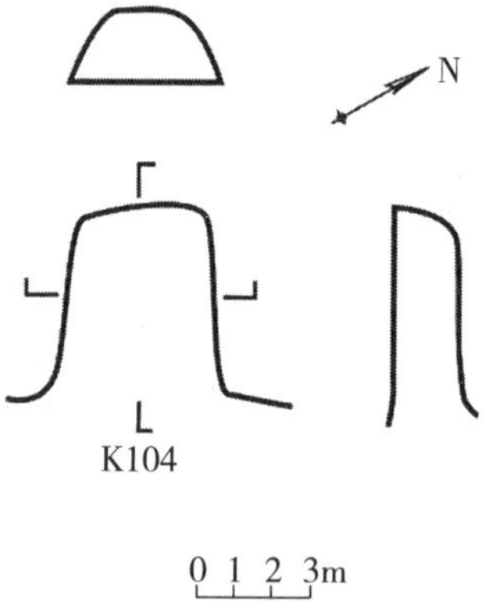

图 2–71 第 104 窟平、剖面图

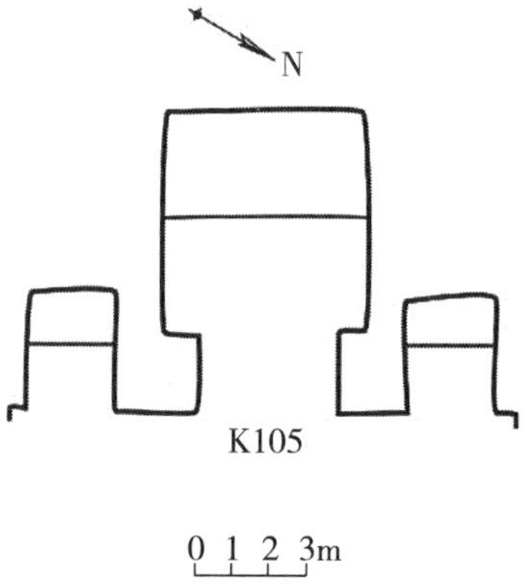

图 2–72 第 105 窟平面图

可知最近重装时间为 1993 年)。前室为窟前佛殿木构建筑,平面呈横长方形,宽 8.24 米、进深 4.57 米、高 4.70~5.85 米。后室为平面方形后壁设坛基,窟宽 3.36 米、进深 3.58 米、高 3.54~3.90 米,坛宽 3.15 米、进深 1.70 米、高 1.00 米;方形窟口,现有木门;平顶。前室后壁左右各一圆拱形龛,龛宽 1.48 米、进深 1.91 米、高 1.74 米;右侧龛宽 1.49 米、进深 1.91 米、高 1.74 米。整窟塑像及壁画均为后世雕凿。

第 106 窟(图 2–73),窟口方向:东偏北 40°。

形制及内容:分前、后两室,整窟于后世重修。前室为窟前佛殿木构建筑,平面长方形,宽 7.78 米、进深 4.55 米、高 4.30 米。后室为平面方形,后壁设坛窟,窟宽 3.74 米、进深 3.60 米、高 3.27 米。坛长 3.74 米、宽 1.26 米、高 0.88 米;方形窟口,现有木门;原窟情况不明。后室外部有甬道环窟一周,甬道宽 0.70 米、高约 1.70 米。整窟塑像及壁画均为后世雕凿。

第 107 窟,位于此区的最左侧,崖体塌毁严重,窟口处基本被掩埋,窟内情况不详。

第 108 窟(图 2–74),窟口方向:东偏北 40°。

形制及内容:平面长方形,宽 3.83 米、进深 1.90 米、高 2.75 米,拱形窟口,券顶。地面堆积大量沙石。左壁开龛,龛宽 0.84 米、进深 0.85 米、高

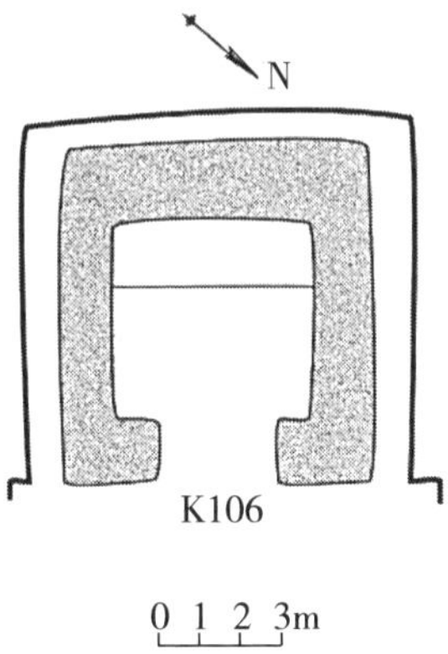

图 2–73 第 106 窟平面图

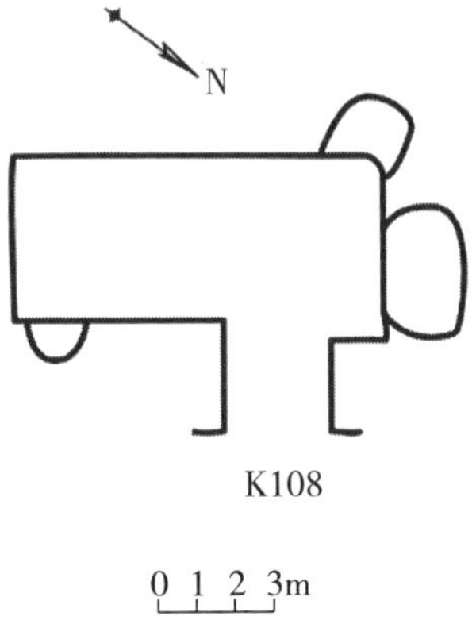

图 2–74 第 108 窟平面图

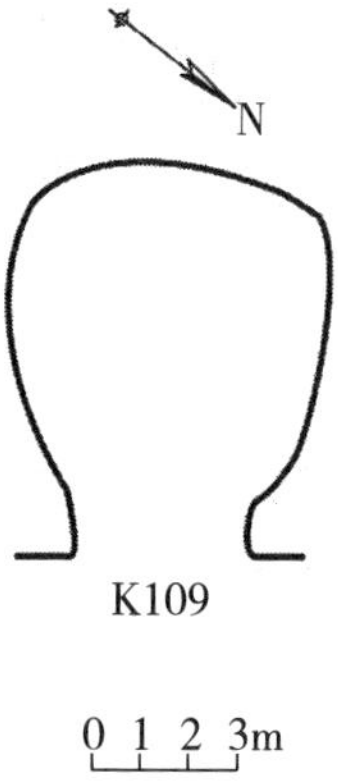

图 2–75 第 109 窟平面图

1.03 米；主壁与左壁相交处开龛，龛宽 0.70 米、进深 0.78 米、高 1.00 米；前壁右侧有一小龛，龛宽 0.62 米、进深 0.40 米、高 0.30 米。窟内堆有大量沙石。

第 109 窟(图 2–75)，窟口方向：东偏北 37°。

形制及内容：平面近马蹄形，宽 2.73 米、进深 3.30 米、高 2.34 米；塌毁严重，堆满沙石泥土。窟口处有塌毁，仅存小部分窟口。

第 110 窟(图 2–76)，窟口方向：北偏东 14°。

形制及内容：顶部塌毁严重，残宽 3.87 米、残进深 1.88 米、残高 1.98 米。

第 111 窟，窟口方向：东偏北 16°。

形制及内容：平面横长方形，宽 4.16 米、进深 2.35 米、高 2.34 米；窟口处有塌毁，为沙石掩埋，留不规则窟口。

第 112 窟(图 2–77)，窟口方向：北偏东 67°。

形制及内容：平面呈不规则形，宽 2.76~3.90 米、进深 4.41 米、高 2.91米；窟口处有塌毁，券拱形窟口，主壁右下方有坑。左壁上有烟熏痕迹且凿有大小不一的四个龛，右壁中间有门洞通向右室。右室平面近方形，宽1.73 米、进

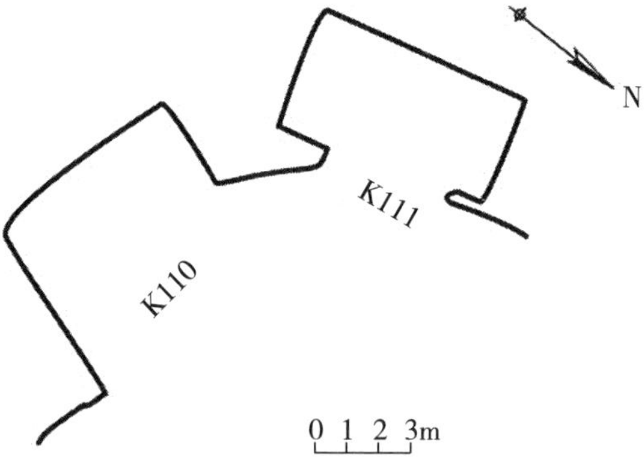

图 2–76 第 110、111 窟连续平面图

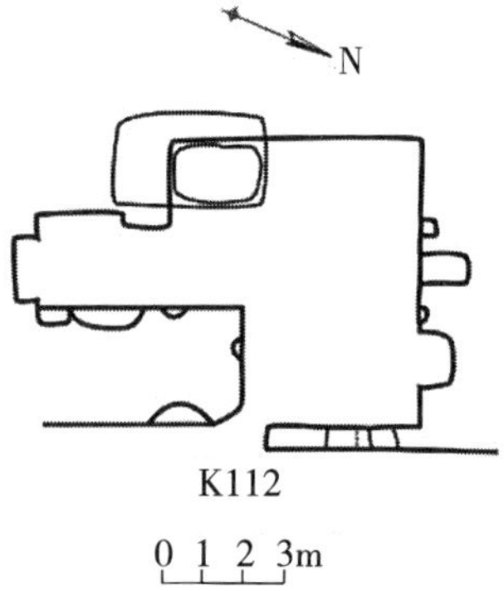

图 2–77 第 112 窟平面图

深 2.40 米、高 2.81 米；右室右壁上凿有三个小龛台，室内堆满沙石杂物。

第 113 窟（图 2–78），窟口方向：北偏东 18°。

形制及内容：主室平面纵长方形，宽 1.65 米、进深 4.70 米、高 2.46 米；窟前原有大型建筑，现存部分遗迹。窟口处原为建筑墙壁封堵，现墙塌毁过半，露出原有窟口，窟口呈不规则状，窟内结构较为复杂。窟门右侧有小龛，窟口处墙面内侧有小室，小室平面长方形，右壁上有上下两个小龛，残留部分泥草皮。正对窟口处为主室，主室全被烟熏黑，主室主壁为圆拱形，主室右壁有烟道通向室外，左壁中间有门洞，通往左室。左室平面方形，内堆满沙石，右壁前有门洞通往后室。后室平面方形，主壁下有土炕遗迹，窟内堆满沙石。主室右侧中间有门洞通往右室，右室平面方形，下部一圈有烟熏痕迹，此处原应有炕，左壁靠洞口处有门洞通往后室，后室平面方形，内堆满沙石泥土。（1.宽 2.63 米、进深 2.00 米、高 3.22 米；2.宽 2.40 米、进深 2.00 米、高 2.20 米；3.宽 1.90 米、进深 2.20 米、高 2.00 米；右侧 4.宽 2.53 米、进深 2.45 米、高 2.40 米；5.宽 2.00 米、进深 2.90 米、高 1.93 米，坛基长 2.00 米、宽 0.80 米）

第 114 窟（图 2–79），窟口方向：北偏东 40°。

形制及内容：窟前有建筑遗迹，窟内有甬道，甬道宽 2.02 米、进深2.37

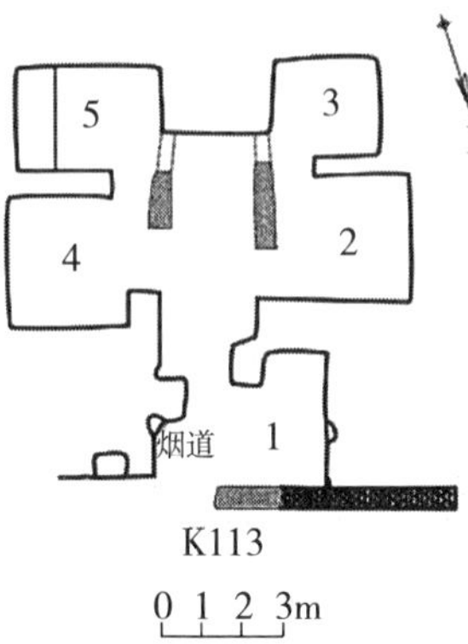

图 2–78　第 113 窟平面图

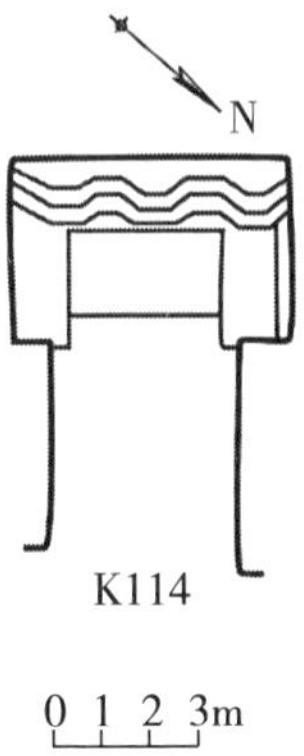

图 2–79　第 114 窟平面图

米。窟口处有土坯砖砌泥墙。窟宽 3.05 米、进深 2.88 米、高 3.21 米。圆拱形窟口，窟口面墙土坯掉落露出部分下层原有壁画，隐约可见有人物山水等，颜色以绿色、赭红为主。窟口顶部存有部分近代绘画，有蝙蝠和云朵。窟内佛台损毁严重，堆大量砖瓦，八边形佛台有三层，最上层为砖砌，原应有三尊佛像，四壁残留壁画与窟口处为同一时期所绘。

第 115 窟，窟口方向：北偏东 46°。

形制及内容：位于第 114 窟上方，为圆拱形龛，较浅，原可能有塑像，现仅存一龛口。

第 116 窟（图 2–80），窟口方向：北偏东 55°。

形制及内容：顶部全塌毁，存留一个平面近方形的洞窟遗迹。宽5.34 米、进深 3.86 米、高 3.30 米。

第 117 窟（图 2–81），窟口方向：北偏东 38°。

形制及内容：平面长方形，宽 2.20 米、进深 0.90 米、高 1.89 米。窟前有建筑遗迹，残留有左右两侧土砖墙，崖面靠窟口处残留泥砖墙。圆拱形窟口，堆满沙石泥砖，顶部用木棍绕窟顶一圈后砌泥皮，左右壁留部分清代壁画。

第 118 窟（图 2–82），窟口方向：东偏北 4°。

形制及内容：为三层建筑第一层中间之遗存洞窟，原左右有龛，现已

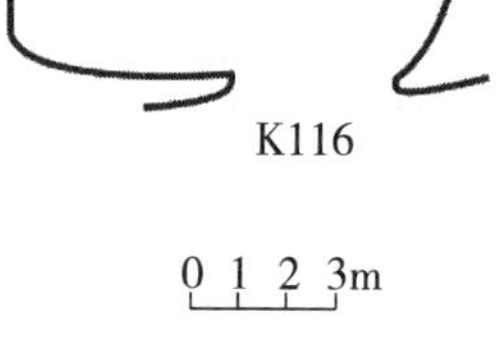

图 2–80　第 116 窟平面图

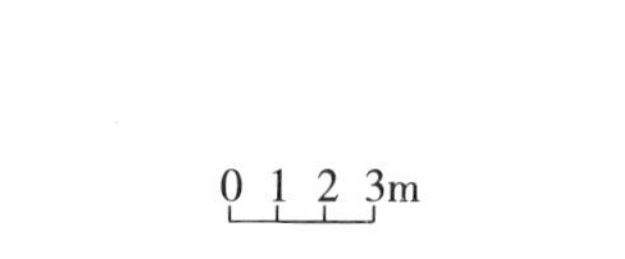

图 2–81　第 117 窟平面图

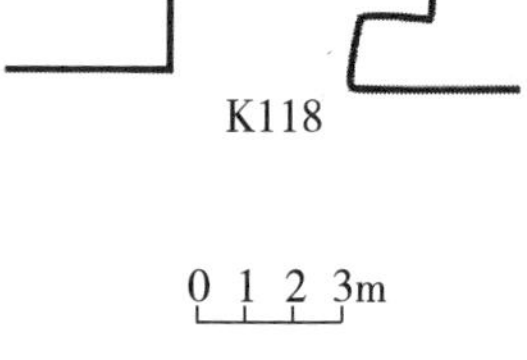

图 2–82　第 118 窟平面图

全塌毁掩埋,仅存中间龛,宽 1.54 米、进深 2.00 米、残高 1.35 米;拱形龛口,均为泥砌,龛内损毁严重,堆满泥坯砖,其余全毁。

第 119、120、121 窟(图 2-83),窟口方向:东偏北 4°。

形制及内容:为三层建筑的第二层,共有左、中、右三个龛窟,从左至右依次编号,第 119、120、121 窟。第 119 窟,宽 1.09 米、进深 1.02 米、高 1.35 米;第 120 窟,宽 1.13 米、进深 1.02 米、高 1.29 米;第 121 窟,宽 1.14 米、进深 1.05 米、高 1.24 米,均为拱形龛口,龛内存少量泥皮和壁画痕迹。

第三层存留泥坯墙,崖面塌毁严重,龛有可能被掩埋。

第 122 窟(图 2-84),窟口方向:南偏西 10°。

形制及内容:位于三层建筑顶层右侧,平面方形,前方原为建筑后墙封堵,现建筑损毁,露出两个窟口。窟内平面方形,宽 4.34 米、进深 2.38 米、高 1.56 米;窟内无遗存。第 122 窟前方左侧崖面上依次凿有小龛 4 个,龛前均有墙坯建筑。

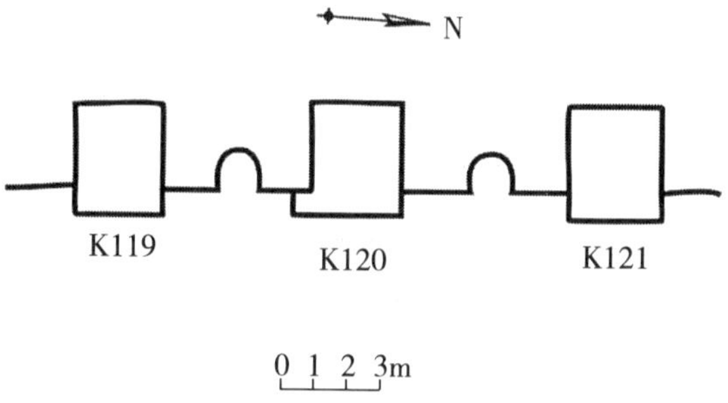

图 2-83　第 119、120、121 窟连续平面图

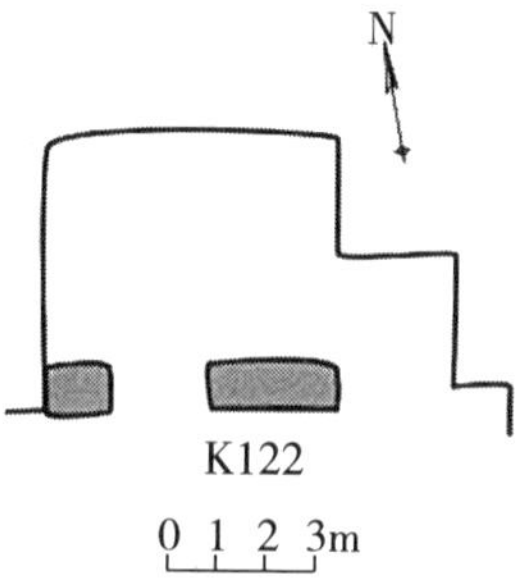

图 2-84　第 122 窟平面图

第 123 窟(图 2-85),窟口方向:南偏西 15°。

形制及内容:窟前有建筑,崖面塌毁留拱形窟龛,宽 1.80 米、进深 2.40 米、高 1.65 米,龛内堆沙石,四壁有厚泥坯。

第 124 窟(图 2-86),窟口方向:北偏东 71°。

形制及内容:平面横长方形,宽 4.33 米、进深 1.95 米、高 2.43 米,平顶。窟口处有塌毁,露处两个窟口。窟前有建筑遗迹,左侧有泥砖砌墙,沙石堆积墙下。

第125窟,窟口方向:北偏东71°。

形制及内容:平面纵长方形,宽2.08米、进深5.00米、高2.20米,平顶。圆拱形窟口,窟口处存有泥草皮,窟内堆满泥砖。主壁下有佛坛残迹,主壁上刷白灰中间绘有头光和身光,绿白蓝色相间,前应有塑像。左侧墙壁全毁,右侧留有清代所绘人物像两身,内容不详。

第126窟,窟口方向:北偏东70°。

形制及内容:平面近方形,宽4.38米、进深2.97米、高2.27米,平顶。拱形窟口,窟口处存少量泥皮和泥砖。窟内平面方形,主壁左侧有小龛台,龛宽0.92米、进深0.63米。右侧靠主壁处有门洞,通向右后室,后室,宽1.86米、进深0.98米、高2.23米,左壁后部右小龛,龛宽约0.42米、进深0.15米;下有台基,长2.15米、宽2.00米,四壁存留部分泥皮。

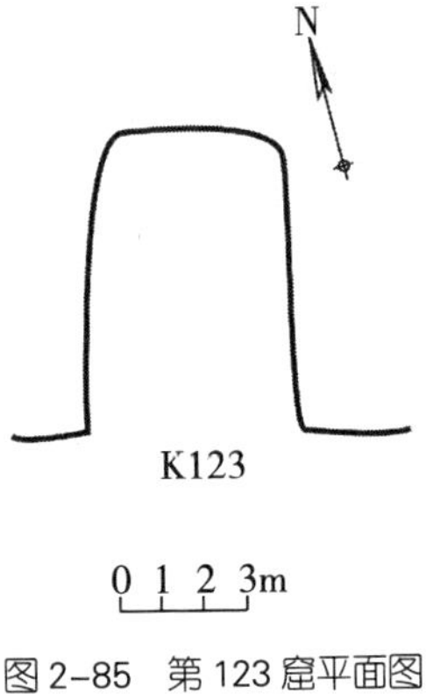

图2-85 第123窟平面图

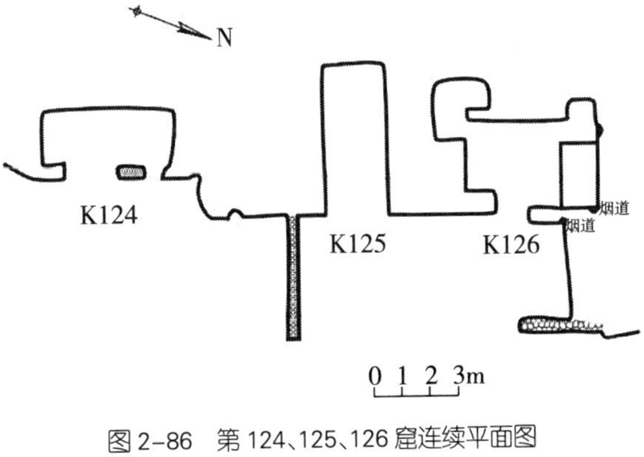

图2-86 第124、125、126窟连续平面图

第127窟(图2-87),窟口方向:南偏西13°。

形制及内容:平面呈不规则“凸”字形,宽约5.90米、进深2.10米、残高2.60米,残顶。前方建筑坍塌,残留部分泥坯砖墙,窟口处塌毁留弧形窟口,主壁有开龛遗迹,窟内被掩埋过半,仅存部分残窟。

第 128 窟(图 2–88),窟口方向:南偏西 50°。

形制及内容:双窟,主室平面横长方形,宽 4.10 米、进深 3.10 米、高 3.64 米,平顶。侧室,宽 4.65 米、进深 2.82 米、高 2.80 米,平顶。有窟前塌毁建筑,窟门左右残留泥坯墙,窟口处堆积泥沙。窟内由主室和侧室组成,主室四壁残留泥坯,内堆积大量沙石;右壁有门洞经甬道进入侧室,侧室为平面纵长方形,左壁下方有残台基,坛基残长 2.77 米、宽 0.90 米、高 0.96 米。

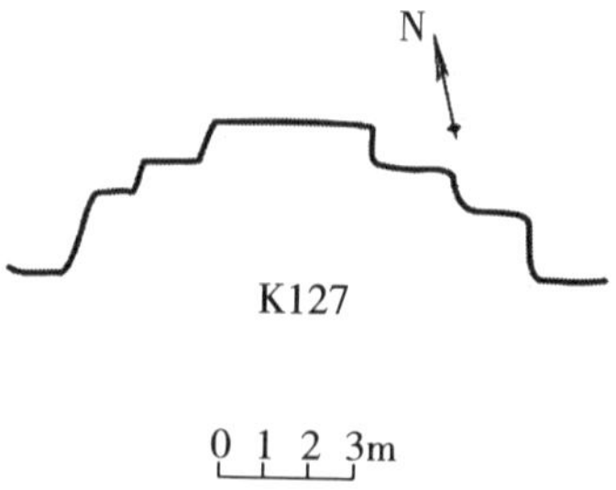

图 2–87　第 127 窟平面图

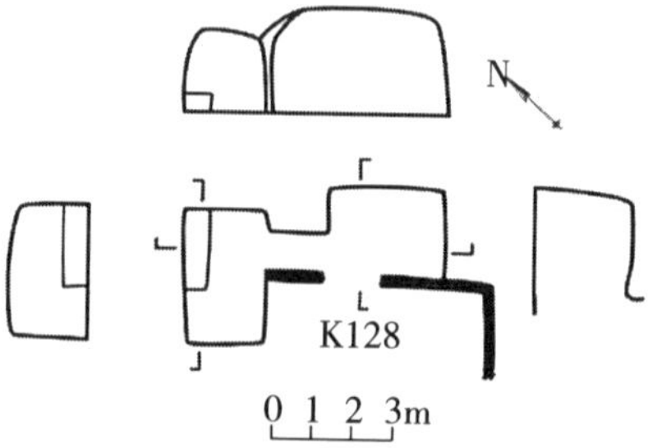

图 2–88　第 128 窟平、剖面图

第 129 窟(图 2–89),窟口方向:南偏西 50°。

形制及内容:平面横长方形,宽 5.46 米、进深 2.48 米、高 3.33 米,前方坍塌,沙石全积于窟内,顶部塌毁严重。

第 130 窟(图 2–90),窟口方向:南偏西 45°。

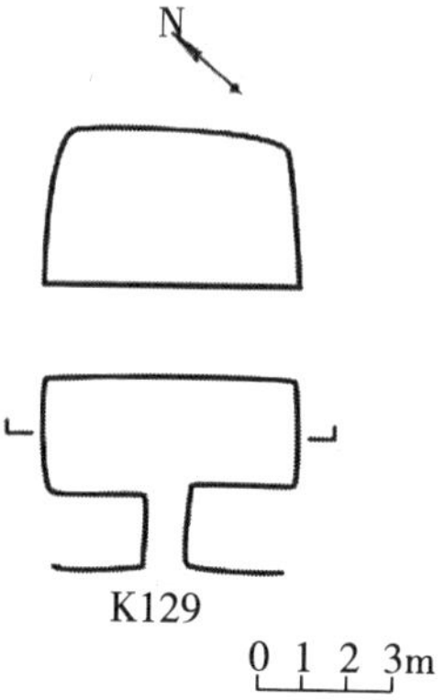

图 2–89　第 129 窟平面图

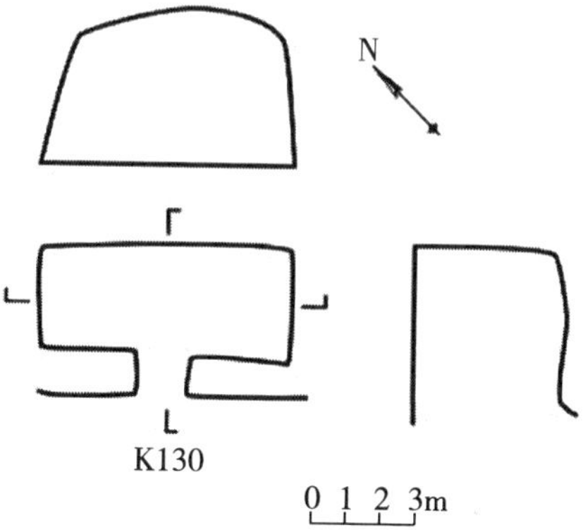

图 2–90　第 130 窟平、剖面图

形制及内容：平面横长方形，宽 5.68 米、进深 2.21 米、高 3.33 米。窟前坍塌，存窟口，窟内积沙石，顶部塌毁，壁面有烟熏痕迹，为僧房窟。

第 131 窟(图 2–91)，窟口方向：西偏南 28°。

形制及内容：平面近方形宽 5.00 米、进深 4.00 米、残高 3.06 米，平顶。窟口堆积落石，前壁有两窟口，窟内四壁下残留草泥皮，主壁左下方泥砖砌有长方形食槽一个，长 3.60 米、进深 0.75 米、台阶高 0.43 米，此窟为马圈。

第 132 窟(图 2–92)，窟口方向：南偏西 50°。

形制及内容：平面长方形，宽 5.20 米、进深 3.24 米、高 3.00 米。窟口处基本完全塌毁，存后半部，窟内堆积较厚的沙石，主壁残留草泥皮，下方有草泥和石块堆砌长方形小槽，长 5.00 米、宽 0.69 米、高 0.63 米，中间以泥砖分为三小块，为马圈。

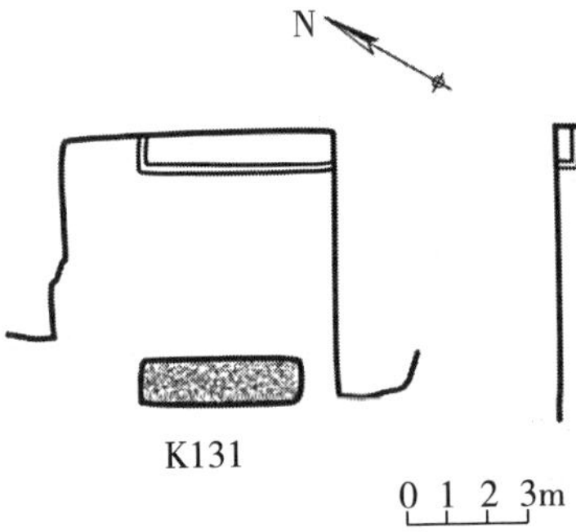

图 2–91　第 131 窟平、剖面图

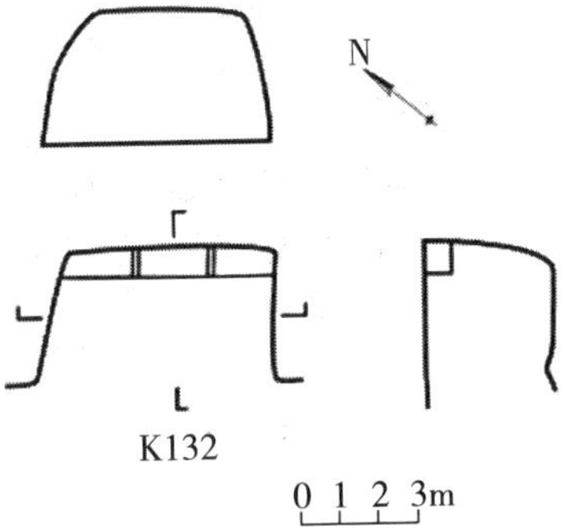

图 2–92　第 132 窟平、剖面图

第 133 窟(图 2–93)，窟口方向：南偏西 60°。

形制及内容：残窟平面近三角形，窟口宽 2.15 米、进深 1.76 米、高 1.16~2.00 米。窟口处全塌方沙石向下堆满窟内，残留遗迹。

第 134 窟，窟口方向：南偏西 55°。

形制及内容：完全塌毁，无法进入测绘。

第 135 窟(图 2–94)，窟口方向：西偏南 25°。

形制及内容：平面横长方形，宽 4.86 米、进深 2.86 米、高 3.20 米。窟前有

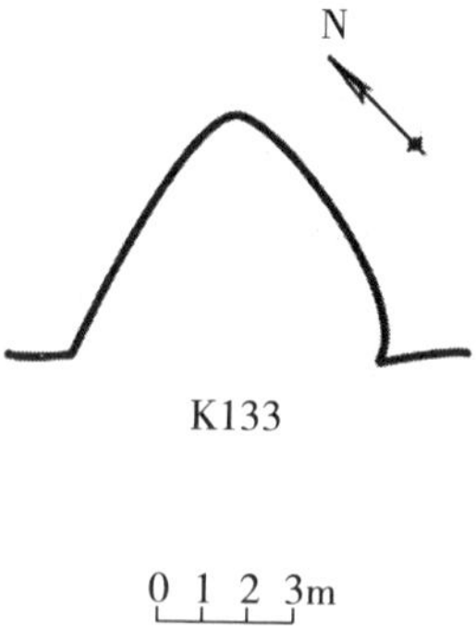

图 2-93　第 133 窟平面图

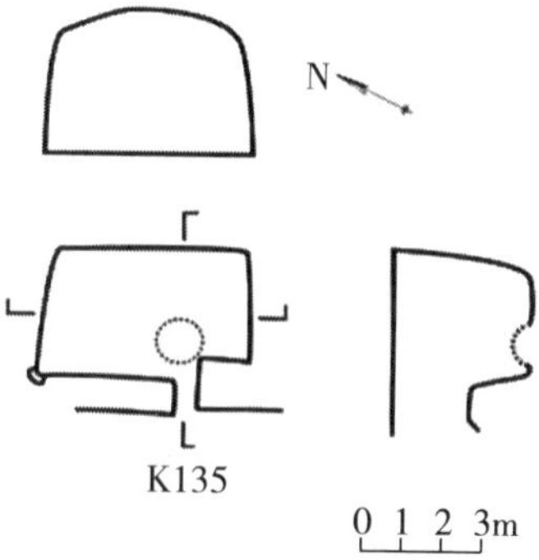

图 2-94　第 135 窟平、剖面图

泥坯墙塌毁建筑，拱形草泥砌窟口，甬道一周涂草泥坯，甬道口堆积较厚沙石。顶部塌毁有洞口，主壁残有泥坯，右壁与前壁拐角处有烟道，为僧房窟。

第 136 窟（图 2-95），窟口方向：南偏西 15°。

形制及内容：平面纵长方形，宽 2.08 米、进深约 3.36 米、残高 1.97 米。窟前方塌毁，沙石掩埋窟口。

第 137 窟（图 2-96），窟口方向：西偏南 40°。

形制及内容：分前后室，前室平面横长方形，前室宽 6.87 米、进深 3.52 米、高 2.30 米，平顶，窟口上部坍塌。前室左侧有台基，宽 1.50 米、长 3.52 米、残高 3.20 米；后室平面纵长方形，宽 2.63 米、进深 3.90 米、高 3.00

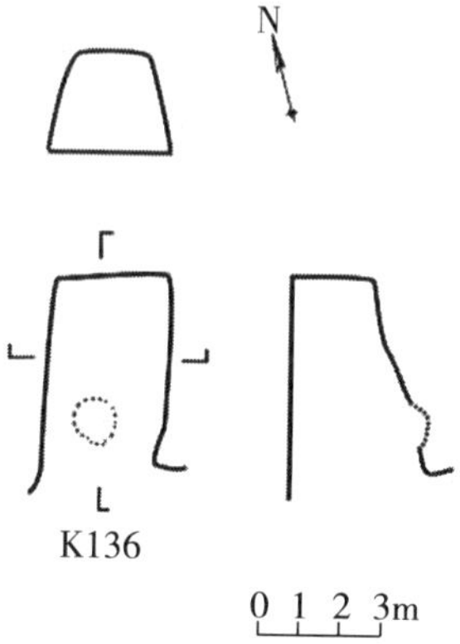

图 2-95　第 136 窟平、剖面图

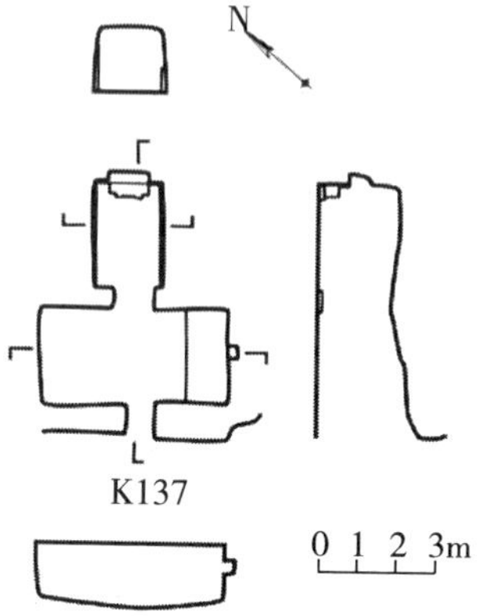

图 2-96　第 137 窟平、剖面图

米，平顶。窟前原有建筑塌毁，窟口处左侧留泥石砌墙一堵，紧挨窟口崖面均有草泥石砌墙，损坏严重。左壁残留泥台，右壁墙面残留草泥皮，地面全为堆积沙石。主壁和左右壁均砌有很厚的泥砖墙，墙面涂白灰。后室主壁墙面残损过半，墙面以墨线分块，左右对称，中间分三块，中间红色底，两边白色底，无绘画或损毁，下方有三层佛坛，台上残留部分塑像遗迹。后室主壁下有龛宽 1.50 米、进深 0.42 米，高 0.85 米，龛下有台基，台基宽 1.40 米、进深 0.45 米，高 0.74 米。

第 138 窟（图 2–97），窟口方向：南偏西 50°。

形制及内容：平面方形，宽 3.15 米、进深 4.00 米、残高约 1.97 米，平顶。前塌毁，留窟口，四壁残留草泥皮，下方有烟道和熏黑痕迹，应为僧房窟。

第 139 窟（图 2–98），窟口方向：正南。

形制及内容：主室宽 2.90 米、进深约 4.50 米，高 2.75 米，右侧室宽 3.00 米、进深 4.50 米、高 2.75 米，主室主壁左侧有门洞通向第 140 窟。

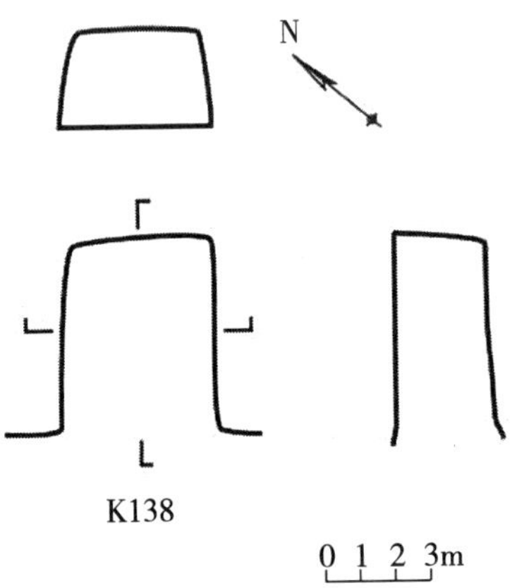

图 2–97 第 138 窟平、剖面图

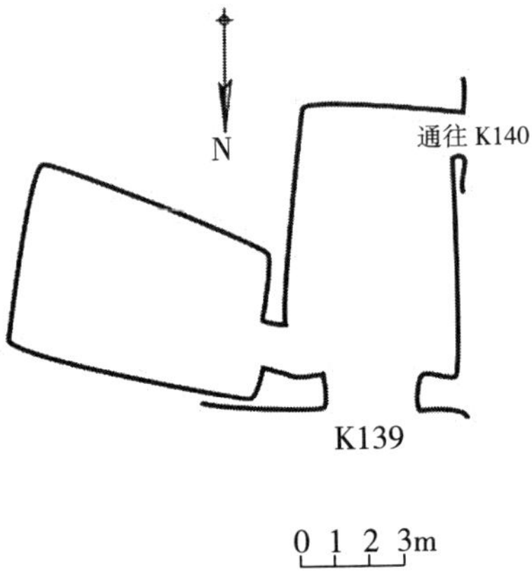

图 2–98 第 139 窟平面图

第 140 窟（图 2–99），窟口方向：西偏北 3°。

形制及内容：主室平面横长方形宽 7.08 米、进深 5.15 米、高 3.10 米，后室平面纵长方形，宽 2.20 米、进深 2.85 米、高 2.70 米。主室顶部和左壁下方有烟熏痕迹，下方烟熏痕迹与墙面截然分明，原来应有炕，左壁与前壁拐角处有烟道通向窟外。

第141窟（图2-100），窟口方向：西偏北40°。

形制及内容：由主室和右侧室组成，主室平面近方形，宽3.50米、进深4.07米、高2.76米，平顶；主室右侧有门洞通向右侧室，宽2.44米、进深3.45米、高2.75米，平顶。

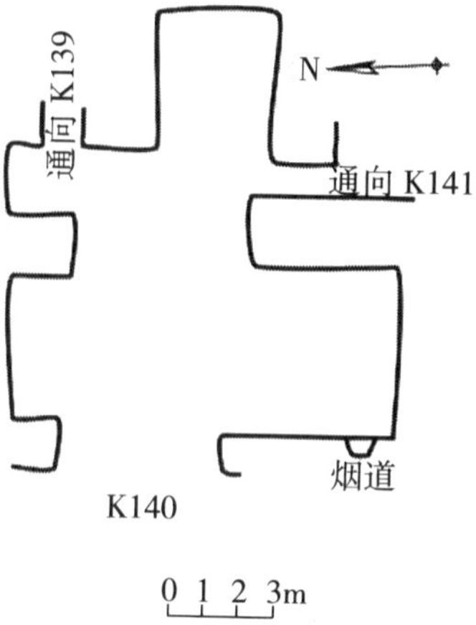

图2-99　第140窟平面图

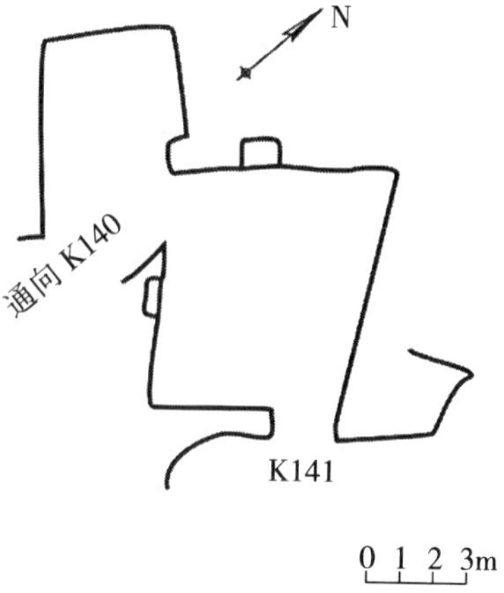

图2-100　第141窟平面图

第142窟（图2-101），窟口方向：南偏西3°。

形制及内容：平面纵长方形，宽2.98米、进深约4.00米、高2.90米，平顶。窟前有大型建筑塌毁，主壁前以泥坯、砖石砌有墙面一堵，墙面涂白灰近代绘壁画，壁画仅存右下角一块。

第143窟（图2-102），窟口方向：西偏南40°。

形制及内容：有前室和后室，前室平面横长方形，宽7.60米、进深2.80米、高2.46米，平顶。后室平面纵长方形，宽3.10米、进深4.05米、高2.05米，平顶。窟前有塌毁建筑，存左侧泥石所砌残墙，有两个窟口，右侧窟口应为后来打通。左右壁下方均有烟道和炕。主壁中间有重层龛门，进入后室，后室左右壁残留草泥皮，室内堆积沙石。

第 144 窟(图 2–103),窟口方向:西偏南 30°。

形制及内容:分前后室,前室平面横长方形,宽 8.00 米、进深 3.16 米、高 2.78 米,平顶;后室宽 2.57 米、进深 3.14 米、高 2.70 米,券顶。窟前崖面左侧残留泥坯砖墙,窟口甬道左下不残留草泥皮,前室右侧均有烟囱和土砖炕台遗迹,沙石堆积较严重,前室正壁中间开门,通向后室,后主壁残留有被烟熏黑的草泥皮,窟内堆积脱落泥坯土砖,之前应有炕,为僧房窟。

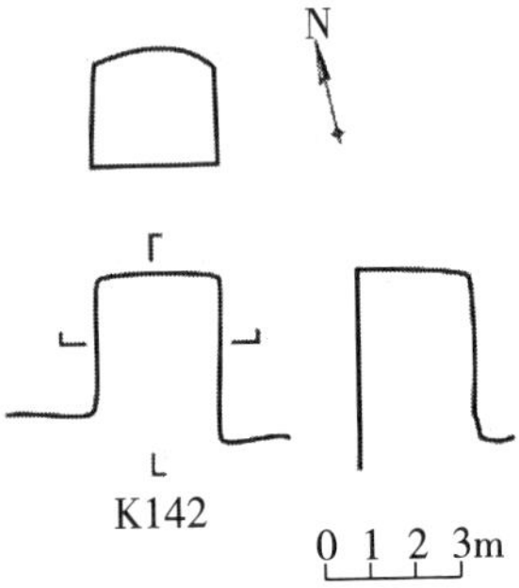

图 2–101 第 142 窟

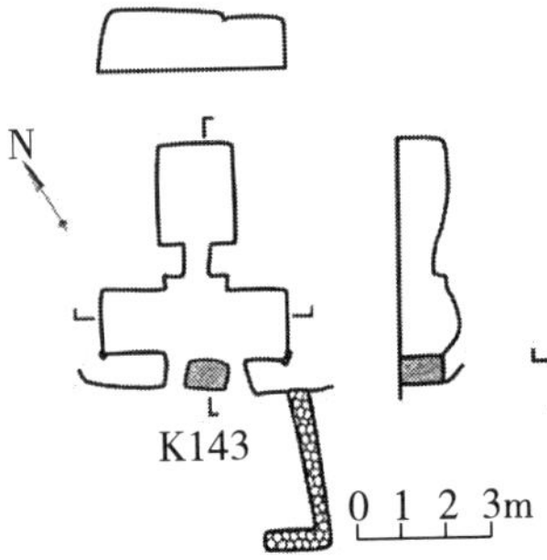

图 2–102 第 143 窟

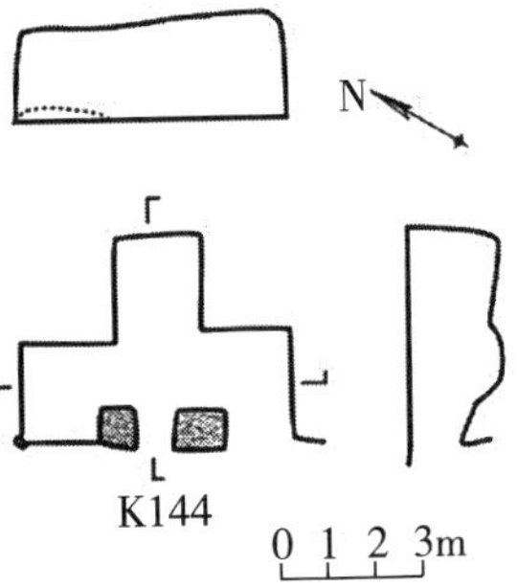

图 2–103 第 144 窟

(平、剖面图)

第 145 窟(图 2–104),窟口方向:西偏北 26°。

形制及内容:分主室与侧室,主室宽 1.69~2.43 米、进深约 4.20 米、高 1.63 米,平顶;侧室,宽 2.70 米、进深 0.80~1.25 米、高 2.77 米,券顶。此窟位于塌毁的三层建筑最顶层,窟口被坍塌沙石掩埋,留一半窟口。主室壁面均有残留泥草皮,地面堆积泥沙和砖。右壁有小窟口,通向侧室,侧室右壁开小龛,宽 0.32 米、进深 0.24 米、高 0.52 米。

第 146 窟(2–105),窟口方向:南偏西 40°。

形制及内容:平面近方形,宽 3.62~4.74 米、进深 3.90 米、高 2.30 米,平顶。有窟前建筑,均塌毁,残留左右土坯墙,窟口崖面上砌有草泥砖墙,塌毁严重。主壁下有残留泥砖砌炕痕迹,泥砖沙石堆积于内,壁面下方一圈有熏黑痕迹。

第 147 窟(2–106),窟口方向:北偏东 72°。

形制及内容:平面纵长方形,平顶,宽约 1.48 米,进深约 2.41 米、高约

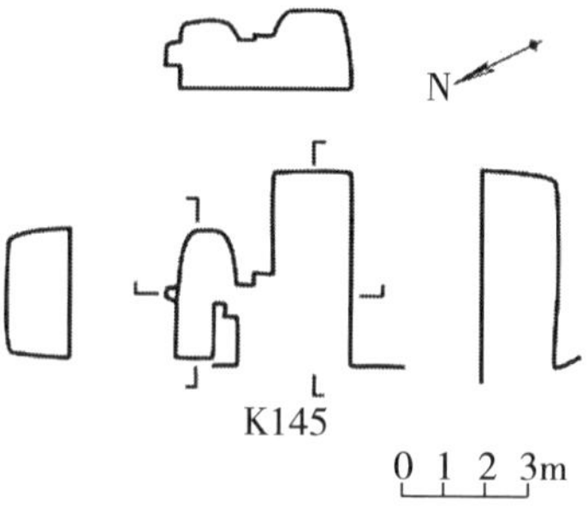

图2-104　第145窟平、剖面图

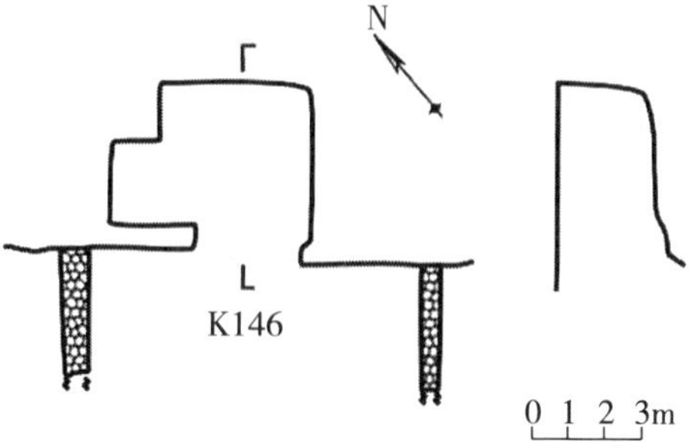

图2-105　第146窟平、剖面图

1.31米。塌毁严重,窟内堆满沙石,窟内有烟熏痕迹。

第148窟,窟口方向:北偏东63°。

形制及内容:分前室和后室,均为平面横长方形,前室宽5.00米、进深2.43米、高1.48米,平顶;后室宽4.50米、进深0.90米、高约1.47米,平顶。有甬道,宽约2.00米、进深2.70米,甬道左右均开龛,左壁龛宽0.56米、进深0.25米;右壁龛宽0.59米、进深0.39米。窟塌毁严重,仅容一人爬进,四壁均无遗存,窟内堆满沙石。

第149窟,窟口方向:北偏东68°。

形制及内容:平面横长方形,平顶,窟口处有坍塌,宽约3.48米,进深约1.41米、高约1.30米,窟内有烟熏痕迹。

第150、151、152窟,无法进入测绘,仅给予编号。

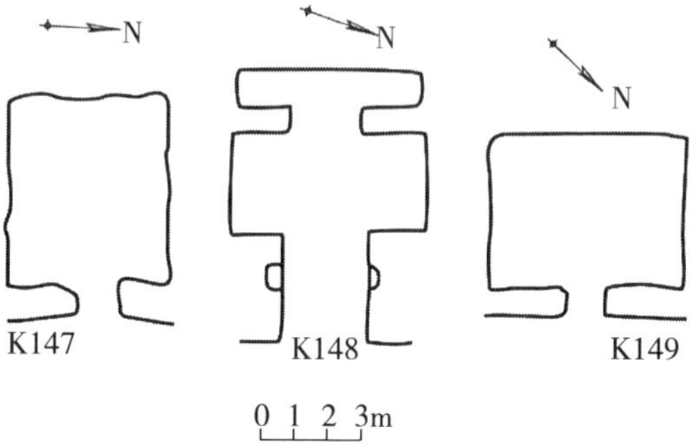

图2-106　第147、148、149窟平面图

第二节　寺院及其他建筑

文殊山石窟的寺院建筑与石窟开凿相辅而成，其修建年代也相差不远。根据文殊山现存的大元泰定三年(1326年),元太子喃答失所立《重修文殊寺碑》云:

> 肃州西南三十里嘉峪山者,乃一切圣贤栖神化远之归心。林泉秀美,涧壑寂寥,神光现于长空,石室藏于畔侧。爰有郑善进睹兹祥瑞,发心修盖文殊殿已经年远。今遇喃答失太子……所观文殊圣寺古迹建立已经八百年矣……[①]

据此上溯,正值北魏孝明帝正光、孝昌年间,即孝昌二年(526年)前后,说明北魏时期这里已存在开凿的洞窟和佛殿等寺庙建筑。

此外,关于文殊山石窟寺院最早、最详细的记录,则见于《重修肃州新志》,其载:

①耿世民、张宝玺《元回鹘文〈重修文殊寺碑〉初释》,《考古学报》,1986年第2期,第264页。

> (肃州)城西南三十里山硖之内,凿山为洞,盖房为寺,内塑佛像,近年又修庵阁,曰黑窑洞、曰红门寺、曰大士清庵、曰台子寺、曰接引殿、曰亥母洞、曰园觉庵,曰千佛阁、曰观音堂、曰玉皇阁,古雕无数,旧称有三百禅室,号曰小西天。增废先后不常,大约皆是唐贞观中所遗也,岁久俱湮废。维台子寺、玉皇阁尚存,今有喇嘛三百余人,住持大寺。其西有淄衣僧募建圣寿寺,内有元太子喃答失重修碑记刊名。①

由上述可知,唐代这里已经是庵、观、寺院林立,遍布于山。到清代(乾隆年间)很多已废弃,留有台子寺、玉皇阁、圣寿寺等。后经历次重修新建,1956年,刘兴义先生绘制了《酒泉文殊山石窟寺遗迹图》②(图2-107)并作记录如下:文殊山的石窟寺庙等古建筑群共有七十余院,一百三十八座,合四百余间,占地(山崖)约长2千米。其中:(1)寺庙多数为三开间,少数为单间座,有前后殿式,有三层阶梯式、四合头式等;(2)也包含有三层木楼六座(前山慧祠宫楼、清凉寺百子楼、鲁班楼、太白楼,后山地母殿和百子楼),二层木楼两座(后山雷祖殿南木楼,前山喇嘛寺大经堂之重檐大殿);(3)石窟共十八洞,前山红庙沟有三洞:千佛洞、万佛洞、太子寺洞,后山沟有石窟十五洞(千佛洞、洪钧洞、古佛洞等有中心方柱,又有观音洞、文殊寺洞、白衣洞、救苦殿洞、南天门洞、百子楼洞、灵霄殿洞、十五殿洞、三清洞、三宫殿洞、闪佛洞、地母殿洞),大部分为后期所凿,只开圆窟或半圆窟,一般无实心方柱。另外,后山口东侧,尚有早期所凿之小佛龛四个,均已残毁。其余全部为砖土木结构的宫观寺庙及木结构的亭台楼阁。前山有高耸雄伟的鲁班楼、太白楼、百子楼、大经堂,还有古老庄严的地母宫、

---

①(清)黄文炜修,吴生贵等校注《重修肃州新志》,北京:中华书局,2008年,第557页。

②酒泉市肃州区委员会编《酒泉文史1-5辑》(合编本),深圳市普加彩印刷有限责任公司,2005年。

华丽辉煌的太子寺等；后山建筑规模较大，绘塑精彩的有地母殿、古佛洞大殿、千佛洞大殿、翠云宫、牛王宫、五龙宫、娘娘庙、灵官殿、文殊殿、药王宫、无量殿、洪钧洞、成圣楼，救苦点、南天门（有隧道）、百子楼等。三官殿在中岔北坡，门前各有木架天桥，跨山沟而过。雷音寺位居后山沟之西尽头，位置最高。后遭浩劫，被毁坏殆尽。目前文殊山仅存一些早期创建，“民国”及之后重建的寺庙建筑四座，如表（2–1）。这些建筑中，一些属于等级较低的文物保护单位，其余都是一些近代重修的仿古建筑，如天王宫、药王宫、地母殿、无生殿等，此处不赘述。

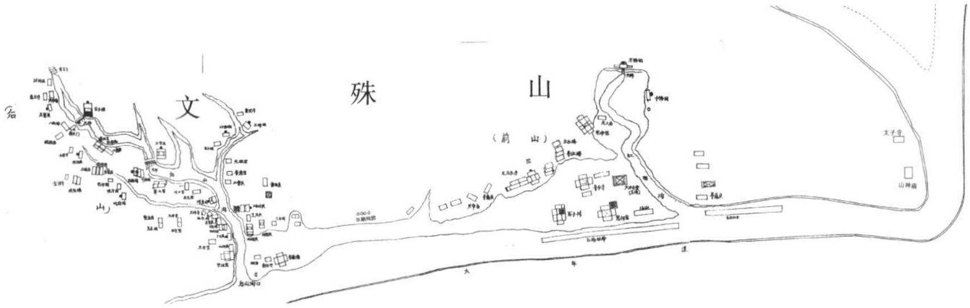

图 2–107 《酒泉文殊山石窟寺遗迹图》（刘兴义 1956 年绘）

表 2–1 文殊山寺院建筑简表

名称	位置	概况	年代
文殊寺	红庙沟沟口左侧	建筑和石窟为一体，坐北朝南，建筑物长 12.00 米、宽 2.00 米，单檐歇山顶，石窟即第 31 窟	元代壁画 “民国”建筑
鲁班楼（清凉寺）	百子楼后山体前	土筑台基，楼为三层，各层为单檐歇山顶，平面长方形，底层面阔三间，进深一间，长 12.00 米、宽 8.00 米，二层面阔一间，进深一间，周围有绕廊，长 8.00 米、宽 6.00 米、上层长 6.00 米、宽 4.00 米，有“民国”壁画	清末、“民国”
玉皇阁	鲁班楼东北面的山顶上	两层，各层为单檐歇山顶	“民国”34 年
文殊殿（元太子寺）	位于鲁班楼西	位于石窟中部二层台地上，靠山有一座石窟，宽 5.00 米、进深 4.00 米，窟前有一座寺院	近世重修
百子楼	祈丰区公署左侧 100 米处	两层楼，单檐歇山顶，平面方形、面阔一间。长 8.00 米，宽 8.00 米，东西两面有廊房，上层周围有绕廊，正面有隔扇门 4 扇	“民国”16 年

第三章

洞窟形制与组合

文殊山石窟的调查研究，始于1954年，史岩先生对前山的千佛洞、万佛洞、太子寺、前后山之间的小石窟群以及后山的古佛洞、千佛洞作了简单记录和年代推测，但未分类编号。[①]1956年，酒泉博物馆刘兴义先生对文殊山石窟遗迹进行调查，所绘《酒泉文殊山石窟寺遗迹图》[②]中统计石窟18座，并标注出了所有石窟寺观的具体位置，但没有进行具体的学术研究。1963年，甘肃省文物工作队仅调查了前山区的千佛洞和万佛洞两个中心塔柱窟，[③]并作了相关论述。对文殊山石窟进行编号和记录最多的是张宝玺先生所著《河西北朝石窟》，[④]在此书中，对遗存较好的12座石窟进行了分类和编号(表3-1)。其中，北朝中心柱窟8座；北朝小方窟(佛殿窟)1座；北朝禅窟1座；覆斗顶方窟1座；元代横券顶横长方形窟1座。这是目前为止对文殊山石窟最为全面的记录和编号，但是对于遗留的大量残窟并未进行分类编号和调研。1997年，省文物保护维修研究所对石窟渗水进行了治理保护。经勘查，前后山共有窟龛73个，其中中心柱式窟

①史岩《酒泉文殊山的石窟寺院遗迹》，《文物参考资料》，1956年第7期，第53—59页。

②刘兴义《酒泉文殊山石窟寺的兴衰》刊于《酒泉文史1-5辑》(合编本)，第256页。

③甘肃省文物工作队《马蹄寺、文殊山、昌马诸石窟调查简报》，《文物》，1965年第3期，第13—30页。

④张宝玺《河西北朝石窟》，上海：上海古籍出版社，2016年，第101页。

15个，禅窟3个。[①]笔者通过多次实地调查勘测，对文殊山遗留的所有石窟重新分区、编号和分类，拟在前人的基础上对文殊山石窟进行全面的调查记录与分类研究。按照洞窟的类型和使用功能的不同，将文殊山石窟主要分为以下几种形制：中心柱窟、禅窟、僧房窟、佛殿窟等。

表3-1 本文编号与《河西北朝石窟》编号对照表

《河西北朝石窟》编号	1窟	2窟	3窟	4窟	5窟	6窟	7窟	8窟	9窟	10窟	11窟	12窟
本文编号	19窟	29窟	30窟	32窟	31窟	未编	73窟	77窟	67窟	69窟	70窟	88窟
备注	万佛洞	千佛洞	残中心柱	残中心柱	文殊寺	归于其他建筑遗迹	后山古佛洞	残中心柱	残中心柱	后山千佛洞		后山禅窟

①杨益民、唐晓军《肃南县文殊山石窟寺院》，《丝绸之路》，1998年第1期，第51页。

第一节 中心柱窟

中心柱石窟又称“支提窟”(Chaitya),起源于印度,又被称为中心柱窟或塔庙窟,柱身与窟内各壁面间形成可以礼拜通行的前后左右甬道。文殊山地质属玉门系的砾岩层，质地疏松，窟内凿柱体刚好可以作为一个支撑,以防塌毁。因此,文殊山虽然遗存洞窟较多,但只有中心柱窟是保存最为完整、最具代表性的石窟遗存。目前,文殊山石窟遗存中心柱窟共有 8 个,前山区 4 个:第 19 窟(万佛洞)和第 29 窟(千佛洞),第30 窟和第 32 窟;后山区 4 个:第 67、69 窟(千佛洞)、第 73 窟(古佛洞)以及第 77 窟。其中第 19、29、69 和 73 窟为保存较好的四个中心柱窟。中心柱窟一般由前室、主室和后室三部分构成。由于开凿年代久远,加之各种人为和自然因素,目前可见有塌毁窟前建筑遗迹,之前可能有前檐和前殿的木构建筑,今已基本不存。现均为单室中心柱窟,主室平面近方形,顶部呈不规则券顶,主室中间设中心柱,将洞窟的顶部与地面连为一体。这种开窟方式最早源于印度,后传入新疆。这种特征东渐,继而影响了比它稍晚的河西地区的佛教石窟营建。

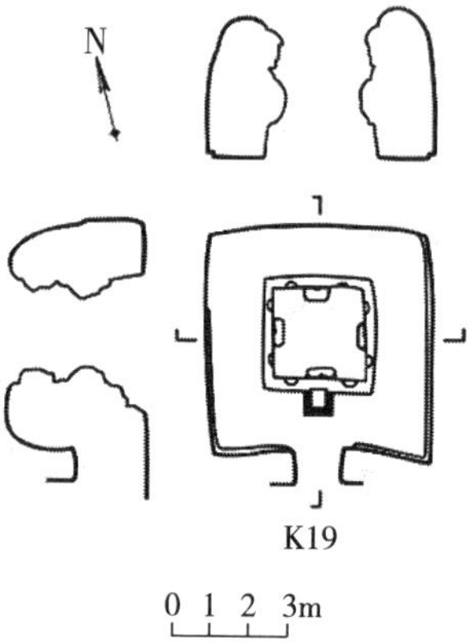

图 3-1 第 19 窟(万佛洞)平、剖面图

一、形制

第 19 窟(万佛洞):平面方形中心塔柱窟,窟坐北朝南,前方有塌毁窟前建筑,现重新修复。窟宽 5.60 米、进深 5.65 米、高 3.60 米,券顶(图 3-1)。中心柱正面为上下两层(图 3-2),上层龛为双层龛门阙形龛。下层龛为圆拱形,有莲苞束头龛梁,覆莲柱头和柱础,圆

图 3-2 第 19 窟(万佛洞)中心柱四面展开图

柱形龛柱,尖拱形龛楣。龛内原有塑像已毁,龛外残存两身胁侍菩萨。其余三面均为上下开圆拱形龛,龛内有残留趺坐佛,龛外各有胁侍菩萨一身。

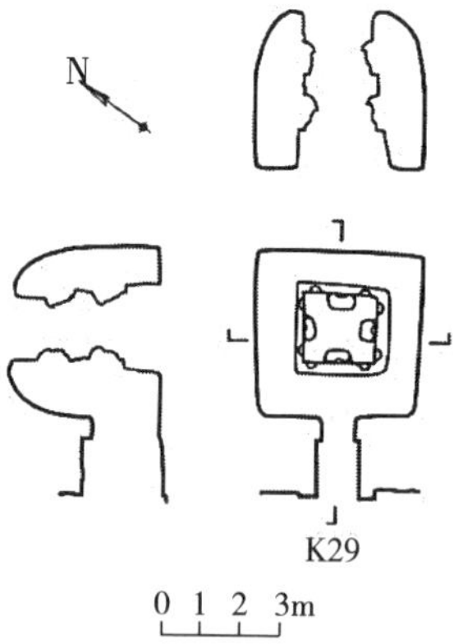

图 3-3 第 29 窟(千佛洞)平、剖面图

第 29 窟(千佛洞):平面方形中心塔柱窟(图3-3),宽 4.10 米、进深 3.80 米、高 3.56 米,拱形门洞,券顶。中心柱四面开龛(图 3-4),上下收分,每面分别开上下两层龛,中心塔柱四面龛都经过后代重修或重

图 3-4 第 29 窟(千佛洞)中心柱四面展开图

妆。原有前殿或前檐的木构建筑,已损毁,现重修复。窟内右壁及后壁均毁,仅存前壁与右壁的部分壁画。

第 30、32 窟:这两窟均为残中心柱窟。第 30 窟,平面方形残中心柱窟(图 3-5),残宽 3.43~3.67 米、残进深 2.68~4.10 米、残高约 3.75 米。中心柱残宽 0.59~0.91 米、残长 1.53 米、残高 2.58~3.04 米。整窟距山顶约 5.90 米。位于第 29 窟的左侧一点,窟前整个塌毁,中心柱露于崖面之前。柱体损毁严重,可见下层开拱形龛,龛宽约 0.59 米、残进深 0.25 米、残高 1.07 米,内存留部分草泥皮,上部塌毁露砂砾岩体,无法识别有无开龛。从中心柱左侧残口进入,窟内损毁严重露砂砾岩体,中心柱后面残留草泥皮上刷白灰,残留部分早期壁画痕迹,已无法识别。第 32 窟,平面残中心柱窟(图 3-6),残宽 4.65 米、残进深 2.70 米、残高 3.06 米,窟前部已全塌毁。中心柱露于崖体前,残长 2.02 米、残宽 1.42 米、高 2.98 米。中心柱正壁开一龛,龛残宽 0.82 米、进深约0.33 米、高约 0.92 米,留部分泥皮,后部甬道为拱顶。

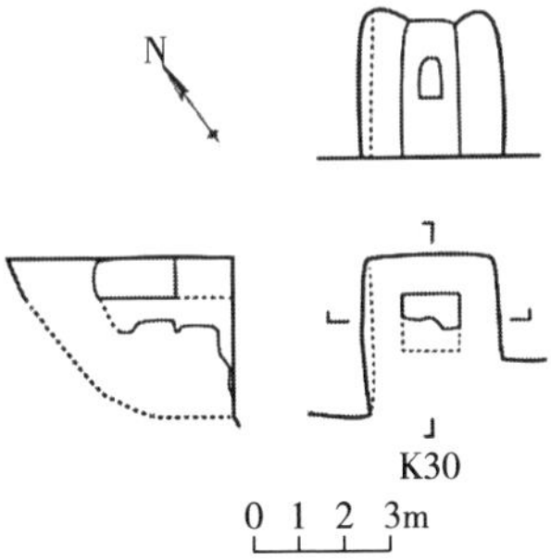

图 3-5 第 30 窟平、剖面图

第 69 窟(后山千佛洞):平面方形中心塔柱窟(图 3-7),窟宽5.15 米、进深 5.56 米、

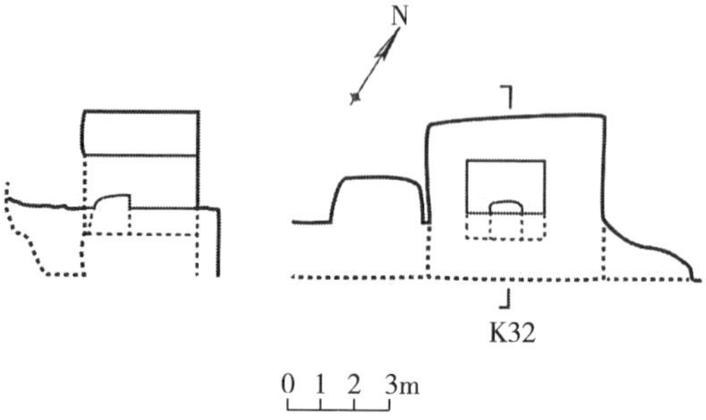

图3-6 第32窟平、剖面图

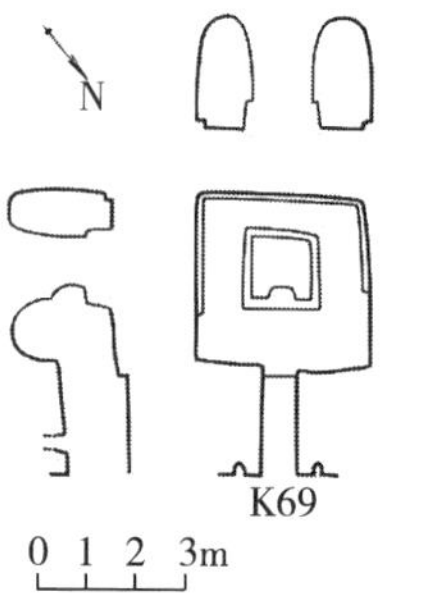

图3-7 第69窟(千佛洞)平、剖面图

高约3.90米,券顶。窟门略向西开,原有前殿或前檐的木构建筑,今已残毁。中心柱仅正面开一圆拱形龛(图3-8),龛内造像不存,其余各面均无开龛。

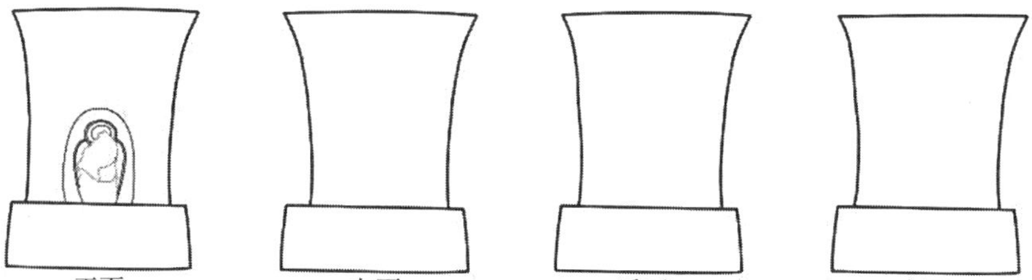

图3-8 第69窟(千佛洞)中心柱四面展开图

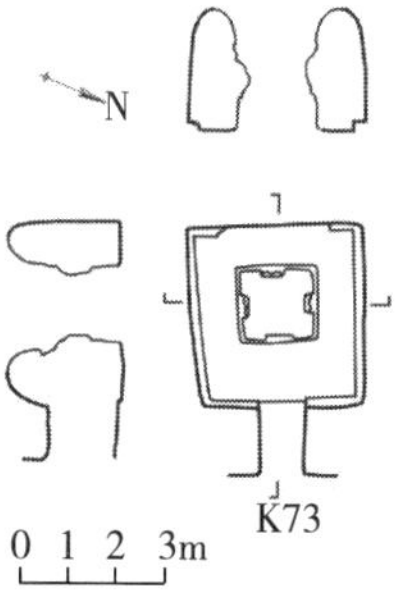

图3-9 第73窟(古佛洞)平、剖面图

第73窟(古佛洞):平面方形中心塔柱窟(图3-9),宽5.40米、进深5.55米、高约3.50米,券顶,拱形门道。窟前原有木檐或窟前木构建筑,今已全毁。中心柱上部分两层,每层上下收分,下层每面开一龛。中心塔柱四面均为上层不开龛(图3-10),下层开龛。窟内烟熏损毁严重,存有两层壁画。

第67和77窟:这两窟均为残中心柱窟。第67窟(图3-11),平面方形残中心柱窟,宽4.50米、进深4.41米、高约3.87米,残顶。窟内坍塌严

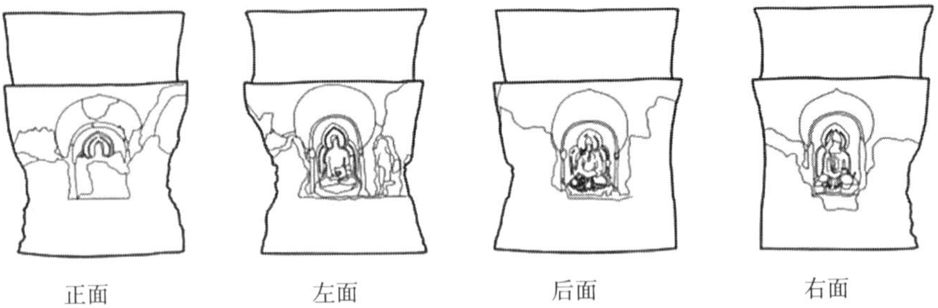

图 3-10　第 73 窟(古佛洞)中心柱四面展开图

重,沙石堆积较多。中心柱正面下层有开龛痕迹,其余柱面损毁,未见有开龛痕迹。四壁壁面损毁严重,左壁与前壁拐角处凿有通道,通向一个平面圆形的小窟,应为后来重新开凿,下有成堆沙石,原本壁面应是完整的。圆形小窟前壁面向内凿有一个小通道。第 77 窟(图3-12),平面方形残中心柱窟,宽 8.30 米、进深 7.65 米、高约 3.23 米,残顶。中心柱残宽 2.40 米、残进深 1.03~1.24 米、残高约 3.23 米。窟前塌毁,窟口与崖面平齐,窟内坍塌严重,沙石堆积较多。中心柱正面下层部分为沙石掩埋,有开龛痕迹,其余柱面开龛情况不明。四壁壁面损毁严重,残留少量草泥皮,右壁与前壁拐角处凿有小圆洞,下有成堆沙石,原本壁面应是完整的。

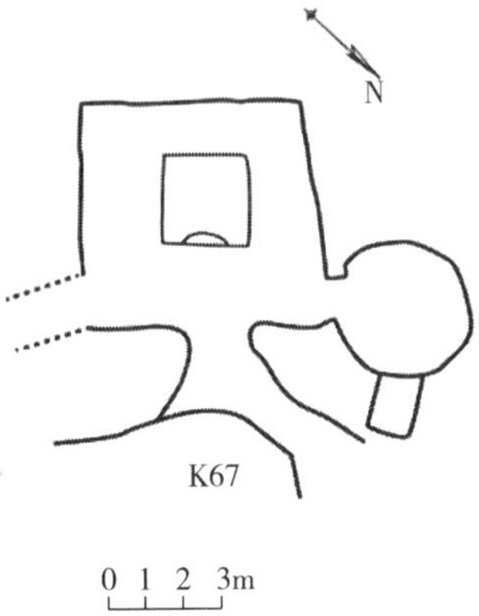

图 3-11　第 67 窟平面图

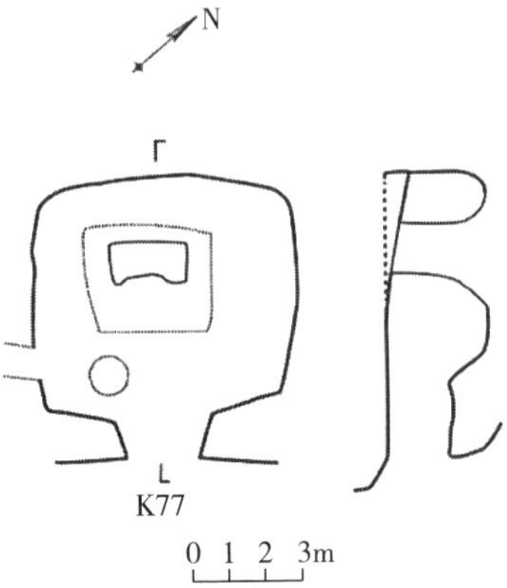

图 3-12　第 77 窟平、剖面图

二、中心柱窟的壁画布局

对于造窟及窟内绘制,《十诵律》卷48记载:

给孤独居士往到佛所,头面作礼一面坐已,白佛言:世尊!若世尊游行人间教化时,我恒渴仰欲见佛,愿世尊与我少物使得供养。……又作是言:佛听我作窟者善。佛言:听作。又言:佛听我窟中作塔者善。佛言:听窟中起塔。佛听我施窟门者善。是事白佛,佛言:听作。佛听我覆窟中塔者善。佛言:听覆。佛听我出舍栿头者善。佛言:听出。佛听我安栌拱者善。佛言:听作。佛听我施柱作塔者善。佛言:听作。佛听我以彩色赭土、白灰庄严塔柱者善。佛言:听庄严柱。佛听我画柱塔上者善。佛言:除男女合像,余者听作。①

对于在石窟佛寺内绘壁画,《根本说一切有部毗奈耶杂事》记载:

给孤长者施园之后作如是念:若不彩画便不端严,佛若许者我欲庄饰。即往白佛,佛言:随意当画。闻佛听已,集诸彩色并唤画工,报言:此是彩色,可画寺中。答曰:从何处作?欲画何物?报言:我亦未知,当往问佛。佛言:长者!于门两颊应作执杖药叉,次傍一面作大神通变,又于一面画作五趣生死之轮,檐下画作本生事。佛殿门傍画持鬘药叉,于讲堂处画老宿苾刍宣扬法要,于食堂处画持饼药叉,于库门傍画执宝药叉,安水堂处画龙持水瓶着

①(后秦)弗若多罗和鸠摩罗什译《十诵律》卷48,《大正藏》,第23册,0351c11。

妙璎珞,浴室火堂依天使经法式画之,并画少多地狱变,于瞻病堂画如来像躬自看病,大小行处画作死尸形容可畏,若于房内应画白骨髑髅。是时长者从佛闻已礼足而去,依教画饰。既并画已,时有不作意苾刍,随处然火烟熏损画。苾刍白佛,佛言:我听苾刍作然火堂。若有须者于此然火,非于余处,作者得越法罪。时有病人要须然火,于房檐下不敢辄然,佛言:可寺外或寺中庭然,待烟尽方持火入。①

由上可知,佛教石窟的制作和窟内壁画的绘制都会遵从一定的佛教仪轨,如窟中起塔,以彩色赭土、白灰庄严塔柱;门两边画药茶、檐下画本生事等。通过石窟内壁画的绘制,能更加直观形象地宣传佛教教义,比枯燥的经文更能为大众所接受。当然,还与开窟者的目的息息相关,开凿石窟者可以功德无量。据《广弘明集》记载:

仙公请问上经云,与沙门道士言则志于道,上品大戒经校量功德品云。施佛塔庙得千倍报,布施沙门得百倍报,升玄内教经云,或复有人,平常之时不肯作福,见沙门道士说法劝善,了无从意云云。②

文殊山石窟的开凿也离不开功德主开窟施功德的目的,而佛教的基本仪轨和教义必将体现于石窟壁画之上。文殊山中心柱石窟的壁画内容主要集中在中心柱四面、窟内四壁、甬道和顶部,有早期塑像、壁画原作和历代的重绘壁画。存留较好的四个中心柱窟中,都有历代重修重绘的痕

①(唐)义净译《根本说一切有部毗奈耶杂事》卷17,《大正藏》,第24册,0283a26。

②(唐)释道宣撰《广弘明集》卷11,《大正藏》,第52册,0162b24。

迹。由于壁画布局和题材内容差异较大,这里将对每个单窟的布局进行论述。前山第19窟(万佛洞)窟内的壁画布局,早期原塑的有中心柱四面上下层龛内主尊塑像和龛外胁侍菩萨,但塑像着色为近代重绘。从中心柱正面龛左右底层壁画可知,除了造像主尊为一佛两绘两塑四菩萨之外,还有绘于其上的十大弟子,最初的组合布局应为一佛四菩萨十弟子。龛楣上为底层壁画,连续的忍冬纹饰,中间有坐佛一身,左右各有化身童子四身。上层造像主尊仍为一佛二塑胁侍菩萨和龛外左侧底层所绘两身菩萨, 由于残损严重,可见的有两身,残损处是否还有则未知。其余壁面均为表层壁画所覆盖,底层是否和下层一样还有十身比丘亦未知。中心柱表层的壁画布局较为清晰,龛外各绘四弟子,龛楣上绘华盖。窟顶一圈绘立佛,前壁上部损毁,中间绘坛城,下部为供养人。左右壁上部均绘大幅弥勒经变,左壁下方有部分底层壁画为两身菩萨像,较模糊。下部绘各种本生故事,后壁绘大日如来佛和千佛,窟内四角各绘天王像一身,现存三身,右壁与前壁门洞右侧已基本损毁。

前山第29窟(千佛洞)是原作壁画保存最为完好的一个洞窟,但却残失过半。此窟除了中心柱四面和门洞之上有重修重绘之外,其余均为早期原作。中心柱经后代重绘,已难见之前的风貌,龛内外塑像仍然是一佛二胁侍菩萨,其服饰着装与万佛洞相似。从残留壁面可知,此窟壁画布局应是左右对称、上下一致。左壁和正壁壁面损毁,壁画无存。前壁和右壁千佛壁画完整。右壁上栏画千佛,中间绘一铺一佛二胁侍菩萨说法图,千佛的下方绘一列形体较大的立佛像,立佛下一圈依次为供养人、忍冬纹和三角垂带纹。窟顶绘天宫伎乐,这也是敦煌莫高窟早期壁画布局的代表样式之一,如莫高窟第263、254等洞窟。

后山第73窟(古佛洞)经后代整体重修,可见重修壁画布局。中心柱下层每面开龛造像,已全毁。中心柱正面,上部绘涅槃图,中下部壁面损毁。中心柱背面及左右面上部各绘千佛二排。每排七八身。台基四周绘有供养人。顶部为圆形团花纹连续图案。正壁壁面损毁,壁画不存。右壁绘壁画三方:普贤变、净土变、塔龛;左壁绘壁画三方:文殊变、说法图、屋形龛。前壁窟门上部绘两幅水月观音图,下部壁画损毁。壁画主要以堆粉沥金的手法绘制。

后山第69窟(千佛洞)经后代历次重修,壁画重层问题比较复杂。中心柱上部底层壁画为早期的天宫伎乐,重修壁画为坐佛,坐佛亦有底层原绘与表层重绘两个层位的壁画。其余中心柱面均有表层绘坐佛一身,和身后小坐佛十身。顶部一周绘斗四平棋连续性图案,应为原作,有重染痕迹。右壁、正壁、左壁壁画均有不同面积毁坏,仅残留有一些表层重绘壁画。壁面布局和内容基本相同,中间绘有坐佛,坐佛仅有左壁存留较多,周围绘有圆圈,圆圈内绘三身坐佛。前壁损毁过半,仅存各种佛教人物形象,有天王像、那罗廷天、鸠摩罗天、摩醯首罗天等。

文殊山石窟虽然保存有造像和壁画的洞窟少,从其洞窟壁画的重修重绘来看,其也经历了一个漫长的历史发展时期。窟内壁画布局随着时代的更替,不断地发生变化。早期中心柱窟的壁画内容与禅观和禅修关系密切,如前山千佛洞的禅定佛与满壁的禅定千佛。中心柱的主要作用是绕塔观像和禅观,而后进行修行。因此,文殊山石窟除了起到礼拜、供养作用之外,还有着观像的作用。据《佛说观佛三昧海经》曰:

> 若比丘,犯不如罪,观白毫光暗黑不现,应当入塔观像眉间,一日至三日,合掌啼泣一心谛观,然后入僧说前罪事。此名灭罪,前五种罪,念白毫光经八百日,然后复有别羯磨法。①

又《坐禅三昧经》曰:

①(东晋)佛陀跋陀罗译《佛说观佛三昧海经》卷2,《大正藏》,第15册,0655b06。

第五法门治等分行，及重罪人求索佛，如是人等当教一心念佛三昧。念佛三昧有三种人，或初习行，或已习行，或久习行，若初习行人，将至佛像所，或教令自往谛观佛像相好，相相明了，一心取持还至处，心眼观佛像。①

后代重绘壁画中最具代表性的为前山万佛洞窟壁画布局，有弥勒经上生经变、本生故事、天王像、弥勒像、大日如来像以及坛城图等。这是由于西夏、元时期藏传佛教开始盛行。尤其是窟内四角所绘天王像，当时重修洞窟之人应当是把窟内作为一个道场进行绘制的。据《结坛散食回向发愿文》载：

奉请东方提头赖吒天王主领一切，乾闼婆神、毗舍阇鬼并诸眷属来降道场，受我施主专注供养；奉请南方毗楼勒义天王，主领一切毗协多鬼并诸眷属來降道場，受我施主花果、净登灯、饮食专注供养；奉请西方世界毗楼博叉天王主领一切诸大毒龙、及富单那鬼并诸眷属来降道场，受我施主花果、净登（灯）、饮食专注供养；奉请北方大圣毗沙门天王主领一切夜叉罗刹、二十八部、夜叉大将并诸眷属来降道场，受我施主花果、净登（灯）、饮食专注供养……诸如是等杂类鬼神皆[有]不思义（议）大威神力；并愿空飞雨骤，电击雷奔，来降道场，受我施主花果、净登（灯）、饮食专注供养。所修功德，并愿发欢喜心，誓当忏悔。敬礼常住三宝。②

①（后秦）鸠摩罗什译《坐禅三昧经》卷1，《大正藏》，第15册，0276a07。
②黄征、吴伟编校《敦煌愿文集》，湖南：岳麓书社，1995年，第568页。

总之,遗留的四个中心柱窟壁画布局,从原作与重绘中,既可以看到早期壁画风格,也可以看到晚期密教兴盛之后的藏密特色。早期壁画反映了一种禅修思想，后代重绘壁画则更加突出了特定历史时期的佛教思想和佛教信仰。后山古佛洞的水月观音图、天龙八部图与榆林窟第 2 窟、第 25 窟的水月观音、天龙八部均有异曲同工之处。

第二节 禅窟

禅窟是毗诃罗窟的一种,毗诃罗是梵文 Vihara 的音译。毗诃罗窟起源于古印度,印度的佛教有坐禅修行的传统,其原意为僧房、精舍,是为适应僧尼禅修的要求而建,也称为僧房窟。据《大毗卢遮那成佛经疏》记载:

> 僧坊,梵音毗诃罗译为住处,即是长福住处也。白衣为长福故,为诸比丘造房,令持戒禅慧者,得庇御风寒暑湿种种不饶益事。安心行道,令檀越受用施福,日夜常流无有断绝,故名住处也。阿练若名为意乐处,谓空寂,行者所乐之处,或独一无侣,或二三人,于寺外造限量小房,或施主为造,或但居树下空地,皆是也。复次若离菩提心而修一切善法,所谓广行檀施,受无量律仪修种种禅定。[①]

这种僧坊窟的形制传入中国后,与当地的建筑形式相结合,产生了禅

①(唐)阿阇梨记《大毗卢遮那成佛经疏》卷 3,《大正藏》,第 39 册,0614c15。

窟和僧房窟。新疆以东内地石窟群的营造，有些地点采用礼忏供养用窟与栖居生活用窟分区设置之原则。[①]在我国新疆、河西的石窟群中均有此类型的洞窟，如新疆吐峪沟石窟第1、42窟是较大的禅窟；莫高窟北朝晚期第267窟和261窟则是一组小型禅窟，西魏第285窟是较大的禅窟。这种洞窟类型传入中国后形制也发生了一些变化，但还是可以看到最初的原形。北朝佛教注重宗教实践，流行禅修，因此，早期石窟的开凿多与禅修有关。如果说中心柱窟是为了绕塔礼拜，那么禅窟则主要为了禅观修行。

一、形制

文殊山石窟早期禅窟很多，据《重修肃州新志》载："文殊山，[肃州]城西南三十里山硖之内，凿山为洞，盖房为寺，内塑佛像……旧称有三百禅室，号曰小西天。"[②]其中有"三百禅室"，既说明了旧时文殊山石窟规模的宏大，又可知文殊山石窟早期应是一个禅修圣地。而三百禅室后或被改建为其他洞窟，或坍塌废弃。据笔者调查的一百多个洞窟之中，可辨为禅窟的仅有12个，分为两类。

A类为较大型的禅窟，也就是一窟多室，典型的如第88窟（图3-13）。第88窟，开凿于后山低台区一个麦积状的小山包中。此窟正好凿于山包正面中间位置，前方崖面塌毁，留一拱形窟口（图3-14）。窟口左右堆满沙石，窟内平面纵长方形，宽2.60米、残进深约7.00米、高2.40米，纵券式顶。主壁左右现存两个拱形禅室，主壁左侧禅室高宽0.76米、进深1.78米、高1.10米；右侧龛宽0.76米、进深1.60米、主壁下部残留部分佛台遗迹。左侧墙原有4个禅室，2个被后期封堵；右侧原应有对称的四个禅室，现存2个禅室，宽0.77米、进深1.34米、高1.21米，前边的部分塌毁，后

①李崇峰《佛教考古从印度到中国Ⅱ》，上海：上海古籍出版社，2015年，第575页。

②（清）黄文炜修，吴生贵等校注《重修肃州新志》，北京：中华书局，2008年，第557页。

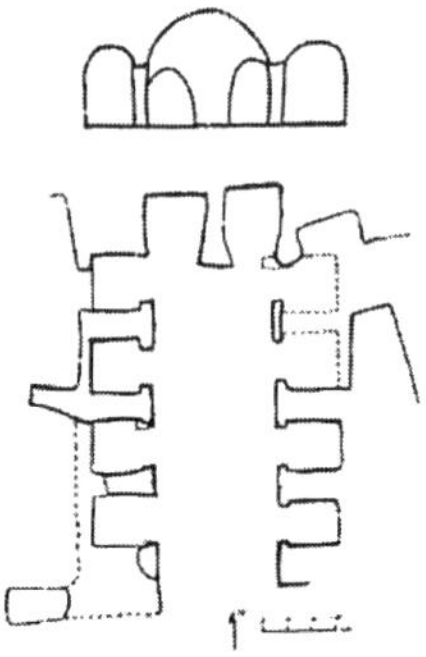

图 3–13　文殊山后山第 88 窟平、立面图①

图 3–14　第 88 窟外观现状

边的被改作通道，通向右侧窟。左壁禅室宽 0.84 米、进深 1.35 米、高 1.20 米；另一个残宽 0.94 米、进深1.32 米、高 1.03 米。每个小禅室仅供一人坐禅修行，无壁画遗迹。

B 类为小型禅窟，也就是一窟一室，一窟仅容一人禅修，互相之间没有干扰，更有利于静心禅修。文殊山石窟中共有小型禅窟 11 个，如前山区第 21、22、24、25、26、27、28、33 窟。这些小型禅窟凿于中心柱窟附近的位置，是为了更方便人们入塔观像，随后坐禅修行。第 21、24~28 号窟，如(图 3–15)，由于现存洞窟经历过重修改建，目前的功能用途也已发生变化，因此，只能从其窟形和区域位置来作判断。这些窟均为平面纵长方形或方形，且两两相连，位于中心柱窟旁边，如第 24、25 与第 33 窟，尤其是第 33 窟(图 3–16)，到目前为止，仍然作为禅修所用。而第 21、22、26、27、28 窟，

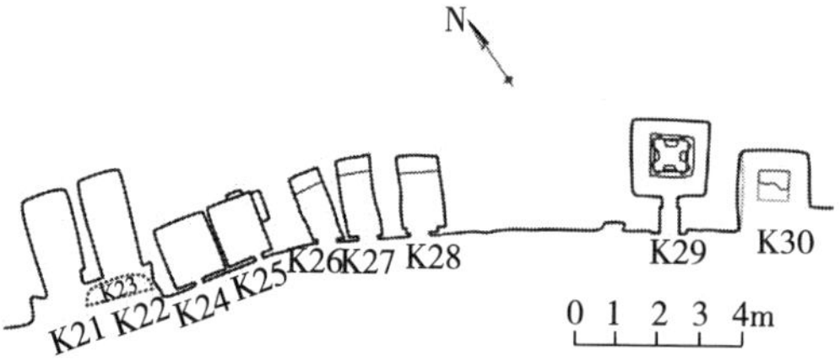

图 3–15　前山区第 21~30 窟连续平面图

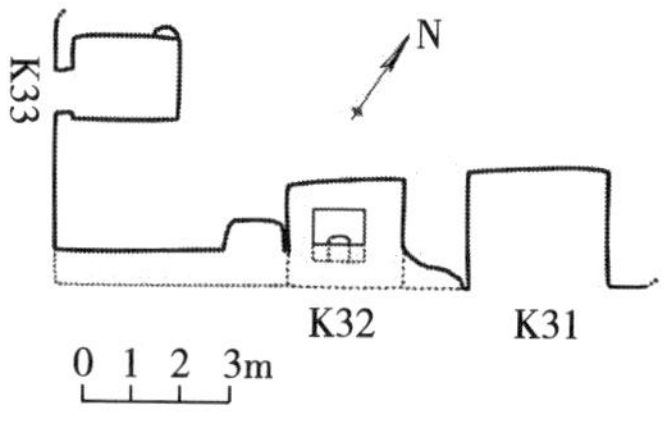

图 3–16　前山区第 31~33 窟连续平面图

①暨远志《酒泉地区早期石窟分期试论》，《敦煌研究》，1996 年第 1 期，第 68 页。

也有可能由早期为平面方形的小禅窟改建而来。此外，后山区第 60、63、72 窟都为早期禅窟遗存。他们有着共同的形制特征，如平面均为马蹄形，洞窟都不大，宽约 1.60 米、进深 1.95~2.00 米、高约1.00 米。窟前有建筑遗迹，窟口处坍塌残存拱形小窟口，穹隆顶，顶部有塌毁，仅能容一人坐修，且都邻近中心柱窟，如第 63 窟与 67 窟（残中心柱窟）相邻（图 3–17）、第 72 窟与73 窟（古佛洞）相邻（图 3–18），这种情况很有可能就是为了入塔观像而后进小窟禅修。

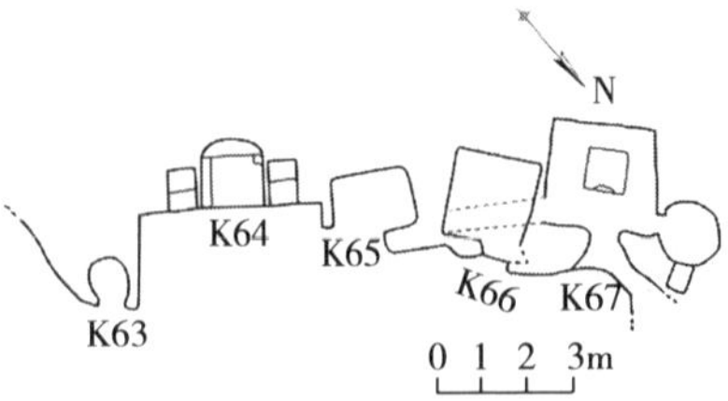

图 3–17　后山区第 63~67 窟连续平面图

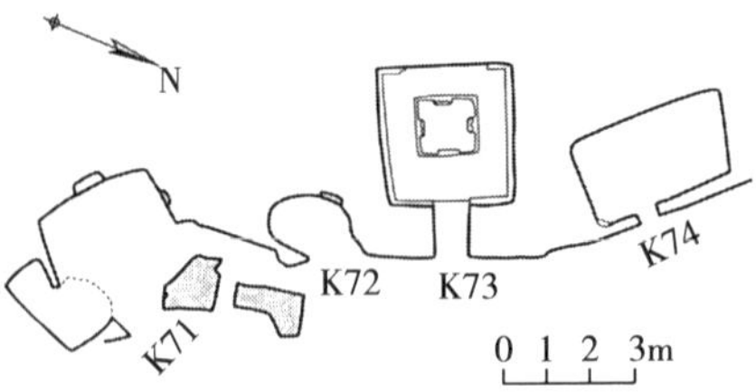

图 3–18　后山区第 71~74 窟连续平面图

二、禅窟与禅修

古代印度和早期中国的佛教都以坐禅为主要的修行方式。禅定则是佛教各派最基本的修行方式，为各宗所共有。据《禅秘要法经》卷下记载：

> 佛告阿难，佛灭度后，佛四部众弟子。若修禅定，求解脱者，如重病人随良医教，当于静处。若塚间，若林树下，若阿练若处。修行甚深诸贤圣道，当密身口于内心中，修四梵行、修四念处、修四正勤、修四如意足、修五根、修五力、修七觉道、修八圣道分、修四禅。[①]

由此可知，到深山开凿石窟是禅修最为理想的方式，《广弘明集》卷三

①（后秦）鸠摩罗什译《禅秘要法经》卷下，《大正藏》，第 15 册 NO.0269，页 11a。

七《统归篇》也有"凿仙窟以居禅"的记载。石窟开凿的地点也选择在离城镇较远、环境优雅、依山傍水的地方,这与佛教徒修禅有密切的关系。人只有在寂静中才能达到注意力的高度集中,才能在思维中想到别人想不到的事情,因此禅修的地点都会选择在远离人烟的寂静之处。小乘佛教注重四谛、五蕴、八正见等。用持戒、禅定和智慧,达到修行目的,而禅定又是禅修的主要途径,是佛法的初门。《大智度论》卷十七关于禅定:

问曰:菩萨法以度一切众生为事,何以故闲坐林泽,静默山间,独善其身,弃舍众生?

答曰:菩萨身虽远离众生,心常不舍,静处求定,得实智慧以度一切。譬如服药将身,权息家务,气力平健,则修业如故;菩萨宴寂亦复如是,以禅定力……复次,菩萨行布施、持戒、忍辱,是三事名为福德门……此常乐涅盘从实智慧生,实智慧从一心禅定生。譬如然灯,灯虽能照,在大风中不能为用;若置之密宇,其用乃全。散心中智慧亦如是,若无禅定静室,虽有智慧,其用不全;得禅定则实智慧生。以是故,菩萨虽离众生,远在静处,求得禅定。以禅定清净故,智慧亦净;譬如油炷净故,其明亦净。以是故,欲得净智慧者,行此禅定。

复次,若求世间近事,不能专心,则事业不成,何况甚深佛道而不用禅定!

禅定名摄诸乱心。乱心轻飘,甚于鸿毛;驰散不停,驶过疾风;不可制止,剧于猕猴;暂现转灭,甚于掣电。心相如是不可禁止,若欲制之,非禅不定。如偈说:禅为守智藏,功德之福田;禅为清净水,能洗诸欲尘;禅为金刚铠,能遮烦恼箭……[1]

---

[1](后秦)鸠摩罗什译《大智度论》卷十七,《大正藏》,第25册,页180b。

禅定是佛教僧人的主要修行方式，通过苦思冥想，寻找解脱人生苦难的方法。开凿禅窟的主要目的就是为了适应禅修的需要，这种石窟形制刚好能为僧徒提供一个寂静、远离喧嚣的理想环境。修禅的目的在于用静心将杂念去除，从而寻求解脱。释慧皎的《高僧传》、唐释道宣的《续高僧传》所记载的菩提达摩之前（或与其同时）的 70 多位禅僧中，明确以坐禅为主要禅修方式的就有 49 位之多，他们或“每一入禅，累日不起”，[①]或“有时在树下坐禅，或经日不起”，[②]或“独处一房，不立眷属，习靖业禅，善入出住”，[③]或“常独处山泽，坐禅习诵”。[④]这些僧人的禅修都以入禅、坐禅为主要方式，禅修的地方要么是深山，要么是独处一房，要么是在大树下，总之都是寂静场所。文殊山石窟依山傍水，远离喧嚣，是僧人们专注禅思和观佛的理想之地。文殊山前山千佛洞中有禅定佛、禅定千佛和立佛像，与敦煌早期洞窟一样。敦煌早期洞窟的显著特点就是几乎所有的洞窟都画有大面积的千佛，而千佛图像也与禅观有关。

文殊山的禅窟在形制上与新疆石窟和敦煌莫高窟均有类似之处，主要是适应当地僧徒讲经说法、进行禅修的要求而开凿的，并且一些小禅窟的穹隆顶保存了较多的外来影响。就其主要作用来讲，除了高僧的讲经说法外，主要目的就是为了禅修。禅窟在文殊山石窟中占有较为重要的位置，这种形制既见于莫高窟，又见于新疆早期石窟，特别是与吐峪沟的多室禅窟形制极为类似。凉州在晋末为禅法盛行之地，酒泉东临凉州，西临敦煌，汉代即为河西四郡之一，自古是中原通往西域的交通要塞，可以推想酒泉早期佛教也是重禅法的。据佛教文献记载，两晋南北朝时期，北方

---

①（梁）释慧皎撰，汤用彤校注《高僧传》卷十一《昙超传》，北京：中华书局，1992 年，第 424 页。

②《高僧传》卷 11《法悟传》，第 422 页。

③《高僧传》卷 11《普恒传》，第 421 页。

④《高僧传》卷 11《净度传》，第 416 页。

著名禅师释慧览，就是酒泉人，据《高僧传》载："曾游西域，顶戴佛钵，仍于宾从达摩比丘受禅要。"敦煌则更多，竺法护、竺法乘、于道邃、竺昙猷等，多专精禅业。文殊山早期禅窟、中心柱窟内的题材内容也与禅修、禅观有关，应是当时佛教思潮影响下的产物。

第三节 僧房窟

僧房窟也是毗诃罗窟的一种，主要用于僧人休息、居住和生活的一种石窟类型，其性质同于寺院中的僧房。最早出现在印度的阿旃陀石窟，僧侣在夏季到来时，用来躲避酷暑和风雨，开凿僧房窟。其形制和内部设施，都是考虑到生活起居的需要。僧房窟与禅窟一样，也是由印度的僧坊窟演变而来。由于新疆和中原北方地区冬冷夏热，在冬天这一地区的居民传统上都使用火炉和炕，这是最基本的取暖设施。文殊山石窟的僧房窟主要集中在后山区，有的可能为其他类型洞窟改建，有的也被改建为其他洞窟，现存洞窟中有僧房窟特征的共有 21 个，即第 61、62、74、82、84、86、89、90、91、93、94、98、112、113、130、135、138、140、143、144、146 窟。

文殊山的僧房窟有单室或多室两类，A 类为单室，结构较为简单，如第 61、62、74、82、86、89、90、91、94、98、130、135、138 窟。这些单室僧房窟的特点是只由一个居室构成，窟口处的甬道有的长，有的则很短，窟内平面呈横、纵长方形或方形，有的窟内还有炕、灶的遗迹，有的仅存一个烟道或炕，窟内四壁还会凿有置物的小龛。还有在甬道和居室壁上凿出小龛来放置灯盏等物件。僧房窟窟内壁面上多敷有草泥、白灰或石膏，地面也经过修整。多数僧房窟内壁面上是没有壁画的，极少数有也是简单绘制的彩色线条，典型的如第 74 窟（图 3–19）和第 135 窟（图 3–20）。第 74 窟位于第 73 窟（古佛洞）左侧，有窟前泥坯墙建筑，塌毁严重，残留泥坯墙基。窟口处甬道较短，窟内平面横长方形，右壁与前壁拐角处有烟洞和熏黑痕迹，平顶。第 135 窟（图 3–20）也是平面横长方形单室僧房窟，窟前有泥坯墙塌毁建筑，拱形草泥砌窟口，甬道一周涂草泥坯。主壁残有泥坯，右壁与前壁拐角处有烟道。窟内右壁与前壁的烟洞则证明了这些窟曾经被居住过。

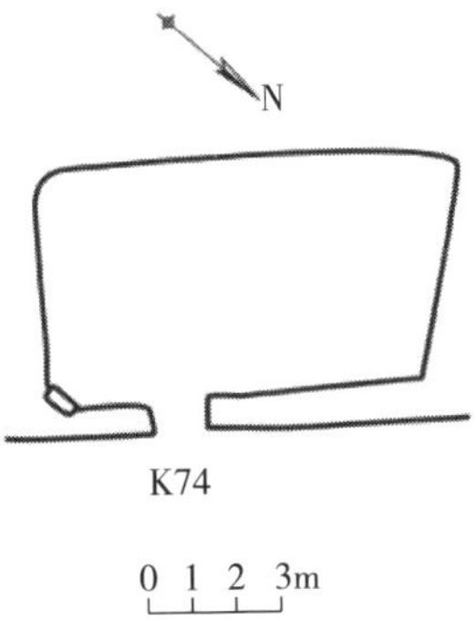

图 3–19 第 74 窟平面图

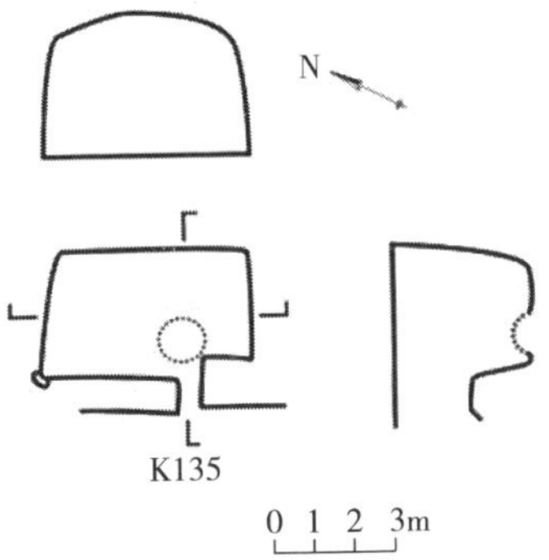

图 3–20 第 135 窟平、剖面图

B 类为多室僧房窟，这类僧房窟的结构较为复杂，特点是由两个以上的居室组成，如第 84、93、112、113、140、143、144、146 窟。这种僧房窟有拱形甬道，甬道与居室的顶部，多为横券形顶或纵券形顶。除此之外，有的甬道也有平顶的形式，典型的如第 84 窟（图 3–21）和第 113 窟（图 3–22），第 84 窟分前后右三室，前室平面近方形，平顶；后壁中间有门洞通向后室，后室平面近方形，不规则平顶，主壁中间开小龛，下部堆满沙石，应为后期所凿，左壁上有小龛，环正壁及左壁有台基，正壁台基残损；右侧右壁靠前壁门洞处有烟道，主室左壁前侧有烟道，左壁后部有甬道通往 85 窟，为后期所凿。第 113 窟为五室僧房窟，主室平面纵长方形，窟前原有大型建筑，现存部分遗迹。窟口处原为建筑墙壁封堵，现墙塌毁过半，露出原有窟口，

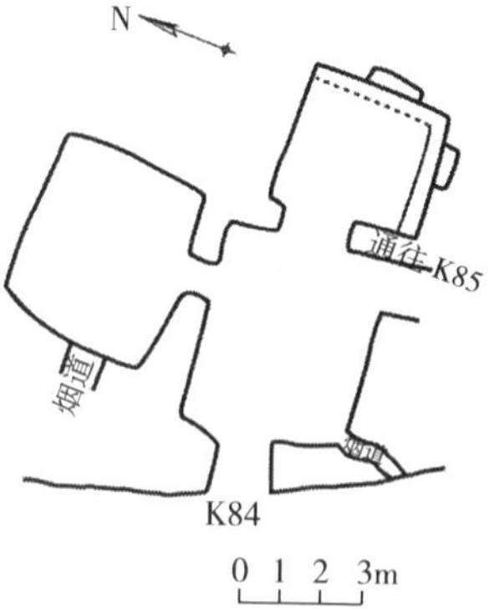

图3-21　第84窟平面图

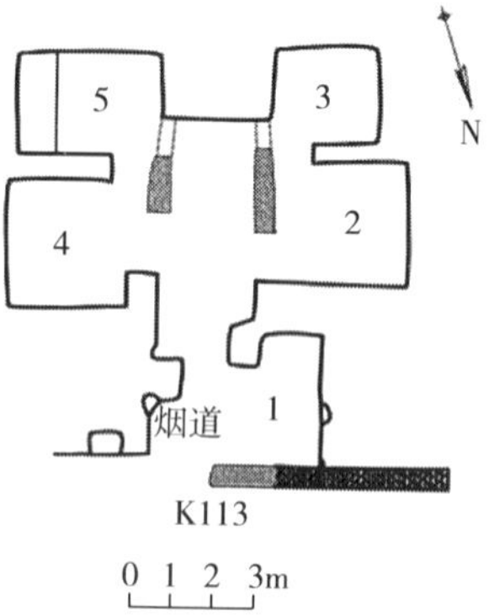

图3-22　第113窟平面图

窟口呈不规则状，窟内结构较为复杂。窟门右侧有小龛，窟口处墙面内侧有小室，小室平面长方形，右壁上有上下两个小龛，残留部分泥草皮。正对窟口处为主室，主室全被烟熏黑。主室主壁为圆拱形，主室右壁有烟道通向室外，左壁中间有门洞，通往左室。左室平面方形，右壁前有门洞通往后室。后室平面方形，主壁下有土炕遗迹。主室右侧中间有门洞通往右室，右室平面方形，下部一圈有烟熏痕迹，此处原有炕，左壁靠洞口处有门洞通往后室，后室平面方形。

综上所述，文殊山的僧房窟遗存数量较多，且主要集中于后山区，其他区域未发现有明显特征的僧房窟，一方面可能由于前山区较低矮，不适合居住，另一方面也有可能僧房窟后期被改建或塌毁。僧房窟内有烟道、有土炕，这些既用于僧人们居住，也用于苦修，属禅窟的一种。与文殊山盛行禅修有着密切的关系。

第四节 佛殿窟

佛殿窟平面多为方形，属于方形窟的一种类型。其使用功能类似于寺院佛殿。在我国早期佛教寺院中，除了有以塔为中心的院落式布局外，还存在一种只有佛殿而没有佛塔的寺院，类似于这种寺院布局的石窟，也被称为佛殿窟。其窟形与中心柱相比，空间更为宽敞、开阔，入窟之后，所有塑绘一目了然。北周时期开始取代中心柱窟成为最盛行的石窟形制。这种方形的佛殿窟，形制简单，在公元前 2 世纪始见于天竺，5 至 6 世纪时出现在窟内开龛造像，数量很少。不过这种窟形在中国极为流行，尤其是在中原北方地区，而且后来成为主要的礼忏供养用窟。河西地区最早的佛殿窟是莫高窟第 272 窟。尽管在结构上与摩诃剌侘(方形窟)相似，但在中国被改造为佛殿，通常具有前后室，并于正壁雕造主像。这种方形佛殿窟大约 470 年前后首先出现在平城武州山石窟寺，后演变为三壁三龛和三壁设坛窟，并在中原北方广为流布[①]，逐渐取代了早期塔庙窟的功能，长期受

①宿白《云冈石窟分期试论》，载《中国石窟寺研究》，北京：文物出版社，1996 年，第 76—88 页。

到僧俗青睐。①

文殊山现有佛殿窟约 48 个，即第 20、31、34、35、36、38、39、40、41、42、43、49、50、55、56、57、58、59、64、66、70、71、76、78、79、80、81、83、85、96、101、102、103、105、106、114、117、118、119、120、121、122、123、124、125、126、128、137。从现有遗存来看，佛殿窟遍布前山与后山，是文殊山现存遗迹最多的窟形。由于损毁较为严重，很少有完整塑像和壁画的洞窟，只能从形制上和残存的一些造像遗迹中辨别。为了便于研究，笔者将文殊山的佛殿窟分为四种类型：

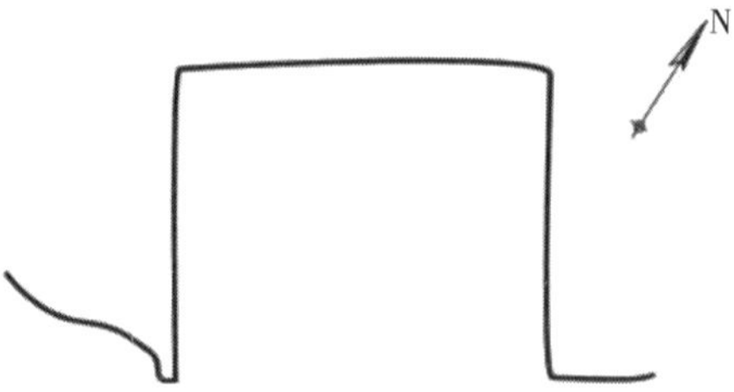

图 3-23　第 31 窟平面图

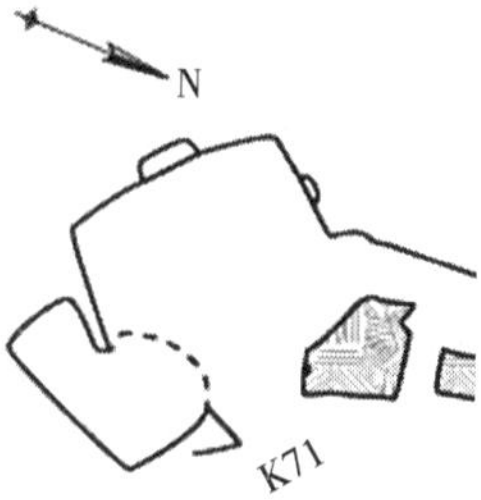

图 3-24　第 71 窟平面图

A 类是平面方形四壁不开龛或主壁开一龛，如第 20、31、66、70、71 窟。

这些佛殿窟中第 20、31、66 窟形制相似，均为平面方形，四壁不开龛（图 3-23），且都临近于中心柱窟；第70、71 窟形制较为相似，且主壁开龛（图 3-24），也临近中心柱窟。这也可以说明他们的开凿时期，与其相邻的中心柱窟一致，应为早期佛殿窟。

B 类是平面方形四角攒尖顶佛殿窟。这样的佛殿窟主要集中于营房后，如第 43、49、50 窟（图 3-25），其形制相同，为平面方形四角攒尖顶，有的后期在壁面凿置物小龛。此外，还有的佛殿窟主壁下有残损佛坛，如第 38、39、40 等窟（图 3-26）。相同的窟形和功能说明了他们所属时代相同，营房后第 55~59 窟，也为佛殿窟，但形制上与第34~54 窟完全不同，时代

①李崇峰《佛教考古从印度到中国 II》，上海：上海古籍出版社，2015 年，第 575 页。

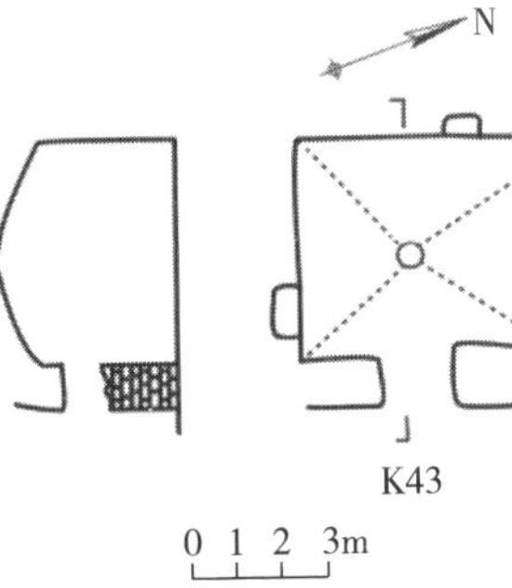

图 3-25 第 43 窟平、剖面图

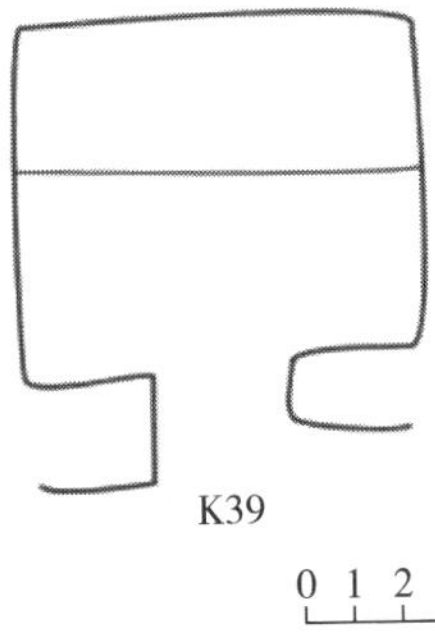

图 3-26 第 39 窟平面图

上要比这些窟晚。

C 类是佛殿窟分前后室或主壁下设有佛坛，坛上原置塑像。这样的佛殿窟主要集中于后山区，如第 56、57、59、78、79、80、81、83、85 等窟，典型的如第 59 窟(图 3-27)，主壁左右壁下都设佛坛，主壁下佛坛上原置塑像，现已无存，这样的佛殿窟还有 103、114 等窟。带有侧室的如第 78 窟(图 3-28)，主室和侧室组成，主室平面纵长方形，平顶。主室正壁下方有前后双层佛坛，佛坛上原置塑像不存，仅留红、绿色绘染圆形头光和身光，周围绘云朵。侧室主壁下方有佛坛遗迹，损毁严重，四壁面均绘有横长方形山水画，有不同程度的损毁，上部和顶部绘云朵。此外，第 83 窟(图 3-29)为平面横长方形，窟前原有大型建筑，主壁上开龛，龛内塑像已毁，为晚期的佛殿窟形制。

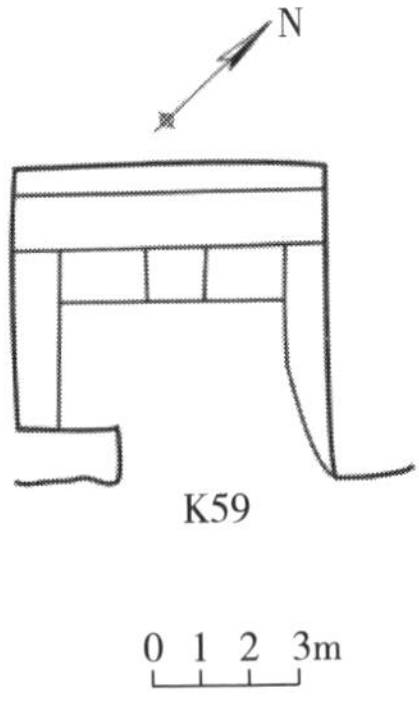

图 3-27 第 59 窟平面图

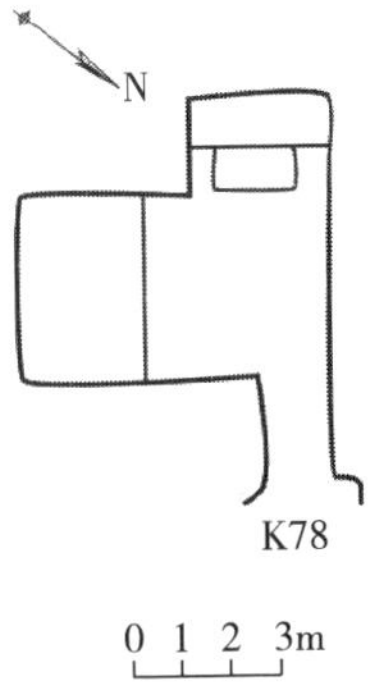

图 3-28 第 78 窟平面图

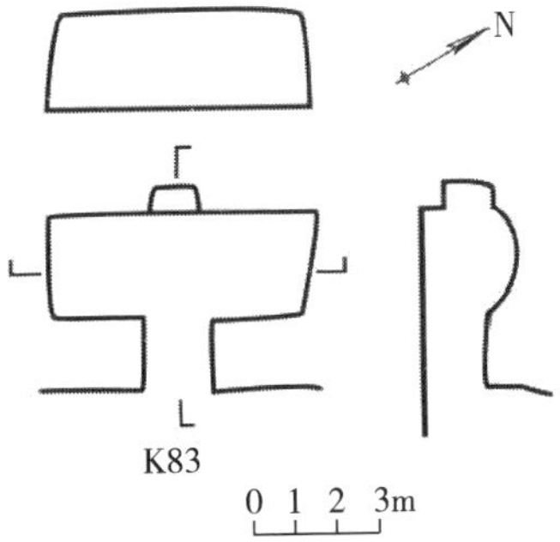

图 3-29 第 83 窟平、剖面图

D 类是窟前原有大型佛殿建筑，现建筑已毁，但留有窟龛，内原置塑像已毁，把这一类也归于佛殿窟，如第 64、115、118、119、120、121、122、123 等窟，典型的如第 64 窟(图 3–30)、第 119~121 窟(图 3–31)。第 64 窟为佛殿窟主壁上的龛窟，有窟前建筑，已全部塌毁，窟口左右壁面残留泥砖墙坯，窟口处壁面塌毁，露出三个龛，龛前有泥砖砌台阶。中间龛内刷黑灰色底，主壁有造像痕迹，造像已不存，露出底层泥坯，有头光和背光；左侧龛也刷黑灰色底，中间造像不存，留头光和背光；右侧龛也为黑灰色底，残损过半，造像不存。第 119~121 窟也是后山大型佛殿建筑主壁上的三个龛窟，原有塑像不存。

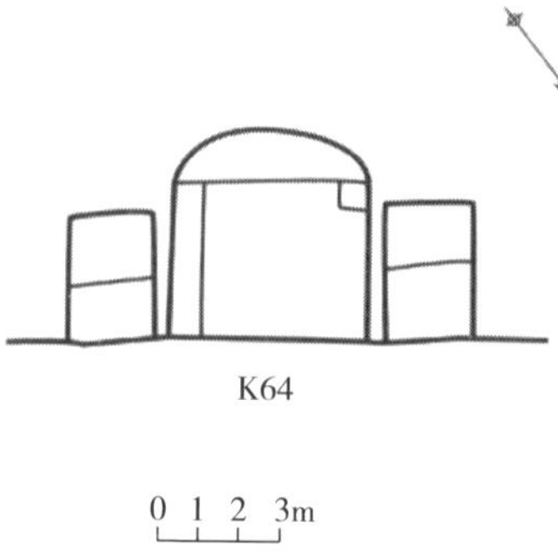

图 3–30　第 64 窟平面图

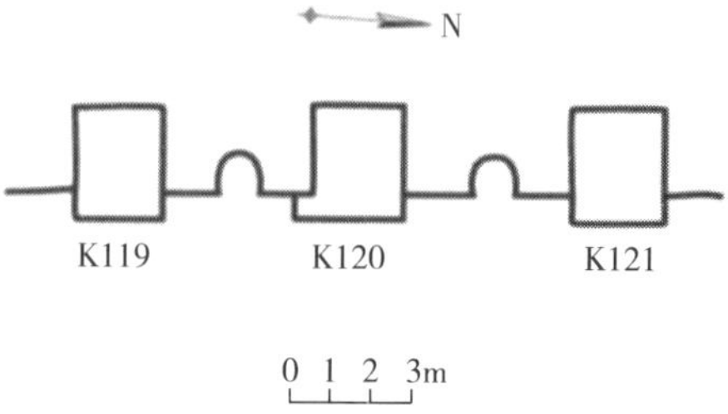

图 3–31　第 119~121 连续平面图

由上述可知，文殊山佛殿窟的遗存最多，有早期也有晚期，有的还可能是早期的其他洞窟改建的佛殿窟，所以形制各异，有长方形的，还有一些不规则形的，但其功能都相同，为讲经、说法、礼佛之用。

文殊山现存的 152 个洞窟中除了以上可以辨别其性质的洞窟外，还有一些不能识别其功能的洞窟，笔者暂将其统一归于一类。这类洞窟集中于谷口区和后山后，由于废弃年久，塌毁严重，窟内堆满沙石垃圾，仅在形制上给予归类，下节在分区中会加以说明。

第五节 分区与洞窟组合

文殊山石窟从谷口至后山,分布于南北1.5公里、东西2.5公里的范围之内,遗存数量多,调查难度较高。根据笔者的调查,拟将其划分为四个大的区域和若干小的区段进行分区、分段讨论。文殊山现存的152个洞窟,大致分为谷口区、前山区、营房后、后山区四个大区。谷口区有石窟18个、前山区15个、营房后有26个。后山所余石窟最多,有93个。其中,后山区石窟又可以再细分为谷西、低台、后西坡、高台、山顶、后山后等六个区域。石窟分布是谷西区24个,低台区9个,后西坡区22个,高台区12个,山顶区20个,后山后6个。

在给文殊山石窟分区的基础上,为了进一步研究窟与窟之间的关系和开窟时间上的前后顺序,我们把相邻的处于同一水平高度的洞窟作为一组洞窟组合进行讨论。魏正中在研究《龟兹石窟寺院遗址的区段与组合》时认为:“一个‘洞窟组合’通常位于同一水平高度的一系列毗邻而建的洞窟,有时通过一些建筑结构如前室或栈道相连接,一般包括不同的洞窟类型,具有明确且不与其他组合相重叠的边界。洞窟组合是僧团开展日常生活的特定场所，是由居所和宗教活动场所构成的寺院。”①这种理论与方法也可适用于其他石窟，以下将通过大的分区与区段内的洞窟组合，对文殊山石窟进行整体的梳理与研究。

一、谷口区

谷口区（图 3-32）位于文殊山山谷的入口处，洞窟分布于自东向西的山

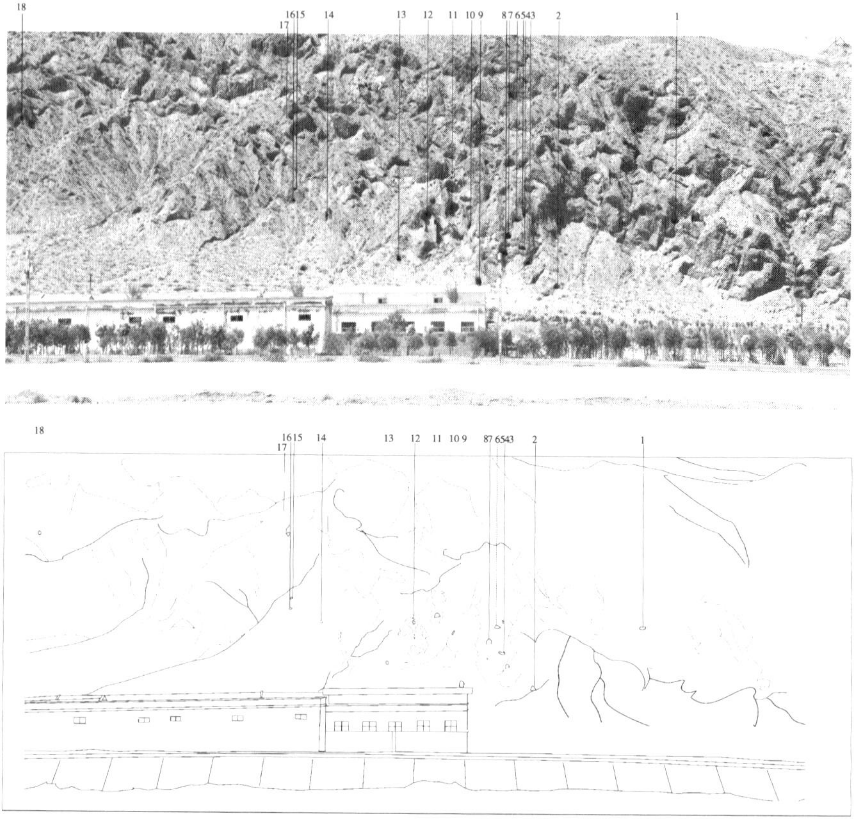

图 3-32　谷口区立面图

①魏正中《区段与组合——龟兹石窟寺院遗址的考古学探索》，上海：上海古籍出版社，2013 年 3 月，第 30 页。

谷崖面上，共有大小洞窟 18 个，废弃年久，没有完整的洞窟遗存，通过笔者实际调研、测绘，对典型的洞窟形制进行绘制，对其余废窟进行编号记录。

由于谷口区洞窟塌毁严重，残留洞窟的分布比较散乱，因此，暂以单独的洞窟形制来对这一区域的洞窟做一比较。通过比对发现，这一区域的洞窟形制都比较简单，主要以平面纵长方形和横长方形为主，顶部都是平顶。这说明这一区域的石窟是同一时期所开凿的，且具有相同功能的洞窟。窟内有的壁面凿有小龛，笔者推测这些小龛可能为置物所用，并非佛龛；有的四壁平整，没有开龛痕迹，由于废弃年久，无任何壁画或遗物佐证，又处于谷口处，距离前山区尚远，洞窟功能并不明确，开凿年代也已无从考证。但其有置物小龛的洞窟，推测很可能与居住生活有关，或可理解为僧房窟。

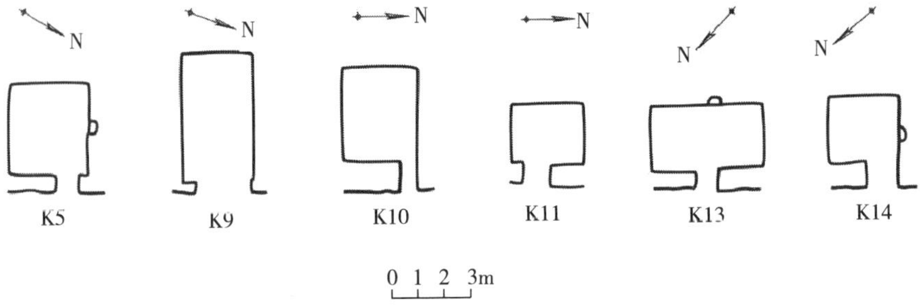

图 3-33 谷口区第 5、9、10、11、13、14 窟平面图

二、前山区及典型洞窟组合

前山区石窟主要分布于红庙沟东西两侧的山崖上以及沟口处的文殊寺一带，现存石窟 15 个，包括保存完整的两个中心柱窟和两个废中心柱窟，以及与其处于同一水平位置上左右相邻的所有洞窟（图 3-34）。

前山区洞窟往往彼此相邻，构成一组组合窟，最典型的洞窟组合有第 19 窟和 20 窟；第 29 窟和 30 窟；第 31~33 窟；第 21~28 窟。这四组洞窟组

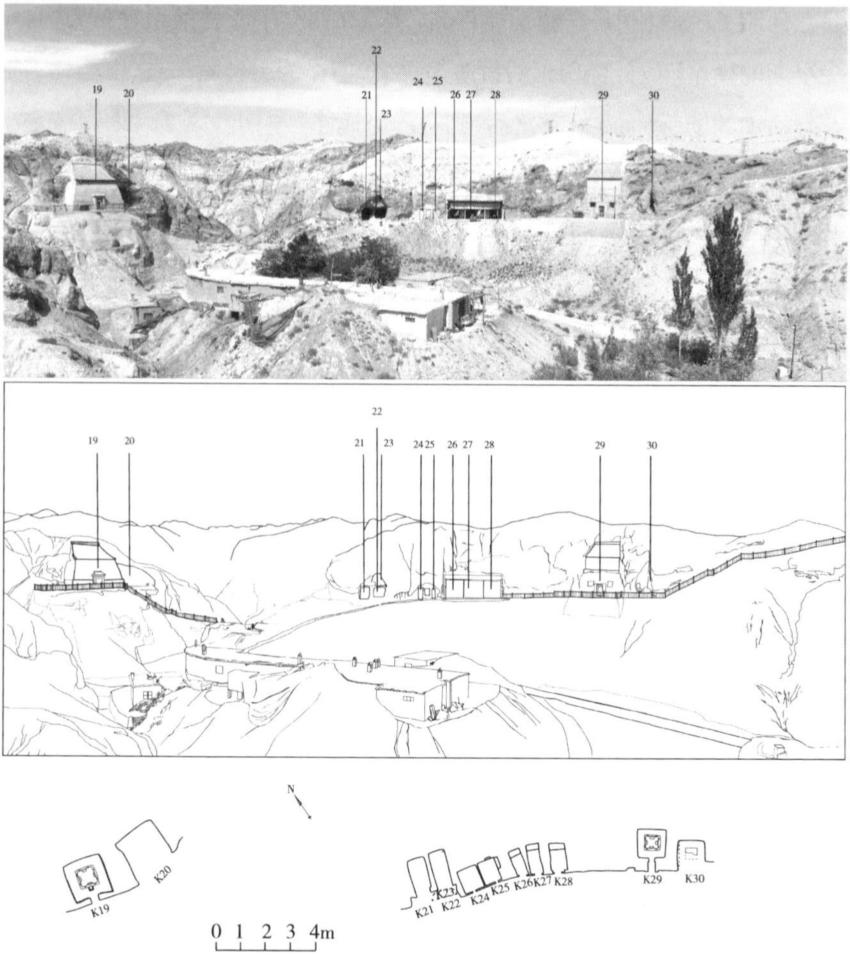

图3–34 前山区第19~20、21~30窟立面分布图与连续平面图

合中，前三组组合中都带有一个中心柱窟，后一组第21~28窟则没有中心柱。组合类不同类型的洞窟功能也各不相同，第29窟和第30窟，为两个中心柱的洞窟组合。第29窟为文殊山现存开凿最早的洞窟，俗称前山千佛洞。窟内早期壁画遗存最多，保存也较好。与其相邻的第21~28窟，洞窟形制相近，除了第23窟仅存窟龛之外，其余7个窟，均为平面纵长方形。还可以分为三组：第21窟和22窟；第24窟和25窟；第26~28窟，这三组

窟在形制上两两相似，开窟功能相同，又是在两个中心柱的组合窟旁边，应为早期的禅窟。虽然经历了后世改造重修，但作为组合窟来看，中心柱窟是礼拜活动的场所，而在礼拜之后，则会静坐禅修。早期的第 21~28 窟应是小型单室禅窟，被后世多次改造之后，第 24 窟、25 窟现在已改为民房，第 26~28 窟现为佛殿窟，而第 21 窟和第 22 窟则彻底废弃，堆满杂物。

第 19 窟和第 20 窟为一个中心柱与一个方形窟的组合，位于红庙沟西侧，这一侧的崖体上，只有第 19 窟和第 20 窟这一组洞窟，位置上较为独立。第 19 窟俗称万佛洞，为平面方形中心柱窟，是文殊山壁画遗存最多，最全的洞窟，整窟壁画经历西夏重修。第 20 窟为方形佛殿窟，现已损毁，仅存洞窟形制。第 31~33 窟（图 3–35）为一个中心柱窟与一个方形佛殿窟和一个方形小禅窟的组合。比第 19 窟和第 20 窟多增加了一个禅窟，仍可视为同一类组合窟。这一组洞窟中，中心柱居于中间，左侧为佛殿窟，右侧为禅窟，除了多出一个禅窟外，其布局与第 19 窟和第 20 窟完全一致。其中第 32 窟中心柱窟损毁严重，中心柱柱体露于崖体外，现已无壁画残留，相邻的佛殿窟经元代重修，现保存较好，相邻禅窟现在仍作为打坐修行所用。

总体来说，该区域的洞窟组合主要有：中心柱窟和佛殿窟的组合；两个中心柱窟和禅窟的组合；中心柱和佛殿窟以及僧房窟的组合。

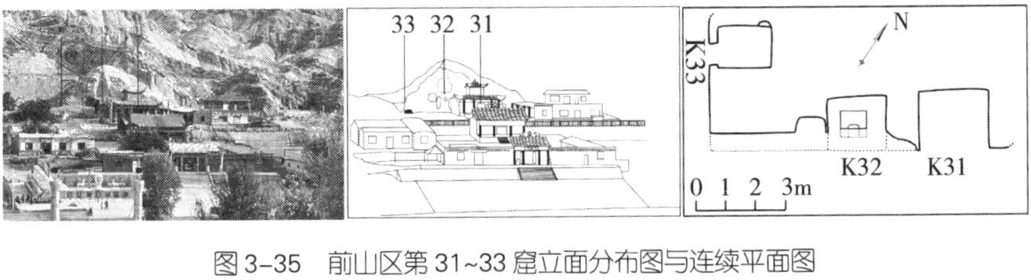

图 3–35 前山区第 31~33 窟立面分布图与连续平面图

三、营房后区及典型洞窟组合

此区位于营房后长 570 米左右的山崖之上。洞窟分层依次排列于崖面,窟口均朝南。由于长期废弃和崖面塌毁,给实际测绘带来了很大的困难,有的窟口悬于半崖,无法测绘,现仅给予编号。其中,第 34~38 窟处于同一水平高度,第 39~44 窟处于同一水平高度,第 45~48 窟处于同一水平高度,第 49~54 窟处于同一水平高度,第 55~59 处于同一水平高度。

第 34 窟,平面近方形,平顶,四壁无遗存;第 35~36 窟,窟口处已全塌毁,窟内平面近方形平顶,壁面均无壁画遗存;第 37 窟,塌毁严重,存一小窟口,又悬于半崖,无法测绘。第 38 窟,拱形窟口,平面近方形,平顶,主壁下有一长方形佛坛遗迹,为佛殿窟,四壁均无壁画遗存。这一组洞窟为同一时段所开凿的方形窟。

第 39~44 窟位于山崖中段,洞窟分布较为密集。窟前有栈道遗迹,崖壁上有相应的凿孔和凹槽痕迹,表明了栈道的位置和结构。其中,第44 窟窟口悬于半山崖,窟前栈道已毁,无法进入测绘。其余窟形多为平面方形,除第 43 窟为四角攒尖顶,其余均为平顶。第 42 窟右壁后部有一小门通向 43 窟,43 窟原有窟口被砖石封堵。这一组窟的第 39~41 窟主壁下都有佛坛遗迹,墙面有泥皮遗迹,可能之前有壁画,现仅有第 41 窟右壁白色墙面上留有部分壁画遗存。上部有坐佛四身,脸部损毁,有圆形头光和身光,以绿色、白色填充;坐佛发髻呈尖三角,着右袒式暗红色袈裟,袈裟上沥粉装饰,手部损毁、手势各异。与后山区千佛洞内坐佛如出一辙,为元代所绘。这组洞窟以佛殿窟为主,窟与窟之间有栈道相连,为同时期所开凿洞窟,开凿年代有可能也是元代。

第 45~48 窟窟口均悬于山崖半腰，窟前原有栈道已毁，无法进入测绘,现仅给予编号。

第 49~54 窟位于山崖最下方，在这一区域应该是较早开凿的一组洞窟。第 51~54 窟塌毁严重,现仅给予编号。第 49、50 窟为平面方形,四角攒尖顶,窟内被烟熏黑,无壁画遗存。第 49 窟右壁有门洞通向第 50 窟,可能为后世凿通。这一组窟窟形相似,排列整齐,为同一时期所建。

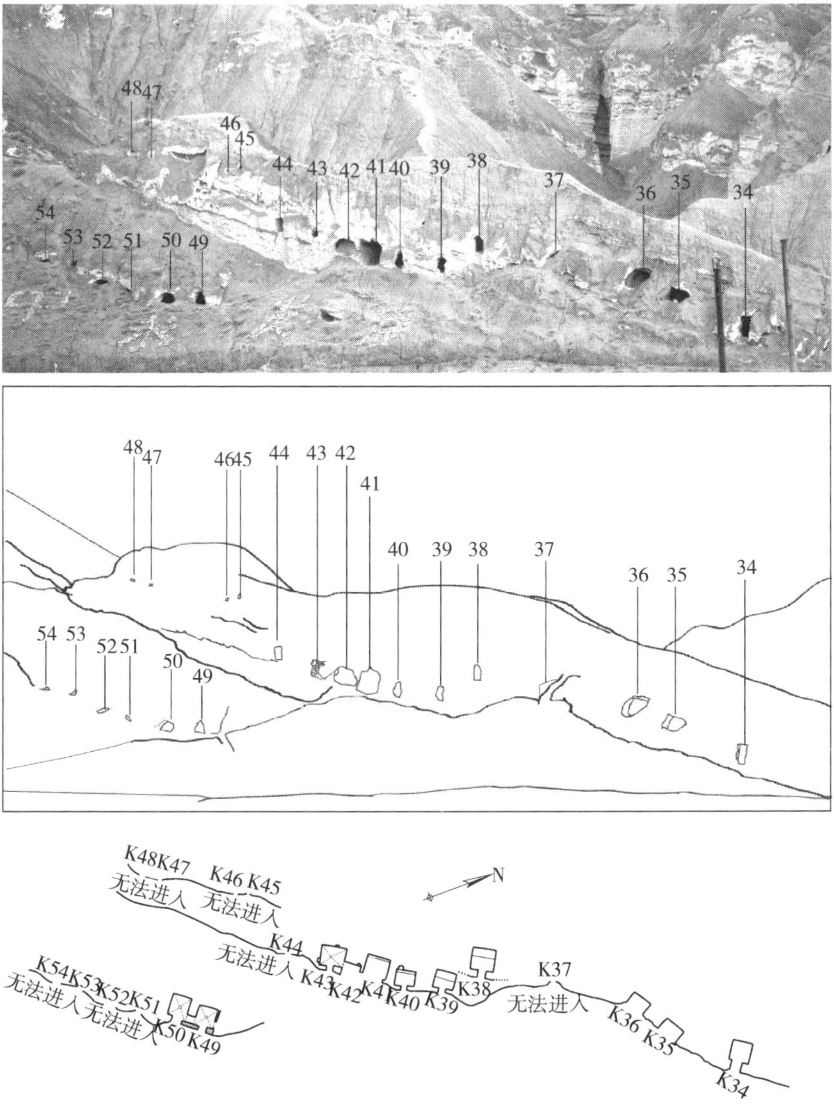

图 3–36　营房后区第 34~54 窟立面分布图与连续平面图

由上可知，营房后第 34~54 窟，在形制上有很多相同之处，如洞窟都不是很大，平面均呈方形，主壁下有佛坛，有四角攒尖顶等，这些都说明了这一区段内洞窟的功能相同，且开凿于同一时期。

营房后第55~59窟(图3-37)。这五个洞窟自东向西依次分布于营房后一处向内凹进的半圆弧形崖面上。这五个洞窟从功能上看，都是佛殿窟,其形制各有一些差异。第55窟为平面方形佛殿窟,平顶,窟口处坍塌,留近方形窟口,主壁下有佛坛,整窟被熏黑,窟内堆满大块山石。第56窟,

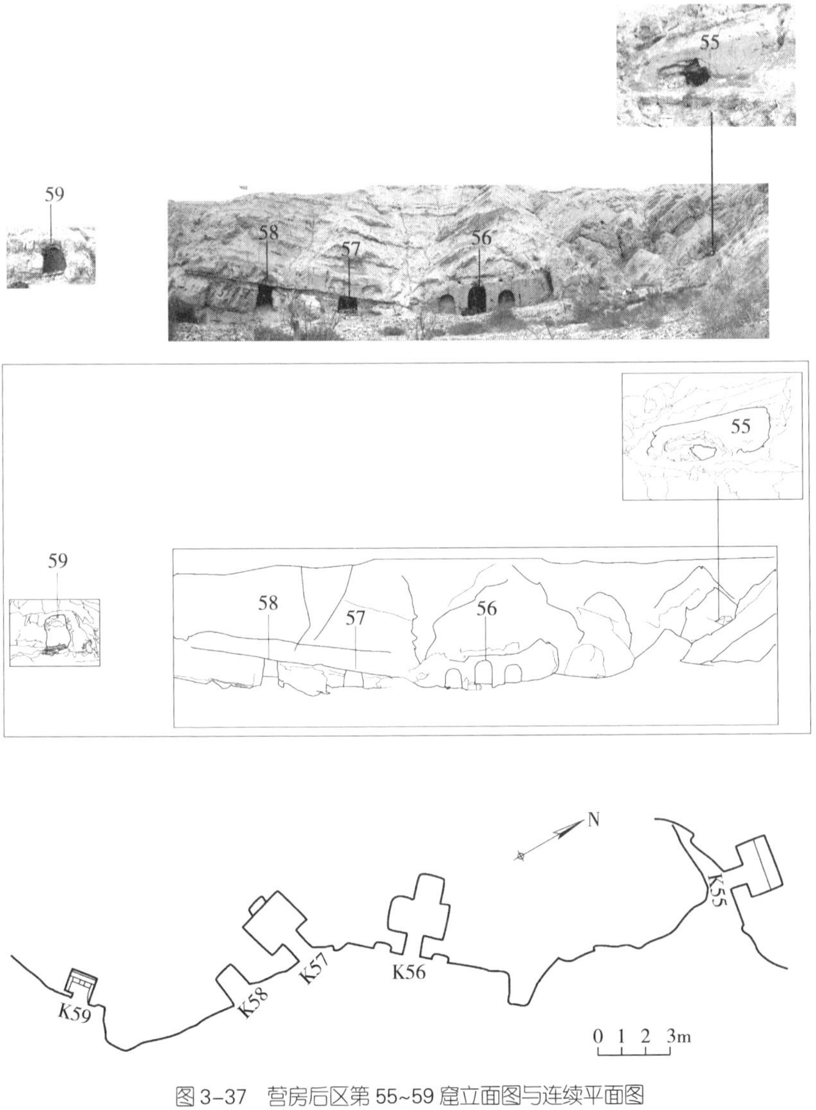

图3-37 营房后区第55~59窟立面图与连续平面图

平面呈“凸”字形,分前后室,平顶,圆拱形窟门,窟口上方崖面塌毁,左右有小洞,原应有窟前建筑。窟门左右对称凿有小于窟门的拱形龛,龛内损毁严重,残留部分泥皮。窟内堆大量废弃物和山石,整窟被熏黑。第57窟,平面近方形佛殿窟,平顶。窟前塌毁,存方形窟口,原应有大型窟前建筑,现已不存。主壁开龛,窟内堆满山石杂物,整窟被烟熏黑。第58窟,平面方形,平顶,近邻于第57窟右侧,窟口处崖面塌毁,留一方形窟口,窟口处被沙石掩埋过半,堆满山石杂物,整窟被烟熏黑。第59窟,位于第58窟右侧拐角处,是营房后最后一个窟,窟内平面近方形,处于山体断崖处,前部塌毁,窟口处堆青砖泥土和杂物。主壁和左右壁下设坛,主壁下坛基上原应有塑像,顶部遗存一块清代所绘壁画,其余壁面均露崖体。这几个洞窟形制和功能上较为接近,开窟位置相邻,为同一时期所开洞窟。其开窟时间要比营房后第34~54窟的开凿时间要晚得多。

四、后山区

文殊山后山区洞窟数量最多,分布区域也最大。由于洞窟的开凿都会有一定的规律和顺序,比如越早选择的位置则最佳,并且会在一定区域内集中进行开凿。为了更好地对后山区洞窟进行梳理和研究,笔者将后山区分为五个主要区域(图3–38)进行探讨。

(一)谷西区及典型洞窟组合

谷西区(图3–39)主要以谷西所有石窟所在山脊的走势和山内部的甬道走向来划分,共有石窟24个。如果按照同一水平位置来对洞窟组合进行讨论,那么谷西区又有三种划分方式:第一台地、第二台地和第三台地。

第一台地上只有三个洞窟第60~62窟(图3–40),这三个窟都经历过后世的重新改造。第60窟,平面马蹄形,穹隆顶。窟口处坍塌,堆积沙石,左侧还有一小窟口,下方堆满沙石,应为后来所凿。第61窟,平面方形,穹隆顶,有窟前建筑,已全损毁,可看出窟口壁面左侧残留较厚的草泥皮。右

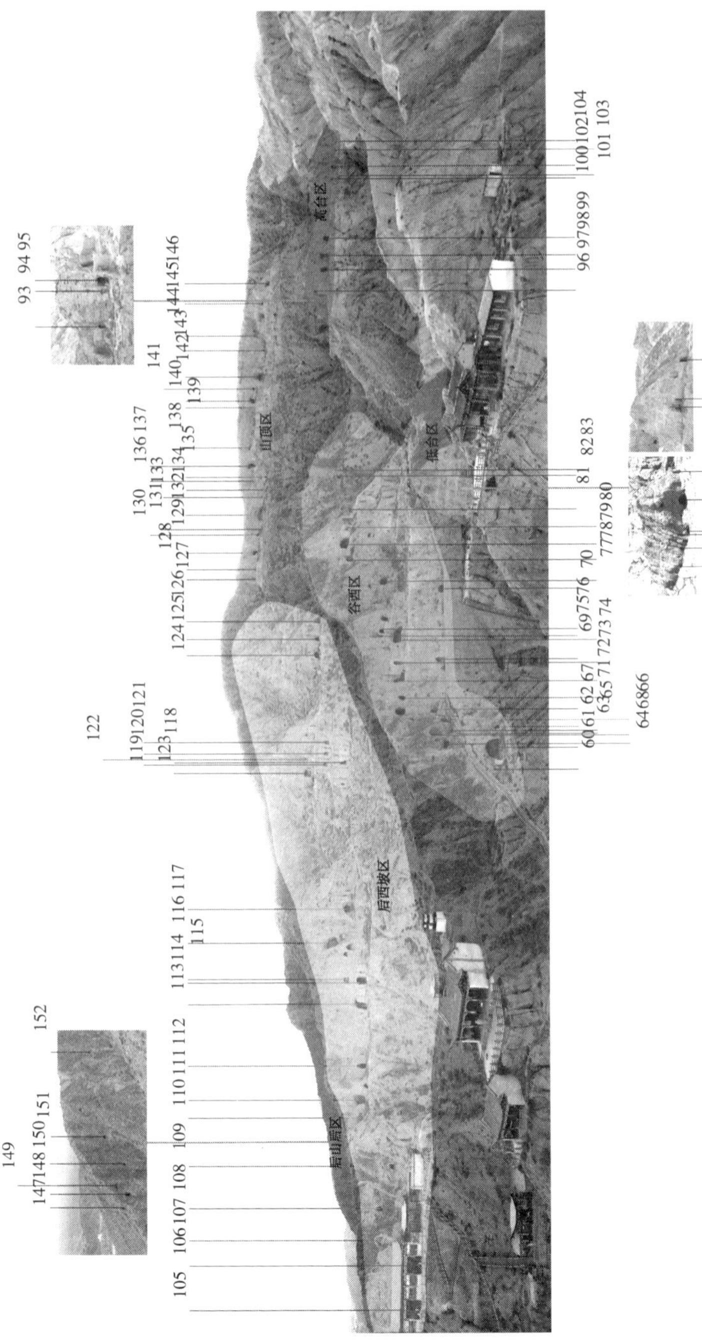

图 3-38　后山区分区示意图

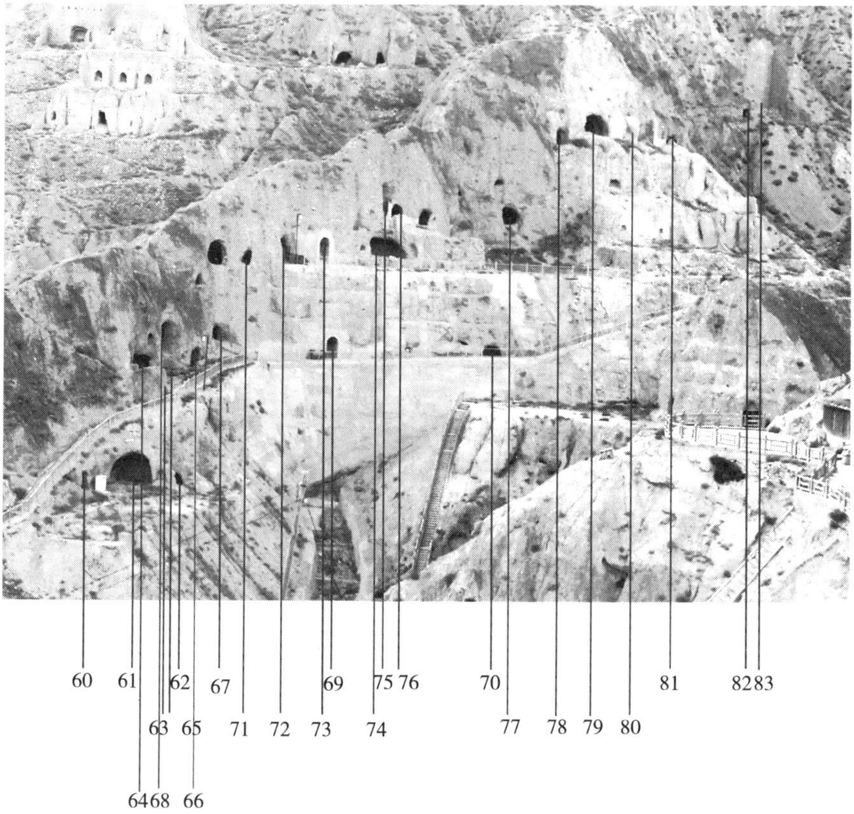

图 3-39 谷西区第 60~83 窟立面分布图

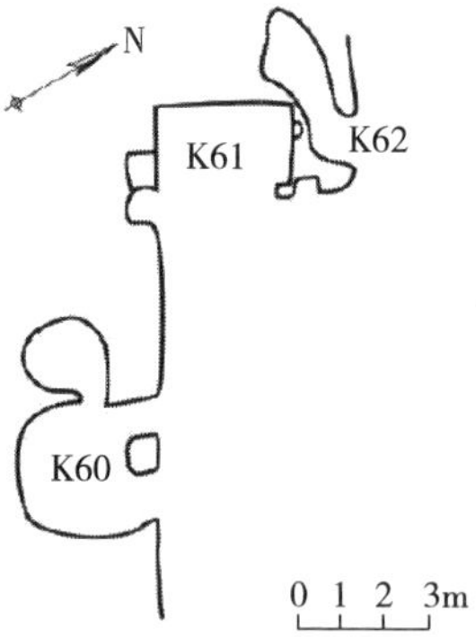

图 3-40 第 60~62 窟连续平面图

侧开一方形小龛，龛内残留部分草泥皮。窟内右侧有残留小龛，左侧有烟道，炕迹，窟内有烟熏黑痕迹。第 62 窟，平面为不规则长方形，穹隆顶，窟前塌毁严重，窟口处沙石堆积较多，窟内底层和上层有一条明显的烟熏痕迹。按目前遗存来看，第 60 窟可能为小禅窟，第 61、62 窟为僧房窟，也有可能第 61 窟原为佛殿窟，后改建为僧房窟，这样就是中间一个佛殿窟，左右各有一个僧房窟和禅窟的组合窟，其修建年代已无法确定。

第二台地上有 8 个洞窟，第 63~70 窟（图 3–41），包括保存较完整的中心柱第 69 窟（千佛洞）以及处于同一水平台阶上左右相邻的所有洞窟。其中第 68 窟塌毁严重，窟内堆积过半，基本形制已无法判断。这一台地上有两个中心柱窟，第 67 和 69 窟，第 67 窟为平面方形残中心柱窟，残顶，窟内坍塌严重沙石堆积较多，中心柱正面下层有开龛痕迹，其余柱面损毁，未见有开龛痕迹。四壁壁面损毁严重，左壁与前壁拐角处凿有通道，通向一个平面圆形的小窟，应为后来重新开凿，下有成堆沙石，原本壁面应是完整的。圆形小窟前壁面向内凿有一个小通道，为后世重新改建。第 69 窟，平面方形中心塔柱窟，券顶。窟门略向西开，原有前殿或前檐的木构建筑，今已残毁。中心塔柱仅正面开一龛，经后代重修或重饰。窟内顶部留有早期壁画遗存，其余壁面经后世多次重绘。从窟形来看，第 67 窟和第 69 窟为同时期所开凿的中心柱窟。这一组洞窟是两个中心柱窟和两个方形窟的洞窟组合，即第 67 窟和第 66 窟，第 69 窟和第 70 窟。第 70 窟原来有可能是佛殿窟，经后世改造和坍塌，现在仅存不完整的洞窟形制。第 64 窟，现存三个窟龛，内有三尊塑像痕迹，原有大型窟前建筑，已毁，与第 63

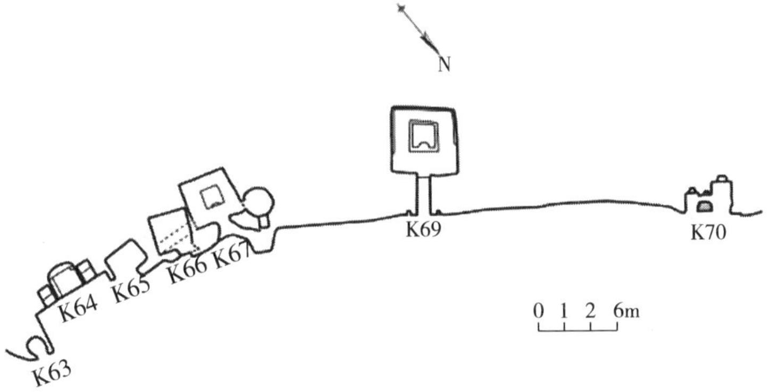

图 3–41　第 63~70 窟连续平面图

窟和第 65 窟形成一个佛殿窟，左边一个方形窟，右边一个小禅窟的洞窟组合。第 63 窟为小型禅窟，第 65 窟为方形窟。

第三台地上有 13 个洞窟，第 71~83 窟，主要包括第 73 窟（古佛洞）以及其处于同一区域上下左右相邻的所有洞窟。虽然他们有的不处于同一水平位置，但他们之间通过山体内部所开凿的甬道可以相通，因此仍然属于同一区域。这一区域有三个洞窟组合，第一组是第 71~74 窟（图3-42），第 73 窟为保存较好的中心柱窟，平面方形中心塔柱窟，顶部为不规则平顶。中心塔柱四面均为上层不开龛而下层开龛。窟内烟熏损毁严重，后世重修窟内壁画。第 71 窟为平面方形佛殿窟，主壁上开龛，经后世多次重建，但基本形制仍在。第 72 窟是一个平面马蹄形的小禅窟，第 74 窟窟内有烟道，是僧房窟。这样，从洞窟形制上看，这一组窟应该是以第 73 窟中心柱窟为中心，左边一个僧房窟第 74 窟，右边一个佛殿窟第 71 窟带一个小禅窟第 72 窟的洞窟组合。第二组是第 78~80 窟（图 3-43），这组洞窟中，都被后室多次改建重修。第 78 窟内有清代绘壁画，是一个佛殿窟。第 79 窟平面呈“凸”形，有前室和后室，早期应该还是一个佛殿窟。第 80 窟平面横长方形，有窟前建筑，现仅存左右土坯墙，原可能为僧房窟。这一组洞窟，推测为佛殿窟和僧房窟的组合窟。第三组是第 82、83 窟（图 3-44），

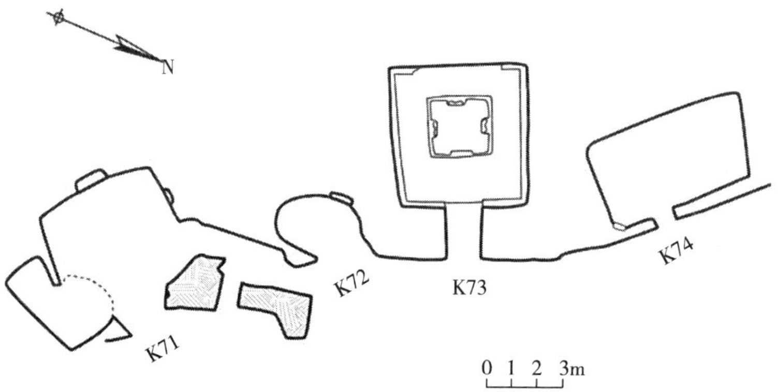

图 3-42 第 71~74 窟连续平面图

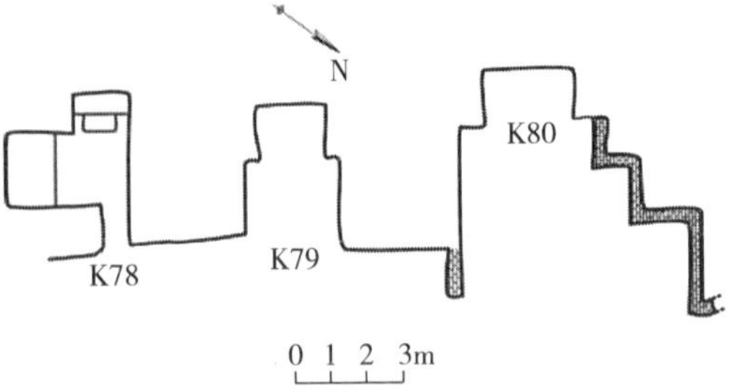

图 3-43　第 78~80 窟连续平面图

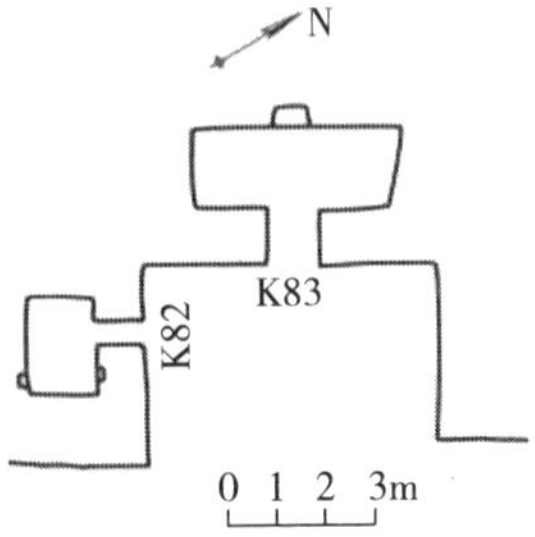

图 3-44　第 82~83 窟连续平面图

第 82 窟平面横长方形，平顶，四壁砌有草泥皮，无壁画遗存。主壁凿有小龛，应为置物用。此窟应为僧房窟。第 83 窟窟内平面横长方形，平顶，主壁开龛，其余壁面露砂砾崖体，地面较平整，窟口开于平齐的崖面中间，窟前原有建筑已毁。由此可见，这一组洞窟是一个佛殿窟和一个僧房窟的组合窟。

（二）低台区及典型洞窟组合

低台区位于后山千佛洞前方的一处平台上，是一个独立的纵梯形山包，与千佛洞处于同一位置。低台区坐北朝南分三面，每面均有残留的洞窟（图 3-45、图 3-46）。第88 窟为早期多室禅窟其余洞窟经历后室重修、改造和打通，现在的洞窟形制已经不是早期的原有形制，但其开凿年代应与第 88 窟为同一时期。第 88 窟，开凿于梯形山包正面中间位置，前方崖面塌毁，留一拱形窟口。窟口左右堆满沙石，窟内平面纵长方形，纵券式顶。主壁左右现存两个拱形禅室，主壁下部残留部分佛台遗迹，为后世改建。左侧墙原有 4 个禅室，2 个被后期封堵；右侧原应有对称的 4 个禅室，现存 2 禅室，前边的部分塌毁，后边的被改作甬道，通向第 87 窟。第 86、87 窟，损毁严重，仅留一个平面近方形的残窟。第 84 窟窟口被沙石掩埋，可从第 85 窟进入窟内。分前后室，前室平面方形，平顶；后壁中间有门洞通向后室，后室平面近方形，平顶。主壁中间开小龛，下部堆满沙石，为后期所凿。左壁上有小龛，环正壁及左壁有台基，正壁台基残损。右侧室，右

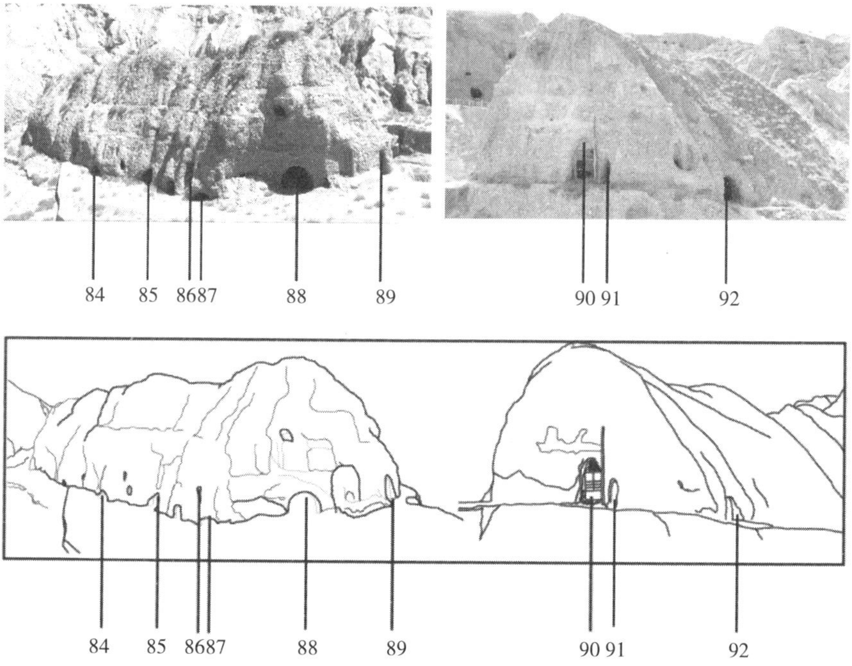

图 3-45　低台区第 84~92 窟立面图

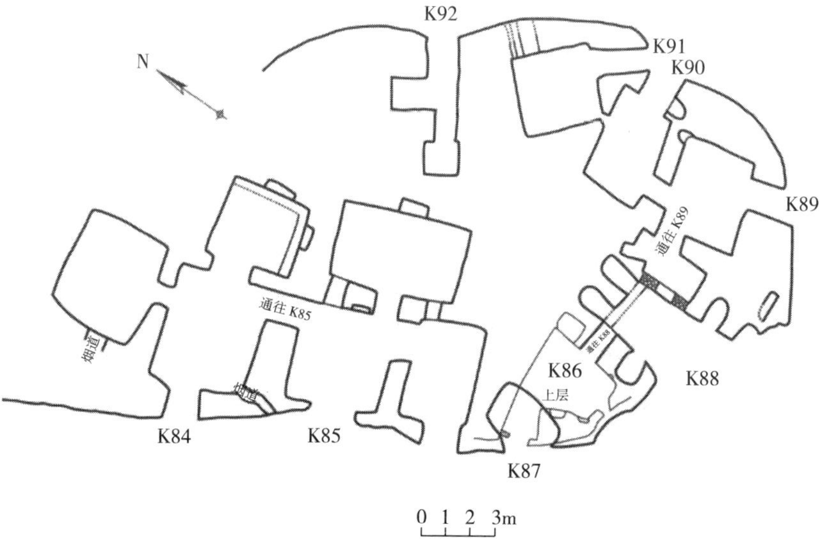

图 3-46　低台区第 84~92 窟连续平面图

壁靠前壁门洞处有烟道，主室左壁前侧有烟道，左壁后部有甬道通往第85窟，整个窟内堆满沙石垃圾。第85窟拱形窟口，分前后室，前室平面方形，平顶。前室后壁中间有柱体，上开小龛，左右为门洞向后室；后室平面横长方形，平顶。窟内堆砖石，四壁有烟熏痕迹，主壁上开龛。第92窟，形制较特别，可能为早期遗留禅窟改建而来。第89~91窟，窟形基本相同，后世被互相凿通，原可能为僧房窟。这样，这一区域的洞窟功能基本可以明确，是以第88窟为中心，向左右开凿佛殿窟和僧房窟的一个独立的寺院结构。在这一区域内既可禅修，又可以居住和礼佛。

（三）高台区及典型洞窟组合

高台区石窟（图3–47）开凿于后山区较高位置的一个独立的纵梯形山包之上，坐北朝南分三面，每面均有残留的洞窟遗迹，共有石窟12个。

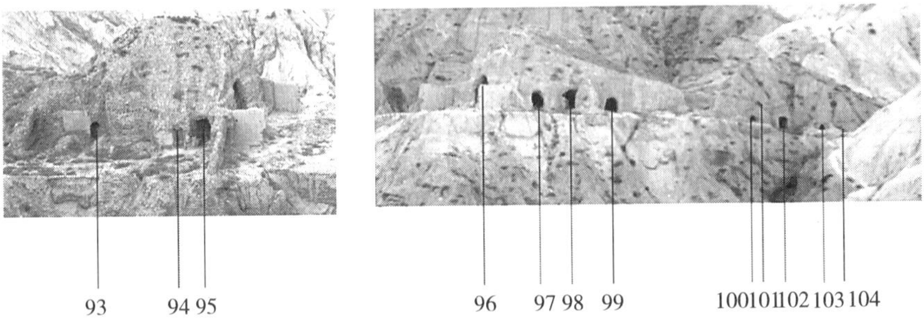

图3–47　高台区第93~104窟立面分布图

这一区域由于位置较高，在开凿时间上晚于低台区。其洞窟功能与低台区有相似之处，都有僧房窟和佛殿窟，但在形制上发生了一些变化（图3–48）。这一区域以第96窟为中心，向左右两侧进深延伸。第96窟开凿于山包正面梯形面中间位置，前方有塌毁的三层窟前建筑，窟门面墙依崖体筑有土坯墙，均已塌毁，沙石土坯堆积下方和窟口处。窟门左右两侧残留土坯墙，土坯墙两侧各有拱形小门，通向山体的左右两侧。窟内主壁下方有泥坯砌长方形佛坛，佛坛残损严重。窟内四壁面均砌有很厚的草泥坯，上涂白灰，有现代人乱刻乱画墨迹。主壁墙皮有三部分脱落，应为之前的

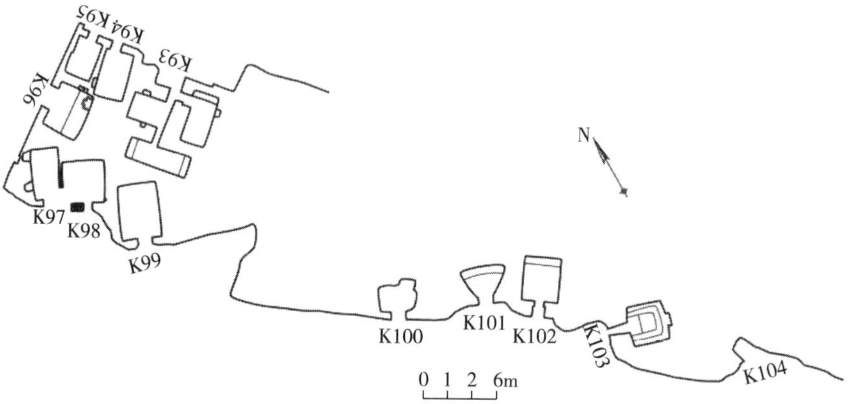

图 3-48 高台区第 93~104 窟连续平面图

三尊造像遗留痕迹，最左侧佛台上存有凸形佛坐。右壁上凿有上下两个小龛，龛内外层墙皮脱落，露出底层青金色壁画痕迹，为早期壁画遗留，说明此窟至少经历两次重修，表明其为早期开凿石窟，因此推断此区为原有早期窟群，而非近代新开。

第 93 窟可分三室。进窟左侧有一室，平面方形，平顶。主壁右侧有龛，窟内四壁均为现代重修，右壁砌有一高台，置杂物，有香和蜡烛。右侧一室，平面方形，平顶。该窟右壁有龛。后一室，平面横长方形，左右两壁均有台基，平顶。窟前有塌毁建筑，有木门，窟为现代改造居住所用，内堆积现代杂物。第 94 窟，平面长方形，拱顶。长方形窟口，有木门，为现代人做厨房用。第 95 窟，平面方形，拱顶。前方有窟前建筑，现存窟口处残留泥坯墙台阶，壁面残留有较厚的草泥皮，窟内现堆满杂物。据笔者推测，第93~95 窟，早期原为僧房窟。

第 97 窟为平面纵长方形，拱形顶；第 98 窟为平面长方形，穹隆顶。第 97 窟与第 98 窟内部有门洞相连通。第 97 窟内有沙石土坯堆积，右侧壁面凿有两个拱形小龛，可供一人打坐禅修，内有沙土泥砖堆积，从其形制可断为禅窟。第 97 窟与第 98 窟为组合双窟，第 98 窟窟口处有部分塌毁泥砖砌墙，窟口被封一半，主壁有烟熏痕迹，右壁有少部分泥砖砌墙，墙与前壁间留门洞通向第 97 窟，左壁与前壁拐角间有烟道，第 97、98 窟应为禅窟和僧房窟的双窟组合。这一区域的第 100~104 窟，形制与前边一组洞窟差别较大，且都有佛坛遗迹，疑为近代重新修建或改造过的洞窟。

（四）后山后西坡及典型洞窟组合

后西坡位于后山山脊的最左侧一端，由甬道相连接的三层窟群组成，共有 22 个窟(图 3–49)。第一层均改建为寺庙，窟前均有现代寺庙建筑，庙内后壁靠山崖的部分为早期遗存洞窟。以此向上为第二层、第三层窟群。

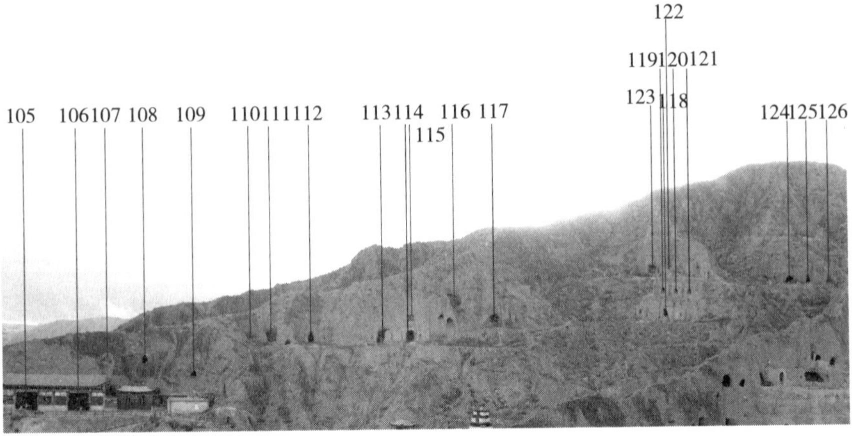

图 3–49　后西坡第 105~126 窟立面图

这一区域的石窟经后世重新修建和封堵的较多，有的还作为寺庙建筑的后室，这里仅对较为特殊的洞窟组合加以叙述。第 110~117窟(图 3–50)位于同一水平高度的位置上，属同一时期所修建的洞窟，由于后世的改建和塌毁，只能从现有的遗存来推断其初建时的形制和功能。其中第 110 窟和第 111 窟塌毁严重，仅存不完整洞窟形制。第 112 窟也经重建，窟内平面呈不规则形，窟口处有塌毁，券拱形窟口，主壁右下方有坑。左壁上有烟熏痕迹，且凿有大小不一的四个龛。右壁中间有门洞通向右室。右室平面近方形，右室主壁下有佛台，右室右壁上凿有两个小龛台，室内堆满沙石杂物。第 112 窟应是一个僧房窟，右室为后来所开凿。第 113 窟是一个多

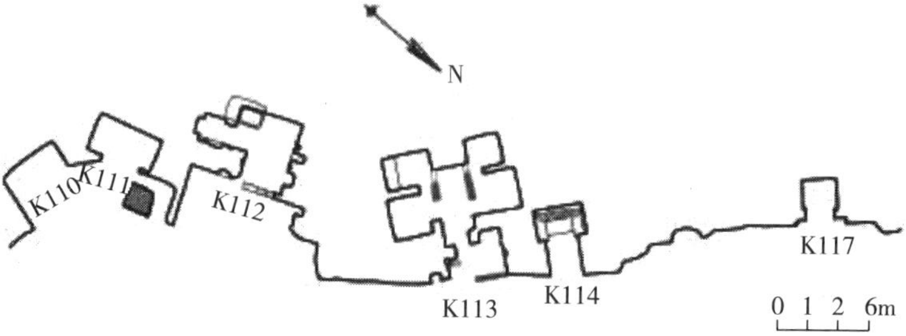

图 3-50　第 110~117 窟连续平面图

室僧房窟，位于佛殿窟第 114 窟的右侧。第 114 窟窟前有建筑遗迹，窟内有甬道。圆拱形窟口，窟口面墙土坯掉落，露出部分下层原有壁画，隐约可见有人物山水等，颜色以绿色、赭红为主。窟口顶部存有部分近代绘画，有蝙蝠和云朵。窟内佛台损毁严重，堆大量砖瓦。八边形佛台有三层，最上层为砖砌，原应有三尊佛像，四壁残留壁画与窟口处为同一时期所绘。第 117 窟窟前有建筑遗迹，残留有左右两侧土砖墙，崖面靠窟口处残留泥砖墙，圆拱形窟口，堆满沙石泥砖，顶部用木棍绕窟顶一圈后砌泥皮，左右壁留部分清代壁画。由此可见，这一区域的洞窟主要是佛殿窟和僧房窟。

另一组早期遗存洞窟为第 124~126 窟（图 3-51）。第 125 窟为佛殿窟，主壁有佛坛遗迹和塑像痕迹；第 124 窟和第 126 窟，分别位于第 125 窟左右两侧，后世重修改建，推测原应为僧房窟或禅窟。

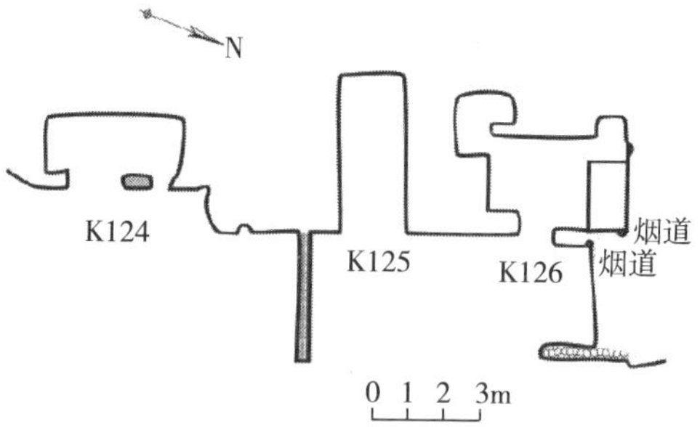

图 3-51　第 124~126 连续平面图

（五）山顶区及典型洞窟组合

山顶区（图 3–52）是位于后山区最顶上的一排洞窟群，由左至右依次由 20 个窟组成。

山顶区的洞窟基本处于同一水平高度，其开凿年代大致相同，也经过

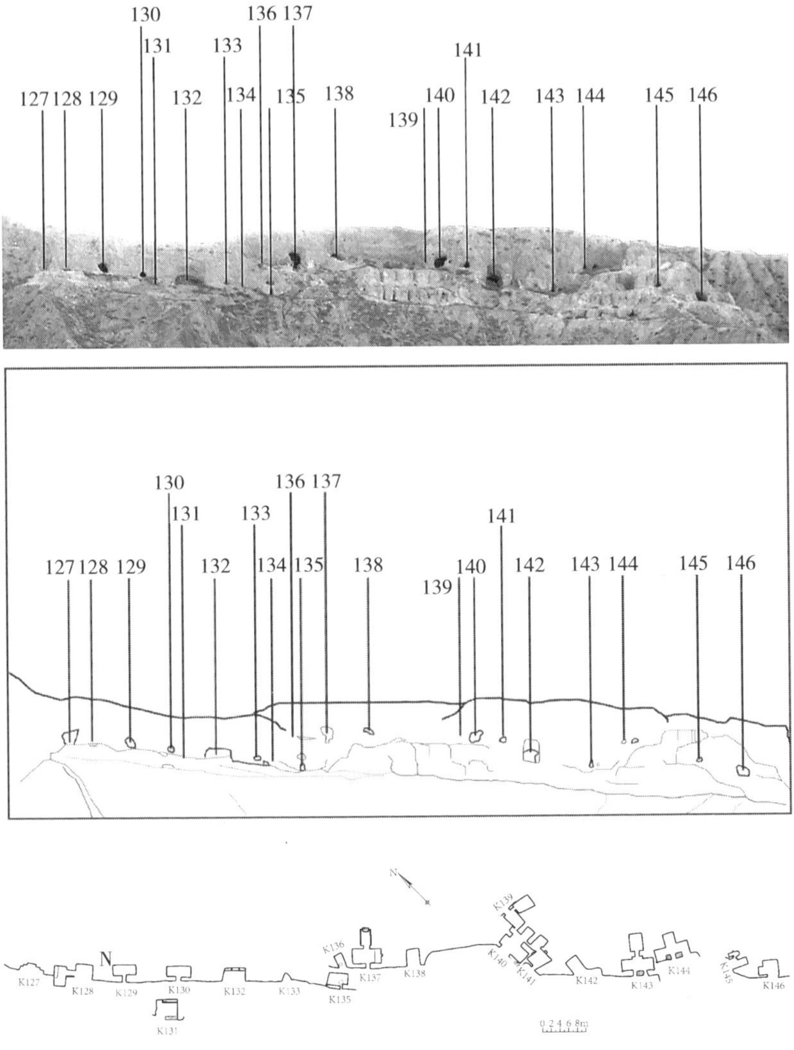

图 3–52 山顶区第 127~146 窟立面分布图与连续平面图

后期的重修重建，现在已经全部废弃。从这些洞窟形制上看，佛殿窟居于这一区域的中间位置。第 137 窟是佛殿窟，分前后室，前室平面横长方形，平顶，窟口上部坍塌。前室左侧有台基；后室平面纵长方形，平顶。窟前原有建筑塌毁，窟口处左侧留泥石砌墙一堵，紧挨窟口崖面均有草泥石砌墙，损坏严重。左壁残留泥台，右壁墙面残留草泥皮，地面全为堆积沙石。主壁和左右壁均砌有很厚的泥砖墙，墙面涂白灰。后室主壁墙面残损过半，墙面以墨线分块，左右对称，中间分三块，中间红色底，两边白色底，无绘画或损毁，下方有三层佛坛，台上残留部分塑像遗迹。此外，与第 137窟形制相似的还有第 143 窟和第 144 窟，但从其内部遗存来看，都是僧房窟。

这一区域以第 137 窟为中心，左侧洞窟形制都较为简单，或塌毁严重，如第 129 窟和第 130 窟形制相同，第 131 窟和第 132 窟内主壁下有泥砌食槽，以前或为马圈和羊圈。右侧洞窟中多室僧房窟较多，如第 139 窟和第 140 窟，第142~146 窟内都有居住的痕迹，原来都应是僧人居住过的地方。由此可知，山顶区的洞窟主要是以生活居住为主，中间位置是僧人们礼佛的佛殿窟，左右两侧多以居住为主。当然，也有可能是后世改建居住过。

（六）后山后

后山后区位于后山区后边面朝东的山崖间，山体滑坡塌陷严重，原应有石窟群，现多数窟被掩埋。目前可见山坡间零散的洞窟遗迹，无路且砂砾岩体松动易滑，给测绘带来很大的困难。大多洞窟窟口掩埋过半，无法进入，以下将对现存较好的个别窟形作一记录，对其余洞窟遗址加以编号记录。此区共有洞窟 6 个（图 3–53）。

这一区域的洞窟形制有单室和前后室两种（图 3–54），第 147 窟和第 150 窟为单室，形制也较为简单，窟内没有发现造像和壁画遗迹，均被烟熏黑，后期可能作为僧人或民众的居住区。第 148 窟，分为前后室，甬道较长，凿有小龛，塌毁严重，仅容一人爬进。其开凿年代已无法判断，但至少

图 3-53　后山后第 147~152 窟立面分布图

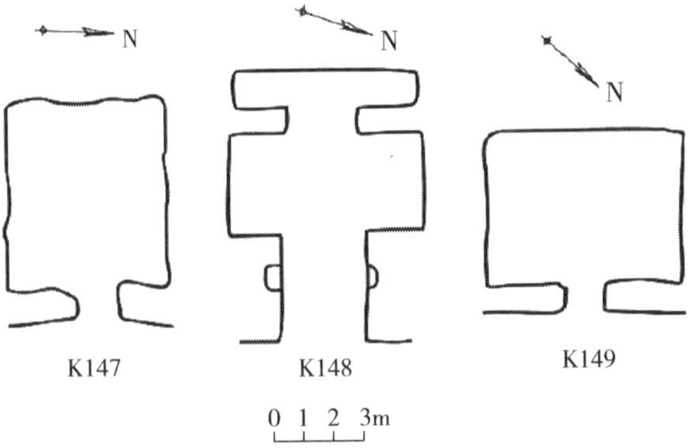

图 3-54　后山后第 147、148、149 窟平面图

应该晚于后山区的洞窟开凿。

综上所述，本节主要是对文殊山石窟进行了分区，并对每个区域内相邻洞窟的功能和作用进行了一些讨论。特别对开凿于同一水平位置的洞窟的组合形式做了比较和考察。经过对文殊山石窟每个区域遗存洞窟形制类型和洞窟组合的考察，发现每个区域的同类型洞窟或组合洞窟大概都开凿于同一时期并具有相同的功能，如早期一个中心柱窟和一个佛殿窟的组合，到后来一个佛殿窟和禅窟及僧房窟的组合等等，都说明了开窟者把石窟当作一个寺院，而每个组合洞窟都可以形成一座石窟寺院。

第四章

文殊山早期石窟的分期与年代

对石窟研究来说，解决分期和年代的问题至关重要，文殊山石窟内发现与建窟相关的纪年题记很少，也很少发现和洞窟相关的文献记载。现仅有存于该寺的元泰定三年(1326年)喃答失太子立石，《有元重修文殊寺碑铭》所载："且肃州西南三十里嘉谷山者，乃一切贤圣栖神化远之归心，林泉秀美，涧壑寂寥，神光现于长空，石室藏于畔侧。爰有郑善进睹兹祥瑞，发心修盖文殊殿已经年远。……所观文殊圣寺古迹建立已经八百年矣，我今坐叉合歹位，将寺宇翻盖重修，普渡沉沦，于佛会中，同得受生。"[①]由元泰定三年(1326年)上溯八百年，即六世纪二十年代前后，北魏孝明帝孝昌年间，说明在六世纪二十年代之前，山谷中已经有开凿的石窟。由碑文"涧壑寂寥，神光现于长空，石室藏于畔侧"可知，先有洞窟石室，后有郑善进目睹这些祥瑞而修建文殊殿。

对文殊山早期洞窟年代的初断，始于史岩先生，他于1954年在文殊山发现6个中心柱窟，并确认为北朝时期。[②]对文殊山石窟的分期和年代做过详细论述的是暨远志先生，其《酒泉地区早期石窟分期试论》一文中认为文殊山石窟主要分为前期和后期洞窟，前期洞窟包括：后山千佛洞及

---

①耿世民、张宝玺《元回鹘文〈重修文殊寺碑〉初释》，《考古学报》，1986年第2期，第253—264页。

②史岩《酒泉文殊山的石窟寺院遗迹》，《文物参考资料》，1956年第7期，第53—59页。

右邻中心柱窟、左邻佛殿窟、对面山包的禅窟，年代应定在太和稍后的北魏时期（490—538年）。[①]而张宝玺先生的新作《河西北朝石窟》认为几个北朝中心柱的时代顺序应为，前山区万佛洞和千佛洞要早于后山千佛洞，这一点可以从造像风格演变上加以确认。[②]此外，董玉祥、杜斗城《北凉佛教与河西诸石窟的关系》[③]、董玉祥《河西走廊马蹄寺、文殊山、昌马诸石窟群》[④]则认为，根据早期窟龛的形制、造像、壁画内容和风格等，再结合相关文献的记述，文殊山石窟有可能开创于十六国时期五凉时代的北凉，前山千佛洞、万佛洞为北凉所建。以上，对文殊山石窟年代的研究弥补了文殊山石窟研究的空白，也取得一些成绩，给予笔者很大的启迪，但从考古学、美术史角度对石窟形制、造像题材、壁画内容进行整体论述、分期、断代等方面的研究则显不足。关于文殊山石窟的时代，由于洞窟没有直接的文字记载，我们虽无法肯定其绝对的年代，但依靠洞窟形制、壁画内容、绘画风格等方面的对比，还是可以探讨出相对的年代。

---

①暨远志《酒泉地区早期石窟分期试论》，《敦煌研究》，1996年第1期，第59—75页。

②张宝玺《河西北朝石窟》，上海：上海古籍出版社，2016年，第102页。

③董玉祥、杜斗城《北凉佛教与河西诸石窟的关系》，《敦煌研究》，1986年第1期，第90—98页。

④董玉祥《河西走廊马蹄寺、文殊山、昌马诸石窟群》，刊于甘肃省文物考古研究所编《河西石窟》，文物出版社，1987年，第1—22页。

第一节　早期石窟的分期

经笔者此次调研统计，文殊山现存石窟共计 152 个，石窟按照保存情况和价值大小，分为保存较好的 5 个早期石窟和其他 147 座石窟。现存的早期石窟都处于山腰处的二、三级台地上，同时期开凿石窟大多处于同一水平高度位置。按照这一原则，笔者通过对早期石窟形制、造像题材、壁画内容和绘画风格的比对，将文殊山早期石窟分为前、后两期。

前期：主要指前山区第 29 窟（前山千佛洞）、第 30 窟（残中心柱窟）以及与其处于同一水平位置的第 19 窟（万佛洞）、第 20 窟（方形窟）和文殊寺后第 32 窟（残中心柱）、第 31 窟（方形窟）、第 33 窟（方形窟）等七个洞窟，这七个窟将分前后两个阶段进行讨论。

后期：主要指后山区位于第二台地处的第 66 窟（方形窟）、第 67 窟（残中心柱窟）、第 69 窟（后山千佛洞）以及与其处于同一水平位置的对面山包第 88 窟（多室禅窟），这一期还包括位于第三台地处的第 71 窟（方形窟）、第 73 窟（古佛洞）和第 77 窟（残中心柱窟）。

一、前期石窟

前期石窟主要指前山区第29、30、19、20、31、32、33等七个窟。这七个窟的特点是两两相邻、前后相连，可以按同期所开凿的三组组窟考虑，笔者将其分为前后两个阶段进行讨论。

第一阶段的石窟主要是指第29、19、20三个窟，其中第19、20窟作为组窟考虑。第29窟（图4-1）为平面方形单室中心塔柱窟，原有窟前建筑已毁，窟门外左右两侧各开一小龛；拱形门洞，券顶，中心塔柱上下收分，四面均开上下两层龛，塑一佛二菩萨；龛内坐佛头部不存，禅定印，着圆领通肩佛衣，阴刻衣纹线；胁侍菩萨袒上身，下着裙装，披帛呈二尖角下垂，中心塔柱四面都经过后世重修或重妆。左壁、后壁损毁，前壁壁画分栏布局，上栏为千佛，中间为十方诸佛，下为供养人和装饰纹样带。右壁中间绘说法图，其余与前壁布局相同。甬道顶部一周绘伎乐飞天和凹凸形凭台。

第19窟（图4-2）为平面方形，券顶，中心塔柱上下收分，四面开龛，龛分上下两层。中心柱正面上层为双层龛门阙形龛，其余为圆拱形龛。阙形龛左侧表层壁画剥落，露出底层壁画，菩萨两身，桃形头光。下层龛表层剥落，露出原有龛楣，龛楣绘莲花化生忍冬纹。龛外两侧露出底层壁画菩萨和弟子。龛外均塑一佛二菩萨像，坐佛头均不存，禅定印，着圆领通肩佛衣，佛衣垂于佛台，略有褶，阴刻衣纹线；胁侍菩萨袒上身，下着裙装，裙腰向右侧外翻，披帛绕手肘，呈二尖角下垂。坐佛和胁侍菩萨都经后世重修重绘。左壁中间下部露一块底层壁画、两身菩萨像和下方的连续忍冬纹样。其余壁面均为后世重绘壁画。第20窟（图4-2）紧邻于第19窟左侧，平面方形佛殿窟，全部塌毁，仅存后部及平面近方形地面，地面铺砖，窟前有砖砌痕迹。第19、20窟是一个中心柱窟和方形窟的组合窟。

第二阶段的石窟主要是指第30、31、32、33等窟（图4-3）。

第30窟（图4-1）紧邻于第29窟左侧，为残中心柱窟，窟前整个塌

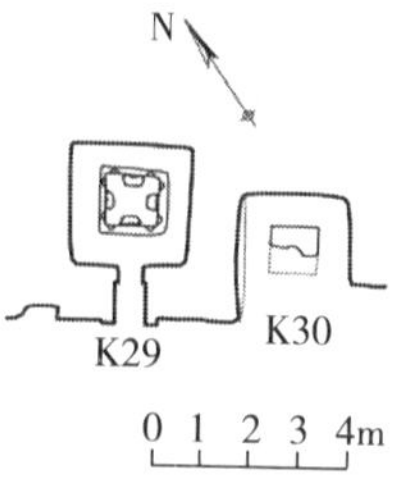

图 4-1　第 29、30 窟
连续平面图

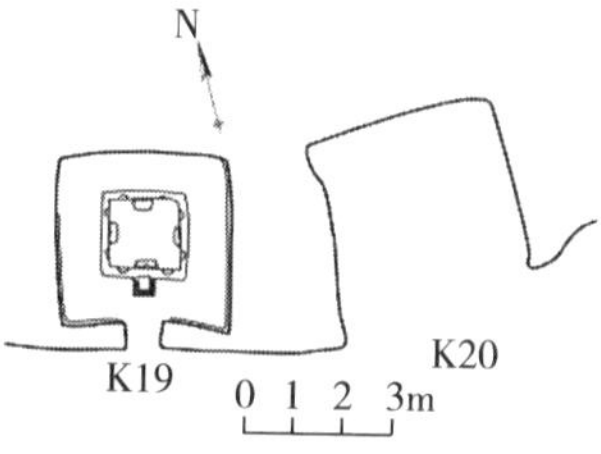

图 4-2　第 19、20 窟
连续平面图

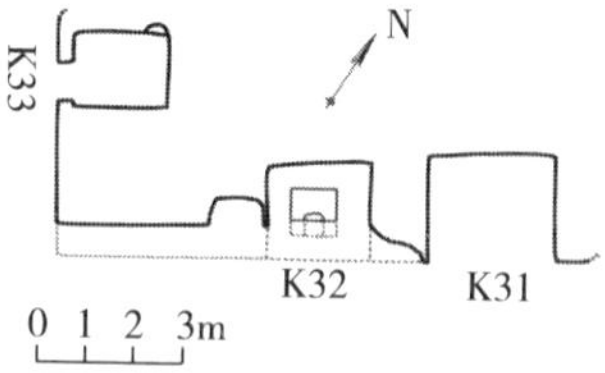

图 4-3　第 31、32、33 窟
连续平面图

毁，中心柱露于崖面之前，中心柱正面下层开龛，后面残留草泥皮上刷白灰，残留部分为早期壁画痕迹。暨远志在其论文中提到“塔柱后残存壁画，分栏布局，上栏飞天，亦无凭台，中栏三佛并坐，下栏绘立菩萨数身”。①惜为残窟没有受到保护，现已无法识别。第 30 窟洞窟形制与开龛情况均与第 32 窟相似，应属同一阶段所开洞窟。

第 31、32、33 为组窟，位于现文殊寺后。第 31 窟，平面方形，穹隆顶，原有壁画无存，现有壁画均为元代重绘。第 32 窟是残中心柱窟，窟前部已全塌毁。中心柱露于崖体前，中心柱正面下层开龛，窟内壁画不存。第33窟，平面近方形，位于第 32 窟右后侧，应为早期遗迹。这三个窟是一个中心柱窟，两个方形窟的组合窟，应为同期所开凿洞窟。

前期洞窟中，第 29 窟，壁画分栏布局，前壁上绘千佛、中绘十方诸佛，下绘供养人、忍冬纹和三角垂帐纹。右壁上绘千佛，中绘说法图，下绘供养人、忍冬纹和三角垂帐纹。正壁和左壁全毁，从现有布局来看，完整室的壁面布局是均衡对称的，下部供养人以门洞为界左侧为男供养人，右侧为女供养人。这种布局与莫高窟第 275 窟北壁下层壁画完全相同，不同的是供养人服饰发生了显著变化，不再是戴圆形高帽披帻，上身穿交领窄袖褶，

①暨远志《酒泉地区早期石窟分期试论》，《敦煌研究》，1996 年第 1 期，第 60 页。

腰束带，下穿大口裤，乌靴的胡服而变为着交领拽地长袍的汉服，这是值得注意的重要特征。前期第 19 窟中心柱正面下层龛内外除了塑像一佛二菩萨外，龛外两侧还绘有菩萨各一身，弟子各五身，这与第 29 窟也形成了同一时期前后继承演变的关系，这样，前期洞窟我们便分出了两个阶段，第 19、20、29 窟为前一阶段，而第 30、31、32、33 窟为后一阶段。后阶段的窟形均为中心柱正面下层开龛或与方形窟形成一种组合窟，应为同一时期开凿。

二、后期石窟

后期石窟七个，即位于后山区第二台地的第 66 窟（方形窟）、第 67窟（残中心柱窟）、第 69 窟（千佛洞）、第 88 窟（禅窟）和位于第三台地处的第 71 窟（方形窟）、第 73 窟（古佛洞）以及第 77 窟（残中心柱窟）。这七个洞窟也为同时期不同阶段所开凿，第一阶段有第 66、67、69、88 窟，这四个窟左右相连，前后相邻且位于同一水平位置，考虑为同期开凿的一组洞窟；第二阶段有第 71、73、77 窟，这三个窟左右相邻，为同时期开凿的一组洞窟。后期洞窟的主要形制，有中心塔柱窟、方形窟、禅窟。

第一阶段的石窟主要是指后山区第 69、66、67、88 窟，其中第69、67 窟为中心塔柱窟，两窟形制相同，第 69 窟（图 4–4）保存较好，有部分壁画原作和后世重绘壁画；第 67 窟（图 4–6）位于第 69 窟右侧，无壁画，且经塌毁和剥落仅存石窟基本形制。

第 66 窟（图 4–5）为方形窟，位于第 67 窟右侧，平面方形，平顶。窟口处有坍塌，窟内残留草泥皮，无壁画遗存。与第 67 窟为一组窟。

第 67（图 4–6）窟，平面方形残中心塔柱窟，中心柱正面下层有开龛痕迹，其余柱面损毁，未见有开龛痕迹，四壁壁面损毁严重，无壁画遗存。

第 69 窟（后山千佛洞），平面方形中心塔柱窟，中心柱上下收分，拱形门洞，甬道券顶。中心塔柱仅一层，分上下两栏布局，上栏绕中心柱一周绘

图 4–4　第 69 窟平、剖面图

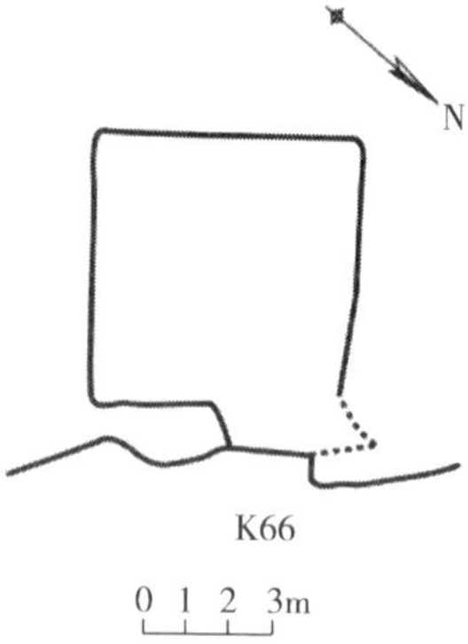

图 4–5　第 66 窟平面图

拱形天宫,天宫内绘半身菩萨。下栏仅正面开圆拱形龛,龛内塑像不存,其余三面均未开龛,后世重绘壁画。甬道顶部一周为斗四平棋图案,图案种类丰富,绘有各种类忍冬纹,如:波状忍冬纹、环形忍冬纹、四出忍冬纹等,颜色以绿、蓝、红为主,为北魏时期常见的纹饰。值得一提的是甬道顶后部两端平棋图案的交接处,出现了对鸟纹样和两身飞天,通过比对发现不管是从其造型结构还是绘画技法都与新疆克孜尔石窟第 38 窟内出现的对鸟和飞天基本一致。而绕中心柱一周的拱形天空以及底层壁画隐约可见的半身菩萨,也与克孜尔第 38 窟拱形龛如出一辙。

第 88 窟(图 4–7)为多室禅窟,位于第 69 窟对面一个麦积状的山包正面,与第 69 窟基本处于同一水平位置上。第 88 窟损毁严重,仅存早期洞窟形制,窟内平面纵长方形,券顶,正壁开两个禅室,左右壁对称各开四个小禅室,大小均等,仅容一人坐禅修行,有小禅室被后世封堵,正壁下有残存佛台和近代壁画痕迹。此窟开凿时代可能与第 67、69 窟相关,先入塔观像,而后坐禅修行。

后期洞窟中，第 69 窟窟顶一周斗四平棋图案，与莫高窟第二期第 254 窟和新疆高昌石窟窟顶斗四平棋类似。此外,出现的对鸟、飞天等图案与新疆龟兹地区石窟的对鸟、飞天图案相似,而这些图案在前期的洞窟

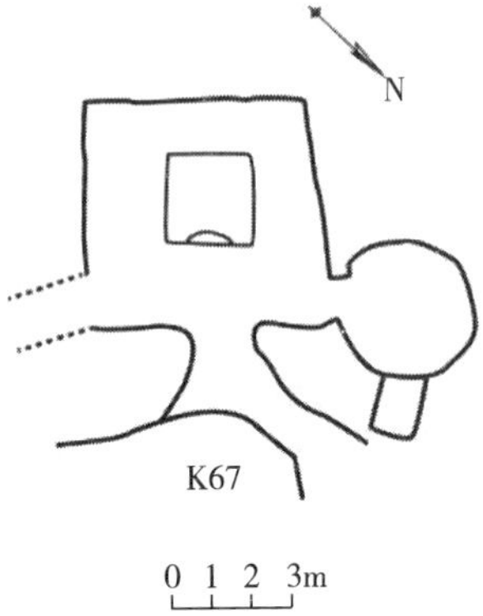

图 4-6 第 67 窟平面图

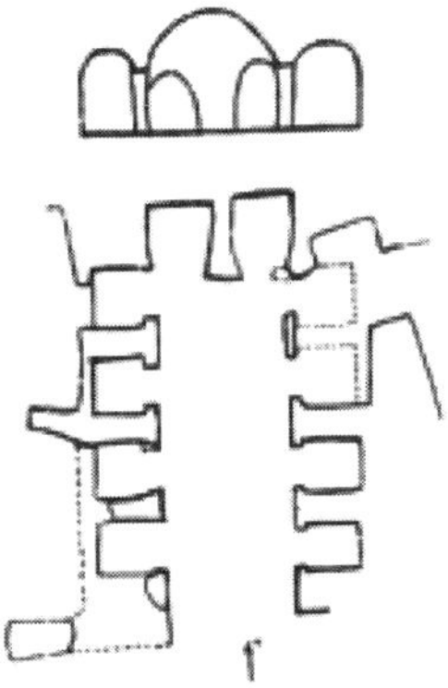

图 4-7 第 88 窟[①]平面图

中没有出现。

第二阶段主要指后山区第 71、73、77 等 3 个窟。这一组窟，位于后山区第三台地，处于同一水平位置，且左右相邻。

第 71 窟(图 4-8)，位于第 73 窟右侧，残平面方形佛殿窟，穹隆顶，主壁开龛，经后世重凿重修痕迹较多，但仍可看出其佛殿窟的基本形制。

第 73 窟(图 4-9)，平面方形中心塔柱窟，整窟被烟熏黑，拱形门洞，甬道顶券形。中心塔柱四面均为上层不开龛，下层开圆拱形龛，束莲龛梁，覆莲柱头柱础。塑一佛二菩萨像，趺坐佛头部均损毁，体形略瘦长，衣摆褶

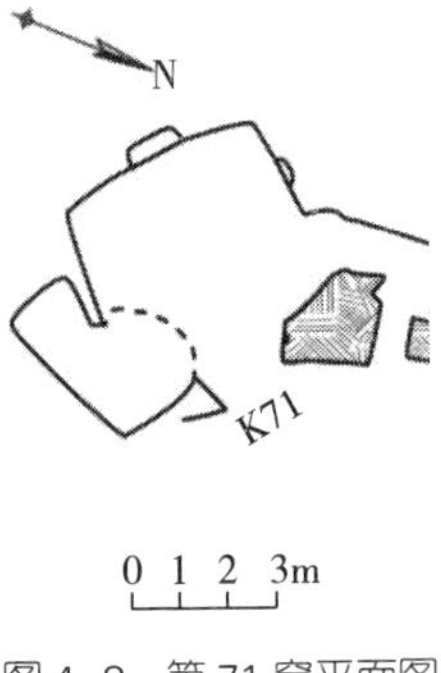

图 4-8 第 71 窟平面图

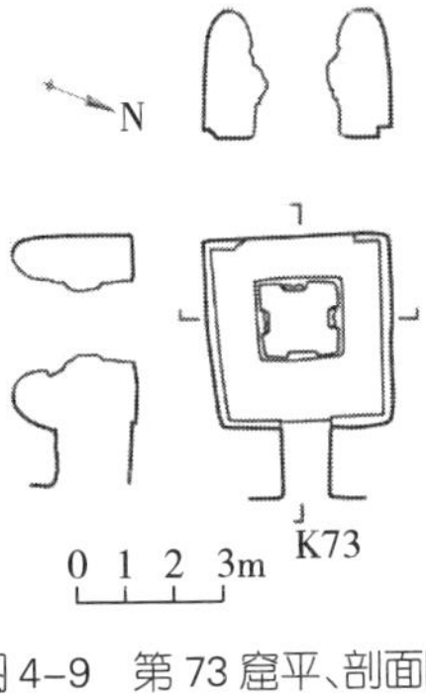

图 4-9 第 73 窟平、剖面图

①暨远志《酒泉地区早期石窟分期试论》,《敦煌研究》,1996 年第 1 期，第 68 页。

皱较复杂，阴刻线衣纹，菩萨像均毁。此窟塑像的特别之处是佛身较为修长，佛衣下身衣摆褶皱较多且垂于佛台上，颇有西魏秀骨清像、褒衣博带之风。窟内均为表层壁画，底层早期壁画不明。

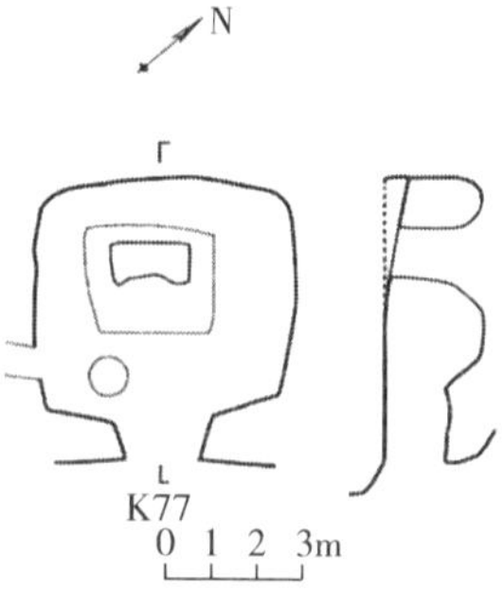

图 4-10　第 77 窟平、剖面图

第 77 窟（图 4-10），位于 73 窟左侧，残中心柱窟，窟前塌毁，窟口与崖面平齐，窟内坍塌严重沙石堆积较多。中心柱正面下层部分为沙石掩埋，有开龛痕迹，其余柱开龛情况不明。

后期的两个中心柱窟和一个佛殿窟中，只有第 73 窟有早期造像遗存和后世重绘壁画，其余两窟仅残存形制。第 73 窟，龛楣圆拱形，与前期第 29、19 窟相比较，龛楣更大，且拱形龛梁间已无束腰，但仍有覆莲柱头柱础，说明了后期洞窟在继承前期的基础上发生了一些新的变化，间接地反映出其先后的时代关系。

第二节　早期石窟的年代

文殊山早期石窟中没有任何明确的题记和纪年，在对石窟绝对年代的确定上会存在很大的困难。但是，通过上节中对早期石窟的形制、造像、壁画遗存等梳理，对其时代顺序有了一定的把握，下面将根据上述早期石窟的特点，与东西地区做横向的比较，以确定其相对的年代范围。为了确定早期洞窟的时代，就需要将这一时期洞窟的特点和已知有着明确年代的材料进行比较，例如和莫高窟北朝洞窟[①]做比较，同时也和炳灵寺、河西地区、新疆地区等石窟进行对照比较，更要结合酒泉早期的佛教历史文化背景。

一、前期石窟的年代

前期石窟的形制为中心柱四面上下均开龛，且龛内外都塑有趺坐佛和胁侍菩萨，这样的洞窟形制和造像题材习见于莫高窟第二期。莫高窟第

①樊锦诗、马世长、关友惠《敦煌莫高窟北朝洞窟的分期》，载于《中国石窟·敦煌莫高窟》(一)，北京：文物出版社，第 185—197 页。

二期洞窟的形制，主要是中心塔柱窟。其特点是柱身四面凿龛造像，正面为一大龛，余三面皆两层龛，除两侧面上层作阙形龛外，其他都是尖楣圆券形龛。[①]文殊山前山第29、19窟的洞窟形制均为平面方形中心柱窟，中心柱四面上下凿龛造像，有尖楣圆券形龛和覆莲柱头、柱础，与莫高窟第二期中出现的柱头、柱础相似，第19窟中心柱正面上层还开有双层龛门阙形龛，与莫高窟第二期洞窟中的阙形龛相似。造像题材上，莫高窟第二期洞窟的塑像，开始出现主尊佛和两侧胁侍菩萨的组合像，如第259窟，这样，从洞窟形制和造像题材上看，文殊山前期洞窟与莫高窟第二期基本一致。造像的阴刻衣纹和胁侍菩萨的造型方式与昌马石窟第2窟内的造像有相同之处。

文殊山前期洞窟的壁画，第29窟残存前壁和右壁，分栏布局，前壁上栏是千佛(图4–11)(图4–12)，千佛均趺坐于莲座之上，着圆领通体佛衣，没有对襟或其他样式，这在其他石窟千佛表现中极为少见。与北凉石塔中的坐佛(图4–13)在着衣上有相似之处，但在用线和造型上差异颇大，说

图4–11 文殊山第29窟(前山千佛洞)千佛线描图(局部)

①樊锦诗、马世长、关友惠《敦煌莫高窟北朝洞窟的分期》，载于《中国石窟·敦煌莫高窟》(一)，北京：文物出版社，1982年，第188页。

图 4-12 文殊山第 29 窟(前山千佛洞)千佛(局部)

图 4-13 北凉石塔高善穆塔坐佛①

图 4-14 莫高窟第 272 窟北壁上千佛②(北凉)

图 4-15 莫高窟第 263 窟东壁北侧千佛(北魏)③

明其受北凉石塔的影响,比石塔的出现年代要晚。与莫高窟第 272 窟北壁上层千佛(图 4-14)也有相似之处,但其造型更接近于莫高窟第 263 窟东壁北侧的千佛(图 4-15)。二者都有圆形头光和椭圆背光,佛顶都有黑色圆形肉髻,肉髻上束白色串珠,面部为椭圆形,“小”字形五官,低染法,面带微笑,耳长垂肩,右手掌心向内覆于左手,作禅定印等等都极为相似,时代相差应该不远。千佛中间为十方诸佛,下为供养人和装饰纹样带。

右壁中间绘说法图(图 4-16),其余与前壁布局相同。说法图为一佛二胁侍菩萨,佛着灰褐色右袒式袈裟,袈裟从背后绕出搭于右肩,蓝绿色衣边似领外翻,右手做说法印,左手握绿色衣袖做触地印,趺坐于圆形莲

①殷光明《北凉石塔研究》,台北:觉风佛教艺术文化基金会,2000 年,第 34 页。
②敦煌研究院编《中国石窟·敦煌莫高窟》(一),北京:文物出版社,2013 年,第 9 页。
③敦煌研究院编《中国石窟·敦煌莫高窟》(一),北京:文物出版社,2013 年,第 57 页。

花佛台之上，有头光和身光，佛顶悬华盖。坐佛左右各立有一胁侍菩萨，左侧菩萨右手向上持拂尘，左手下垂提净瓶；右侧菩萨双手持如意。与莫高窟第 251 窟（图 4-17）北壁前部说法图中的坐佛在形制上和晕染技法上都极其相似。说法图右下方绘有一身供养人，头戴白冠，着白色交领宽袖束胸长衫，颈下露蓝色内衣，已然有褒衣博带、秀骨清像之风。下栏的供养人像和忍冬纹、三角垂带纹（图 4-18），这种布局与莫高窟第 275 窟北壁下层壁画（图 4-19）布局相同，不同的是供养人服饰发生了显著变化，不再是戴圆形高帽披帻，上身穿交领窄袖褶，腰束带，下穿大口裤，乌靴的胡服，而是变为着交领拽地长袍的汉服，可见两者间年代的差异，文殊山第 19 窟显然是在太和改制之后的北魏时期。文殊山第 29 窟的这种藤蔓分枝连续忍冬纹，即见于莫高窟第二期，又与云冈同期纹样有相似之处。甬道顶部一周绘伎乐飞天和凹凸形凭台建筑（图 4-20），也与莫高窟第二期相似（图 4-21）。其伎乐飞天有莫高窟北魏时期的特点，如椭圆形脸，直鼻、大眼，眼底和鼻梁、眉棱染白色，且裙子飞舞灵动下摆处呈“W”形，这也是西域龟兹石窟中飞天形象的特点。敦煌飞天直接来自西域佛教石窟艺术，可称为西域式飞天。由于敦煌画家不熟悉新的佛教题材和外来的表现技法，运笔豪放粗犷，但却意外地带来了稚拙而朴质的美感。①文殊山石窟位于敦煌以东，如果敦煌飞天借鉴了西域样式，那么文殊山第 29 窟的飞天伎乐（图 4-22）必然会借鉴敦煌和西域的两种样式。因此，第 29 窟的飞天伎乐与莫高窟第一期第 275 窟（图 4-23）相比，时代显然要晚些，第 29 窟飞天伎乐有着西域式凹凸晕染，也有着莫高窟北魏时期飞天（图 4-24）的风格特点，如身材比例逐渐修长适度，造型朴拙，线描苍劲。相比莫高窟早期，第 275 窟则更加接近于北魏第 260 窟内的飞天样式。

---

①段文杰《飞天——乾闼婆与紧那罗》，《敦煌石窟艺术论文集》，兰州：甘肃人民出版社，1996 年，第 416 页。

图 4-16 文殊山第 29 窟右壁说法图

图 4-17 莫高窟第 251 窟北壁说法图①

图 4-18 文殊山第 29 窟前壁下部壁画

图 4-19 莫高窟第 275 窟北壁下层壁画②

图 4-20 文殊山前山第 29 窟窟顶天宫凭台

第 19 窟中心柱正面上层出现了阙形龛，与莫高窟第二期第 254窟南壁上层的阙形龛相似。由于龛内塑像全毁，无法辨识是否为交脚，经笔者仔细观察且与其他龛内造像相比较，认为还是一尊趺坐佛而非交脚菩萨。龛外两侧都有二胁侍菩萨，菩萨上身披帛，下着裙装，裙腰外翻于右侧，身

①敦煌研究院编《中国石窟·敦煌莫高窟》(一)，北京：文物出版社，2013 年，第 48 页。
②敦煌研究院编《中国石窟·敦煌莫高窟》(一)，北京：文物出版社，2013 年，第 15 页。

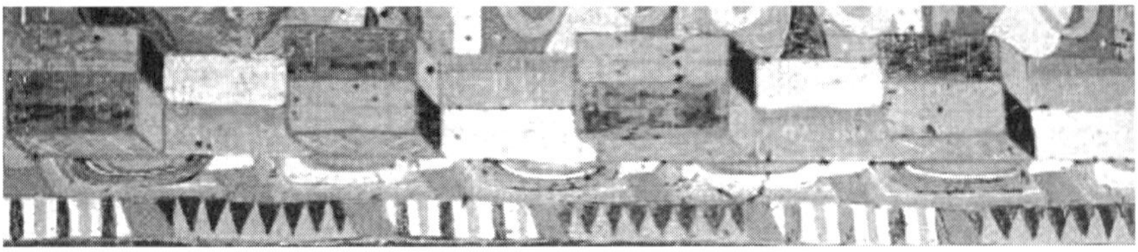

图 4-21　莫高窟第 251 窟天宫凭台[1]

图 4-22　文殊山第 29 窟(前山千佛洞)顶部天宫伎乐图

图 4-23　莫高窟第 275 窟北壁中层(北凉)[2]

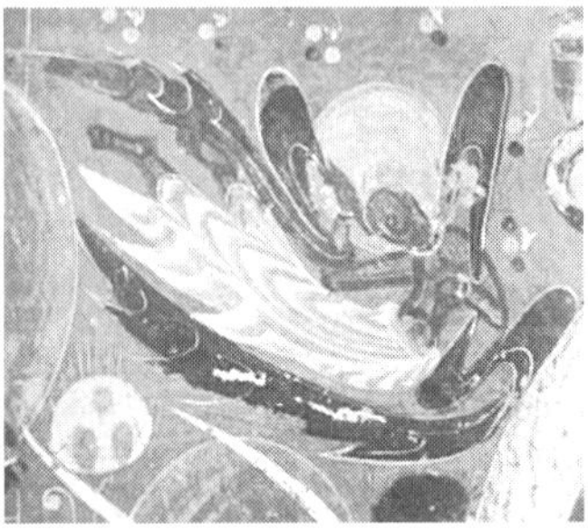

图 4-24　莫高窟第 260 窟北壁前部(北魏)[3]

体两侧飘带呈二尖角状,相比第 29 窟胁侍菩萨装饰稍显复杂,飘带也更灵动修长,恰好反映出了它与第 19 窟的先后关系。此外,中心柱正面下层底层壁画中出现了二菩萨十弟子,也是第 29 窟所没有的。第 19 窟中心柱

①敦煌研究院编《中国石窟·敦煌莫高窟》(一),北京:文物出版社,2013 年,第 50 页。

②敦煌研究院编《中国石窟·敦煌莫高窟》(一),北京:文物出版社,2013 年,第 12 页。

③敦煌研究院编《中国石窟·敦煌莫高窟》(一),北京:文物出版社,2013 年,第 59 页。

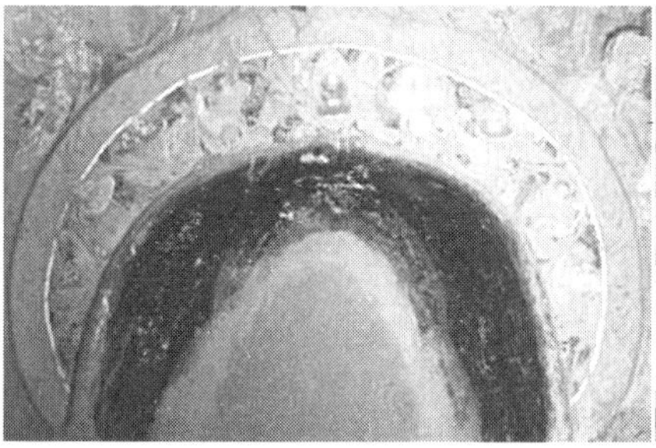

图 4-25 文殊山第 19 窟（万佛洞）中心柱正面下层龛楣

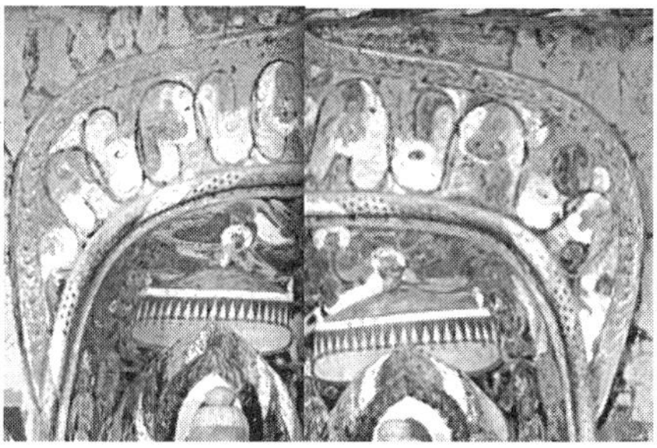

图 4-26 莫高窟第 259 窟中心柱正面龛楣[①]

正面下层龛楣外一周火焰纹，内绘连续化生忍冬纹（图 4-25），与莫高窟第 259 窟（图 4-26）十分相似。

如上所述，文殊山第 29 窟（千佛洞）、第 19 窟（万佛洞）应为同时期先后开凿的洞窟，时代与莫高窟第二期大致相同。《魏书·释老志》载："太延中，凉州平，徙其国人于京邑，沙门佛事皆俱东，象教弥增矣。寻以沙门众多，诏罢年五十已下者。"[②]说明这一时期凉州的佛事活动有所减弱。酒泉在公元 441 年为奚眷所破，归于北魏。北魏太武帝太平真君七年（446年）废佛。据《古今译经图纪》卷第三载：

> 以魏太武皇帝太平真君七年，信崔浩邪佞，崇重寇谦，残害释种，毁废佛法。未盈数年，太武遭恶疾。自生悔愧，即诛崔浩，埋之都市。以口为厕，令众秽之。太武帝崩，子文成立，称兴安元年，兴隆佛法。[③]

由上可知，北魏太武帝太平真君七年（446 年）废佛到文成帝元年

①敦煌研究院编《中国石窟·敦煌莫高窟》（一），北京：文物出版社，2013 年，第 20 页。

②《魏书》卷 114《释老志》，北京：中华书局，1974 年，第 3032 页。

③《古今译经图纪》卷 3，p.360a17-22。

(452 年)再兴佛法,之间有近七年的时间,北魏辖区内应该是不会有大的开窟造像等佛事活动。再据元泰定三年(1326 年)《重修文殊寺碑》所记由元泰定三年上溯八百年刚好是北魏孝明帝孝昌年间,碑文所记此时已经有石窟开凿，而文殊山第 29 窟内出现褒衣博带的供养人服饰风格在敦煌莫高窟的出现到公元 500 年之后了,因此,我们可以把文殊山早期洞窟的年代定为太和稍后的北魏时期，大约是在公元 494 年以后到公元 525 年间。

二、后期石窟的年代

文殊山后期第一阶段的石窟中，第 69 窟仅中心柱正面下层开一龛,塑像为单身造像,不塑胁侍,四壁亦无开龛造像。与马蹄寺第 4 窟正面仅开一龛的形制相似,但马蹄寺第 4 窟,有龛楣和龙首反顾龛尾,龛外左右塑胁侍菩萨,这都与第 69 窟开龛情况相去甚远。中心柱正面仅开一龛,且无胁侍菩萨、无龛楣、无龛柱的只有在新疆克孜尔石窟中能找到原型。如克孜尔第 38 窟,前室坍塌严重,主室平面方形,中心柱正壁开圆拱形龛,券顶,龛外无胁侍菩萨、无龛楣、龛柱,与文殊山第 69 窟窟形和开龛情况类似。再从洞窟组合来看,文殊山后期第 66、67 窟(图 4–27)为一个中心柱窟一个方形窟的组合窟,与克孜尔石窟第 38、39、40 窟中心柱、方形窟和僧房窟的组合基本一致(图 4–28)。此外,文殊山后期第 88 窟(图4–29),为多室禅窟,与吐峪沟石窟第 1 窟(图 4–30)、莫高窟第 285 窟(图4–31)、北区第 113 窟(图 4–32)性质相同,形制相似。特别是与吐峪沟第 42窟形制非常接近,两者均为平面纵长方形,券顶,左右各开四个小禅室。吐峪沟第 42 窟的时代约为公元 5 世纪。[①]莫高窟第 285 窟北壁有滑黑奴造无量寿佛发愿文的纪年,证明莫高窟第 285 窟完成于西魏大统四五年前。

---

①贾应逸《新疆佛教壁画的历史学研究》,北京:中国人民大学出版社,2010 年 7 月,第 390 页。

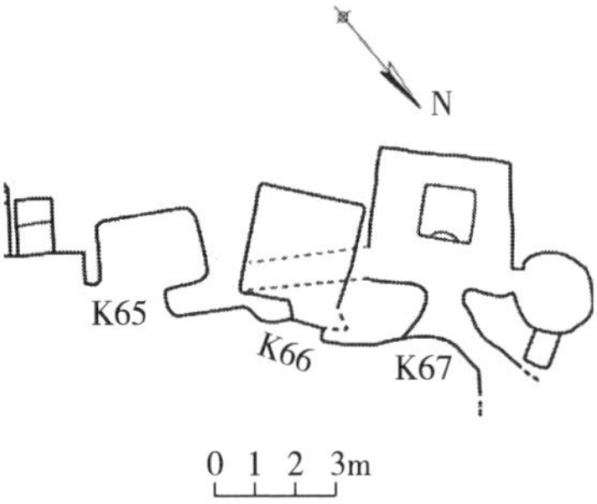

图 4-27　文殊山石窟第 65、66、67 窟连续平面图

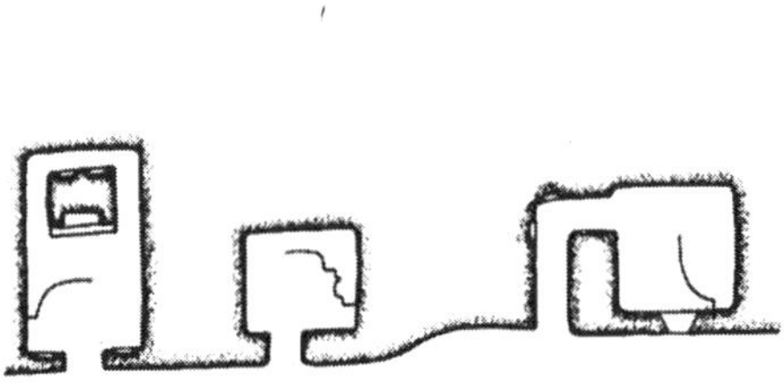

图 4-28　克孜尔石窟第 38、39、40 窟连续平面图①

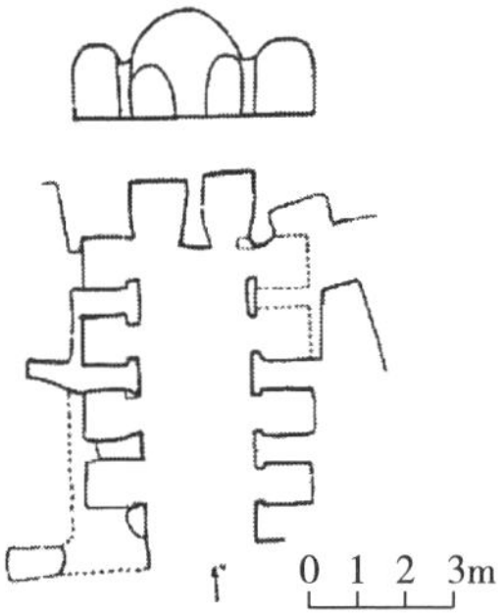

图 4-29　文殊山第 88 窟平、立面图②

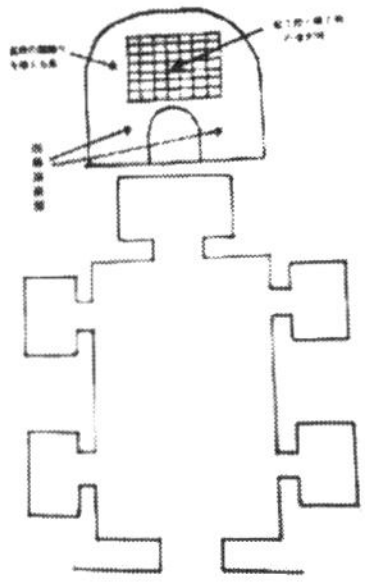

图 4-30　吐峪沟石窟第 1 窟平面图与正壁③

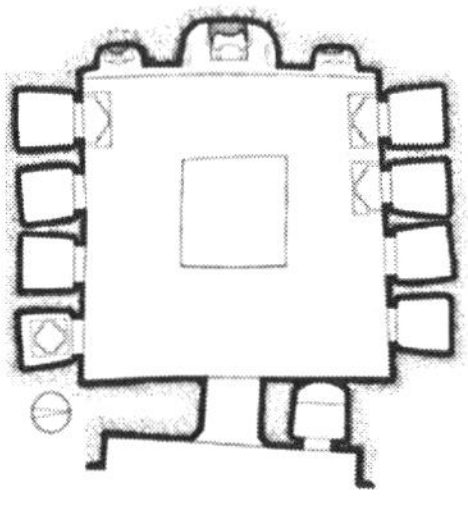

图 4-31　莫高窟第 285 窟平面图④

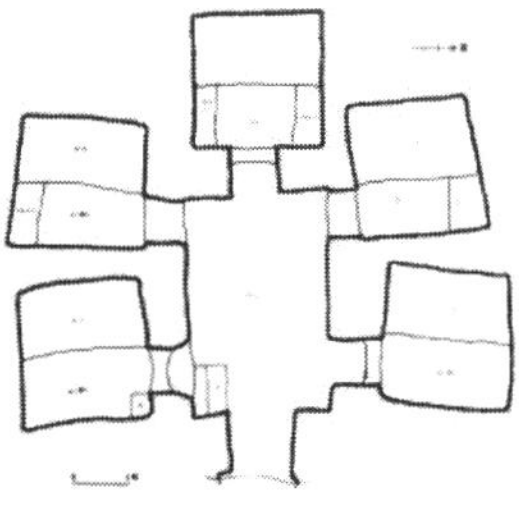

图 4-32　莫高窟北区第 113 窟多室禅窟⑤

①宿白《中国石窟寺研究》,北京:文物出版社,1996 年,第 28 页。
②暨远志《酒泉地区早期石窟分期试论》,《敦煌研究》,1996 年第 1 期,第 68 页。
③[日]宫治昭《吐峪沟石窟壁画与禅观》,上海:上海古籍出版社,2009 年,第 8 页。
④敦煌研究院编《中国石窟·敦煌莫高窟》(一),北京:文物出版社,2013 年,第 225 页。
⑤彭金章、王建军《敦煌莫高窟北区石窟》(第 2 卷),北京:文物出版社,2004 年,第 63 页。

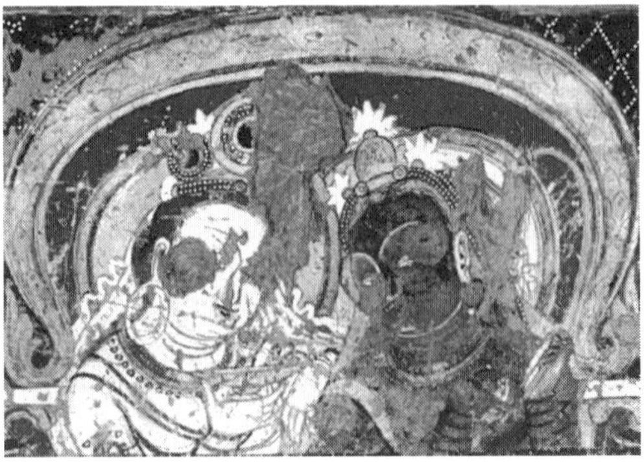

图 4-33　克孜尔第 38 窟天宫伎乐中的拱形龛[①]

图 4-34　第 69 窟(后山千佛洞)上部底层壁画中的拱形龛

除了洞窟形制外，文殊山第 69 窟(后山千佛洞)窟顶一周斗四平棋图案与莫高窟北魏第 431 窟窟顶平棋图案相比，都是四方叠套构成三重平棋，中心饰以圆形莲花，但第 431 窟以土红染底，而文殊山第 69 窟(后山千佛洞)则以石绿染底。第 69 窟中心柱上部一周底层壁画绘有拱形天宫和伎乐，与莫高窟第 431 窟顶部藻井四周的天宫伎乐有相似之处。再与克孜尔第 38 窟(图 4-33)主室西壁上部拱形龛和天宫伎乐相比，其拱形龛及左右两头向外翻卷的表现方式，与文殊山第 69 窟（后山千佛洞)(图4-34)拱形龛龛尾外卷几乎一样。顶部平棋图案中的对鸟与双身飞天无论其绘画技法还是表现形式，都可以在克孜尔石窟中找到原型。顶部的平棋图案都可以在吐峪沟第 12 窟、柏孜克里克第 18 窟、奇康湖第 4 窟中，找到相同的图样(表 4-1)。这些图样却不见于敦煌和河西地区的其他石窟之中。

---

①新疆文物管理委员会《中国石窟·克孜尔石窟》，北京：文物出版社·平凡社，1990 年，第 39 页。

表 4–1　文殊山第 69 窟(后山千佛洞)窟顶平棋图案与新疆石窟壁画对比表

顶部图案	文殊山石窟第 69 窟（后山千佛洞）	新疆地区石窟	备注
对鸟		 克孜尔石窟第 38 窟	克孜尔最盛时期可能在 4 世纪后期到 5 世纪这一时期之间。宿白《中国石窟寺研究》，北京：文物出版社，1996 年 8 月，第 35 页。
飞天		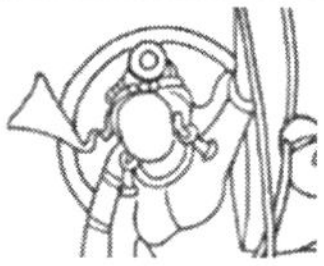 克孜尔石窟第 123 窟	
平棋		 吐峪沟石窟第 12 窟	始建于公元 4 世纪；北凉至麴氏高昌时期（公元 5~6 世纪），建寺凿窟达到高潮。新疆维吾尔自治区文物局编《新疆佛教遗址》（下册）北京：科学出版社，2015 年 12 月，第 651 页。
		 奇康湖石窟第 4 窟	柏孜克里克第一期为麴氏高昌至唐西州时期以 18、69 窟为代表。新疆维吾尔自治区文物局编《新疆佛教遗址》（下册）北京：科学出版社，2015 年 12 月，第 563 页。
		 柏孜克里克石窟第 18 窟	第 4 窟壁画明显受到龟兹石窟的影响，开凿年代应在公元 6 世纪。新疆维吾尔自治区文物局编《新疆佛教遗址》（下册）北京：科学出版社，2015 年 12 月，第 587 页。

后期第二阶段的两个中心柱窟和一个佛殿窟中,第 71 窟被后期改造过,现仅存形制;第 77 窟为残中心柱窟,从现存来看,中心柱仅正面下层开龛,与第 69 窟形制相同,有着前后继承的时代顺序。保存较好的第 73 窟,经后世多次的重修重绘,早期壁画遗存不清,从洞窟形制来看,第 73 窟为平面方形中心柱窟,中心柱分上下两层,四面皆下层开龛,上层不开龛。龛有覆莲柱头、柱础,这种形制与前山第 29、19 窟中心柱开龛相同,说明了前后承袭的一种关系。拱形龛楣也是对前期的一种继承,但第 73 窟的龛楣更大,这是其在继承前期的基础上发生新的变化。此外,中心柱四面均凿单层龛的,最早出现于莫高窟第三期的第 248 窟,且其四面龛内所塑均不相同,如西向龛内塑苦修像,北向龛内塑禅定像,东向龛和南向龛内塑说法图,各龛外两侧均塑二胁侍菩萨。另,莫高窟第四期中的第 442、428、290 窟的中心柱四面均凿单层圆券龛,第 442 窟四面龛内均塑倚坐佛,龛外有胁侍弟子。第 428 窟中心柱四面龛内均塑结跏趺坐的说法像。第 290 窟中心柱四面各开一龛,中心柱后面龛内是一身交脚弥勒菩萨,四面龛外胁侍有弟子也有菩萨,还有二菩萨二弟子的组合像。莫高窟第四期洞窟中,凡是成铺的塑像皆为一佛二菩萨二弟子的组像。[①]文殊山第 73 窟龛内塑像头部均损毁,残留部分原有造像遗迹,从遗迹来看,四龛龛内所塑主尊佛均相同。造像均为一佛二胁侍菩萨,胁侍菩萨都已损毁,仅存主尊佛。主尊佛造像相比前期洞窟显得更加消瘦、衣摆褶皱也与莫高窟第三期中的第 285 窟所绘佛衣衣摆相似,有着明显的瘦骨清像、褒衣博带之风,这种风格出现最为明显的就是莫高窟第 285 窟。

通过以上比对可以看出,文殊山石窟后期洞窟与莫高窟第三期,相当于东阳王一家统治敦煌时期,即北魏孝昌元年以前至西魏大统十一年,也

①樊锦诗、马世长、关友惠《敦煌莫高窟北朝洞窟的分期》,载于《中国石窟·敦煌莫高窟》(一),北京:文物出版社,第 194 页。

就是公元 525 年以前至 545 年前后。[①]在石窟形制、壁画内容上具有许多相似之处，这表明它们在时代上可能相差不远。再看看新疆地区：克孜尔石窟分为三个阶段，第一、二阶段应是克孜尔石窟的盛期。最盛时期可能在 4 世纪后期到 5 世纪这一时期之间。[②]吐峪沟石窟始建于北凉至麴氏高昌时期（公元 5—6 世纪），建寺凿窟达到高潮。[③]柏孜克里克第一期为麴氏高昌至唐西州时期，以第 18、69 窟为代表。[④]奇康湖石窟第 4 窟壁画明显受到龟兹石窟的影响，开凿年代应在公元 6 世纪。[⑤]综合而看，文殊山后期洞窟的开凿相当于莫高窟第三期，与第 285 窟开凿年代基本相同，年代定于西魏至北周之间，时间大约是在公元 539 年至 581 年。

---

①樊锦诗、马世长、关友惠《敦煌莫高窟北朝洞窟的分期》，载于《中国石窟·敦煌莫高窟》（一），北京：文物出版社，第 197 页。

②宿白《中国石窟寺研究》，北京：文物出版社，1996 年，第 35 页。

③新疆维吾尔自治区文物局编《新疆佛教遗址》（下册），北京：科学出版社，2015 年 12 月，第 651 页。

④新疆维吾尔自治区文物局编《新疆佛教遗址》（下册），北京：科学出版社，2015 年 12 月，第 563 页。

⑤新疆维吾尔自治区文物局编《新疆佛教遗址》（下册），北京：科学出版社，2015 年 12 月，第 587 页。

第三节　文殊山石窟的重修

文殊山石窟寺院经历了一千多年的重修扩建，形成了一个石窟与庵、观、寺院并存的建筑群，从现存文殊山石窟寺院规模、壁画和相关记载看，除了早期原创洞窟外，在隋唐、宋、西夏、元、明、清等朝代，都有重修重绘的供养行为，才达到后来的“三百禅室”。特别是元泰定三年（1326 年）元太子喃答失的重修，使寺宇面貌焕然一新，且以石碑为记，碑今尚存。由文殊山现存寺庙、庵阁、道观等建筑可知，由最初的仅汉传佛教寺院逐渐演变为藏传佛教、道教在内的大型宗教聚落。1865 年（同治四年）文殊寺遭兵燹，后又经重修。据刘兴义 1956 年调查统计，文殊山的石窟寺庙等古建筑群共有七十余院，一百三十八座，合四百余间，石窟共十八洞。[①]直到 1958—1961 年间被毁坏殆尽。

①酒泉市肃州区委员会编《酒泉文史》1-5 辑合编本，深圳市普加彩印刷有限责任公司，第 263 页。

一、唐、西夏、元时期的重修

据《重修肃州新志》载："文殊山，城西南三十里，山硖之内，凿山为洞，盖房为寺，内塑佛像，近年又修庵阁，曰黑窑洞、曰红门寺、曰大士清庵、曰台子寺……古雕无数，旧称有三百禅室，号曰小西天。增废先后不常，大曰皆是唐贞观中所遗也，岁久湮废。维台子寺，玉皇阁尚存，今有喇嘛三百余人住持大寺……"①又，肃州八景之西山古刹："西山即肃城西文殊山是也。其山口透卯来泉路，口内有唐贞观所遗佛像。又有元太子喃嗒失重修碑记，又有近年修造庵观寺院……。"②可知在唐贞观年间文殊寺有过大规模的修寺造像的活动，可谓兴盛至极，到了清代已经是岁久湮废，今所调研文殊山石窟寺院，也已不见唐代之遗存。

史岩先生 1956 年调研时，古佛洞（第 73 窟）中心柱正面下层龛内外还有塑像遗存（图 4–35），应为唐末五代之遗存，现已全毁（图 4–36）。五代时肃州属回鹘汗国，其统治瓜、沙、肃、甘、凉州地区近两百年，创造了极其发达的回鹘文化艺术，在莫高窟、榆林窟等都留有回鹘时期的佛教艺术。文殊山石窟第 19 窟（万佛洞）中的壁画中有许多回鹘人物形象，都是受到其影响，且左壁巨幅的弥勒上生经变画也应受到了新疆北庭回鹘时期佛教壁画的影响，绘制风格几乎一样。窟内还留有许多回鹘文题记，虽然是后期游人题记，但也显示出了回鹘对文殊山石窟长期持续的影响。西夏时代，回鹘部落遍布河西走廊，东面有甘州回鹘，西面有高昌回鹘、龟兹回鹘，沙州有沙州回鹘。③直到 1910 年马洛夫还于酒泉文殊寺发现回鹘文《金光明最胜王经》写本，其抄经地点是敦煌，这都说明了回鹘佛教艺术对

①（清）黄文炜修，吴生贵等校注《重修肃州新志》，北京：中华书局，2008 年，第 57 页。

②（清）黄文炜修，吴生贵等校注《重修肃州新志》，北京：中华书局，2008 年，第 65 页。

③段文杰《晚期的莫高窟艺术》，《段文杰敦煌艺术论文集》，兰州，甘肃人民出版社，1994 年，244 页。

图 4-35　文殊山第 73 窟(古佛洞)中心柱下层(原状)①

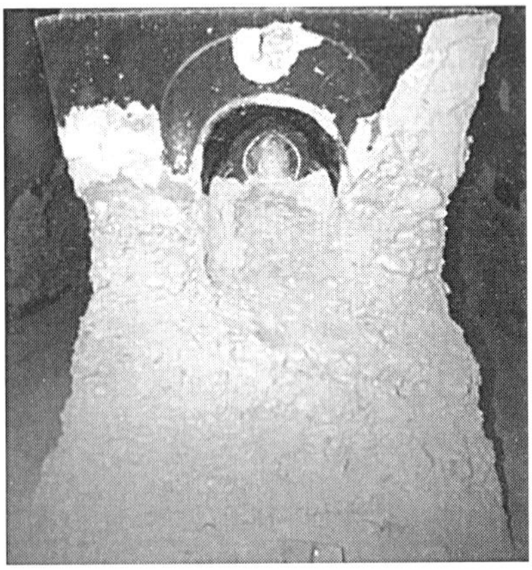

图 4-36　文殊山第 73 窟(古佛洞)中心柱下层(现状)

河西佛教的深远影响。

据《西夏书事》卷 12 载:"(西夏)于景祐三年(1036 年)七月,攻回鹘,取瓜、沙、肃三州。"②尽有河西之地后,西夏统治者进一步推崇佛教,佛教已经成为西夏境内最主要的宗教之一。西夏晚期时藏传佛教开始盛行,其壁画中加入了大量的密教元素。文殊山石窟中虽然没有任何关于西夏重修的文献记载,但从西夏对佛事的重视程度和文殊山石窟中具有西夏风格的壁画来看,至少在西夏晚期对文殊山石窟进行过重绘。前山区第 29 窟(千佛洞)中有一幅西夏供养人像,便是最好的证明。第 19 窟(万佛洞)整窟以线划分区域进行绘制,绘制技法相同,风格统一,为同时期所绘,并与莫高窟、榆林窟、东千佛洞、山嘴沟西夏壁画有许多相似之处。后文将有专门论述,此处不再赘述。

文殊山石窟中,元代的重修重绘遗迹是最多的,且是有文献记载的。

①史岩《酒泉文殊山的石窟寺院遗迹》,《文物参考资料》,1956 年第 7 期,第 55 页。

②(清)吴广成《西夏书事》卷 12,《续修四库全书》334 册,上海:上海古籍出版社,2002 年,第 387 页。

元太祖即位于斡难河。元年伐夏，攻拔力吉力寨，及大掠洛川城。二年，取斡罗孩城。四年，克灵州，夏主出降。十六年，伐夏，二十年，取西凉、甘、肃等处。世祖至元中，设立凉、甘、肃、沙州诸路总管府，统州属事，州各置长史，后立尚书行省，复改行中书省，统河西。据《安多政教史》记：

> 元世祖忽必烈(1215—1294)修建了新佛殿，建造了三世诸佛、十六尊者等像，请萨迦班智达做了开光安神仪轨，并修建了一座小寺院。第三世达赖喇嘛索南嘉措来到此处(文殊寺)时，亲眼看见了彩虹拥绕着骑狮的文殊菩萨。尊者在此居住了三个月，重新开挖了一座石窟，建造了文殊菩萨像……[①]

由上可知，在元世祖忽必烈时就开始修建佛殿，开凿石窟，建造文殊菩萨像。又据《重修肃州新志》载："(肃州)城西南三十里山硖之内，凿山为洞，盖房为寺，内塑佛像……旧称有三百禅室，号曰小西天。增废先后不常，大约皆是唐贞观中所遗也，岁久俱湮废。维台子寺，玉皇阁尚存，今有喇嘛三百余人，住持大寺。其西有缁衣僧，募建圣寿寺，内有元太子喃答失重修碑记刊名。"[②]元泰定三年(1326年)《重修文殊寺碑》所载："……继承察哈台位的喃答失太子命人修建此文殊寺(并)立碑石(为证)。……(喃答失太子)他和兄弟等人去拜谒位于肃州嘉谷沟中的、以前……由郑善进修建的圣文殊寺时，于六月看见天空中异样五色光辉，益发全心崇信（佛法)。崇信佛法的、如菩萨一样的喃嗒失太子听说(重)修已毁寺院功德无量，多筑……精舍则作金轮王……。该特异的寺院建立以来已过八百年。

---

①智观巴·贡却乎丹巴饶吉著，吴军、毛继祖、马世林译《安多政教史》，兰州，甘肃民族出版社，1989年，第145页。

②(清)黄文炜修，吴生贵等校注《重修肃州新志》，北京:中华书局，2008年，第57页。

现在(自己)继承(察哈台宝位),应(重新)修建(此寺院)。……把该寺院修葺得从未见过地那样漂亮。(殿)台建得高高的,内外刷饰一新,彩绘周墙,请来圣文殊(菩萨像),用金色装饰,(四周)镶砌圆状之宝饰,并立钟楼碑石。"[①]碑文所记喃答失太子于1326年重修了文殊寺,对壁画和寺院都进行了大规模的重修重绘。喃答失太子是喃忽里大王后裔,察合台的第六代。据元史载:"夏四月丙午,给喃答失王府银印,秩正三品。"[②]"三月壬辰朔,车驾幸上都。赐诸王喃答失言钞二百五十万贯,复给诸王脱欢岁赐。"[③]"十一月丙寅,赐亲王喃答失金镀银印。"[④]据武威市博物馆所存元顺帝元统二年(1334年)立的《亦都护高昌王世勋碑》载:"至治中(1321—1323年)与喃答失王同领甘肃诸军且治其部。"[⑤]可见喃答失在至治年间曾统领甘肃诸军,可知元代对文殊寺的重修规格也是很高的。

元代重修壁画主要有前山区第31窟(文殊寺),后山区第69窟(千佛洞)、第73窟(古佛洞):

前山区第31窟,位于现文殊寺后,后殿后室是早期开凿的方形窟,元代重绘窟内壁画,正壁原有塑像三身,今已无存,仅存三身圆形头光和身光,现供有青铜菩萨像三尊。窟内正壁中央正上方绘有三身较大的守护佛母曼荼罗,中间一身为大随求佛母,其右侧为大寒林佛母,左侧为大孔雀佛母;右壁中间绘观音菩萨,左壁中间绘四臂观音;顶部绘有坛城,其余壁面绘近千身文殊菩萨像,整窟充满了密教色彩。

后山区第69窟(千佛洞),由于烟熏、漫漶、重层绘制等问题,窟内壁画的辨识度较低,那么,此窟壁画至少有三层,底层为原绘,中上层为元代

①耿世民、张宝玺《元回鹘文〈重修文殊寺碑〉初释》,《考古学报》,1986年第2期,第261页。
②《元史》卷27,北京:中华书局,1976年,第611页。
③《元史》卷28,北京:中华书局,1976年,第629页。
④《元史》卷43,北京:中华书局,1976年,第917页。
⑤黄文弼《亦都护高昌王世勋碑复原并校记》,《文物》,1964年第2期,第34—39页。

重绘。较为清晰的是窟壁顶端，一周绘有斗拱表示天空阁楼，斗拱间绘坐佛。坐佛具有高尖状肉髻、挺胸束腰，具有元代佛像造型的一般特征。中层隐约看出仍绘一列坐佛，没有斗拱，大小与表层相似，造型类似，为元代所绘。左右后壁大面积损毁，余处绘圆圈，内有坐佛三身，均为元代所绘。前壁近窟口处，绘有一大圆圈，内绘建筑，建筑楼阁的外轮廓线均以泥条塑之，着橙红色，造型极为突出。张宝玺先生误看作是坛城，[1]实为圆圈内绘建筑（图 4-37）。

后山第 73 窟（古佛洞），窟内烟熏、漫漶严重。此窟整体为元代重绘，绘制风格相似，技法相同，多用沥粉堆金的技法。仅前壁近窟口处有明代重绘壁画和题记，窟口处所绘与整窟风格完全相异。中心柱正面上层绘涅槃像，中心柱其余各面均绘有坐佛。前壁被门分为三部分，门口上方并列绘两幅水月观音。水月观音源于晚唐，流行于西夏，在河西一带的石窟中

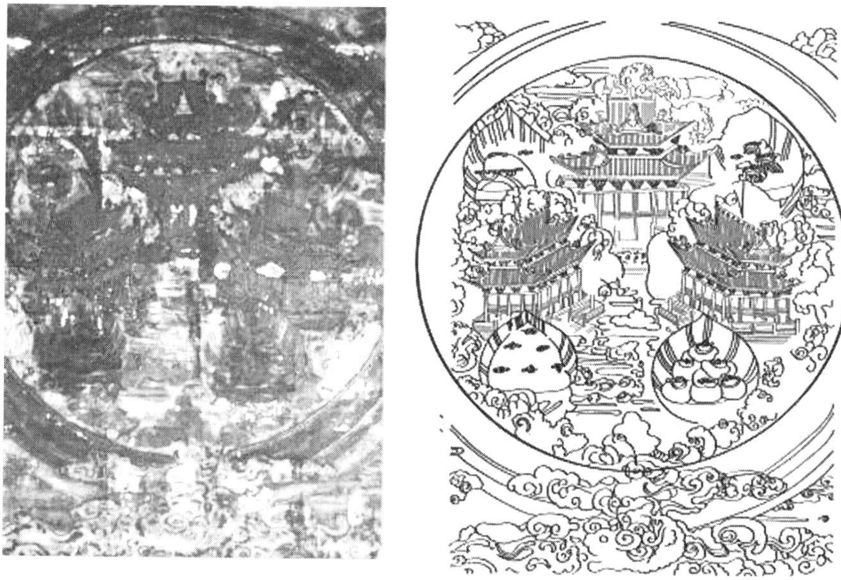

图 4-37　第 69 窟（后山千佛洞）窟口处建筑

①张宝玺《河西北朝石窟》，上海：上海古籍出版社，2016 年，第 111 页。

多有所见。右壁依次绘普贤菩萨变、弥勒经变、尖塔状建筑局部；左壁依次绘文殊变、残经变画局部、残经变画局部。张宝玺先生认为此窟经明代整体重绘，[①]经笔者仔细查看认为，整窟的技法和风格统一，尤其是右壁弥勒经变中有蒙古族形象的人物图像（图4-38），因此，此窟应为元代整体重修。窟内的水月观音、文殊、普贤、弥勒经变及顶部的联泉纹图案等，这些图像在莫高窟、榆林窟（图4-39）等窟都出现过，其表现形式均相似，可能为共同的粉本画稿所绘。沙武田先生所著《敦煌画稿研究》中认为“敦煌壁画艺术在五代宋曹氏归义军时期已存在专门的“曹氏画院”，大量的粉本画稿被广泛运用，艺术走向规范化、程式化，图像分为不可变和可变两部分，不可改变部分是水月观音像及其背景，可改变部分是配图及其功德主形象。”[②]此窟内壁画正是改变了画稿中的人物形象或背景，而没有改变大

图4-38　右壁《弥勒经变》（局部）

图4-39　榆林窟第25窟北壁《弥勒初会经变》（部分，唐）[③]

①张宝玺《河西北朝石窟》，上海：上海古籍出版社，2016年，第110页。
②沙武田《敦煌画稿研究》，北京：中央编译出版社，2007年，第398页。
③敦煌研究院编《中国石窟·安西榆林窟》，北京：文物出版社，1997年，第26页。

的程式和布局，是元代对“曹氏画院”粉本画稿的承袭利用。明代诗人程世绥在《观文殊山道场歌》中赞道：“我昔寻花如寻山，不怕百里相跻攀，我今爱山如爱酒，岂辞今日杯在手，春深联辔听莺啼，上登培楼下泽数，欣闻雪岭有珠宫，文殊涅槃搂此中。……”可知，明代时，文殊、涅槃像都已存在，涅槃图像现在仅存的一幅即为后山第73窟（古佛洞），中心柱正面上层所绘，因此，此窟为元代整体重修而非明代。

二、明、清以来的重修

第73窟（古佛洞）前壁右方近入口处，有泥金凸起的题记四行，文已磨减过半，摘录如下：“弘治十年春重修……子。请大方画工，路洪，河忠……[①]”，说明第73窟（古佛洞）窟口处经明代重修过，窟口处损毁严重，现仅存一身僧人像与窟内壁画绘制风格完全相异，为明代重绘。明弘治十年（1497年），明代嘉靖三年（1524年）敕命关闭嘉峪关，文殊山虽在关内，但距离嘉峪关已经很近，属边陲之地，几近废弃，但从几个窟内游人题记来看，参拜的香客仍然很多。特别是前山第19窟（万佛洞）内，游人题记很多，时代多为明末清初，以时代顺序来看，有明正统、弘治、正德、嘉靖、万历及清代康熙、乾隆、道光、光绪等年号。多为汉文题记，有二十余则。已解读的回鹘文游人题记九则，藏文四则。也说明这一时期洞窟已经无人管理，开始荒芜。

后山第69窟（千佛洞）前壁窟口处上方，有泥塑榜题框，框内题记为：“南无阿弥佗佛，胜缘寺僧惠启宗□□，夹□□，□总旗，赵进南，与父还愿进香，十八年九月。”明代、清代均有“总旗”之称，据《明史·兵志二》：“天下既定，度要害地系一郡者设所，连郡者设卫，大率五千六百人为卫，千一百二十人为千户所，百十有二人为百户所，所设总旗二，小旗十，大小联比以

①史岩《酒泉文殊山的石窟寺院遗迹》，《文物参考资料》，1956年第7期，第58页。

成军。"[1]此处总旗应指明代。嘉峪关在明代嘉靖三年(1524 年)敕命关闭，文殊山地近嘉峪关，属边缘地区，题记应写于明代。且，题记底色和墨色与壁画颜色差异较大，题记应为后来还愿香客赵进南父子所书，而非重修题记，胜缘寺很可能是文殊山或其附近的某处寺院。

文殊山石窟寺院至清、民国时还有重修重建，由于同治四年兵燹，文殊山遭到严重的破坏，后又经乾隆时重修。1954 年，酒泉祁明区三年来的工作总结材料中对文殊是这样记述的："文殊寺重建于大元泰定三年，岁次丙寅八月，那时有僧人五百人，寺庙一百零八座，活佛十三位，现在僧人九十四人，活佛三位。大清乾隆时又重修过一次。文殊为最大寺院，是青海佑宁寺的分寺，其还有西藏寺、莲花寺、下寺、慈云寺为文殊寺等分寺。"[2]乾隆以前的三百禅室，在同治四年的战乱中被毁坏。现存的寺观建筑，有百子楼、清凉楼、玉皇楼、青衣寺等，皆为清晚期至民国时修建。现存五个早期石窟中，前山第 29 窟(千佛洞)中心柱上的塑像和龛楣都是清代重绘；后山第 69 窟(千佛洞)内中心柱正面龛也由清代重绘，还有后山上许多残窟内残留的一些绘画痕迹，颜色都相似，绘制风格也相近，为清代所绘。

之后，在历次动荡中，文殊山遭到巨大破坏，寺庙拆毁，石窟废弃，这是文殊山石窟寺院衰败的时期。直到 1981 年，文殊山石窟被甘肃省人民政府公布为省级文物保护单位。2001 年被国务院公布为全国重点文物保护单位。文物局和地方政府对文殊山石窟和周围古建筑实施了一系列保护和维修措施，文殊山石窟群进入了保护和发展的新时期。

---

①《明史》卷 90《兵二》，北京：中华书局，2004 年，第 2193 页。

②王岩松编著《雪域民族——东纳藏族史略》，兰州：甘肃人民出版社，2004 年，第 150 页。

第五章

造像题材与壁画内容

第一节　造像题材

文殊山石窟的造像很少而且损毁严重，完整的造像几乎没有，仅留中心柱上的部分残损造像。目前有造像遗存的洞窟四个，分别是位于前山区的第19窟（万佛洞）、第29窟（前山千佛洞），位于后山区的第69窟（后山千佛洞）、第73窟（古佛洞）。造像多以一佛二菩萨的组合形式出现，佛、菩萨均为早期原作，其表层经历西夏、元、清不同时代、不同程度的重修重绘。以下就四个窟的造像题材进行讨论。

一、第19窟（万佛洞）和第29窟（前山千佛洞）

第19窟（万佛洞）内四壁均未开龛造像，其造像主要在中心柱的四面（图5-1），中心柱四面除了正面上层为双层龛门阙形龛外，其余三面上下两层都为圆拱形龛，覆莲柱头和柱础。龛内均造一趺坐佛，龛外塑胁侍菩萨两身。龛内所塑佛像大部分损毁，仅见坐佛残身和残留佛座，佛座为长方形，紧挨左右龛壁，四面佛龛内佛座相同，其造像也相同且为同一时期所塑。从保留较完整的龛内塑像可见，坐佛着通肩大衣，头部皆毁，结跏趺坐于佛台，衣角搭于左肩上，双手重叠置于腹前，做禅定印，胸腹部为数道

图 5-1 第 19 窟(万佛洞)中心柱四面造像示意图

向下的弧线形阴刻衣纹,衣纹随体,左右基本对称,下有短小的衣襟垂于佛台。龛外两边的胁侍菩萨头部均损毁,其余可见:菩萨均着裙披装,披巾袒上身,双手合掌置于胸前,下着长裙,裙腰向右侧呈倒三角外翻,飘带从颈间际垂下绕手臂下垂体两侧,末端呈二尖角,脚部裸露在外。这种典型的一佛二菩萨的塑像内容,是早期石窟塑像的主体。北魏时期的佛像,一般都有侍从菩萨,一如封建帝王"左辅右弼"之制,组成一佛二菩萨的形式。[1]张宝玺先生认为中心柱正面上层阙形龛内为交脚弥勒菩萨[2],由于造像损毁严重,现仅存佛座残迹和遗落的部分佛身。据笔者仔细查看并和其余龛内残留塑像进行比对,认为并非交脚弥勒菩萨,应和其余三面造像一样为趺坐禅定佛,残存佛座中间的三角凹痕正是趺坐佛衣襟之所在。

第 29 窟(前山千佛洞)四壁也未见开龛造像,造像主要集中在中心柱上(图 5-2)。中心柱分两层,上下收分,每层每面各开一圆拱形龛,有尖拱形龛楣,束莲龛梁,圆柱形龛柱,覆莲龛柱头和柱础。龛内造趺坐佛一身,龛外塑胁侍菩萨两身,开龛形式和造像题材基本与万佛洞相似。龛内塑像均为原作,后代有补绘,塑像头手均毁。从保存较为完整的造像可知,坐佛

---

①段文杰《十六国、北朝时期的敦煌石窟艺术》,敦煌研究院编《段文杰敦煌艺术论文集》,甘肃:甘肃人民出版社,1994 年,第 5 页。

②张宝玺《河西北朝石窟》,上海:上海古籍出版社,2016 年,第 102 页。

图 5-2 第 29 窟(前山千佛洞)中心柱四面造像示意图

着圆领通肩佛衣，佛衣厚重贴体，阴刻衣纹线，右肩披衣带绕过前胸搭于左臂，腿间有三角形衣摆向前搭于佛座上。比万佛洞佛衣衣襟长，因此此窟的年代应晚于万佛洞。佛衣颜色为艳丽的红色和石绿色，为后代重绘。坐佛双手虽毁，但从残迹来看，双手置于腹前，应为禅定印。龛外左右塑菩萨各一身，菩萨头部均损毁，双手于胸前合掌，左右肩披淡蓝色上衣土红色衣边，下身着亮宝蓝色裙裤，土红色裤边，土红色腰带中间挽出，呈倒三角状搭于腿间，左右衣带贴墙，末端呈二尖角，与万佛洞菩萨造像相似。此窟是北魏壁画保存最好的一个洞窟，壁面重绘较少，但也是壁画残失过半的洞窟，正壁和左壁壁面全毁，其完整的时候四壁应一样，是均衡对称的千佛洞。

第 19 窟(万佛洞)和第 29 窟(前山千佛洞)，造像题材风格一致，均为早期一佛二菩萨的典型造像样式。除了服饰略有变化分出造像的先后之外，属同时期作品。龛内佛像均结跏趺坐，双手重叠作“禅定印”，这与早期的禅修思想有极大的关系。禅定像是各石窟早期塑像的重要题材，与重禅修行相呼应。北土佛徒，特重禅定，其僧人亦重视禅修。这些在汤用彤先生所著的《汉魏两晋南北朝佛教史》一书中，作了详细的论述。与重禅修相应，这一时期也修建了大量的石窟。佛教石窟修建的主要目的除了礼拜、供养和修功德等之外，早期最重要的目的之一应该就是禅修。文殊山自古便是禅修之圣地。其造像一佛二菩萨中的主尊佛均以禅定为主，特别是千佛洞所留满壁的千佛，均绘以坐莲禅定的禅修形象，进一步论证了北魏的佛教继承姚秦和北凉，姚秦和北凉的佛教都重修禅[①]之说。

二、第 69 窟（后山千佛洞）和第 73 窟（古佛洞）

第 69 窟（后山千佛洞）位于后山第二台地，西魏中心柱窟，四壁均未开龛（5–3），中心柱仅正面开一圆拱形龛，龛内造像不存，龛外壁面有损毁，无胁侍菩萨。据龛内遗存来看，原塑应为趺坐佛。

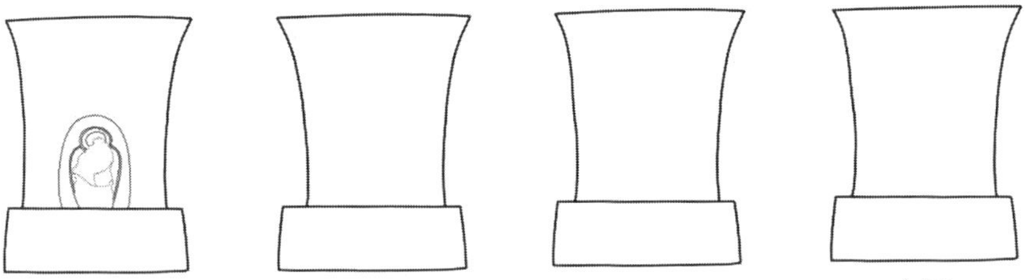

图 5–3　第 69 窟（后山千佛洞）中心柱四面造像示意图

第 73 窟（古佛洞）位于后山区第一台地，西魏中心柱窟，窟壁四周均不开龛。中心柱分上下两层，上层不开龛，下层每面开龛造像（图5–4）。四面所开均为圆拱形龛，束莲龛梁，覆莲柱头柱础。龛内塑坐佛一身，龛外塑立两胁侍菩萨。龛内外造像损毁较为严重，几乎没有一身完整的，尤其是两侧的胁侍菩萨。但是从所遗存部分佛像痕迹来看，它的时代特征依然可辨，佛像下身作多褶的衣襟垂于台上，这是西魏“褒衣博带”式的典型处理手法。

---

①刘慧达《北魏石窟与禅》，《考古学报》，1978 年第 3 期，第 337 页。

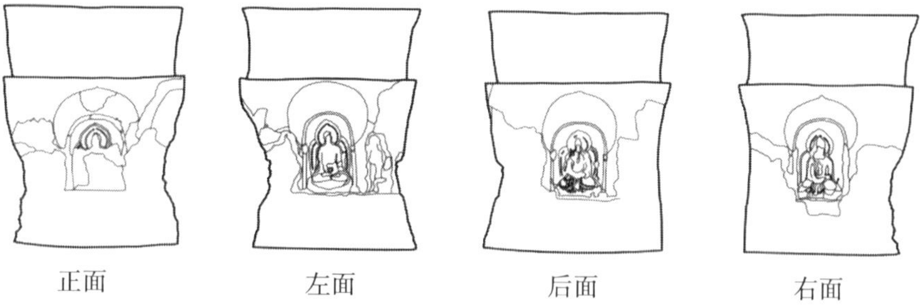

图 5-4　第 73 窟(后山古佛洞)中心柱四面造像示意图

第二节 壁画内容

文殊山石窟的壁画情况比较复杂，目前有壁画的洞窟五个，分别是位于前山区的第 19 窟（万佛洞）、第 29 窟（前山千佛洞）及第 31 窟（文殊寺），位于后山区的第 69 窟（后山千佛洞）、第 73 窟（古佛洞）。自北魏开窟之后，经历唐、西夏、元、明清不同时代、不同程度的重修，存在各种叠压关系，在本节中将对五个窟的壁画情况予以辨识和说明。

一、第 19 窟（万佛洞）

该窟中心柱四周及窟内四壁绘制壁画，壁画分两层，底层原作壁画和重绘壁画。

（一）底层原作壁画

1. 中心柱正面

分为上下两层和底层塔基，上层为双层龛门阙形龛，左侧龛门有部分底层装饰壁画（图 5-5）。龛门左侧壁画底色为艳丽的赭红色，可辨识的有两身菩萨。右侧一身菩萨为桃形白色头光，下巴微抬，头部上扬做仰视状，上身裸露，左右各有斜挂饰品，颈部有项饰，背后有蓝色飘带搭于双肩后绕于前臂，下身穿黑红色裙裤，双脚裸露在外；左侧一身菩萨蓝灰色桃形头光，着青色白领通体衣，低头，下巴向内收，做沉思状，脚部裸露。

下层龛为圆拱形，有莲苞束头龛梁，覆莲柱头和柱础，圆柱形龛柱，尖拱形龛楣。龛楣（图 5-6）上外层绘有火焰纹一圈，内层为连续忍冬纹，连续忍冬纹半圆弧内中间绘有坐佛一身，有头光和身光，左右各个半圆弧忍冬纹间各有莲花化生童子四身，均有头光，莲花颜色有白色、石青、赭石等，与莫高窟第 259 窟的龛楣如出一辙。龛外两侧底层壁画基本全被剥出（图 5-7），两侧各有可识别菩萨一身，桃形头光，站立姿态为“> <”形相对而站，上身均裸露，斜挂项饰，下身穿黑红色裙裤，其中左侧菩萨身高约 0.78 米、头长 0.11 米，身后有比丘五身。右侧菩萨身高 0.71 米、头长 0.11 米，后残存比丘四身，比丘均有头光，穿偏右袒式袈裟。

图 5-5　第 19 窟（万佛洞）中心柱正面上层壁画

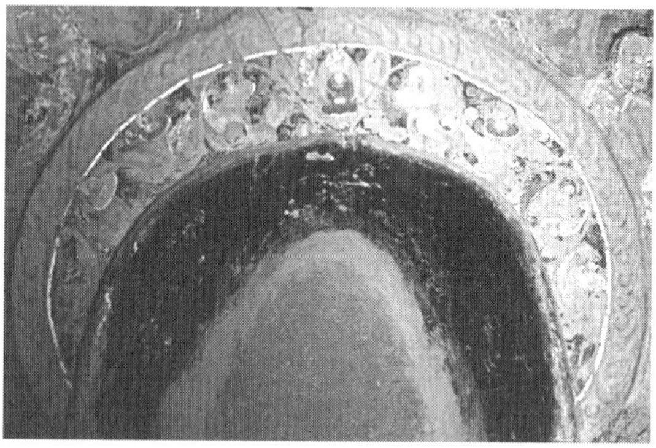

图 5-6　第 19 窟（万佛洞）中心柱正面下层龛楣

2. 中心柱左面向下层

胁侍菩萨右侧飘带下方露出蓝色底层壁画，莲花化身童子一身，飘带与化身童子的蓝色圆形头光颜色一致，属于同时期所绘。童子头颈部裸露，呈赭红色，颈部以下为四瓣荷花所包裹，头顶和左右两侧留发辫（图 5-8）。

图 5-7　第 19 窟(万佛洞)中心柱正面下层壁画

图 5-8　第 19 窟(万佛洞)中心柱左面《化生童子像》

图 5-9　第 19 窟(万佛洞)右壁底层壁画

3. 右壁壁画

位于经变画右下角，睒子本生画右侧底下。最宽处约为 1.00 米，高为 1.50 米，为两身菩萨像(图 5-9)，右侧菩萨高 0.61 米，头戴青白色宝冠，后有桃形白色头光，圆脸，细长眉，长耳，戴环形耳饰，其余五官模糊不清。袒上身，身上以红色线绘有小圆圈状物，右手扣于下腹部，左手不清。下身穿深红色裙，腰间有蓝色飘带，交脚而坐，双脚裸露在外。左侧菩萨高0.45米，头戴宝冠，脸部不清，后有蓝色桃形头光。白色飘带从头伸出穿过右臂垂下，呈“S”形，上身蓝衣红袖，下部模糊不清，双手合掌，面向右侧菩萨，下方露出宽0.15米的白色忍冬纹饰，其余模糊不清。

（二）重绘壁画

1. 中心柱四面

中心柱正面（图5–10）：

中心柱正面上层龛左侧绘有弟子三身，有圆形头光，着交领袈裟，领口处和衣袖处露出白色外翻底衣。龛外右侧绘弟子四身，与左侧同一绘画风格，圆形头光，衣领和衣袖为白色且外翻，衣纹绘制精细。阙形龛门正上方为壁画树形宝盖。

中心柱右面（图5–11）：

上层龛内塑造像一身，背后重绘头光身光。龛外左侧胁侍菩萨身后绘

图5–10　第19窟（万佛洞）中心柱正面上层壁画

图 5-11 第 19 窟(万佛洞)中心柱右面向上层、下层壁画

图 5-12 第 19 窟(万佛洞)中心柱右面向上层宝盖及弟子线描图

有弟子四身,圆形头光,龛楣上方绘有华盖,华盖旁弟子为正面(图5–12),其余两身面向右,一身面向左。右侧菩萨身后有弟子四身,圆形头光,华盖旁者面向华盖,其余两身面向左,一身正面。

下层龛内造像损毁，重绘头光身光。龛外左右两侧塑胁侍菩萨各一身,重绘头光。龛外左侧绘有弟子四身,圆形头光,与左侧一样为两全身两半身,华盖右侧者双手合掌面向华盖,其余两身面向左,一身面向右。龛外右侧绘有弟子四身,圆形头光,两个全身和两个半身,半身者仅绘头颈肩,其中三身面向右,一身正面,宝盖左侧者双手合掌面向华盖(图5–13)。

中心柱后面(图 5–14):

上层龛左侧塑胁侍菩萨头部损毁,有头光,双手合掌放于胸前,脚下

图 5-13　第 19 窟(万佛洞)中心柱右面向下层壁画线描图

图 5-14　第 19 窟(万佛洞)中心柱后面上层、下层

塑一圆形莲台突出于上层壁面前,脚前部损毁,身上颜色均为重绘,以赭红和蓝黑色为主。龛外右侧胁侍菩萨身后绘弟子四身,圆形头光,其中三人面向右,一人向左。龛外左侧胁侍菩萨与右侧相同,身后有弟子四身,三人面向右,一人面向前。龛楣上方绘有树形宝盖与前同,左右两弟子面向华盖而立。

下层龛外两侧各有胁侍菩萨一身,左侧所塑胁侍菩萨头脚损毁,重绘头光和服饰,服饰褪色严重,存留淡赭红色和蓝青色,双手合掌放于胸前,身后有弟子四身,均面向右侧。龛右侧所塑胁侍菩萨头和脚部损毁,重绘头光颜色艳丽,身上服饰颜色基本褪尽,仅留泥皮及少许衣纹。身后绘弟子四身,圆形头光,面向左侧两身,面向右侧一身,正面一身。龛楣上方绘有华盖，左侧弟子面向华盖，右侧弟子为正面像。

中心柱左面（图 5–15）：

上层龛内塑结跏趺坐佛一身，有背光和头光均为重新描绘，颜色和龛外表层壁画相似，应为同时期所绘。龛外左右各塑协侍菩萨一身，塑像高 0.95 米，桃形头光，头部均损毁，双手合掌放于胸前，颜色为后期重绘，与表层壁画相似。龛外两侧各绘有弟子四身，其中一身为年长者，其余三身

图 5–15　第 19 窟（万佛洞）中心柱左面向上层、下层壁画

均为年轻弟子。龛顶部有华盖，华盖左右各绘弟子一身，面向华盖，左侧弟子双手合掌，右侧弟子握拳（图 5-16）。其余三身弟子像有全身和半身，这种形式应是为适应画面布局而作。

下层龛外左侧绘四身弟子，圆形头光，有全身和半身。龛楣上方绘有华盖，左右各有两弟子，年少者双手合掌而对，年老者双手握拳，与上层相同。

图 5-16　第 19 窟（万佛洞）中心柱左面向上层宝盖和弟子线描图

2. 右壁壁画

右壁长 5.50 米，此壁壁画大面积脱落，仅存右侧少半部。从残留壁面壁画来看，应分为上下两部分，上部为整幅大的经变画，下部为小幅佛教故事画。

经变画（图 5-17）：

经变画残留部分内容叙述如下：在一座宫殿建筑之内，一佛结跏趺坐于青色莲台上，左手手心向上置于脚掌之上，右手扶右膝，作手印。坐佛黑色发髻，耳长垂肩，半披袒右深红色袈裟，袈裟上有一蓝白相间色披巾，搭于左肩从右侧腋下穿过，身后有红白色相间圆形头光和身光，佛头顶有两道白毫向左侧上部飘出，两道白毫间绘云朵，云朵上趺坐佛像三身，均着红色圆领通肩袈裟，眉间均有“白毫相”，锥形尖高发髻，白色桃形头光，背后火焰纹。佛左侧有一弟子二菩萨，弟子双手合掌面向佛而站，有白色头光，穿交领袈裟，衣领和袖口露出白色底衣。二菩萨均以红色发带束高髻，戴白色宝珠，有白色头光，着红裙装，半裸上身，白色飘带从颈后披肩而下搭于双臂，身后左右有蓝色三角飘带露出，饰项圈、臂钗、手镯，中间菩萨个子较高，双手合掌，向左前方而视，边上较低者则双手合掌，面向佛而站。残壁中间有三道白毫飘出，飘至左上角，两道白毫间绘云朵，上也有趺坐佛两身，与左侧三身相同。佛殿左前方绿色台基之上有双层阁楼一座，一层有门有窗，门内绘有莲台，莲台上红色火焰纹内有心形白色宝珠，向外发出万道光芒，二层为亭。阁楼两侧有塔柱两座，柱顶上为双层塔，每层

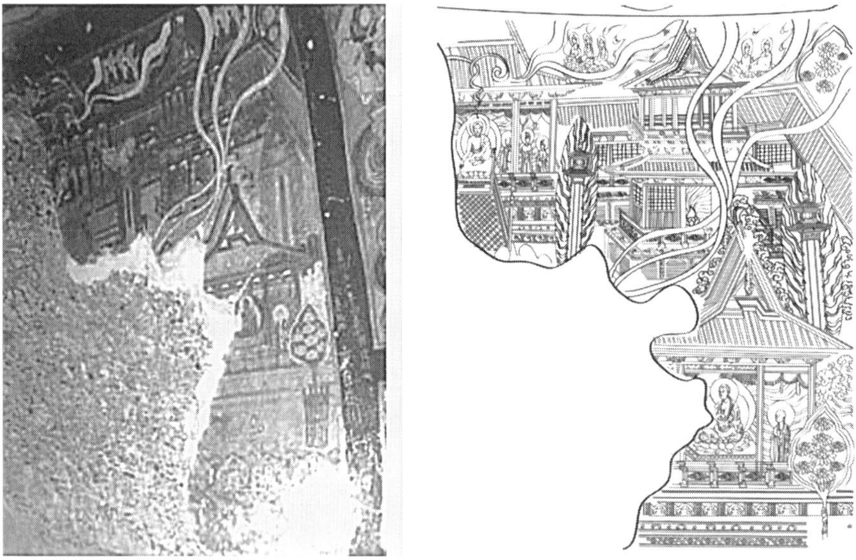

图 5-17 第 19 窟（万佛洞）右壁局部图及线图

塔角挂塔铃 2 个。下方靠左侧边，有一座四柱式木构建筑，建筑里面有佛一身趺坐于莲花佛台上，面向右作说法印，面圆眉弯，眉间有白毫，大耳垂，红色半披肩袈裟，穿过右臂腋下搭于右肩，蓝白相间外领和袖口内衬，圆形白色头光和背光。左侧站一年老弟子，站位较低，双手合掌面向右，圆形头光，穿红色交领袈裟，左侧外披白色袈裟，白色底衣，高衣领、衣袖外翻与上边弟子服饰一致。弟子左侧绘一盆栽菩提树，树形为双勾火焰纹，六面长方形双层花盆底部左侧有云朵飘出，云朵上有一天王模样人物，脚踩浮云，怒目圆瞪，脖系红巾，身穿盔甲，飘带飞舞，双手合掌面向右，头发随风竖起，圆形白色头光上有一圈红色头光，威风凛凛从左而来。天王下层绘一排莲苞，底部为莲花瓣，中间是莲苞，现残存四个，每个莲苞内有一佛二弟子，佛均结跏趺坐于白色莲花座上，莲台下有坠饰，佛作说法印，白色佛衣外披，半披肩袈裟，穿过右臂腋下搭于右肩，圆形双层头光身光，内层为红色，外层白色。佛左侧弟子均为全侧身，双手合掌面向右侧，佛右侧弟子为半侧身双手合掌面向右，四个莲苞上部之间弧形尖角内各绘有菩提树。

《沙弥守戒自杀》(图 5-18)：

画面仅残存两个情节，中间下层为一建筑的左侧一角，建筑之上有竖

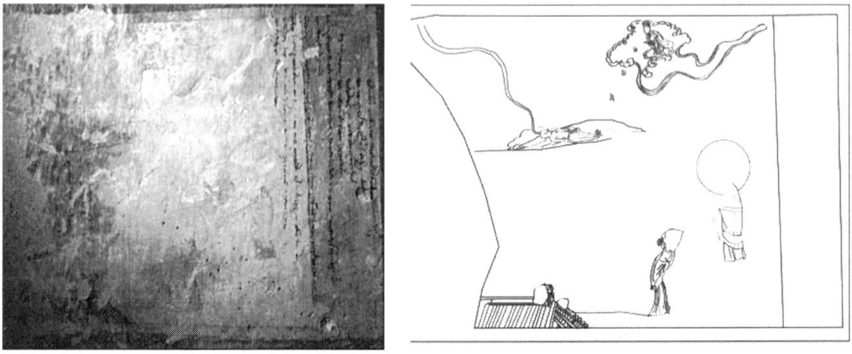

图 5-18　第 19 窟(万佛洞)右壁《沙弥守戒自杀》原图及线描图

排三行回鹘文题记，题记上方，有一人裸露上身，仰面躺在地上，头顶向左上方飘出类似青烟一缕，右侧有一红色云朵，云朵上有一人头戴纶巾，双手持卷轴状物，乘云而下；云朵下方有一僧人，侧身面向左站，头手部均毁，圆形头光，穿暗红色僧衣和橘黄色袈裟，白色鞋袜；僧人左下方有一人抬头面向僧人站，头部损毁，仅存头后部红色发髻，发髻上带簪子，青衣红裙，双手举物品，但物品和手均残毁不清，脚藏于裙下，为一女子。

内容和据典出自《贤愚经·沙弥守戒自杀品》：

> 方便语言：牢闭门户，我入一房，作所应作，尔乃相就。女即闭门，沙弥入房，关擿门户，得一剃刀，心甚欢喜，脱身衣服，置于架上，合掌跪向拘尸那城佛涅盘处，自立誓愿：我今不舍佛法众僧，不舍和上阿阇梨，亦不舍戒，正为持戒，舍此身命；愿所往生，出家学道，净修梵行，尽漏成道。即刎颈死，血流滂沛，污染身体。时女怪迟，趣门看之，见户不开，唤无应声，方便开户，见其已死，失本容色，欲心寻息，惭结懊恼，自搣头发，爪裂面目，宛转灰土之中，悲号泣泪，迷闷断绝。[①]

画面中所绘正是沙弥赤身而死的场景，图中残留画面表现沙弥守戒自杀，女子悲号的场景。

3. 右壁与后壁拐角处壁画

由于洞窟开凿的不规则，在此窟的拐角处形成一个上小下大的三角平面，在这个平面内绘制了天王像，天王像下方有两幅长方形壁画，按照自上而下的顺序对壁画内容叙述如下：

---

①（北魏）慧觉等译《贤愚经卷五·沙弥守戒自杀品第二十三》，《大正藏》，第 04 册，0381a19。

《天王像》(图 5–19)：

此像绘于北壁与西壁的中间，为西方天王广目天，也称西方毗楼博叉天王，天王为立像，高约 1.20 米，位于拐角处最上部，三角形的独特布局，使整个画面看起来更显稳定。线描造型为主，敷色清淡，用色以黑灰，赭红色为主，天王头部发髻高挽，发簪上有白色圆形宝珠，发簪两端系有白色飘带，飘带经前额、尾端向上飘于头部两侧；脸型圆润，双下巴，双眉及眼角较长且上翘，圆形短鼻翼，八字胡须，嘴唇微张，露出整齐白齿，大耳饰穿过耳垂，五官集中向上，给人以仰视感。头后圆形白色头光，头光外部上层绘红色火焰纹，颈部系红巾打结于前，露出底部白色衣领，白色内衬衣、裤之上着红色甲胄。右手举竹节鞭，左手放于右前臂上，双脚穿牛头履，左脚向前，右脚在后，身体四周，衣带飞舞，威风凛凛，面向后壁侧身而立。

《妙法莲华经》之《火宅喻品》(图 5–20)：

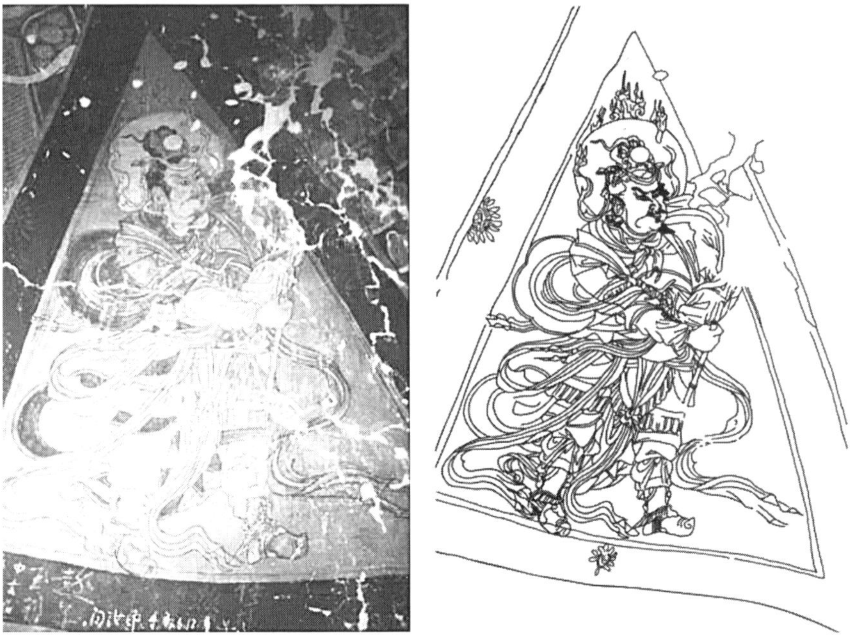

图 5–19　第 19 窟(万佛洞)右壁与后壁拐角处《天王像》原图及线描图

长方形构图，长 1.70 米、宽 0.67 米，左侧画面中画木构房屋建筑一座，有台阶，周围有长方形黑白相间地砖，屋顶画火焰纹，门窗之内全为红色，喻义建筑着火，屋内有长方形木桌一张，桌上放有物品，但模糊不清。三个小孩坐于桌旁的椭圆形矮凳上，桌子后方小孩，圆脸，年龄最小，头上左右扎蝴蝶结短辫，头顶突出头发一簇，额前三角形刘海，面部不清，脸部以下损毁；木桌左侧小孩年龄最大，头顶绘有束发冠，挽袖，露臂，左臂弯曲置于桌上，手部毁，向右前方而望；桌子前方小孩，短发，伸出右手，面向右前方，脸部身上部分损毁不清。屋外台阶右下角，站一人，头戴红色束发冠，红色通体长袍，露白色衣领，腰间有束腰带，挽结下垂，长袍下露出白色鞋袜，面部、胸部损毁，左手持鞭，右手指向屋内；右侧分别画木车三辆，最上边一辆车为一头羊所拉，羊的前脚高抬向右而驰；中间右侧边为一辆红色车，残存车的一半和鹿的头部，鹿角清晰可见；人身后一车，应为一头牛所拉，头部以下损毁，仅留后半身。三辆车车身结构基本相同，颜色和车毂纹饰略有不同，三辆车应是分别对应屋内的三个孩子。

内容和据典出自《妙法莲华经卷二·譬喻品》：

> 尔时长者即作是念：此舍已为大火所烧，我及诸子若不时出，必为所焚。我今当设方便，令诸子等得免斯害。父知诸子先心各有所好种种珍玩奇异之物，情必乐着，而告之言：汝等所可玩

图 5-20　第 19 窟（万佛洞）右壁与后壁拐角处《火宅喻品》原图及线描图

> 好,希有难得,汝若不取,后必忧悔。如此种种羊车、鹿车、牛车,今在门外,可以游戏。汝等于此火宅、宜速出来,随汝所欲,皆当与汝。尔时诸子闻父所说珍玩之物,适其愿故,心各勇锐,互相推排,竞共驰走,争出火宅。是时长者见诸子等安隐得出,皆于四衢道中露地而坐,无复障碍,其心泰然,欢喜踊跃。时诸子等各白父言:父先所许玩好之具,羊车、鹿车、牛车,愿时赐与。①

图中画面表现一住宅内着大火,有三子在屋内,院子里有羊车、鹿车、牛车和一长者持鞭的情景。

《尸毗王本生故事》(图 5-21):

长方形构图,长 0.95 米、宽 0.55 米。画面正中有一年轻王者,戴淡红色束发冠,椭圆形长脸,左侧面部模糊不清,后有圆形头光,身穿交领右衽红色长袍,侧身坐于长方形台几,左腿弯曲放于右腿上,膝部以下裸露,左手拉扯左大腿肉,右手持刀在割。画面右侧王者前方有一方形橙色高台,高台上有一长几,几上有三个物体,最左侧应为未打开的竹筒,中间物模糊难辨,边上应为书籍或佛经。几后有一高僧坐于靠背椅上,穿交领右衽袈裟,左手持圆盘状物,右手模糊,头后圆形头光,身后有木质屏风,分三块,左右红色,中间为白色,屏风左侧画面上绘绿色垂柳。画面左侧王者右侧站立两人,靠左侧一人年老,穿红色宽袖长服,戴红色束发冠,脸上表情悲痛,头后有圆形头光,双手合掌而站;另一人年长,也戴红色束发冠,面部表情平和,穿青绿色交领右衽长服,后有头光,双手合掌,面向高僧而站。画面后部上边,天空中一王者形象的人,乘云而来,戴冠,着红色宽袖服,面部和右手模糊,左手持桃形状物。云朵下绘三面折带栏杆,栏杆下铺

①(后秦)鸠摩罗什译《妙法莲华经卷二·譬喻品第三》,《大正藏》,第 9 册,0012c04。

图 5-21 第 19 窟(万佛洞)右壁下《尸毗王本生故事》原图及线描图

红黑相间路砖。

4. 后壁壁画

后壁长 5.56 米，分为上下两部分，上部中间画大日如来佛，周围通壁画千佛，下部应和左右壁一样绘壁画，现仅残存左侧部分本生故事。

《大日如来佛》(图 5-22)：

《大日如来佛》绘于后壁正中位置，高 1.00 米、宽 0.85 米，结跏趺坐于莲华台上，头戴五佛宝冠，宝冠分三层：第一层紧挨额头，中间和两侧有白色宝珠，里边是否有字和图不清；第二层中间绘莲花，花上绘白色大圆圈，圆圈内以前应该有字，但现在难以辨认；最高层有五个白色圆形身光，内绘坐佛五身，中间一身最大，宝冠外有火焰宝珠纹。脸形圆润，眉毛细长，双眼微张向下俯视，直鼻小嘴，为菩萨像，眉心有白毫。耳长垂肩，戴大型耳饰。内穿僧祇支，从左肩向右下而窝，露出胸部以上，腹前系带打结，外

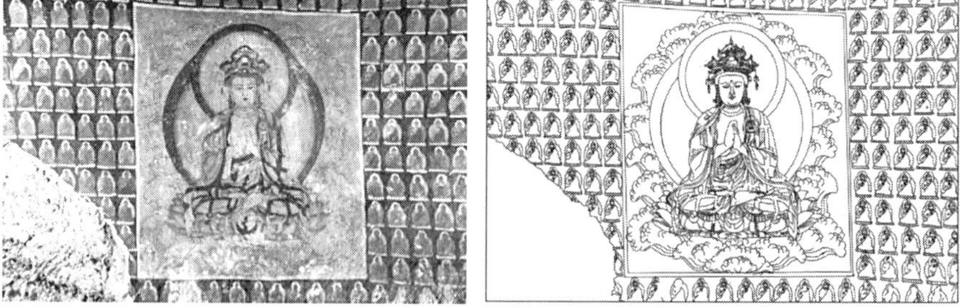

图 5-22 第 19 窟(万佛洞)后壁《大日如来佛》原图及线描图

穿半披右肩袈裟，袈裟裹左臂搭至右肩，袈裟紧裹双腿，衣袖各自对称垂于莲台前，左肩袈裟上挂一璎珞。做大日如来剑印，双手合掌放于胸前，左右二无名指、二小指右压左，相刃入掌，二中指直竖，屈第一节，头相跓如剑形，二大指入掌，平伸二头指，屈压二大指甲头相跓，有圆形头光身光，周围有层层卷云纹围绕，从莲花台下直到头光顶上。大日如来佛周围绘千佛，千佛一字形整齐排列，每个千佛高 0.10 米、宽 0.80 米，通体用红色色线勾勒。高锥形发髻，长椭圆形脸，五官勾勒简略，眉毛眼睛位置较高，耳长垂肩，着袒右红色袈裟，结跏趺坐于白色佛床之上，佛床用红色线竖分为块状，椭圆形白色头光，灰白色身光，千佛皆做大日如来剑印。

《萨埵太子舍身饲虎》局部(图 5–23)：

画面残损严重，宽 0.50 米、残长 0.60 米。左上部飘出一团红色云朵，云间有一人，戴王冠，乘云而下。画面左侧中间立两太子，相对而站，似在对话，右侧下部画几只老虎，现能看到的有三只，三只虎中间可见有部分人腿，其余画面残损不清。

内容和据典：画面表现的是萨埵太子舍身饲虎的故事。“舍身饲虎”为一个著名的本生故事，在敦煌壁画和其他地区的壁画中多有出现，其故事

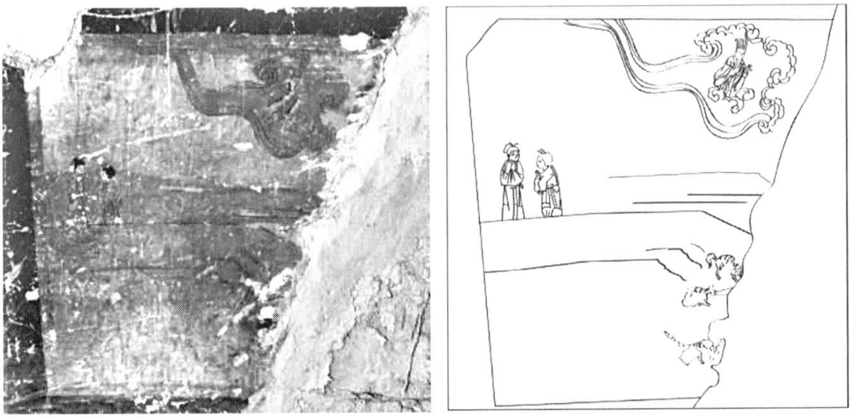

图 5–23　第 19 窟(万佛洞)后壁下《萨埵太子舍身饲虎》原图及线描图

也见于多部佛典。如《佛说菩萨投身饴饿虎起塔姻缘经》《金光明经》《贤愚经》等,《贤愚经》卷1:

……二兄待之经久不还,寻迹推觅,忆其先心,必能至彼,餧于饿虎。追到岸边,见摩诃萨埵死在虎前,虎已食之,血肉涂漫,自扑堕地,气绝而死,经于久时,乃还稣活,啼哭宛转,迷愦闷绝,而复还稣。……尔时饿虎食肉已尽,唯有骸骨狼藉在地。……即从天下,住于空中,种种言辞,解谏父母。父母仰问:“汝是何神?愿见告示。”天寻报曰:“我是王子摩诃萨埵,我由舍身济虎饿乏,生兜率天。大王当知!有法归无,生必有终;恶堕地狱,为善生天。生死常涂,今者何独没于忧愁烦恼之海,不自觉悟勲修众善?”……①

图中残留画面表现太子舍身饲虎后,一旁站立的两个兄弟和三只幼虎、太子以及天上乘云而下的仙人的画面。

5. 后壁与左壁拐角处壁画,上部画《天王像》,下部为本生故事画

《天王像》(图5-24):

天王正面立像,为北方多闻天又称北方毗沙门天王。头戴束发冠,冠上有发带,向上飘于头部两侧,发髻高耸,上有发饰,紧贴额头有圈状卷发一圈,末端绕于两侧耳上,耳垂较长,戴螺状长耳饰;脸形圆润,双下巴,五官集中,眉、眼、嘴上胡须均呈倒八字,短圆鼻翼,唇薄嘴小,山羊胡,左右脸均向两侧画出一组对称整齐的胡须;脸部较低处染有赭红色,色彩突出、艳丽。头后圆形白色头光,头光上绘红色火焰纹,颈部系红巾打结于

①(北魏)慧觉等译《贤愚经卷一·摩诃萨埵以身施虎品第二》,《大正藏》,第04册,0352c11。

图 5-24 第 19 窟(万佛洞)后壁与左壁拐角处《天王像》原图及线描图

前,露出底部白色衣领,胸前左右有圆形护胸镜,着红色甲胄,外披战袍,右手托塔,塔内有坐佛一身,左手持鞭,双脚向外撇穿牛头履,衣带飞舞,面向前方而立。

《须达拏太子本生》(图 5-25):

画面左侧损毁不清,右侧画一城门,红色城门大开,城门前有车一辆,车内两侧坐两人,中间残缺,无法辨认是否还有人。一人站在车辕左侧,左手扶车,右手举鞭,车辕内一婆罗门在奋力拉车。画面上方左侧绘柳枝,右侧树从城墙边伸出两枝,树叶为三角形,树上有云朵一直飘向城墙上部。画面左侧有红色榜题,有竖行回鹘文题记,已损毁不清。

内容和据典:以乐善好施为主题的本生故事中,"须达拏太子本生"是最流行、最著名的一个故事。见于多部佛典,如《太子须达拏经》《六度集经》《菩萨本缘经》《菩萨本行经》《大智度论》《根本说一切有部毗奈耶药

图 5-25 第 19 窟(万佛洞)后壁与左壁拐角处下部《须达拏太子本生》原图及线描图

事》等。《太子须达拏经》卷 1:

> 太子与妃二子共载自御而去,前行已远止息树下。有婆罗门来乞马,太子即卸车,以马与之。以二子着车上,妃于后推……太子言:我不与卿有所爱惜也;我财物皆尽。婆罗门言:无财物者,与我身上衣。太子即解宝衣与之,更着一故衣。……太子与妃及其二子,和颜欢喜相随入山。①

图中残留画面表现太子自架一车,载妃和子出城的画面。

《尸毗王本生故事》(图 5-26):

画面长 0.96 米、宽 0.50 米。画面左上部画木构建筑一座,席纹方形地砖,建筑中间有方形靠椅,上坐尸毗王,戴王冠,身穿交领长衫,双手合掌,神态自如。膝部以下裸露,双脚放在一椭圆形大盘中,左侧跪有一人,表情悲痛,正用刀从王者腿上割肉。建筑外部左侧站两人,前方为王妃,表情严肃,穿交领长裙,双手合掌,向右而站。身后为太子,穿圆领红色长袍,束发戴冠,表情悲伤,双手合掌向右而站。右侧一人站在秤后,穿圆领长袍,头

①(西秦)圣坚译《太子须达拏经》卷一,《大正藏》,第 03 册,0420c13。

图 5-26　第 19 窟(万佛洞)后壁与左壁拐角处下部《尸毗王本生》原图及线描图

戴巾帽,双手扶秤,秤左侧为托盘,盘内应为鸽子,但模糊难辨,右侧挂肉局部损毁。此人右侧身后绘柳树,树上有一只老鹰。

内容和据典:此画面表现的是尸毗王割肉贸鸽的故事。毘首天子,化为鸽,帝释化为鹰,以试探尸毗王的慈悲善行。此本生故事也是一个非常有名的本生故事,见于多部佛典。如《菩萨本生鬘论》《六度集经》《菩萨本行经》《贤愚经》等。《菩萨本生鬘论》卷一:

> 说是偈已,毘首天子,化为一鸽,帝释作鹰,急逐于后,将为搏取;鸽甚惶怖,飞王腋下求藏避处。鹰立王前,乃作人语:今此鸽者是我之食,我甚饥急,愿王见还。王曰:吾本誓愿当度一切,鸽来依投终不与汝。鹰言:大王今者爱念一切,若断我食,命亦不济。王曰:若与余肉汝能食不?鹰言:唯新血肉我乃食之。王自念言:害一救一于理不然,唯以我身可能代彼,其余有命皆自保存。即取利刀自割股肉,持肉与鹰贸此鸽命。鹰言:王为施主,今以身肉,代于鸽者可称令足。王敕取称,两头施盘,挂钩中央,使其均等……[1]

图中表现的有尸毗王割肉、护鸽、称肉三个故事情节,三组人物呈三

①(宋)慧询等译《菩萨本生鬘论》卷一,《大正藏》,第 03 册,033c01。

角形构图法，构图稳定均衡。人物形象简练概括，增加了宫殿、树等场景，进一步渲染故事发生的环境氛围。

6. 左壁壁画

左壁长 5.60 米，壁画分为上下两部分，和右壁相对应，上部分为大幅《弥勒上生经变》，下部为三幅本生故事画。

《弥勒上生经变》（图 5-27）：

画面长 2.30 米、宽 3.40 米，这是一幅场面宏大，保存较完整的弥勒上生经变画。工字型的大殿组合，是北宋宫殿建筑中较常用的一种布局方式。其中，上层中间建筑内有双层莲花佛坐，佛坐上有白色宝珠，外有火焰纹一圈，向四周发出万道光芒；佛坐两端各站一人，着红色宽袖衣，持白色拂尘，有圆形头光，其身后两侧各站菩萨两人，各着交领红色及白色宽袖衣，建筑外台阶下左右两侧各站两人，面向佛台，双手合掌而立，均有圆形

图 5-27 第 19 窟（万佛洞）左壁《弥勒上生经变》原图及线描图

白色或红色头光。下方屋顶上有莲花座，座上有宝珠，外层绘红色火焰纹，宝珠正下方建筑内有趺坐佛一身，头戴花冠，花冠中间绘坐佛，有圆形身光；耳长垂肩，戴有螺式耳饰，耳部左右有“S”形发辫，身穿法衣，结跏趺坐于莲花座上，左手手心有一白色莲花，右手做说法印，莲花佛座下有长方形佛床，四角上各有白色莲花一朵，佛床左右各站一人，双手合掌面向坐佛而立。佛眉间有白毫三组，向上、左右飘出，左侧白毫又分为坐佛五组，均为莲花座，每组两身，共十身，立佛三组共六身，右侧相同，坐、立佛间绘漫天飞舞的各种乐器、莲花等，左右两侧各有经幢一座，经幢周围绘莲花飞舞。画面左右两侧边，有建筑两座，均为双层，以长廊相连，上层、下层并左右相通。上层建筑中间有莲花座，座上有白色宝珠，向外发光，外侧有两人，着红衣，面向左侧而立，手中持有白色飘带状供器。下层建筑内也有宝珠莲花座，门外右边有两人相对而站。中间趺坐佛建筑内左右两侧各站10 人，内层 7 人，外层 3 人。左右两侧长廊内，站有 11 人，左侧 6 人，右侧 5 人，着黑边交领宽袖衣，持白色飘带状供器，面向中间趺坐佛而立。长廊末端各有天王一身，天王坐于红色长方形凳，蝴蝶形镂空发辫高束，身着甲胄，红色飘带，圆形头光和身光，两侧天王头顶飘出白毫，向左右两侧上方，白毫内绘“七宝”。下面一层，正对趺坐佛有一人背向外，面向趺坐佛而跪，着白衣，戴王冠，有圆形头光。其左右两侧长廊各绘 10 人，5 人站，5 人跪；跪着 5 人戴发冠，站着 5 人束高发髻，有白色或红色圆形头光。下方为宝池，宝池左右两侧有莲花，浮于池中，花上各站有 8 人，桃形背光。宝池前有长廊，中间有舞伎 4 人，左右两侧共有乐伎十二身，跪坐于地，持箜篌、琵琶、排箫、竖琴等乐器。乐舞下绘宝池，池中碧波荡漾，左右飘盛开莲花两朵，左右各站 8 人，黑色交领长衣，蝴蝶形镂空高发髻，桃形背光，池中左右各有莲花化生童子一身，左侧趺坐，右侧站立，双手合掌，面向佛。宝池左右两侧有双层楼台两座，上层建筑内有白色发光宝珠，左右各站一人，手中有白色飘带物飘出，窗前站有一人面向佛，双手合掌，也有白色物从手中飘出；下层建筑内有红色佛床，向外部发光，两侧两人相对而站，持拂尘，左右两层楼台布局相同。宝池下部为红色地面，中间一佛，背向而跪于白色莲座上，圆形红色头光，白色身光，着铠甲和藏式法衣，红色飘带从背后向前绕过双肩搭于佛台。头顶白毫飘于左右两侧，绕过左右楼台窗户，落入宝池中的两朵莲花上，身后左右各站 9 人，双手合掌面向佛。最边上各绘神王两身，着铠甲，坐于红色台凳上，双手合掌面向佛，天王头顶向左右上方飘出白光，上绘有“七宝”。下方绘宫墙一排，墙上绘类似城门的三座大门，大门上有门楼，门楼之间有长廊相连，最中间为主城门，左右各有侧门一个，中间城门口左右各有天王一身，手持一剑，相对而跪，前方有背向坐佛一身，头顶有白光，飘向左右两侧，白光上部绘菩提树两颗，“桃形”树冠，树下有乐伎两身，舞伎一身，左右侧相同。白光下部两侧各绘 13 人，手持盘，盘中为官帽，官帽向外飘出飘带，飘带上有建筑物。天王靠后部中间，有菩萨一身，双手合掌，仰天而望。上层建筑内有莲花座，座上有白色发光宝珠。左右两侧小门各绘侍女两身，双手持盘，盘中有白色宝珠，宝珠向外飘出白光一道。左侧城门有天王两身，天王均为跪像，后有侍女两身，手持白色发光宝珠，左右侧城门所绘相同。最底层画宫墙一排，间有三座门楼，长廊相连，门楼内有发光宝珠，前有宝池。

这幅弥勒经变画，画幅巨大，气势宏伟，表现内容和手法独特。画面中人物形象丰富，有佛、菩萨、天王、化生、伎乐、供养人等各种人物共239身。分布于大型的“工”字形建筑之间，构图对称均衡，布局合理，上下左右相呼应。此外，经幢、菩提树、宝珠、宝冠等，均对称布局，成对出现。楼阁殿堂刻画斗拱，大殿明间使用了三组补间铺作，在柱头之上还出现了普柏枋，既展现了佛国世界的美好，同时也是一幅精美的建筑画。

内容和据典：画面用宏伟的气势、人物和宫殿建筑等，表现了弥勒菩萨在成佛之前所居住兜率天宫的种种盛世景象。见《佛说观弥勒菩萨上生兜率天经》卷一：

一时佛在舍卫国祇树给孤独园。尔时世尊于初夜分举身放光,其光金色,绕祇陀园周遍七匝,照须达舍亦作金色,有金色光犹如段云,遍舍卫国处处皆雨金色莲花;其光明中,有无量百千诸大化佛,皆唱是言:"今于此中有千菩萨,最初成佛名拘留孙,最后成佛名曰楼至。"说是语已,尊者阿若憍陈如即从禅起,与其眷属二百五十人俱;尊者摩诃迦叶,与其眷属二百五十人俱;尊者大目犍连,与其眷属二百五十人俱;尊者舍利弗,与其眷属二百五十人俱;摩诃波阇波提比丘尼,与其眷属千比丘尼俱;须达长者与三千优婆塞俱,毘舍佉母与二千优婆夷俱;复有菩萨摩诃萨,名跋陀婆罗,与其眷属十六菩萨俱;文殊师利法王子,与其眷属五百菩萨俱;天、龙、夜叉、乾闼婆等一切大众,睹佛光明皆悉云集。①

图中表现的众多人物,如佛、菩萨及各眷属两百多身,与经文中所描述相符。

尔时此宫有一大神,名牢度跋提,即从座起遍礼十方佛,发弘誓愿:"若我福德应为弥勒菩萨造善法堂,令我额上自然出珠。"既发愿已,额上自然出五百亿宝珠,琉璃颇梨一切众色无不具足,如紫绀摩尼表里暎彻。此摩尼光回旋空中,化为四十九重微妙宝宫,一一栏楯万亿梵摩尼宝所共合成。诸栏楯间自然化生九亿天子五百亿天女,一一天子手中化生无量亿万七宝莲华,一一莲华上有无量亿光,其光明中具诸乐器,如是天乐不鼓自鸣,此声出时,诸女自然执众乐器,竞起歌舞;所咏歌音演说十善、四

①(宋)沮渠京译《佛说观弥勒菩萨上生兜率天经》卷一,《大正藏》,第14册,0418b06。

弘誓愿,诸天闻者皆发无上道心。[①]

图中所绘十方佛,宫殿建筑内发光的摩尼宝珠,漫天飞舞不鼓自鸣的乐器,天女执乐器歌舞的场面均在图中可以一一对应找出,与经文描述完全一致。

时诸园中有八色瑠璃渠,一一渠有五百亿宝珠而用合成,一一渠中有八味水,八色具足。其水上涌游梁栋间,于四门外化生四花,水出华中如宝花流。一一华上有二十四天女,身色微妙如诸菩萨庄严身相,手中自然化五百亿宝器,一一器中天诸甘露自然盈满,左肩荷佩无量璎珞,右肩复负无量乐器,如云住空从水而出,赞叹菩萨六波罗蜜;若有往生兜率天上,自然得此天女侍御。亦有七宝大师子座,高四由旬,阎浮檀金、无量众宝以为庄严,座四角头生四莲华,一一莲华百宝所成,一一宝出百亿光明,其光微妙化为五百亿众宝杂花庄严宝帐。[②]

图中间部分绘有两道水渠,对应经文中八色琉璃渠,琉璃渠的水"上涌游梁栋间……花生四化……有二十四天女……。"均与图中所绘一一对应。

持宫四角有四宝柱,一一宝柱有百千楼阁,梵摩尼珠以为绞络。时诸阁间有百千天女,色妙无比手执乐器,其乐音中演说苦、空、无常、无我、诸波罗蜜;如是天宫有百亿万无量宝色,一一诸

---

①(宋)沮渠京译《佛说观弥勒菩萨上生兜率天经》卷一,《大正藏》,第 14 册,0419a07。
②(宋)沮渠京译《佛说观弥勒菩萨上生兜率天经》卷一,《大正藏》,第 14 册,0419a20。

女亦同宝色。[①]

图中主殿周围四方呈梯子形排列四宝柱，宝柱上层为楼阁，顶端为摩尼宝珠，与图中所绘相符。

……第一大神名曰宝幢，身雨七宝散宫墙内，一一宝珠化成无量乐器，悬处空中不鼓自鸣，有无量音适众生意。第二大神名曰花德，身雨众花弥覆宫墙化成花盖，一一花盖百千幢幡以为导引。第三大神名曰香音，身毛孔中雨出微妙海此岸旃檀香，其香如云作百宝色遶宫七匝。第四大神名曰喜乐，雨如意珠，一一宝珠自然住在幢幡之上，显说无量归佛、归法、归比丘僧，及说五戒、无量善法、诸波罗蜜，饶益劝助菩提意者。[②]

图中间长廊墙内两端各绘大神一身，着铠甲，头戴宝珠冠，宝珠向上发出一道白色光芒，白光之内，绘有乐器、华盖、经幡、宝珠等，一一与上述经文对应。

《须阇提本生》(图 5-28)：

位于经变画下部，从左至右第一幅，画面长约 1 米、宽 0.50 米，画面左下方残破的建筑内绘三人，中间小孩为太子须阇提，短发贴额，着圆领白衣。左侧站一人为其父，戴红色王冠，着红色交领右衽长袍，白色高束腰带，挽结垂于脚下；右侧为其母，高发髻，表情悲痛，着红色长裙。太子左臂衣袖高高挽起，右手拿刀正在割自己左臂上的肉，左手手中拿一块红色物品，转头望向其父，父亲嘴旁正食一物，应为太子所割之肉。右侧画面下方

①(宋)沮渠京译《佛说观弥勒菩萨上生兜率天经》卷一，《大正藏》，第 14 册，0419b09。

②(宋)沮渠京译《佛说观弥勒菩萨上生兜率天经》卷一，《大正藏》，第 14 册，0419b17。

图 5-28 第 19 窟(万佛洞)左壁《须阇提本生》原图及线描图

绘一建筑物顶部,顶部上方有一人,戴王冠,着红色长袍,手部和身体下方有损毁,面向画面右侧而站,画面右上角树枝中间,有半身天王形象之人,戴头盔,上有红色璎珞,身穿红色铠甲,正欲向下边之人说话。

内容和据典:画面表现的是须阇提太子以身肉救济父母生命的故事,是慈孝双亲的本生故事。见于《贤愚经卷一·须阇提品》:

……时儿回顾,见父拔刀欲杀其母,儿便叉手,晓父王言:唯愿大王!宁杀我身,勿害我母。殷懃谏父,救其母命,而语父言:莫绝杀我,稍割食之,可经数日。若断我命,肉便臭烂,不可经久。于是父母,欲割儿肉,啼哭懊恼,而割食之。日日割食,其肉稍尽,唯有骨在,未至他国,饥荒遂甚,父复捉刀,于其节解,次第剥之,而得少肉。于是父母,临当弃去,儿自思惟:我命少在,唯愿父母,向所有肉,可以少许还用见施。父母不违,即作三分,二分自食,余有一分,并残肌肉眼舌之等悉以施之。于是别去。儿便立愿:我今身肉,供养父母,持是功德,用求佛道,普济十方一切众生,使离众苦至涅盘乐。①

图中左下所绘正是小儿割自己手臂上的肉,来供父母食用的一个场景。

①(北魏)慧觉等译《贤愚经卷一·须阇提品第七》,《大正藏》,第 04 册,0356b07。

画面中间画假山一座，假山上长满花叶。

《海神难问船人》（图5-29）：

经变画下部，左至右第二幅，画面长0.93米、宽0.59米。画面左下角损毁，左上角绘山水，中间画船，喻义船在水中，船身为木构，左右有两翼，顶部为席纹。船内有两人，一人穿青衣，左肩半披红色袈裟，穿过身后搭于右肩，头颈损毁，残留头光，双手合掌于胸前，高坐船中；前站一人，个头低矮，戴黑色布巾帽，着青衣，系红色腰带，弓腰躬身，双手合掌，向坐着的人行拜询问。

图5-29　第19窟（万佛洞）左壁《海神难问船人》原图及线描图

内容和据典：画面表现的是在大海中的一艘船上，海神变身之后向贤者问询的一个画面情节。见《贤愚经卷一·海神难问船人品》：

……。既到海中，海神变身，作一夜叉，形体丑恶，其色青黑，口出长牙，头上火燃，来牵其船，问估客曰：世间可畏，有过我者无？贤者对曰：更有可畏，剧汝数倍。海神复问：何者是耶？答曰：世有愚人，作诸不善，杀生盗窃淫泆无度，妄言两舌恶口绮语、贪欲瞋恚，没在邪见；死入地狱，受苦万端。……①

①（北魏）慧觉等译《贤愚经卷一·海神难问船人品第五》，《大正藏》，第04册，0354b26。

《睒子本生》(图 5-30)：

经变画下部，左至右第三幅，画面右侧损毁严重，残长 0.75 米、宽0.48 米。画面中有建筑一角，有城墙、城门、树。中间绘两人，着双领下垂红衣短衫，内着长裙，双手持长杖，杖一端支于左肩，一端着地，眼神空洞，应为盲人。左侧站一人，白衣长裙，双手合掌，躬身，面向前。前方残存卷云纹，绘一佛裸脚踩莲花，仅存双脚，此故事画为睒子本生故事画。

图 5-30　第 19 窟(万佛洞)左壁《睒子本生》原图及线描图

内容和据典：画面表现的是睒子盲父母哀伤，向天人作揖的情节，由于右侧画面损毁，不清楚是否还有别的情节。睒子本生，也是以孝养父母为主题的本生故事，见于多部佛典，如《杂宝藏经》《六度集经》《僧伽罗刹所集经》《佛说睒子经》和《佛说菩萨睒子经》等。见《佛说睒子经》：

> 时，有迦夷国，中有一长者孤无儿子，夫妇两目皆盲，心愿入山求无上慧，修清净志，信乐空闲。菩萨念言："此人发意欲学妙道，而两目皆盲，目无所睹，若入山中或堕沟坑，或逢毒虫所见危害；若我寿终为其作子，供养父母终其寿。"①

残损画面表现的是在一城中，盲父母向佛祈愿的情节。

①(西秦)释圣坚译《佛说睒子经》卷 1，《大正藏》，第 03 册，0441a22。

7. 左壁与前壁拐角处壁画

与后壁、左壁拐角处一样，上部画天王像，下部为本生故事画。

《天王像》(图 5–31)：

天王像高 1.20 米，三角形构图，为东方持国天又称提头赖吒天王，戴护耳头盔，头顶有白色宝珠，后有红色璎珞，浓眉大眼，五官绘制立体精细，采用低染法，赭红色重染面部较低的地方；头后有圆形头光，上有火焰纹，与其余两身天王像画法一致，应出自同一人之手；颈部系红巾打结于前，露出底部白色衣领，身着甲胄战袍，右手持剑，左手举一布囊，衣带飞舞，脚穿牛头履，左脚在前，右脚半立，从动态看，似正面向窟门疾驰而行。

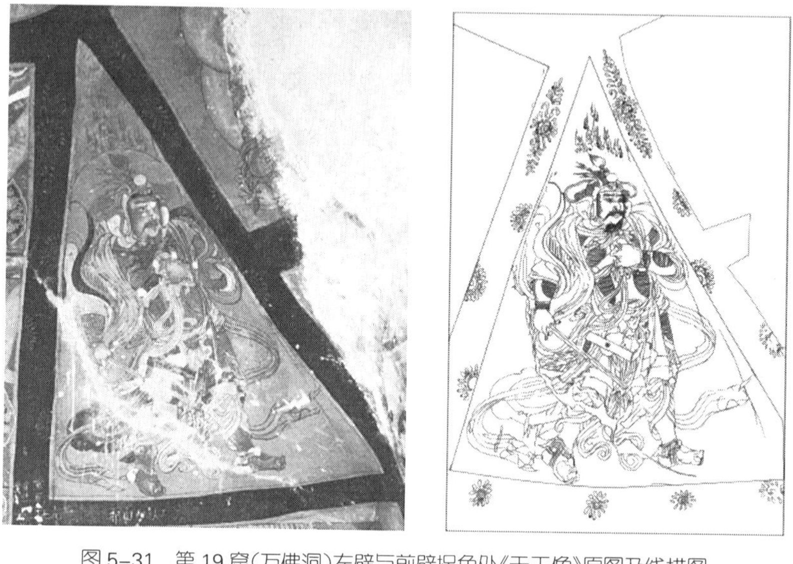

图 5–31　第 19 窟(万佛洞)左壁与前壁拐角处《天王像》原图及线描图

《经变画》(图 5–32)：

画面长 1.90 米、宽 0.65 米，以建筑为主，有横向三排建筑，从前向后渐次变长，后排与中间建筑间以数颗柳树相隔，前排建筑仅绘有顶部。中间建筑靠右有一人，背向坐于靠椅上，着深红色长衣，侧脸向左，五官绘制简略，鼻子以下损毁，头部向上长满了一层层类似块状堆积的东西。左手不清，右手向下拉着一根绳子的一端，绳子另一端在后排建筑最右侧的一人手中，此人戴白色布巾帽，个矮，穿暗红色长衫，白色腰带，侧脸看向绳子中间，中间有一绿衣女子，双手拉绳子，脸向右侧，表情悲痛，右侧有一小孩，穿白衣，伸手正向女子走去。画面右侧绘有黑白相间方形地砖，地砖中间有假山、芭蕉树。

图 5-32 第 19 窟(万佛洞)左壁与前壁拐角处下部《经变画》原图及线描图

《波斯匿王丑女》(图 5-33)：

位于天王像的最下端一层，画面长 1.00 米，宽 0.50 米。画面中间向左斜画一排木质栅栏，中间有大门，门内右侧有一座建筑，建筑内画坐佛一身，红色袈裟半披于左肩，从身后穿过搭于右肩，里边着绿色僧祇支，双手交叉坐禅定印，结跏趺坐于莲花座上，圆形头光和身光，身后还有向四周发射条形光。佛右侧有弟子一身，圆脸，脸、颈部为深红色，五官不清，着红色交领僧衣，左肩披白色田字纹袈裟，双手合掌面向前方而站，露出白色鞋袜。佛右侧为红色榜题，内有回鹘文题记，漫漶不清。建筑后有柳树，建筑前台阶下，一人面向佛跪爬在地，身着红衣，身材短小，面貌丑陋。身后站有三人，第一人为一夫人，双手合掌而站，内穿长裙外穿红色开巾短衣，高发髻，发髻前有桃形饰品。第二人是一年轻男子，头戴圆形高冠，内穿长袍，外穿红色开巾短衣，左手向下，右手前伸，似拿物品但漫漶不清。第三人为侍女，着白色长衣，左手向上，右手下指，头部损毁。画面右下角绘一排小山，山前绘房屋的屋顶。栅栏墙外残存两身人物，仅存脚部和衣摆，无

图 5-33　第 19 窟(万佛洞)左壁与前壁拐角处下部《波斯匿王丑女》原图及线描图

法识别。

内容和据典:画面表现的是波斯匿王的女儿,样貌丑陋,在封闭的宅院内向佛跪拜的情景。左侧画面有损毁,但可看出人物两身,与院内三人刚好五人,与佛经内容相符。据《撰集百缘经》:

……尔时波斯匿王摩利夫人,生一女儿,面貌极丑,身体麤涩,犹如蛇皮,头发麤强,犹如马尾。……为起舍宅,牢闭门户,令有七重。王嘱女夫:"自捉户排,若欲出行,而自闭之。我女丑恶,勿令外人见其面状。常牢闭户,幽关在内。"……使令五人,往至其家,开其门户,欲观其妇。当于尔时,彼女心恼,自责罪咎:"我种何罪,为夫所憎,恒见幽闭处在闇室,不覩日月及与诸人?"复自念言:"今佛在世,常以慈悲观诸众生,有苦厄者即往度之。"尔时此女,即便至心遥礼世尊:"唯愿哀愍!来到我前,暂见教训。"其女精诚,敬心纯笃,佛知其意,即到其家,于其女前……尔时五人,开门入内……①

①(三国吴)支谦译《撰集百缘经·波斯匿王丑女缘》卷第八,《大正藏》,第 04 册,0242b19-0243b03。

此画面正是表现佛来到丑女宅院中，丑女跪拜的情节。

8. 前壁壁画

前壁被甬道的门自然分为左右两侧和门口上部，下边将从上到下，从左至右分别加以叙述。

《曼陀罗坛城》（图 5–34）：

坛城图位于门道口左侧中间部分，上层全部脱落漫漶，仅存坛城图和下方的供养人图。坛城图外圆内方，圆圈直径，白色外圈 1.38 米、红色内圈 1.28 米，方城长 0.88 米、宽 0.85 米，白色外圈右侧绘仙女一身，高发髻，圆形头光，着交领裙装，裙子前短后长，衣带飘于身后左右两侧，双手合掌面向城中，身后白色圈外绘山石局部，左侧圈上绘火焰纹，其余漫漶不清。方城四周似城墙建筑，中间各有一城门，上下左右对称，绘制内容相同，城墙门上部有两层城楼，顶层上端为白色圆顶宝伞，宝伞下绘圆形法轮，左右两侧跪双鹿，是双鹿说法图，左右两边绘白色半月形云朵，将城楼半包起来，外侧各有红色宝幢一个，宝幢顶上有红色飘带。下边墙饰多为红白色连珠纹，四周城楼门相同。城内以斜交叉线分为四部分，四边交叉线上为四身天王像，中间绘五护世佛母，中间为大随求佛母，四面八臂，坐姿，部分漫漶，可辨出左边侧脸为白色，正面和部分手臂褪为墙皮色，其余

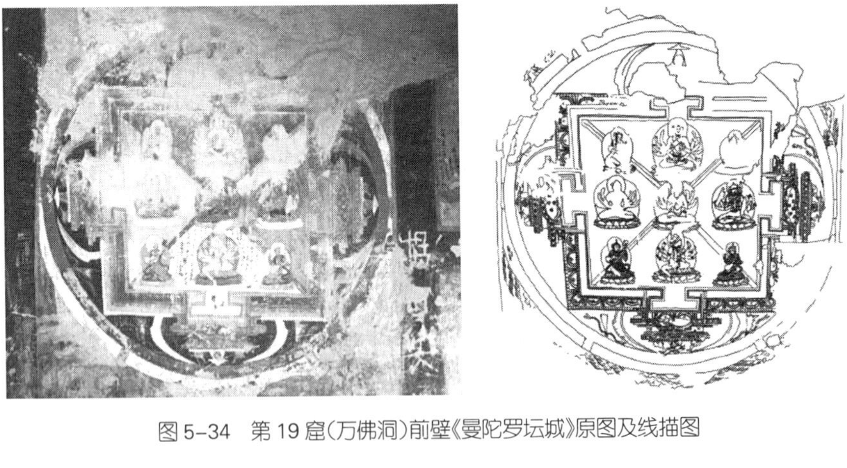

图 5–34 第 19 窟（万佛洞）前壁《曼陀罗坛城》原图及线描图

周身为红色，圆形头光身光均为红色，袒上身，有项饰，戴白色长宝珠链，腰部着黑裙，下身裸，趺坐于红色莲花宝座上，手势不清。最上边一尊应为大随持密咒佛母，三面十二臂，左面黑色，右面红色；通身为白色，袒上身，腰部着黑裙，下身裸，趺坐于白色莲座上，主臂第一对手结说法印，第二对手做禅定印，其余八臂于左右两侧，有的握拳，有的模糊不清，半椭圆形头光身光。最下层一尊应为为三面八臂的大千摧碎佛母，头顶发髻高挽，似红色塔状，有损毁，三面六眼，正面仅存三眼和眉毛，眉间相连，其余损毁。其余两面，左脸为三眼白色侧脸，露齿，呈愤怒像；右脸为三眼青面獠牙像。另有耳珰、项饰、腕钏、臂钏、脚钏，腹间有宝带、璎珞等庄严加身。左腿曲盘脚尖向下，右腿下垂于红色莲花座前，呈半跏游戏坐姿。左右两侧各有一尊，左侧漫漶不清，应为大寒林佛母，趺坐于白色莲花座上，隐约可见为三面八臂，白色头光，红色身光，其余模糊不清。右侧一尊应为大孔雀佛母，三面六臂，通体暗青绿色，为变色所致，正面为青色，左面为白色，右面为红色，正面额上部毁，戴耳珰、项饰、腕钏、臂钏、脚钏，袒上身，黑色短裙，两手在胸前，作手印，其余四臂于左右两侧，部分有损毁，无法辨识手中之物，脚心向上趺坐于白色莲花座上，白色头光，红色身光。城内交叉斜线上绘有天王图像四身，上部两身漫漶不清，仅见白色莲花坐；下部左侧一身，为东方持国天王身穿圆领通体盔甲，肩披一条红色飘带，两端垂于莲座两侧，左右肘部有叶形衣饰，怀抱琵琶，白色头光，青色身光，面向右跪坐于红色莲花佛座。右侧一身，服饰与左侧同，右手似持一物，模糊不清，左手握拳，白色头光、身光，面向右跪坐于红色莲花佛座上。

《供养人》（图 5-35）：

位于坛城图下方，画面长 2.10 米、宽 0.45 米。正中为红色榜题，有杂乱回鹘文题记，应为后世游人题记，已漫漶不清，榜题下为莲花座。榜题左侧有一排供养人，右侧绘上师一身，头戴三山冠，面部氧化为黑红色且损毁严重，内着交领左衽白色长衫，披红色通肩外衣，手持黑色佛珠，趺坐于方形床榻之上。前有一方几，几上置一大盘，内有红色供品，几下有一矮桌，桌面为红色，上有金刚杵，损毁过半。身后站一侍从，面部漫漶不清，通体红色交领右衽长衫，腰间系白色腰带挽结下垂，双脚外露，穿浅口布鞋，双手合掌面向右侧而站，面前有红色榜题，题记漫漶，身后有回鹘文题记和藏文题记。中间红色榜题左侧绘一僧尼，高 0.34 米，面部氧化为黑红色且损毁严重，头顶为白色，内着白色底衫，外穿红色蓝领右衽长衫，左肩半披袈裟，系白色腰带，趺坐于长方形床榻之上。左手展开从手中掉下一排三瓣状白色物品，落于下方红色矮桌上的红色盘中，右手展开与左手平行，是否持物不清，面前有红色榜题，漫漶不清。僧尼身后站一侍从僧尼，穿红衣，左肩披袈裟，双手合掌，头向后转看身后的两个小孩，小孩双手合掌相对而站，似左女右男，窃窃私语，其余不清，孩子身后站一夫人，端庄高贵，头饰桃形塔状椎髻，着交领右衽红色窄袖长服，脚穿尖钩履，双手合掌面向右侧，应为小孩母亲。其身后有侍女两身，头饰桃形塔状椎髻，各穿红白两色交领长服，前方头转向身后，两身均双手合

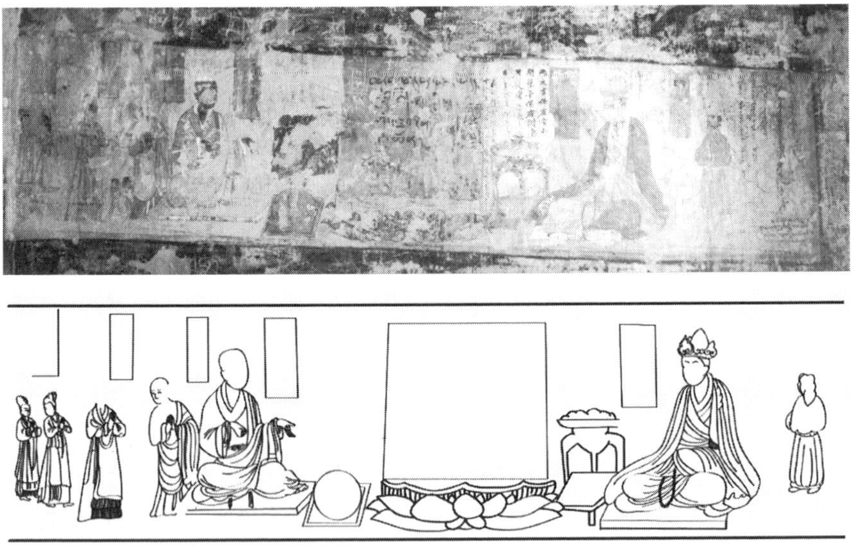

图 5-35 第 19 窟（万佛洞）前壁左侧下方《供养人》原图及线描图

掌向右站立。

《弥勒佛像》(布袋和尚)(图 5-36)：

画面高 0.83 米、长 1.25 米，绘于甬道门口壁面的正中。弥勒坐于地上，双眼微闭，神态安详，袒露胸怀，大腹便便，内有偏衫外披袈裟，右肩搭一树枝，右手扶右膝，左手握一卷轴样物品，赤脚，两只浅口布鞋放于一侧，头后有圆形头光，额部向左侧引出一云状化光，化光中有佛趺坐于莲花座上，佛像损毁不清，可见有圆形头光、身光、背光。此像用笔简洁，五官刻画生动，服饰用线细腻圆润，赋色淡雅，人物动态写实，与窟内的天王像应出自一人之手。

图 5-36　第 19 窟(万佛洞)门口上部《弥勒佛像》原图及线描图

前壁右侧(图 5-37)：

右侧壁面大部分损毁，仅留表层壁画和底层壁画的一角。表层壁画分为两部分，上部与前壁左侧内容相同，但都模糊不清，只存一个红色圆圈的一角。下面表层壁画宽 0.5 米，绘有僧人，仅存二身。两僧人并坐，自左向右，第一身坐像，高 0.24 米，着交领左衽暗红色服饰，褪色严重，双手合掌趺坐于薄毯上，其余不清。第二身坐像，高 0.24 米，眉目清秀，着白色交领左衽服，左肩披红色袈裟，双手合掌面向右趺坐于薄毯上。第三身坐像，残高 0.16 米，右侧损毁，仅存左侧局部，为正面趺坐像，右侧露出红色短袖，其余不清。第四身残高 0.43 米，仅存部分红色膝部。

图 5-37 第 19 窟(万佛洞)前壁右侧《供养僧人》原图及线描图

9. 顶部壁画

顶部壁画(图 5-38)以中心柱为界,分为前、后、左、右四面。中心柱前面顶部残存三身立佛,原应有五身,左侧两身损毁,立佛大小相同,佛衣以及颜色也相同。佛像脸型圆润,细长眉,眉间有白毫,眼角上翘,小鼻翼,薄唇,大耳垂肩,尖头锥螺状高肉髻,肉髻顶染红色。着袒右式袈裟,左手握袈裟一角,右手下垂于膝前,掌心向内,做触地印。双脚呈外八字

图 5-38 第 19 窟(万佛洞)顶部一周《立佛像》及局部线图

裸露在外，立于莲花座上，有圆形头光和长椭圆形身光。佛像外形手印基本一致，不同的是中间两身脚对脚而站，上边一身与中间一身首脚相连。与中心柱后面顶部五佛的绘制形式完全一致。中心柱左右两边均是首脚相连，五身佛一字排开，仅左侧最后一身损毁，留上半身，右侧则是完整的五身佛像。

二、第29窟（前山千佛洞）

该窟是原作壁画保留较多的洞窟，现存完整的是前壁、右壁及顶部壁画。仅中心柱四周及窟口处有部分重绘壁画。

（一）原作壁画

1. 前壁壁画

前壁被甬道的门自然分为左右两侧和门口上部，右侧长1.35米，左侧长1.40米，整个前壁壁面自上而下共分为六个部分，以下将分别予以叙述。

千佛（图5-39）：

前壁的千佛画面高1.45米，每身千佛高0.14米、两膝宽0.90米、两肩宽0.50米，共绘九排千佛，每排三十多身，全壁大约二百七十身。值得注意的是，此窟千佛均为通体佛衣，没有对襟或其他样式，这在石窟千佛表现中极为少见。千佛均趺坐于莲座之上，从佛衣颜色来看，四身一组，用四种不同色彩，反复轮换填涂。佛顶有黑色圆形肉髻，肉髻上束白色串珠，面部为椭圆形，"小"字形五官，低染法。耳长垂肩，身着圆领通体佛衣，右手掌心向内覆于左手，作禅定印，千佛存有数身题名。位于门上方供养人顶上有几个千佛有题名，从左至右依次为"大力王佛""无量力佛""月光佛""浦月佛"。由于仅存这四处题名清晰可见，所以不能确定是否为原有题名还是后世重书。

图 5-39　第 29 窟(前山千佛洞)前壁千佛及局部线描图

图 5-40　第 29 窟(前山千佛洞)前壁左侧、右侧立佛像

立佛像(图 5-40):

前壁下部被门分为左右两侧，画面布局基本相同，左侧绘四身立佛

像，右侧绘四身立佛像（图 5-41），左右共八身。自左向右，第一身：身高 0.45 米，头长约 0.7 米，右手展开自然上举，左手覆于胸前，脸型圆润，眉际较高呈“一”字形，与万佛洞“∧”字形眉毛略有不同，眉间有圈形白毫；长鼻翼，眼睛不存，留白色眼眶，耳长垂肩，有颈纹两横一竖，面部均为低染法；头顶线勾圆形肉髻，头外部绘一圈石绿色荷瓣状纹样，后有圆形头光。身着方格状僧祇支，外披右袒式红色袈裟，袈裟从右臂下绕出搭于右肩，双脚裸露左右分开踩于莲花之上，后有椭圆形身光。第二身：身高约 0.46 米，头长约 0.80 米，右侧面部有部分损毁，面部与第一身相似，身着圆领通体佛衣，衣领为绿色，赭灰色佛衣上，黑色衣纹线条流畅，纹路清晰，应是以线勾勒之后着色。右手向上做手势置于胸前，左手向下，手势模糊不清，双脚裸露踩于莲花上。身后有椭圆形头光、身光，头顶有莲形宝盖。第三身：身高约 0.46 米，头长 0.80 米，佛姿态与前相同，佛衣为石绿色，内着菱格状僧祇支，佛衣从身后绕过搭于右肩，右手向上中指无名指下曲，左手叉腰，扭腰提臀的身姿更为明显，其余与前基本相同。第四身：身高与前同，佛衣颜色样式与第二身基本相同，脸部有损毁，佛衣边缘有白色串珠装饰，右手弯曲指尖向右展开，置于胸前，左手紧握腰带，最外侧椭圆形身光有一圈卷草纹纹样。其左侧上方绘坐佛一身，高 0.22 米，双手于膝前交叉，右手覆于左手上，做禅定印，形态与上方千佛相似但比千佛

图 5-41　第 29 窟（前山千佛洞）前壁右侧立佛线描图

要大,佛衣为圆领通肩暗红色。第五身:第五身与第三身姿态佛衣基本相同,脸部损毁不清,右手展开向上,左手握腰带。其右侧绘坐佛一身与前对称、相似。第六身:与第四身基本相同,赭灰色佛衣,黑色粗衣纹线,右手做手势,左手握腰带,脚踩莲花。第七身:佛身姿体态与第一身基本相同,面部眼睛损毁,肉髻较高束白色连珠纹饰,头外部一圈有莲瓣状纹饰,层次分明,色彩亮丽。暗红色圆领佛衣,衣领较低垂于腰间,露出底下格状僧祇支。右手于袈裟下向外伸展,左手叉腰,脚踩莲花。第八身:佛身姿与第六身基本相同,脸部较前几身略胖,眼睛损毁,着圆领通体佛衣,领口比第六身略低,右手伸展举起,左手握蓝色衣带,脚踩莲花。以上八身立佛一字排开,身体均向右扭动,做扭腰提臀状,每身立佛既相似又不完全一样,每两身中间上下以缠枝莲花相隔,左右对称。

供养人(图 5–42):

立佛下有边饰,为立佛与下方供养人之间的间隔带,宽约 0.60米,门左右两侧基本相同。供养人画面高 0.30 米,门左右两边相同。左侧存供养

图 5–42　第 29 窟(前山千佛洞)前壁左侧下方男、女供养人

人约有 11 身，都比较模糊，供养人大小基本相同，从个别较清晰的供养来看，左侧的供养人为女性，右侧为男供养人，男女供养人均着交领长袍，男供养人着交领长袍，头饰不清；女供养人有发髻，发髻上有头饰，左右两侧男女供养人都拱双手，面向门口处，做供养状（图 5-43）。

忍冬纹和三角形垂带纹：

忍冬纹（图 5-44），供养人下方绘有一排藤蔓分枝双叶忍冬纹，上下高 0.15 米，右侧拐角处较为清晰，左右两侧纹饰都基本相同，左侧漫漶严重，已经无法看清。

图 5-43　第 29 窟（前山千佛洞）前壁下方男、女供养人线描图①

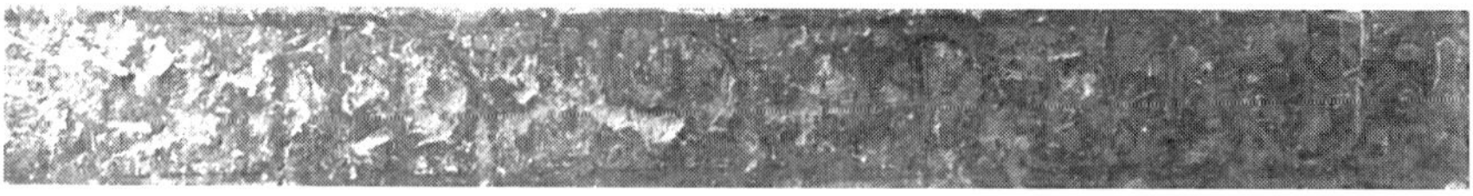

图 5-44　第 29 窟（前山千佛洞）前壁下方忍冬纹

三角形垂带纹，三角纹宽 0.12 米、高 0.33 米，每个三角大小尺寸都相同，只是所绘颜色各异。四个颜色为一组排列，是典型的北朝时期的三角垂带纹（图 5-45）。这种在壁面底层自上而下依次绘供养人、忍冬纹以及三角垂带纹的绘制模式与莫高窟第 275 窟（图 5-46）北壁下方如出一辙。但也明显地看到图像上的差异，如第 275 窟供养人像，均戴圆形高帽披帻，上身穿交领窄袖褶，腰束带，下穿大口裤，乌靴。着装明显为北方少数

①张宝玺《河西北朝石窟》，上海：上海古籍出版社，2016 年，第 107 页。

图 5-45 第 29 窟(前山千佛洞)前壁下壁画

图 5-46 莫高窟 275 窟北壁下壁画[①]

民族常服,即胡服,而千佛洞供养人像均着交领拖地长袍的汉服,因此,后者的绘制年代肯定晚于前者,且第 275 窟北壁供养人的上方绘的是本生故事画,和千佛洞所绘千佛也都不一样。

2. 右壁壁画

右壁壁画布局与前壁基本相同,前半部分保存完整,后半部分损毁。整个壁面自上而下共分为六个部分,以下将对与前壁不同的地方分别加以叙述。

千佛:

右壁上部画满壁千佛,自上而下有千佛九排,每排三十多身,全壁有千佛二百七十多身,每身千佛高 0.15 米、两膝宽 0.90 米、两肩宽 0.50米,每身千佛上方均有白色题名界栏,但年久漫漶,无法辨认。

说法图和立佛:

千佛下方中间绘一铺说法图(图 5-47),为一佛二胁侍菩萨,佛高 0.57 米,面部较圆,眉毛眼睛均呈“一”字形。双眼细小,脸部较低处有晕染,圆形黑色肉髻,肉髻束有白色串珠,耳长垂肩,颈间有两横颈纹,“丫”字形胸部。着灰褐色右袒式袈裟,袈裟从背后绕出搭于右肩,蓝绿色衣边似领外翻,右手做说法印,左手握绿色衣袖做住地印,趺坐于圆形莲花佛

①敦煌研究院编《中国石窟·敦煌莫高窟》(一),北京:文物出版社,2013 年,第 15 页。

图 5-47　第 29 窟(前山千佛洞)右壁《说法图》原图及线描图

台之上。有头光和身光,头光外圈为灰色,内圈为红褐色,且有莲瓣状纹饰,佛顶悬华盖。坐佛左右各立有一胁侍菩萨,左侧菩萨高 0.62 米,侧面向右,面部眉平直,鼻底至眉间距较大,眉间有白毫,脸部有晕染,圆形耳饰，颈部有项饰。黑发，额间发际为圈状波浪形，红色束发带，头戴菩萨冠，冠侧有白色发带呈“S”形飘出，圆形头光内圈为红褐色，外圈为绿色。菩萨上身着圆领低胸露腰内衣，外披“V”字形绿色天衣。下身着赭色小腿裤，腰系暗红色腰带，挽结后垂于腿间，赤脚踩于莲花之上。双臂间挽褐色飘带，右手向上持拂尘，左手下垂提净瓶，前后臂均戴臂箍，腰向右扭。右侧菩萨立像高 0.58 米，高鼻、深眼、小嘴，头部及装饰与左侧相似，侧面向左，做思维状。菩萨上身着暗红色袒右式衣服，为斜左肩式，身体左侧腰腹露出，下身穿绿色收脚裤，腰肢向左扭动，赤脚踩于莲花之上。双臂均戴臂箍，臂间挽肉色长飘带，飘于身体两边，左手高于右手，手间持一物品，模糊不清，应为如意。

《说法图》左右各绘 8 身立佛（图 5-48），高低大小及姿态与前壁相同，只是佛衣颜色各有不同，左侧四身保存完整，右侧仅残存一身。这里仅简述其不同之处，从左至右，第一身为立佛，外着袒右式灰绿色袈裟，暗红色衣边，内有蓝色袒右偏衫，袈裟从背后绕出覆于右肩右臂，右手露出握红色衣边，左手手腕抵腰，腰部向右扭动。圆形头光，外圈为红色，上有白色波浪纹，内圈为灰橙色，上绘荷瓣纹形纹饰，椭圆形红色和灰绿色身光，均绘有波浪形纹饰，双脚外露呈外“八”字踩于莲花之上。第二身，身着暗红色圆领方格状袈裟，右下方露出灰绿色内衫，蓝色衣边，左手扶衣带叉腰，右手向上，手指依次弯曲。头光内圈为莲瓣形暗红色，外圈为

图 5-48　第 29 窟（前山千佛洞）右壁《立佛》原图及线描图

圆形灰绿色、蓝色和红色椭圆形身光，头上有莲形宝盖。第三身，着圆领红色袈裟，右下方露出赭色内衫、蓝色和灰绿色衣边，脚踩莲花，左手抵于腿部，右手举于胸前五指展开。内圈为莲瓣形灰绿色头光，外圈暗红色，头顶有莲形宝盖。第四身，身着淡绿色右袒式袈裟，袈裟从背后绕出覆于右肩，暗红色衣边，内着灰绿色网格状袒右内衫，左手持衣带，右手向上模糊不清。内圈暗红色莲瓣形头光，外圈蓝绿色圆形头光，椭圆形身光，内圈为灰绿色，外圈为暗红色，上绘有连续卷叶形纹饰。四身立佛之间，上下各绘一莲花相隔，上层莲花下有白色题记框，框内漫漶不清。莲花间空处还绘有带叶小花，进行装饰。第四身立佛左上方绘有坐佛一身，高 0.18 米，比千佛大，着圆领通体暗红色佛衣，趺坐于莲花座之上，做禅定印，面部不清，暗红色头光，淡绿色身光。其下方绘有一身供养人，立像，高 0.27 米，侧身向右，头戴白冠，着白色交领宽袖束胸长衫，颈下露蓝色内衣，右手上举，伸食指指向右侧，左手置于小腹前。说法图右侧仅残存一身立佛，其左半部有损毁，暗红色圆领袈裟，绿色衣边，身姿体态与前面立佛相同。

供养人：

立佛下方有宽 0.80 米左右的间隔带，之下是供养人，其布局与前壁完全相同。供养人画面宽 0.30 米，与前壁供养人相同，红色底，白色或黑色线条描绘，现能辨认出的有 10 身，最小身高 0.20 米，最大身高 0.25 米，依次并排面向左，画面比较模糊。供养人下有一排忍冬纹，与前壁相同，但漫漶也更为严重，仅能辨认与前壁拐角处部分。忍冬纹下绘三角形垂带纹，每个三角宽 0.12 米、高 0.33 米，每个三角大小尺寸都基本相同。

前壁壁画与右壁壁画从布局到绘制属同一时期，同一种风格，这种风格应该晚于北凉，属北魏早期风格。门口上方所绘供养人应为西夏时期重绘，左壁残损，但从整体布局来看，上部依然为千佛，下方与前相同，依次为四身立佛像、间隔带、供养人、忍冬纹及三角形垂带纹。

3. 顶部壁画

四壁千佛上层顶部，绕中心柱顶部一周，绘有天宫栏墙和天宫伎乐，现仅存前壁顶部与左壁顶部部分(图 5-49)。

前壁至左壁顶部千佛上方绘天宫栏墙，最外层是半圆弧形连续纹饰，上绘“∽”形连续卷枝纹，有圆形小花，分别染为土红色、蓝色、绿色。中间是由方形花砖构成的凹凸平台，平台上绘各种纹饰，突出了天宫栏墙的立体感。最外层是“W”形三层连续边框，左右分别染白色和土红、白色和绿色，给人较强的立体感。天宫栏墙上方蓝色底上，绘天宫伎乐，现存八身，前壁存四身，右壁上方存四身。前壁上方中间两身相对而绘，呈“八”字形排列，从现存画面来看，这两身和领舞一样，以左右对称的形式，各自引领左右两组伎乐向中间飞动。右侧一组仅剩两身，中间和右侧各一身，由于损毁严重，右侧一身仅存头部，有圆形赭红色头光，眼眶用两个圆圈表示。双手持一件长歪把形乐器，下部不存，应该为琵琶或胡琴之类的乐器。右侧中间一身，保存完整，身体呈“U”字形，圆形蓝黑色头光，眼部用两个土红色圆圈勾勒，面部较低的地方，均以土红色粗线勾勒，白粉画鼻梁、眉棱和眼睛，额中点白点，额际发式与头冠和左壁说法图两侧胁侍菩萨基本一样，有颈纹两道，发髻两端有飘带飘于头部两侧。上身裸露略长，呈倒梯形，整体偏瘦，肚脐处用椭圆勾勒表示，下身着长裙，裙于腹下打结，裙摆

图 5-49　第 29 窟(前山千佛洞)顶部《天宫伎乐》及局部线描图

似燕尾至脚踝，外露双脚。长长的飘带经过头后背光，挽于左右臂间，飘于身体两侧，飘带由墨线横竖勾勒，呈格状，土黄着色，蓝色点缀，宛若流动的音符。双手持排箫(图 5-50)，面带微笑，双唇微鼓，贴于排箫间正在吹奏，四周有莲花漫天飞舞。与其相对的左侧一身，上身保存完整，呈“V”字形，面部头饰与右侧一致，有晕染，头光为红色，上身披裙，从左肩绕背后搭于右肩之上，裸左侧上身，裙装与右侧同，颜色稍有差异。双手持横笛贴于嘴上(图 5-51)，做吹奏状。双臂挽飘带，飘带为格状蓝灰色，是为了区别右侧。下半身损毁仅存裸露的左脚。

紧挨左侧一身依次向后绕中心柱左侧还存有五身，分别做一简单描述。第一身紧挨上述左侧一身，保存基本完整，身体呈“U”字形，黑灰色头光，头饰与前相同，脸部有晕染，面带微笑，白粉画鼻梁、眉棱和眼睛，以示隆起，额中点白点。上身裸，有披巾绕颈间一周后垂于腹部，双臂挽飘带，手持五弦琴(图 5-52)，左手握把，右手弹奏。下身着土黄色裙至脚踝，黑线勾勒，层层晕染，层次分明。第二身紧随前一身双脚后，身体呈“V”字形，脸部及头饰同上，头光为灰绿色，暗赭色颈纹两道，戴项饰。半裸上身，着右袒式上衣，衣角呈三角形，搭于右肩。双臂向外张开，戴有臂箍、腕箍，双手食指展开，作散花状，周围遍布璎珞香花。下身着灰白相间裙装，裸双脚。第三身，身体呈“V”字形，灰白色头光，脸部及头饰同上，裸上身，有披巾从背后绕出垂于腹部挽结，颈部戴项饰。双手合掌上举至左肩处作飞舞状，周围布满香花璎珞。下身着赭红色燕尾形裙装，裸双脚。第四身，身体呈“V”字形，暗红色头光，脸部及头饰同上，上身着右袒

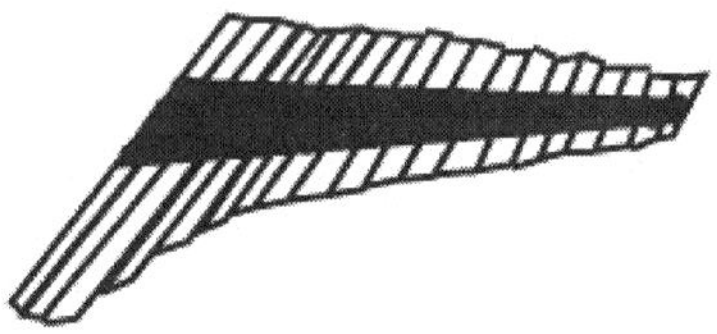

图 5-50　排箫线描图

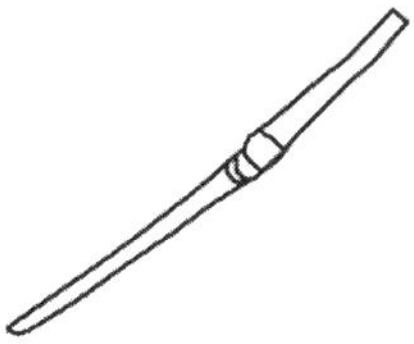

图 5-51　横笛线描图

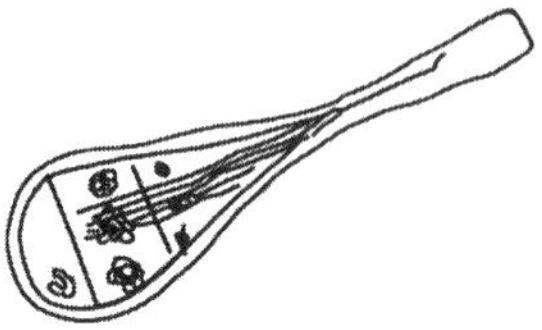

图 5-52　五弦琴线描图

式衣服，有一小块搭于左肩，为整齐的黑白相间色，下身燕尾形裙，裸露双脚。双手双臂展开，左手伸展，右手拇指食指相扣，上绘一朵莲花，眼睛望向手部。第五身，仅存两腿、双脚及右手。不同的是，之前几身均为头脚相接，此一身则是脚与前一身的脚相接，有可能这一身之后的伎乐身姿动态会有所改变。

如上所述，千佛洞顶部所存八身飞天，从其姿态、服饰上看，与莫高窟第 275 窟有很多类似的地方。如戴白冠，耳侧缯带飘飞，身体呈“V”字形；但仔细看来却有很多不同之处，千佛洞飞天明显比第 275 窟（图 5–53）飞天描绘得更加精细一些，而且底色是蓝色，不是红色，第 275 窟飞天下身所穿裙裤，裤腿处基本没有变化，千佛洞飞天是裙子，且裙下摆处更加飞舞灵动。千佛洞飞天还有着敦煌莫高窟北魏时期的特点（图 5–54），如椭圆形脸，直鼻、大眼，眼底和鼻梁、眉棱染白色，且裙子飞舞灵动下摆处呈“W”形，这也是西域龟兹石窟中飞天形象的特点。敦煌飞天直接来自西域佛教石窟艺术，可称为西域式飞天。由于敦煌画家不熟悉新的佛教题材和

图 5–53　莫高窟第 275 窟[①]北壁中层（北凉）

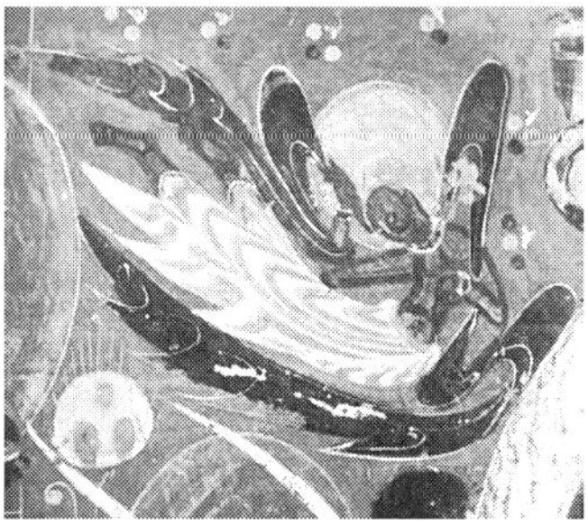

图 5–54　莫高窟第 60 窟[②]北壁前部（北魏）

①敦煌研究院编《中国石窟·敦煌莫高窟》（一），北京：文物出版社，2013 年，第 12 页。
②敦煌研究院编《中国石窟·敦煌莫高窟》（一），北京：文物出版社，2013 年，第 59 页。

外来的表现技法，运笔豪放粗犷，但却意外地带来了稚拙而朴质的美感。[①]文殊山石窟位于敦煌以东，如果敦煌飞天借鉴了西域样式，那么千佛洞的飞天必然会借鉴敦煌和西域的两种样式。因此，千佛洞的飞天既有着西域式的凹凸晕染，也有着莫高窟北魏时期飞天的风格特点，如身材比例逐渐修长适度、造型朴拙、线描苍劲。敦煌没有西域式的“丰乳细腰大臀”的裸体伎乐和菩萨，千佛洞中也没有看到，无论是窟顶的飞天还是左壁说法图中的胁侍菩萨，都没有以身体特征来突出其女性性别。这是适应中国传统文化，也是外来佛教艺术中国化的一个特点。

（二）重绘壁画

1. 中心柱四面龛楣及坐佛（表 5–1）

中心柱四面龛楣均为西夏、清代重绘，中心柱正面、右面上层和后面上层龛楣，色彩较为鲜亮，为清代二次重绘，其余均为西夏重绘，颜色与其余几面龛楣略有不同。中心柱除正面之外，其余三面上下层龛外有西夏重绘 10 身坐佛像，坐佛分三排，第一排 5 身，第二排 4 身，第三排 1 身。坐佛淡蓝色垛形肉髻，五官简略，耳长垂肩，着通肩开襟红色佛衣，内有淡蓝色红边僧祇支，系白色腰带打结下垂，双手交叉，手心向上，面向佛龛，作禅定印。右侧 10 身坐佛排列，服饰、手印均与左侧同，面向佛龛，区别是每身坐佛肉髻中间均绘红色圆点一个。

①段文杰《飞天——乾闼婆与紧那罗》，《敦煌石窟艺术论文集》，甘肃人民出版社，1996 年，第 416 页。

表 5-1 第 29 窟(前山千佛洞)中心柱四面重绘壁画

千佛洞中心柱四面龛楣重绘壁画		尖拱形龛楣及所绘花卉	龛外两侧 10 身坐佛像
正面	上层龛		无
	下层龛		无
右面	上层龛		 
	下层龛		 
后面	上层龛	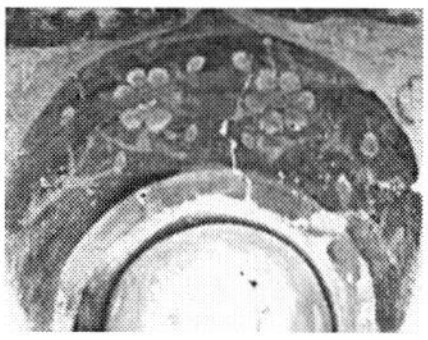	 
	下层	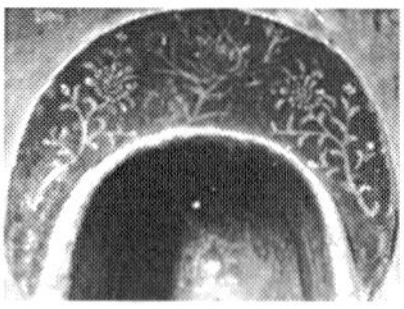	 

续表

千佛洞中心柱四面龛楣重绘壁画		尖拱形龛楣及所绘花卉	龛外两侧 10 身坐佛像
左面	上层		 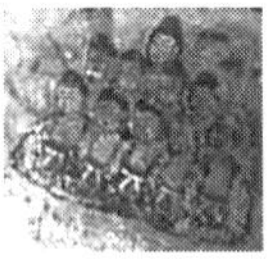
	下层		 

2. 窟门上方供养人(图 5-55)

千佛中间下方为门,门上方长方形框内绘有西夏时期对坐供养人像两身。左侧供养人高 0.28 米,黑色短发,脸部稍有损毁,面部饱满圆润,着通体白色右衽长袍,胸部系有黑色束腰带,腰带两端向下整齐搭于腿间,双手合掌持荷花,面向右侧盘膝坐于红色垫子之上。中间绘一座覆钵式佛塔,塔顶左右两侧有黑色榜题框,题记不清。右侧供养人,面部有损毁,着青灰色圆领长袍,束红色腰带,手持博山炉,面向中间的舍利塔,盘膝坐于红色垫子上。从两身供养人的大小和服饰来看,左侧供养人身份应该更为尊贵。

图 5-55 第 29 窟(前山千佛洞)供养人原图及线描图

三、第31窟(文殊寺)

第31窟(文殊寺)位于前山红庙沟东侧,后殿后室靠山是一座石窟,窟前建有寺院一座。窟内左右后和顶部均有早期壁画,由于烟熏严重,有些可辨,有些模糊不清。从内容看,全为密教题材,为元代所绘,现存壁画内容简述如下。

正壁:正壁壁面为圆拱形,外边框以五种色线勾勒,中间下部绘有三身圆形头光与身光,分别为蓝色、红色及绿色,同期造像不存,现供有菩萨像三尊。壁面中央正上方绘有三身较大的守护佛母曼荼罗,中间一身为大随求佛母(图5-56),头戴五叶冠,有椭圆形灰绿色头光以及内圈蓝色外圈红色身光,蓝色应为青金石所绘。结金刚跏趺坐于莲花座上,披帛裸上身,下着红裙,四面八臂,有臂钏、腕钏等,各三眼。正面为肉色,头戴五叶冠,左侧面为蓝灰色,应为变色所致。右侧两面为金黄色,可能贴过金,头戴五叶冠。八臂各执法器,左右第一组双手放于胸前,持物手势模糊不清。第二组手臂向上举过肩部,左手持羂索,右手持法轮。第三组手臂置于身体中间两侧打开,右手持箭,左手持弓。第四组手臂依次向下,左侧手心向上平置于腹前,手心中有一朵红色的莲花,右臂向下,指尖向左,平置于右膝。在《究竟瑜伽鬘》和《成就法鬘》中,大随求佛母有三面十臂、四面八臂及四面十二臂三种

图5-56 第31窟(文殊寺)正壁中央守护佛母曼荼罗

类型,莫高窟第148窟、第156窟中所绘大随求佛母为一面八臂,榆林窟第3窟中所绘为四面八臂(图5-57)。大随求佛母右侧为大寒林佛母,通身黑褐色,为变色所致,由于烟熏严重,能看清的仅有一面双臂。三眼颦眉,黑面獠牙,面带怒像,戴白色大耳环、臂钏、腕钏及白色串珠项饰,灰绿色披帛,双手持花,其余模糊不清。与榆林窟第3窟大寒林佛母类似。在《究竟瑜伽鬘》和《成就法鬘》中所描述大寒林佛母有一面四臂、三面六臂以及三面八臂三种类型。大随求佛母左侧为大孔雀佛母,也是比较模糊,能辨出三面三眼两臂,通身黄绿色,为变色所致,头部向右微斜。披帛裸上身,下着红裙,戴红色项饰,手臂和手均模糊不清,难以辨认手势和所持法器,仅看出手持两支荷花。在《究竟瑜伽鬘》和《成就法鬘》中所描述大孔雀佛母有一面二臂、三面六臂以及三面八臂三种类型。据方位判断,大随求佛母左侧一般都为大孔雀佛母,右侧为大寒林佛母,此处只绘了三身,应该还是按照方位绘制的,与榆林窟第3窟有相同也有完全不同的绘画风格与布局。

正壁除了上部中央绘三身守护佛母之外,其余壁面均绘文殊菩萨,从左至右为拱形排列。造型和绘画风格几乎一致,头部有高尖状肉髻,戴红色五叶冠,额前有尖三角髻,小脸,五官清秀,戴红色耳饰、项饰、臂钏、腕钏等饰物。披帛裸上身,帛约有黄色、红色、深蓝和浅蓝四种颜色,以披帛颜色来看,各绘四身文殊形象进行重复依次排列,类似千佛的绘制形式。

图5-57 榆林窟第3窟五守护佛母曼荼罗[①]

①敦煌研究院编《中国石窟·安西榆林窟》,北京:文物出版社,2012年,第154页。

下身均着红裙，趺坐于莲花座上，有圆形头光和身光，颜色有蓝色、黄色、红色，其中黄色为贴金，蓝色染青金石。满壁文殊菩萨均右手持剑上举，剑的长短方向一致，左手置于胸前持曼荼罗花，花枝的大小颜色姿态相同，花芯部位均绘经函，与文殊菩萨仪轨完全相同。

右壁：进深 4.42 米，左右壁之间 5.59 米，前部高 3.88 米，窟内中间高 4.05 米。中间绘有趺坐观音菩萨一身(图 5-58)，高约 1.40 米，有圆形头光和身光，面部损毁，戴环形红色大耳饰和项饰，有圆形双层高肉髻。上身披灰绿色天衣，其余身体裸露部分均为暗红色，双手相交自然置于双脚跟之上，双手间托一净瓶，瓶口处绘有灰绿色桃形物品。其余壁面均绘文殊菩萨。

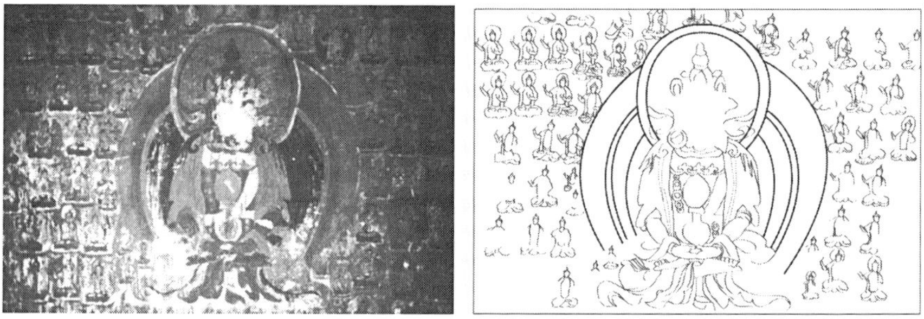

图 5-58 第 31 窟(文殊寺)右壁《观音菩萨》原图及线描图

左壁：左壁进深 4.41 米，左壁与右壁相对应，中间绘有趺坐四臂观音菩萨一身(图 5-59)，高 1.50 米，头光身光与左壁相同。观音一面四臂，面部有损毁，圆形双层高肉髻，戴五佛冠，身着红色披肩天衣，衣带飘绕于四臂、腿间，戴珍宝耳环、珍宝项链、珍宝璎珞，周身金黄色。第一双手臂分别上举，右手持水晶念珠，左手持花，花为白色绿叶，花瓣损毁，绿叶清晰可辨。第二双手臂当胸合掌，全跏趺坐与莲花宝座之上。其余壁面均绘文殊菩萨(图 5-60)，其形制与一般文殊菩萨的形制完全一样。有位置狭窄处绘稍小身文殊，最小菩萨高为 0.16 米，最高为 0.25 米。

顶部坛城：顶部中央绘一个大的圆圈，圆圈有三层，最外层为火轮纹，

图 5-59 第 31 窟(文殊寺)左壁《四臂观音》原图及线描图

图 5-60 第 31 窟(文殊寺)《文殊菩萨》原图及线描图(局部)

中间黑底上绘一圈白色连珠纹,最内圈为连续荷瓣纹。圆圈外一周绘有四色云朵,分别为绿、红、蓝、白。圆圈内有方形坛城(图 5-61),方城四周似城墙建筑,中间各有一城门,上下左右对称,绘制内容相同,城墙门上部为

图 5-61 第 31 窟(文殊寺)顶部《坛城》原图及线描图

桃形，内绘有城楼。外部左右各绘云朵天女，天女下方绘有三个红色宝瓶，里面分别装有拂尘、宝幢、菩提树，左右上下对称，共有四组。四周城角绘有两身裸体仙人，有圆形头光和身光，盘坐于四角。坛城中间绘有双层圆形莲花瓣，外层莲花瓣纹，内层绘有为红色“[illegible]”字，形制与一般坛城的形制与布局基本相同。顶部其余壁面均绘有文殊菩萨。

四、第69窟（后山千佛洞）

该窟壁画较为杂乱，有底层西魏原作壁画和元代重绘壁画，有的地方在底层壁画上直接重绘壁画，底层壁画隐约可见，层位较为复杂。

（一）底层原作壁画

1. 中心柱四面

中心柱正面龛上方与窟顶间绘有五部分壁画内容（图5-62）。由于烟熏痕迹严重，部分难以辨认，自下而上，第一部分为天宫伎乐七身，姿态各异，从左往右第一身不清，第二身面向右，手上举；第三身，面向左，其余不清；第四身为正面；第五身面向右；第六身为正面，右手上举；第七身不清。第二部分有两层壁画，底层壁画为天宫伎乐，伎乐的飘带清晰可见。第三部分为一排小三角纹图案，大小相同，黑绿相间。第四部分为长条形隔带纹，以箭头符号向左右两侧分割长条为小长方块，内以黑点或菱格纹装饰。第五部分分布了一排绿黑相间排列的卷叶纹，黑色应为变色所致。

中心柱右面上部底层有一排拱形龛内绘天宫伎乐（图5-63），现已全为上层壁画所覆盖。下方有一排三角纹隔带，与中心柱正面相同，比正面清晰，有蓝色、绿色、白色和土色。紧挨三角纹上方有长条形隔带纹和一排绿白相间的卷叶纹，均与中心柱正面相同。

中心柱后面与左侧布局相同，上部绘有拱形龛，龛内有天宫伎乐，已被表层壁画遮盖，难以辨认。可辨出有三角纹饰，长条形隔带纹饰，卷叶纹（图5-64）。

图 5-62 第 69 窟(后山千佛洞)中心柱正面

图 5-63 第 69 窟(后山千佛洞)中心柱右面

图 5-64 第 69 窟(后山千佛洞)中心柱后面

图 5-65 第 69 窟(后山千佛洞)中心柱左面

中心柱左面与右面布局亦相同(图 5-65)。底层壁画与前完全相同，依次向上绘有拱形龛,三角纹饰,长条形隔带纹饰和卷叶纹。

2. 顶部壁画

顶部一周绘斗四平棋连续性图案（图 5-66)(图 5-67)。图案种类丰富,有忍冬纹、几何纹、云纹、团花纹、菱格纹等,形状的交替缀合整齐有序。值得注意的是,后甬道窟顶左右角内所绘的飞天和对鸟图案,飞天不再是之前我们看到的像千佛洞顶部飞天的样式，而与西域的风格样式极其相似。在窟顶右侧拐角处方形平棋格内,中间区域用高脚漆盘首尾相连

图 5-66　第 69 窟(后山千佛洞)顶部复原图　图 5-67　第 69 窟(后山千佛洞)顶部线描图[①]

的图案纹样带划分为两个三角形，在两个三角形中各有一身飞天（图 5-68)。一身飞天是黑褐色肌肤,另一身是灰白色肌肤,像印度、西域壁画一样表现一对黑白色不同肤色的飞天。两身飞天都戴宝冠,上身半裸,下身着裙,披着天衣,表现了在空中飞翔的姿态。值得注意的是,黑褐色飞天所戴宝冠上有珠冠,白色一身头上宝冠上为花环,没有珠冠,应为一男一女两身性别不同的飞天。与新疆克孜尔第 38 窟伎乐飞天几乎是一样的表现手法。黑褐色飞天右手努力伸向上方持柄香炉,左手直接伸向后方,下

①张宝玺《河西北朝石窟》,上海:上海古籍出版社,2016 年,第 111 页。

图 5-68　第 69 窟(后山千佛洞)顶部飞天

图 5-69　第 69 窟(后山千佛洞)顶部鸟纹

半身右膝挺向前方,左腿像跪着一样弯膝,脚尖伸向后方。另一身灰白色的飞天两胳膊肘在腰处位置向左右张开，握着垂到膝前的长弧形花网两端,下半身腰向后提起,两脚一致,膝盖轻轻向前弯曲,都描绘出自由弯曲的曲线身体,表现出飞天的巧妙动态。与右侧相对的左侧拐角处方形平棋格内,中间区域用内接的圆形连续纹样带划分成大小两个三角形,其中大的三角形中描绘长尾伸向后方的鸟和伸向上方的鸟,在荷叶上相对而立,小三角形中只描绘一只长尾向上立的鸟。三只鸟都描绘的是侧面(图 5-69),都是收起双翼站立的姿态,头上分别立着鸡冠状的长羽毛,颌下也垂着长羽毛,身体丰圆,用翅膀尖端的流线型表现出简单朴素的风格。脚是以倒“T”字形的形式表现,伸长的尾巴占了全长的一半以上,与克孜尔石窟中的鸟的表现形式几乎一致。顶部平棋图案两边缘分别绘一圈长方形隔带纹和卷叶纹,隔带纹内绘以圆点或几何纹,卷叶纹为依次整齐排列的一圈。需要注意的是,顶部平棋及两侧边缘看不出底层绘画的痕迹,所以应该是原作,也有可能重绘时仅仅重新进行着色而未进行重新绘制。除了顶部壁画,其余壁面在顶部与下方壁面相接的地方均进行了重绘,露出了壁画底层补修前的图像。一般认为,在重新改绘壁画时,没有做底色,直接在原来的画面上重绘,底层的壁画大概是千佛,这也应是后世补修的,由此可见,简单的补修至少进行过两次。上层的补修为坐佛六身,下层比较凌乱,能看到的有圆形头光、斗拱、天宫伎乐和天宫栏墙的下半部分。而底层的图像,最突出的应是描绘了一列两头向外卷的拱形龛,龛内应为底层壁画天宫伎乐,像这样在壁面上端搭配拱形龛的形式也可以在新疆克孜尔石窟中找出源头。其余平棋图案均在新疆克孜尔及吐鲁番地区的石窟壁画中找到原型。

3. 四壁上部

四壁上部绘有一周拱形龛（图 5-70），龛内隐约可见天宫伎乐的飘带,身形,其余被重绘壁画覆盖,模糊不清。

图 5-70　第 69 窟(后山千佛洞)四壁上部拱形龛

(二)重绘壁画

1. 中心柱四面

中心柱正面龛上方表层壁画为坐佛(参见图 5-62),表层的坐佛在底层的两个天宫伎乐之间。由于烟熏严重,坐佛仅能看清部分,如高尖状肉髻,红色右袒式佛衣,绿色头光和身光,挺胸束腰,有着元代造型的一般特征。

中心柱右面向正中绘《鹿野苑说法图》一幅,佛位于中间靠上位置,高约 0.60 米,宽 0.50 米,尖高螺髻,为青金色(参见图 5-63)。身着红色右袒式袈裟,袈裟上有很多浮塑纹饰,衣纹线为泥条浮塑,脸部及身体裸露部分均贴金，趺坐于莲花台上作说法印。莲花台分层装饰，高 0.40 米，宽0.60 米，每层均绘有不同纹饰，精美华丽，均以贴金。背后有圆拱形头光和身光，分别为绿色、红色、黑灰色。莲花台下中间绘法轮，法轮左右两侧有双鹿相对而跪，下有云纹等模糊不清。佛周围有许多听法的菩萨及弟子，均以对称的形式出现。左上角绘两排坐佛，每排五身，均着红色右袒式袈裟，有圆形头光，双手合掌，趺坐于莲花座上，右上角与左侧相同。十身坐佛下方依次绘两身弟子像，较模糊，着右袒式红色袈裟，有圆形头光，双手合掌，面向佛而立。两弟子间向右下方呈斜线依次绘有三身菩萨，服饰、姿态相同。戴菩萨冠，左右肩披暗色天衣，衣带绕于臂间，下着红色裙装，系白色腰带，手势模糊不清，有桃形头光和身光，面向佛趺坐于莲花座上，莲花座以下有纹饰，但漫漶不清。右侧布局与左侧完全相同，有两身弟子和三身菩萨。说法图上方与中心柱正面一样绘有两层壁画，表层绘五身坐佛，姿态、着装均一致。坐佛高尖状肉髻，着袒右红色袈裟，袈裟搭于右肩，右披绿色底衣，上有黑色纹饰，有圆形头光和身光，为绿色和灰白色。双手合掌，趺坐于莲花台上，莲花台下绘云纹。五身坐佛下层应有同时代所绘坐佛，大小造型相同，值得注意的是，最右侧坐佛的左侧绘有简单的一幅绘画，一个圆形里面有一只形似兔子吃食的画面。

中心柱后面与左侧布局相同（参见图 5-64），中间坐佛，周围有四弟子，六菩萨。坐佛着袈裟，袒右，右肩披袈裟，袈裟底色由于墙皮掉落严重，很难辨认，但袈裟上沥粉贴金的花纹和衣纹线却清晰可见。与中心柱左面不同的是佛手印为禅定印，身光中的卷草纹饰也清晰可见。莲花座下的佛台有三层，颜色鲜艳，金碧辉煌，佛台下绘有云纹，云纹之下漫漶不清，但没有法轮和双鹿。坐佛左右上角绘两排坐佛，每排五身，与中心柱左侧相同。

中心柱左面与右面布局亦相同，中间坐佛，周围有四弟子，六菩萨（参见图 5-65）。坐佛着袒右暗红色袈裟，袒露部分变色严重，原来应有贴金，袈裟上花纹也为浮塑，褪色为淡红。佛双手交叉于胸前，趺坐于莲花座上，座下有佛台，与中心柱左面、后面一样。坐佛左右上角绘金色一云朵，云朵内绘三排坐佛（图 5–71），第一排四身，第二排三身，第三排三身，与中心柱右面和后面的布局略有不同（图 5–72）。

图 5–71　第 69 窟（后山千佛洞）中心柱左面右上角坐佛

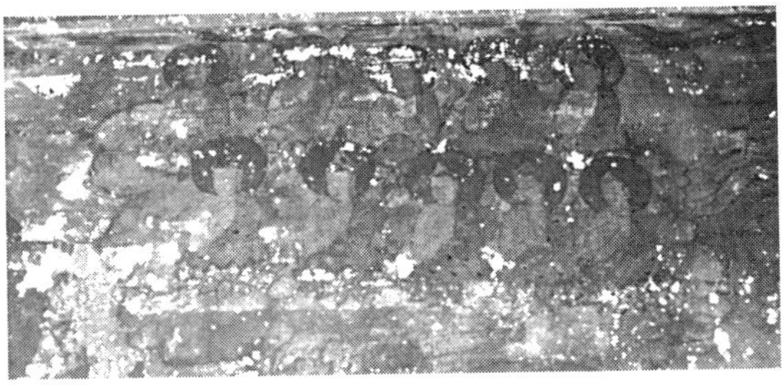

图 5–72　第 69 窟（后山千佛洞）中心柱右面右上角坐佛

2. 前壁壁画

前壁中间下方为甬道门，门把前壁自然分成了左、中、右三个部分。

门洞上部绘一大圆圈，圆圈直径为 0.73 米，为泥条浮塑，着橙红色。圈内绘有三座建筑楼阁（图 5–73），建筑楼阁的外轮廓线均以泥条塑之，造型极为突出，着橙红色。三座建筑呈三角状分布，顶部一座，下部左右各一座，建筑周围绘有云朵菩提树。左右建筑之间绘有一红色云朵，云朵上绘两人，较模糊，仅能辨出前边一人站立，有头光，双手合掌面向左侧建筑；后边一人，双手合掌，跪向左侧建筑。上边建筑左右两侧云朵上应该都绘有一身人物，但很难辨认清楚。门左侧墙壁大面积脱落，仅存上部五分之一的壁画（图 5–74），上部从右依次为三身菩萨像和两身天王像，具体内容漫漶不清，可辨出第一身菩萨像双手持盘，有圆形头光，其余均无法辨识清楚。下部存两身，左侧一身为天王形象，穿铠甲，双手合掌面向前方；右侧一身面部较为模糊，难辨是几面，但有八臂，第一双手臂上举持轮；第二双左臂损毁，右臂持三股戟；第三双手臂，左手置于腹前，持物不

图 5-73 第 69 窟(后山千佛洞)窟门上方圆形建筑原图及线描图

图 5-74 第 69 窟(后山千佛洞)前壁左侧

图 5-75 第 69 窟(后山千佛洞)前壁右侧

清像是刀柄,右手置胸前,所持之物损毁不清;第四双手臂,左手持绳索叉腰,右手持剑,应为那罗延天。门右侧墙壁下部壁画也大面积脱落,只存上部很少一部分(图 5-75)。从左依次为:第一身菩萨像,仅存上半身,有圆形头光,双手持花;第二身漫漶不清,可看出是三面六臂,第一双手臂上举,手中所举日月,其余手中持物不清,为鸠摩罗天。其下方存有一王者头像,可见头光、笏板,其余损毁;第三身为王者形象,全身,头戴王冠,持白色笏板,有头光;第四身为天王像,身穿盔甲,手中持物,但不清;第五身较为模糊,可辨识出为正面像,面部狰狞,有三目,右手举剑,头发向上竖起,发间绘一女性头像，为三目青面，此身为摩醯首罗天（图 5-76）；第五身为天王像一身，身穿盔甲，其余漫漶不清。

图 5-76　第 69 窟（后山千佛洞）前壁右侧《摩醯首罗天》原图及线描图

3. 右壁、后壁、左壁壁画

右壁（图 5-77）、后壁（图 5-78）、左壁（图 5-79）壁画均有不同面积毁坏，仅残留有一些表层重绘壁画。壁面布局和内容基本相同，中间绘有坐

图 5-77　第 69 窟（后山千佛洞）
右壁残损墙面

图 5-78　第 69 窟（后山千佛洞）
后壁残损墙面

佛，坐佛仅有左壁存留较多，周围绘有圆圈，圆圈内绘三身坐佛。

图 5-79　第 69 窟（后山千佛洞）左壁残损墙面

右壁壁面损毁严重，中间坐佛仅剩上方的华盖，其余壁面上全绘圆圈，圆圈内有坐佛三身，上方一身，下方左右各一身，大小、坐姿、着装完全相同，但手势各有不同，共计存有圆圈 33 个。

后壁与右壁内容相同，墙面也有大面积的脱落。壁面中间有一身坐佛，头部损毁严重，坐佛着红色袒右袈裟，袒露部分均贴金，袈裟上有泥塑纹饰，做说法印，趺坐于白色莲花坐上。身后有万道光芒，周围也有很多圆圈，圆圈内也绘有三身坐佛。圆圈内三身坐佛和中间坐佛的服饰类似，为袒右红色袈裟，袈裟上以沥粉贴金，此壁面共计存有 38 个圆圈，圆圈内坐佛的手势与左壁相同。后壁与右壁拐角处，绘长三角形隔带，内绘有宝相花图案。

左壁壁面右侧有大面积的脱落，整个壁面也是损毁严重。壁画中间绘一身趺坐佛（图 5-80），坐佛左面损毁，有头光和背光，背光发出万道光芒，与后壁中间坐佛相同，但手势为禅定印。坐佛周围绘有圆圈，圆圈内绘三身坐佛，与右壁后壁一样，左壁存有圆圈 35 个，圆圈内坐佛有正面，面向左和面向右，是以墙面中间坐佛为主向的。三身坐佛均有圆形头光，共用一个身光即为圆圈，圆圈内填色有绿色和灰白色两种。三身坐佛均着袒右红色袈裟，袈裟上有浮塑花纹，袈裟内着宝蓝色腹带，坐于莲花座上。由于壁面损毁严重，许多细节难以识别，对于圆圈内三身坐佛的手势，经仔细观察有以下三种：第一种，三身坐佛全为正面（图 5-81），上边一身为两食指并竖，右手三指弯曲覆于左手三指上，为智拳印；左下一身，双手仰放于腹前，右手置左手上，两拇指相接，为禅定印；右下与左同为禅定印。第

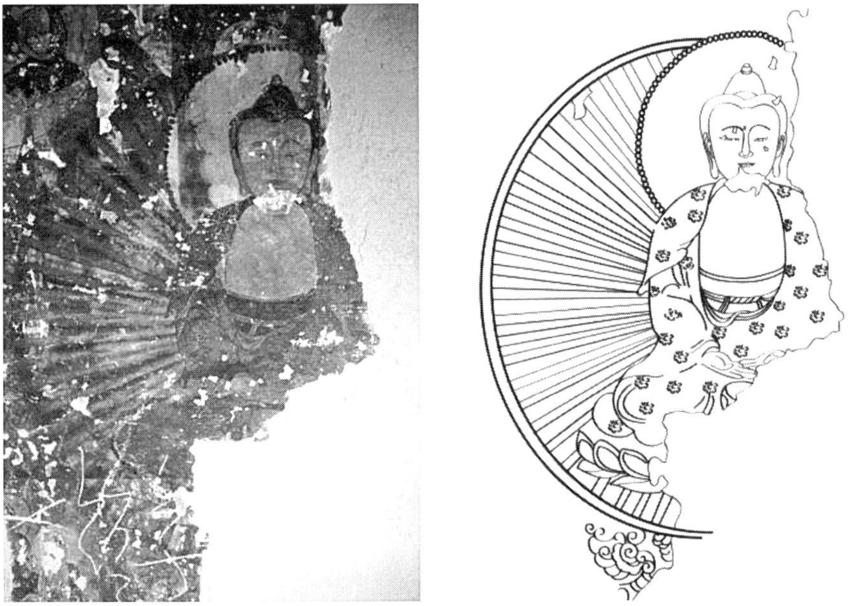

图 5-80 第 69 窟(后山千佛洞)左壁坐佛原图及线描图

二种,三身坐佛皆面向左(图 5-82),上边一身仍为两食指并竖,右手三指弯曲覆于左手三指上,为智拳印;左下一身,右手以拇指与中指相捻,置于胸前,左手手掌向上平置于腹前,拇指向上微曲,为说法印;右下一身,双手仰放于腹前,右手置左手上,两拇指相接,为禅定印。第三种,三身坐佛皆面向右(图 5-83),上边一身右手置于胸前,手掌向下,指尖微曲,左手

图 5-81 第 69 窟(后山千佛洞)坐佛

图 5-82 第 69 窟(后山千佛洞)坐佛

图 5-83 第 69 窟(后山千佛洞)坐佛

置于小腹前,手掌向上与右手掌心相对,为智吉祥印;左下一身为禅定印;右下一身,右手下垂于膝前,掌心向内,左手掌心向上,置于腹前,为触地印(图 5-84)。左壁与后壁间绘有三角形隔带,但损毁严重,仅存留顶部一尖角,内存部分枝蔓,与前相同。

图 5-84　第 69 窟(后山千佛洞)坐佛原图及线描图

五、第 73 窟(古佛洞)

本窟经元代整体重修,窟口处有明代重绘壁画一幅。

(一)元代壁画

1. 中心柱四面向

中心柱正面上层绘佛涅槃像(图 5-85)。佛着袒右黑灰色袈裟,应为变色所致,袈裟上浮塑红色莲花,与千佛洞佛衣上的浮塑一致。左臂平放于腿部,侧身枕于右手,双脚外露,似安然入睡。周围有菩萨、弟子和佛母,由于烟熏掉色,仅能看清部分人物形象。从上至下大约有三排,第一排左侧有 7 身弟子像,右侧为 6 身菩萨像;第二排左侧有 2 身弟子像和面对佛头部而坐的佛母,右侧紧挨佛身体而跪的有 6 身人物,无头光,损毁严重难以识别,最右侧有菩萨 4 身;第三排左侧漫漶不清,右侧有 4 身菩萨像,

图 5-85 第 73 窟(古佛洞)中心柱正面上层《涅槃图》

也熏毁严重,难以识别。中心柱正面向下层中间开龛,龛内仅存头光,下部脱落,露出底层壁画,为淡蓝色。龛楣内表层绘卷草忍冬纹,被烟熏为暗红色。龛外左侧表层绘有一弟子和一菩萨,均为半身,存有头部及头光,菩萨头光为灰白色,弟子为黑色,均为烟熏所致。龛外右侧两侧,中间至下部全损毁,有部分露出底层壁画为白色。龛内中间以下全毁,露出砂砾岩体。

中心柱右面壁画布局分上下两个部分(图 5-86),上层上部为连续的菱形图案,每个菱形图案内绘四瓣花叶,两两相对组成一个小的菱形,连

图 5-86 第 73 窟(古佛洞)中心柱右面上层壁画

续的菱形间上下绘有半边花朵。下边绘坐佛两排，上边一排为七身，第一、二身合掌，第三身为智拳印，第四、五、六、七身为合掌。下边一排中，第一、三身合掌，第四身转法轮印，第五、六身合掌。坐佛均着袒右红色袈裟，袈裟上浮塑深红色花朵，有拱形头光和尖拱形身光，双脚外露，趺坐于莲花座上，以上都为表层重绘壁画。中心柱右面下层开一龛，龛内塑像毁，所绘头光和身光被烟熏黑，可看出所塑头光为桃形。龛楣内绘有坐佛和图案，仅可看清左、中、右三身坐佛像，其余模糊不清。龛外左侧大部分表层壁画脱落，露出底层壁画，龛右侧残留弟子和菩萨像各一身（图 5–87），弟子着田相袈裟，双手合掌面向佛龛，后有圆形头光，菩萨位于弟子身后稍下方，左右肩披帛，双手合掌面向佛龛，弟子与菩萨之间下方存圆形头光，以下全毁。

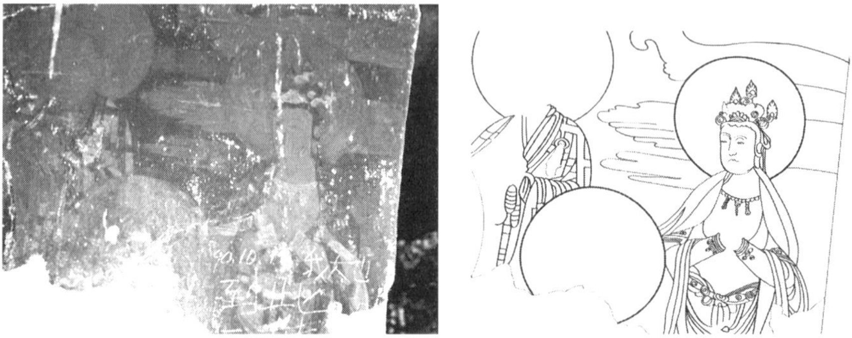

图 5–87　第 73 窟（古佛洞）中心柱右面下层壁画原图及线描图

中心柱后面向布局与左面向相同，上层也是两个部分，第一部分为菱形图案，第二部分为坐佛，上边八身，下边应为七身，被损毁一身，现只存六身，均为双手合掌。龛外右侧上部表层壁画仅存有弟子一身，有头光和身光，面向左，其余壁画均被烟熏黑难辨。下面露出底层壁画，隐约可见天宫伎乐的飘带。

中心柱左面向布局与左面向相同，上部分为菱形图案，下部分为坐佛，坐佛有两排，上排七身，下排六身，双手合掌，但均被烟熏，模糊不清。

下层中间开龛，龛内塑像毁，龛楣绘坐佛三身，中间左右各一身，坐佛有头光和身光，手印各不相同，能看清右边一身为触地印，其余两身不清。龛外右侧损毁严重，露出底层壁画痕迹和塑像的痕迹，左侧留有表层壁画一佛一弟子，均有头光，其余损毁不清。龛外以下部分都脱落损毁，露出砂砾岩体。

2. 前壁壁画

前壁被门分为三部分，门口上方并列绘两幅水月观音（图5–88），分别绘于土红色方框之中，总长分别为 1.71 米、0.91 米。两幅水月观音图中的观音相对而坐。由于烟熏损毁，左侧一幅图中能看到天空中有云朵漂浮，远处有树，近处有怪石林立，身后有修竹挺立，前有水面碧波荡漾。中间的

图 5–88 第 73 窟（古佛洞）前壁门上方两幅《水月观音图》①

①张小刚、郭俊叶《文殊山石窟西夏〈水月观音图〉与〈摩利支天图〉考释》，《敦煌研究》，2016 年第 2 期，第 9 页。

图 5–89　第 73 窟(古佛洞)《水月观音图》中的《天人像》

观音则侧身游戏半跏坐于岩山之上,身后有圆形的头光和身光,身光近透明状,头戴宝冠,左右几缕长发垂于两肩,左右两肩搭覆黑色披帛,帛带绕于右臂下垂于两腿间,然后搭于左腿之上。观音上身斜披络腋,下身裙装,左腿于石座之前下垂,踩一莲花,右腿置于座上,双手下垂,左手置于左膝,右手搭于右侧小腿前。观音面前下方有一云朵在水面升起,云内绘两身人物,左侧一身为天男,束发头戴王冠,着宽袖红色袍服,后背下方垂有打结的绶带,面向菩萨双手合掌礼拜;其身后一身为天女,披发,身着红色宽袖袍服,背后也系绶带,双手持一托盘置于胸前,盘内有贡物不清,这两身人物被考释为龙王和龙女[①](图 5–89)。右侧一幅图天空中有白云,下部水面上粼粼水波。画面中间,观音游戏坐于岩石间的平台之上,身后竹林茂密,有圆形头光和透明的背光,头戴宝冠,上身红色披帛搭覆于左右两肩,胸前戴璎珞,下身着裙装,双腿置于石台之上,裸足,右腿平置,左腿向下斜支,左臂下垂,左手撑于石台之上,右臂自然下垂,右手置于右膝之上,掌心向内。观音头部左上方绘一缕冉冉升起的云朵,云朵内绘化现小坐佛一身,着红色袈裟,双手结禅定印趺坐于背后暗色圆形大背光之中。观音左下角伸出的一块岩石上绘一组人物,前方绘一比丘,高 0.10 米,光头,身着田相袈裟,面向观音双手合掌而拜;比丘后方站立一人,高约 0.85

①张小刚、郭俊叶《文殊山石窟西夏〈水月观音图〉与〈摩利支天图〉考释》,《敦煌研究》,2016 年第 2 期,第 8—15 页。

图 5-90 第 73 窟(古佛洞)《水月观音图》中的《玄奘取经图》①

米,脸部呈猴面相,身着窄袖圆领衣衫,左手抬起置额前,向上张望,右手持长棍;其身后站白马一匹,马头朝向大海,上配马鞍。此画面为《玄奘取经图》(图 5-90),图中所绘比丘为高僧玄奘,其身后猴面人为猴行者,还有白马,表现的是玄奘西行取经途中的一个情景。与榆林窟第 2 窟中的取经图有相似之处(图 5-91)。窟门右侧分上下两部分,上部为一列坐佛,共四身,均着袒右式袈裟,双手交叉作禅定印,趺坐于莲花座上。下部绘长方形外框,虽然模糊不清,但仍可辨出框内中间绘三面八臂的摩利支天一身。正面为菩萨面,三目,头戴菩萨冠,冠和项钏、腕钏均以沥粉贴金,右面为女相,着红色天衣,下身着五色裙,自在坐于佛台之上。八臂隐约可见,

图 5-91 榆林窟第 2 窟《水月观音图》中的《玄奘取经图》②

图 5-92 第 73 窟(古佛洞)前壁《摩利支天图》

①张小刚、郭俊叶《文殊山石窟西夏〈水月观音图〉与〈摩利支天图〉考释》,《敦煌研究》,2016 年第 2 期,第 11 页。

②敦煌研究院编《中国石窟·安西榆林窟》,北京:文物出版社,2012 年,第 138 页。

第一双手臂上举于肩部,双手持花枝;第二双手臂向左右打开,左手持弓,右手持箭;第三双手臂于胸前,手印模糊不清;第四双手臂置于腹前,手印亦难以识别(图 5-92)。背光为蓝和红两种颜色,背光后有五色的万道光芒,上方绘有一座塔状建筑物,漫漶不清,脚下有一身小神祇,仅存上半身,下部损毁,可见两手向上举托圆轮。左侧有三个人物,一身曼陀罗,模糊不清;一身骑兽的天王像;最左侧为一身半站立的四臂曼陀罗像,十分模糊。下部分壁画仅存有表层壁画两个残缺的头光。窟门左侧残留壁画一幅,高约 1.32 米,分为上下两部分,上部为一排坐佛,共五身,坐姿大小与左侧同。下部分左侧也为一幅曼陀罗图,中间绘有建筑,建筑之下绘一身曼陀罗,残损严重,应该也是三面六臂,其余均漫漶不清。

3. 右壁壁画

右壁表层壁画也分为上下两个部分,上边绘有坐佛,从左到右共有 10 身,姿态、大小与中心柱上方坐佛相似。下边的壁画分为三个部分,从前往后第一幅为普贤变(图 5-93),画面高 2.70 米、宽 1.90 米。上部画的山隐约可见,中间绘普贤菩萨骑象,菩萨身形可见,下边大象的面貌可以

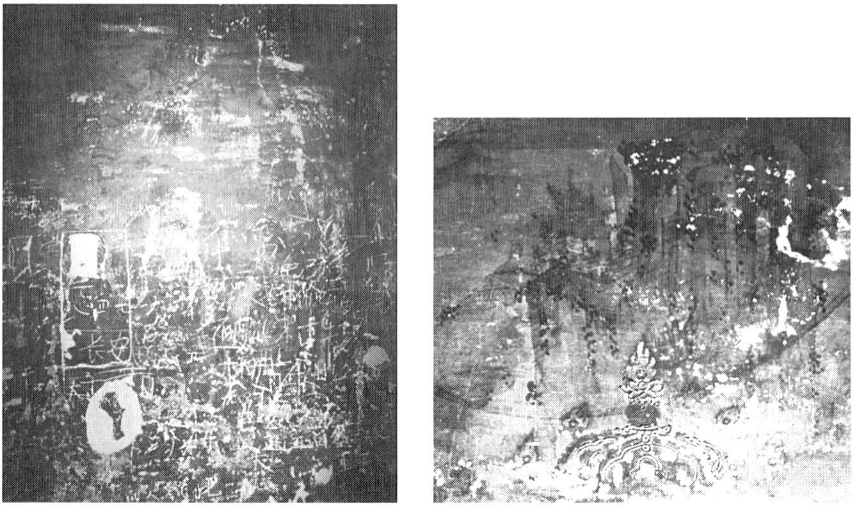

图 5-93　第 73 窟(古佛洞)《普贤骑狮像》原图及局部图

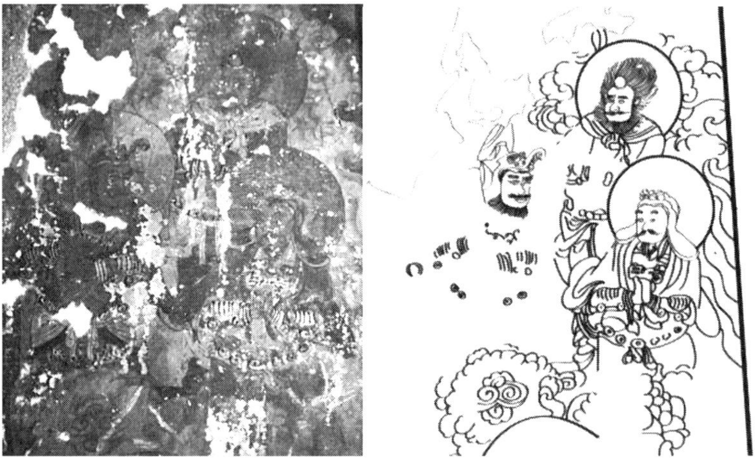

图 5-94 第 73 窟(古佛洞)右壁下原图及线描图

辨认。左侧可见一俗装王者部众,右侧一老者以及三身天王像,天王为左一身,右一身以及下面一身。右上角有一王者形象,其余漫漶不清。第二幅绘弥勒经变,画面中间绘一建筑,建筑之下绘坐佛一身,身着右袒式袈裟,趺坐于莲花座上,周围都是听法的部众。此壁画与左侧相对应的壁画内容是相同的,但是掉墙皮相当严重,比左壁壁画更为模糊。仅能看清部分弟子、菩萨,以及手持笏板、头戴通天冠的君王等。画面左右绘五身坐佛,前排三身,后排两身,均着右袒式红色袈裟,双手合掌趺坐于莲花坐上。右侧绘天龙八部,可见有乾达婆、迦楼罗、摩呼罗迦(图 5-95)。第三幅

图 5-95 榆林窟 25 窟[①]北壁《天龙八部》(局部)

①敦煌研究院编《中国石窟·安西榆林窟》,北京:文物出版社,2012 年,第 26 页。

仅存上半部分，下部全毁，上部中间绘一座尖塔状建筑，上下均毁，存中间部分塔身，塔身以浮塑泥条贴出，间以贴金。塔周围绘五色光芒，塔顶部右侧绘一身菩萨持盘供养，左侧云朵内绘一身天王，其四周绘云朵和漫天飞舞的各种器乐，如菩萨下方的铙钹、琴、长笛和天王下方的琵琶、排箫等（图 5–96）。下部壁面均损毁不清。

图 5–96　第 73 窟（古佛洞）右壁中间局部线描图

4. 后壁壁画

后壁壁画大面积脱落损毁，仅存有左上角一角（图 5–97），残留五个模糊的圆圈。圆圈内绘有坐佛五身，上边两身和下边三身均着袒右袈裟趺坐于莲花座上，五身坐佛手印各不相同，与千佛洞壁画圆圈内绘五身坐佛相似，其余壁面均损毁。

5. 左壁壁画

左壁表层壁画布局与右壁相同分为上下两个部分，上面绘坐佛14

图 5–97　第 73 窟(古佛洞)后壁残留壁画

身,与中心柱坐佛相同。下边绘经变画三幅。从前往后第一幅为文殊变,高 2.70、宽 1.70 米。上部较为模糊,中间绘文殊菩萨骑狮像,菩萨面部不清,菩萨穿红色衣服,下面的大象基本面目也可辨出(图 5–98)。文殊菩萨左下角绘一老者形象,戴高帽,手持拐杖,其余均被烟熏黑无法辨认。第二幅为经变画,内容模糊不清,仅见上部左中右绘三座建筑,中间建筑中绘趺坐佛一身,头光身光轮廓可见,趺坐于须弥座上,身高 0.40 米,佛坐高 0.30 米,左右下方有弟子、菩萨等听法部众,但都很模糊难辨。坐佛左右上方各绘五身菩萨像(图 5–99),下排三身,上排两身,均披天衣,双手合掌,趺坐于莲花座上乘祥云而下。第三幅经变画损毁较多,仅能看清有两身菩萨从云头飘下,右下角绘一人侧身跪于佛台,有头光,其余不清。左壁与前壁拐角处绘有三角形隔带,但损毁严重,仅存留顶部一尖角,内存部分枝蔓,与千佛洞相同。

图 5-98　第 73 窟(古佛洞)左壁《文殊菩萨骑狮像》及局部

图 5-99　第 73 窟(古佛洞)左壁中间五身趺坐菩萨

图 5-100　第 73 窟(古佛洞)顶部坐佛(局部)

6. 顶部壁画

四壁壁面与顶部衔接处绘 18 身坐佛像(图 5-100),其大小姿态基本相同,均着右袒式红色袈裟,高尖状肉髻,双手合掌佛坐于金色莲花座上。有圆拱形身光和头光,分别着以红色和黑灰色。坐佛上方绘连续菱格纹,菱格内绘四瓣绿色花叶，花叶周围底色均为红色，中间绘红色花芯。每个菱形间绘一半花叶，上下相对，为红色花叶绿色花芯。菱格纹上方绘四个圆形透叠交叉的联泉纹图案（图 5-101），圆中间绘宝相花，每个交汇处均绘宝相花。与榆林窟第 10 窟甬道天井上图案的形式和内容一致（图 5-102），表现方法略有不同，应该有借鉴，但不属于同一时期。

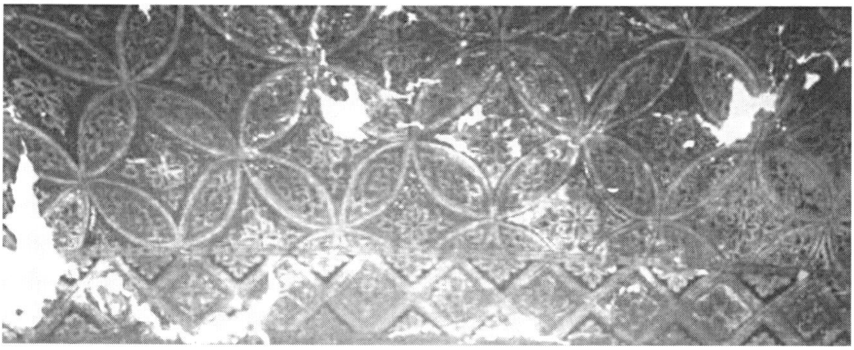

图 5-101 第 73 窟（古佛洞）顶部联泉纹图案

图 5-102 榆林第 10 窟[①]甬道天井图案（局部）

（二）明代壁画

门口左上侧一幅墨线绘僧人树下打坐图，有头光，面向窟门，双手合

①敦煌研究院编《中国石窟·安西榆林窟》，北京：文物出版社，2012 年，第 114 页。

掌，从其写意的绘画风格来看，与窟内完全相异，应属比窟内其余绘画时代较晚的明代（图 5-103）。

图 5-103　第 73 窟（古佛洞）窟口处明代壁画

综上所述，本节主要对文殊山石窟的壁画内容做了较为全面的论述。文殊山现存五个有壁画的石窟中，第 19 窟（万佛洞）窟内壁画有两层，底层壁画为早期原作，无论是阙形龛门的绘制，还是比丘、菩萨的描绘都具有北魏时期的典型特征；表层壁画为西夏晚期重绘，融入了许多藏传佛教的内容。第 29 窟（千佛洞）是保存原作壁画较多的洞窟，除门洞上方有西夏重绘供养人像外，基本都是北魏原作壁画，其壁画布局与莫高窟第 275 窟有较多相似之处，四壁的千佛图像更是这一时期禅修思想的重要表现。第 31 窟（文殊寺）是由元代整体绘制，主尊为文殊菩萨，其窟内四壁绘有千身文殊菩萨像，这在河西地区的石窟中是极为特殊的一例，是元代文殊信仰盛行的体现。后山第69窟（千佛洞）窟内有两层壁画，顶部底层为西魏时期所绘，具有浓郁的西域绘画风格；表层壁画为元代重绘，由于直接在底层壁画上绘制，与底层壁画相重叠，较显凌乱，内容以藏传佛教为主。第73窟（古佛洞）窟内壁画损毁严重，底层壁画不明，表层壁画由元代整体重绘，与榆林石窟西夏时期壁画内容和布局有相似之处，前壁门洞上方有明代重绘壁画。可见，文殊山石窟的壁画内容从北魏一直延续至明代，是这一地区每个时代不同时期佛教思想的集中反映。

第六章

文殊山石窟与其他石窟寺的关系

任何石窟的兴建和发展都不是孤立的，与其所处地域环境密不可分。文殊山石窟所在地酒泉西接敦煌、新疆，东临武威、张掖。因此，其石窟的营建既受新疆和敦煌石窟的影响，又与其周边石窟关系密切。从文殊山保存较好的几个早期洞窟中可以看出，无论是洞窟形制还是壁画内容，都可在这些地区的石窟中找到与之相关的因素。对文殊山石窟与其他石窟的关系，许多学者的文章中都有所提及，宿白先生在《凉州石窟遗迹与“凉州模式”》[①]一文中，多次提到文殊山前山千佛洞中的绘画与布局均见于龟兹石窟，其形制也与龟兹有关，考订其年代为北凉，并强调北凉与龟兹、于阗的关系。暨远志《酒泉地区早期石窟分期试论》[②]一文中，认为后山千佛洞部分壁画有西域风格，其飞天形象与莫高窟第 272 窟和克孜尔石窟第 38 窟相近，但介绍较为简单，对于壁画样式也没有具体的考察和比对。日本学者井上豪在《酒泉·文殊山石窟後山区千仏洞の西域様式壁画について》[③]一文中，认为其顶部的壁画纹样有可能是直接受到西域影响，或是由西域画工所绘，但对石窟形制并没有提及。李崇峰在其书《中印佛教石窟

①宿白《凉州石窟遗迹与“凉州模式”》，《考古学报》，1986 年第 4 期，第 435—446 页。

②暨远志《酒泉地区早期石窟分期试论》，《敦煌研究》，1996 年第 1 期，第 59—75 页。

③[日]井上豪《酒泉·文殊山石窟後山区千仏洞の西域様式壁画について》，早稲田大学大学院《文学研究科纪要》，第 43 辑第 3 分册，1998 年，第 118 页。

寺比较研究——以塔庙窟为中心》[1]中也提到，文殊山后山千佛洞的图案及人物和禽鸟样式，与克孜尔、吐鲁番地区的壁画样式较为相似，认为这与当时东西交通路线的变更有某种必然的联系。前人的文章中对文殊山早期石窟与其他石窟的关系问题虽然有所涉及，但从石窟考古的角度进行研究则显不足，也鲜有人做过专项的研究。在本章中，笔者将在前人研究的基础上，通过文化因素分析的方法，进行对比研究，以期全面探讨文殊山石窟各时期遗存与其他地区石窟寺间的关系。

①李崇峰《中印佛教石窟寺比较研究——以塔庙窟为中心》，北京：北京大学出版社，2003年，第240页。

第一节　与新疆石窟的关系

在新疆境内，保存至今的石窟主要有龟兹和吐鲁番地区石窟。龟兹石窟以克孜尔和库木吐喇等石窟为代表，还包括森木赛姆、克孜尔尕哈、玛扎巴哈、温巴什、台台尔和托乎拉克艾肯石窟等。吐鲁番石窟以吐峪沟和柏孜克里克石窟为代表，包括雅尔湖、奇康、伯西哈、胜金口和大、小桃儿沟等。[①]文殊山石窟后山区千佛洞窟内的壁画及其处于同一水平台地的洞窟遗址，都可以在这些石窟中找到原型。以下将通过石窟形制和壁画内容的比对来分析它们之间的关系。

一、与克孜尔石窟的关系

(一)克孜尔石窟

克孜尔石窟位于新疆拜城县境内克孜尔镇东南七公里明屋塔格山的悬崖上，南面是木扎特河河谷，是龟兹石窟的重要组成部分，是龟兹石窟

---

①贾应逸《新疆石窟和寺院遗址研究 50 年的回顾与思考》，载于《新疆佛教壁画的历史学研究》，北京：中国人民大学出版社 2010 年，第 3 页。

的典型代表,以其独特的洞窟形制、丰富的壁画内容被称为"龟兹模式"。克孜尔石窟是中国开凿最早、地理位置最西的大型石窟群,大约始凿于公元 3 世纪。克孜尔石窟有 4 个石窟区,现总共有编号窟 269 个。尚有一批未编号洞窟,已发现的洞窟总数为 334 个。大部分塑像都已被毁,还有 81 个窟存有精美壁画,为古代龟兹国的佛教文化遗存。克孜尔石窟成为研究中国佛教史、中国佛教艺术史的珍贵资料。同时,龟兹是"丝绸之路"上的重镇,故克孜尔石窟又是东西文化交流的结晶。[①]"它所反映龟兹民族的艺术个性和历史渊源,说明龟兹地区的壁画类型称龟兹样式,以地区分,则称克孜尔风格和克孜尔样式"。[②]克孜尔石窟的形制、题材、绘画技法等既影响了新疆地区的其他石窟,又影响了河西走廊石窟,甚至中原石窟的佛教艺术。克孜尔石窟以中心柱窟最具代表性,共有 58 个,其中保存较好的有 40 个。克孜尔中心柱窟对敦煌莫高窟北朝时期洞窟、河西走廊地区以及云冈石窟曾产生过一定的影响。河西走廊开凿于十六国和北朝时期的石窟,也多采用中心柱形式,如文殊山千佛洞、马蹄寺石窟的第 8 窟、观音洞石窟的第 1 窟、天梯山石窟的第 1 窟。[③]

(二)中心柱窟形制的比较

中心柱窟又称支提窟,这种形制与印度石窟存在一定的渊源关系。但克孜尔石窟形制则更加适应当地的地质条件。克孜尔石窟中心柱,一般由前室、主室和后室三部分构成,主室平面多为方形和长方形。顶部有纵券式、穹隆顶、平棋顶等多种样式。克孜尔中心柱窟以第 38、80、207 窟为代

---

①新疆龟兹石窟研究所编著《克孜尔石窟内容总录》,新疆美术摄影出版社,2000 年,第 1 页。

②吴焯《库木吐喇石窟壁画风格演变与古代龟兹的历史兴衰》,新疆龟兹研究所编《龟兹佛教文化论集》,乌鲁木齐:新疆美术摄影出版社 1993 年,第 333 页。

③霍旭初《克孜尔石窟艺术模式及其对外影响》,《吐鲁番学研究》,2003 年,第 34 页。

表，这里主要以第38窟为例。第38窟（图6-1），约建于公元4世纪[1]，前室坍塌严重，主室平面方形，中心柱正壁开圆拱形龛，券顶。其与文殊山石窟后山第69窟（千佛洞）（图6-2）有相似的窟形。文殊山后山区石窟群凿于后山山谷中，沿着干涸河流的山谷左右展开。第69窟（千佛洞）开凿于山谷的南侧面，中心柱窟，平面近方形，券顶，中心塔柱仅正面开圆拱形龛，其余三面均未开龛。中心柱上方是逐渐变宽的形式，向上逐渐变宽的中心柱与拱形天井曲面相接。窟前原有建筑，大部分损毁，仅留有建筑遗迹。这种窟形的样式最早是从新疆开始传入的，经过不断发展演变并和当地的地质环境相结合，形成了自己的特色。

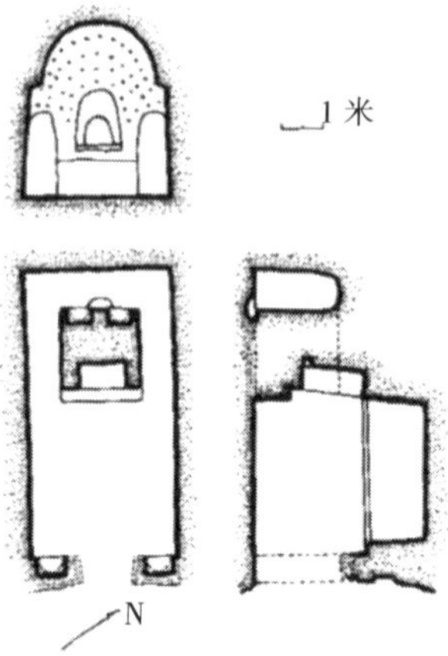

图6-1　克孜尔第38窟平面、剖面及主室西壁立面图[2]

图6-2　文殊山第69窟平面、立面及剖面图

克孜尔石窟的中心柱窟对文殊山中心柱洞窟产生了影响，尤其是平面建筑形式与文殊山第69窟（后山千佛洞）颇为相似。如上图所示，克孜尔第38窟中心柱两侧及后部甬道是券顶，与文殊山第69窟（后山千佛

①对克孜尔石窟的分期有几种不同意见，这里主要以龟兹石窟研究所编著《克孜尔石窟内容总录》为主，新疆美术摄影出版社，2000年，第47页。

②新疆龟兹石窟研究所编《克孜尔石窟内容总录》，乌鲁木齐：新疆美术摄影出版社，2000年，第47页。

洞)甬道券顶相似,这与莫高窟和云冈石窟早期中心柱甬道顶为平顶的形式不同,可知,文殊山更多的是受到龟兹中心柱的影响。文殊山前山四个中心柱窟和后山四个中心柱窟都是在洞窟后壁前留出大块岩体与顶部相接,形成一个中心柱窟,并且在中心主体正面或四面开龛造像,文殊山的中心柱和莫高窟的中心柱一样是一个独立的建筑。但是,这种围绕中心柱右旋绕行与克孜尔通过甬道绕行的性质是一样的。文殊山前山区的两个中心柱窟和两个残中心柱窟，其洞窟形制则更接近于莫高窟早期的中心柱形制,后边会有专门论述。

(三)壁画内容和绘画技法的相似性

文殊山第 69 窟(后山千佛洞)主室四壁未开龛,整壁绘制壁画都是重绘,漫漶严重,壁画都是后补且保存不好,因剥落、变色等原因很难判别。从残存部分可看出绘制以水波、流云为背景的坐佛、宫殿建筑等。前壁壁面整体用纵长方形格子划分成细格子状，每一个格子中绘有天王、菩萨等人物形象。右壁、后壁、左壁壁画均有不同面积毁坏,仅残留有一些表层重绘壁画。壁面布局和内容基本相同,中间绘有坐佛,坐佛仅有左壁存留较多,周围绘有圆圈,圆圈内绘三身坐佛。从这些壁画底层露出补修前的图像,一般认为在重新改绘壁画时,没有做底色,直接在原来的画面上重绘。

中心柱四周的拱形天井壁画绘一列三角持送图案，图案两侧用锯齿纹带等纹样镶边,每个三角持送图案用草纹带等数种纹样带间隔开。像这样在天井绘制三角持送图案的例子除了敦煌莫高窟之外，在吐鲁番地区的石窟中也可见到。三角持送图案一般认为是模仿中亚木构建筑的形式,克孜尔、巴米扬等石窟中在窟顶制作木构建筑的例子很多。在天井壁画处看不到其他壁面中所见重层绘制的痕迹,图样没有变更,说明天井壁画应为早期原作。

四壁面上端与天井的交界处设计成带状，交互描绘木构建筑的斗拱图样和小坐佛。这里也露出底层壁画，隐约可见底层原作壁画，是一列两头向外卷的拱形龛，龛中可见有伎乐或菩萨的天衣、头光和发缯等，表层壁画为坐佛。像这样在壁面上端搭配拱形龛的形式是以克孜尔石窟等为代表的西域形式，以克孜尔第 38 窟为例。第 38 窟的例子中龛内描绘奏乐天人，龛前绘栏杆，天人从栏杆探出上半身，龛整体相当于建筑物的窗户（图 6-3、6-5）。龛内配置供养天人的形式很多见，一般解释为在天上宫殿奏乐供养的场面。在龛内配置坐佛的场面有克孜尔第 171 窟前壁、第195 窟侧壁等诸多的例子，与描绘供养天人的场面一样，描绘坐佛的场面是克孜尔常见的形式。

文殊山第 69 窟（后山千佛洞）中心柱上部，中心柱与顶部交接处绘有一排圆拱形龛（图 6-4、6-6）。左右两头向外翻卷，轮廓粗黑，颜色较重，应该在重绘时加重过，细节部分也已遮盖。龛内所绘原有图像依稀可见有伎乐及其飘带等，应为一排天宫伎乐，这与克孜尔石窟第 38 窟相似。由于重

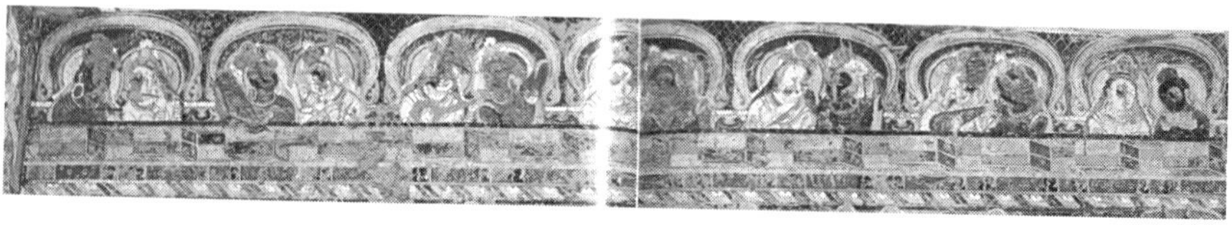

图 6-3 克孜尔第 38 窟主室西壁上部壁画①、拱形龛和《天宫伎乐》

图 6-4 文殊山第 69 窟（后山千佛洞）中心柱上部、底层壁画、拱形龛

①新疆维吾尔自治区文物管理委员会等编《中国石窟·克孜尔石窟》（一），北京：文物出版社，1997 年，第 99 页。

图 6-5 克孜尔第 38 窟壁画《天宫伎乐》、拱形龛①(局部)

图 6-6 文殊山第 69 窟(后山千佛洞)底层壁画、拱形龛(局部)

叠式的重绘，所以画面略显凌乱，经仔细查看，发现底层壁画有天宫栏墙的痕迹，与克孜尔第 38 窟上层部有相同的布局。

第 69 窟(后山千佛洞)顶部一周绘斗四平棋连续性图案。值得注意的是，后甬道窟顶左右角内所绘的飞天和对鸟图案，与文殊山第 29 窟(前山千佛洞)顶部飞天的样式不同，而与克孜尔的风格样式极其相似。在窟顶右侧拐角处方形平棋格内，中间区域用高脚漆盘首尾相连的图案纹样带

①王建林绘《新疆石窟艺术线描集》，乌鲁木齐：新疆青少年出版社，2006 年，第 27 页。

划分为两个三角形，在两个三角形中各有一身飞天(图 6–7)。一身是黑色肌肤，另一身是白色肌肤，像印度、新疆石窟壁画一样表现一对不同肤色的飞天。两身飞天都戴宝冠，上身半裸，下身着裙，披着天衣，表现了在空中飞翔的姿态。值得注意的是，黑色飞天所戴宝冠上有珠冠，白色一身头上宝冠上为花环，没有珠冠，应为一男一女两身性别不同的飞天。黑色飞天右手伸向上方持带柄香炉，左手直接伸向后方，右膝挺向前方，左腿弯膝，脚尖伸向后方。另一身白色的飞天的两胳膊肘在腰处位置向左右张开，握着垂到膝前的长弧形花网两端，下半身腰向后提起，两脚一致，膝盖轻轻向前弯曲，都描绘出自由弯曲的身体曲线，表现出飞天的巧妙动态。与克孜尔第 123 窟中的飞天几乎是完全一样的表现手法(图6–8)。

文殊山第 69 窟(后山千佛洞)二身飞天头戴宝冠，宽冠带两端带有花形装饰，黑褐色的飞天宝冠前面中央带有三重同心圆组成的大圆盘状装饰。像这样的宝冠在克孜尔、库木吐喇等龟兹地区的壁画中很多见（图 6–9)。灰白色飞天宝冠中没有这样圆盘状的装饰，宝冠中央上部只彩绘成青色圆形。头发都是左右分开，头侧部露出大的圆形隆起，同样的发型在克孜尔石窟壁画中很常见，但在河西地区其他石窟中却很难见到，可以说这是龟兹地区的特征。头发颜色从现状看二身都是绿色，涂得不均匀处剥

图 6–7　文殊山第 69 窟顶部《飞天》线图

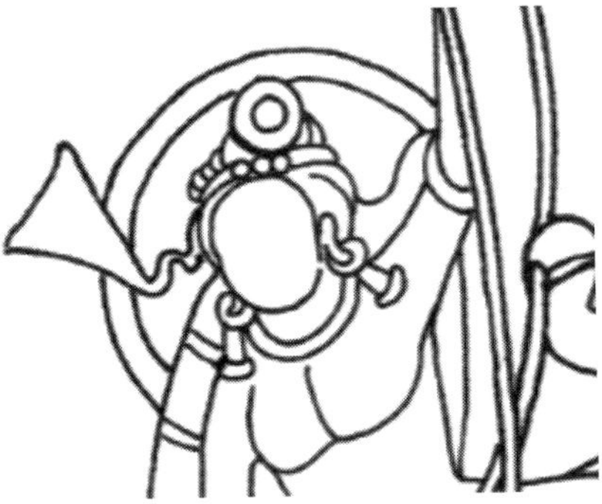

图6-8 克孜尔第123窟《飞天》[①](局部)

图6-9 克孜尔第123窟《飞天》[②](局部)

落较严重，这个颜色大概是后代重涂，在剥落部分露出下层的颜色。从这一部分推定头发当初的颜色，应是白色的飞天是灰色，黑色的飞天是青色。

与右侧相对的左侧拐角处方形平棋格内，中间区域用内接的圆形连续纹样带划分成大小两个三角形，其中大的三角形中描绘长尾伸向后方的鸟和伸向上方的鸟两只(图6-10)，在荷叶上相对而立，小三角形中只描绘一只长尾向上立的鸟。三只鸟都描绘的是侧面，收起双翼站立的姿态，头上分别立着鸡冠状的长羽毛，颌下也垂着长羽毛。鸟身体丰圆，用翅膀尖端的流线型表现出简单朴素的风格。脚是以倒“T”字形的形式表现，伸长的尾巴占了全长的一半以上，与克孜尔石窟壁画中描绘的对鸟的表现形式一致(图6-11)。

再来具体分析鸟的绘画技法。鸟头部整体施以白色，头上及颌下的羽毛涂绿色，用黑色格纹调成茶灰色区别前后，头上的羽毛覆盖头顶，像缨状胶束，越往上方越细。喙的根部位于眼睛下方一带，喙的下缘与头的线条相连，因此，颌下的羽毛覆盖了喙根部的一半，从喙处生出。羽毛也越到

①王建林绘《新疆石窟艺术线描集》，乌鲁木齐：新疆青少年出版社，2006年，第39页。
②王建林绘《新疆石窟艺术线描集》，乌鲁木齐：新疆青少年出版社，2006年，第39页。

图 6-10　文殊山第 69 窟顶部《对鸟》线图

图 6-11　克孜尔第 38 窟《鸚鸟》①

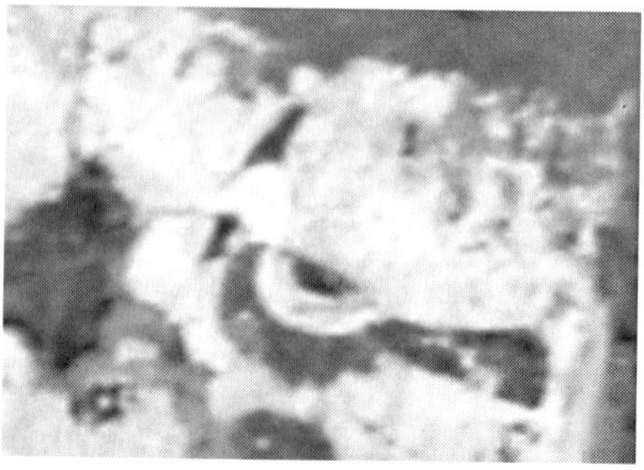

图 6-12　克孜尔第 80 窟《鸟》②

末梢越细。这样的头部形状与克孜尔第 80 窟(图 6-12)天井壁画中鸟的图样有相同例子。这只鸟尾巴短,与文殊山后山区千佛洞的例子不同,但头上及颌下的羽毛、嘴的形状与文殊山后山区千佛洞完全一致。可以认为这个头部的表现,在一定程度上是定型化的图像表现。另外,鸟的眼睛表现为小圆圈中心描绘黑点,从眼的上缘向后方描绘"S"形的曲线。颈部加入青、绿色等两层或三层的格纹,身体绘以鲜艳的绿色。翅膀处用茶灰色、

---

①王建林绘《新疆石窟艺术线描集》,乌鲁木齐:新疆青少年出版社,2006 年,第 30 页。

②新疆维吾尔自治区文物管理委员会等编《中国石窟·克孜尔石窟》(二),北京:文物出版社,1996 年,第 53 页。

绿、白、黑等颜色沿着形状从三色分成四色涂染。像这样的染色方式在克孜尔石窟壁画同种鸟的图样中可见到许多共通的特征。而文殊山后山千佛洞窟顶的飞天和鸟，无论是其内容还是技法正是对龟兹风格的继承和再现。

二、与吐鲁番石窟的关系

古高昌地区的吐鲁番石窟以吐峪沟和柏孜克里克石窟为代表，包括雅尔湖、奇康、伯西哈、胜金口和大、小桃儿沟等。通过比对，笔者在吐峪沟石窟、柏孜克里克石窟以及奇康湖石窟中找到了与文殊山石窟形制、壁画内容、绘画技法均有相同或相似之处的洞窟，现将它们之间的关系分析如下。

(一)文殊山第 69 窟(后山千佛洞)顶部平棋图案与吐峪沟、柏孜克里克、奇康湖石窟顶部平棋图案的相似性

吐峪沟石窟是吐鲁番地区开凿年代最早的石窟群，位于吐鲁番盆地东部的高昌故城东北十五公里火焰山沟沟谷内，属鄯善县，是古代著名的“丁谷寺”。现已编号的洞窟有 46 个，分布在沟谷东西两岸悬崖陡峭的山腰中，其中有 11 个窟残留壁画，为吐鲁番地区现知石窟开创最早的一处。[①]无论是洞窟的形制、壁画内容，或是绘画技法，既与龟兹石窟相似，又有高昌地区的特点，反映了公元五六世纪，北凉高昌时期的风格。第 6 窟和第 12 窟为中心柱窟，甬道顶所绘斗四平棋图案与柏孜克里克第 18 窟画法相同，与文殊山后山千佛洞甬道顶部平棋图案相同，且可找到完全相同的图案纹样。吐峪沟第 12 窟(图 6–13)的后甬道顶的平棋图案为斗四式平棋图案，由二重叠套组成。中心是一朵大莲花，用晕染法表现出饱满的莲籽和花瓣的方向。枋内为正反相间的蔓藤卷草纹，方格六瓣花纹和葡萄样

①阎文儒《新疆天山以南的石窟》，《文物》，1962 年第 2 期，第 58 页。

纹饰。四岔角饰莲蕾和圆形莲蓬。整个平棋图案流畅，富有动感。

图 6–13　吐峪沟第 12 窟[①]后甬道顶部平棋图案

柏孜克里克石窟位于吐鲁番市东北约五十公里的火焰山木头沟谷中。石窟群开凿修筑在高约 10 米的断崖上，是吐鲁番地区目前保存洞窟最多，壁画最丰富的一处石窟群。现已编号的洞窟有 83 个，其中残留壁画的洞窟约 40 个。现存柏孜克里克洞窟中没有明确的年代题记，我们仅能从出土文物中知道该石窟大约始凿于公元 5 世纪。[②]柏孜克里克石窟分为四期，第 18 窟为第一期，[③]洞窟形制为平面近方形的中心柱窟，窟内凿有地面直通窟顶的方形中心柱，中心柱正壁开龛。主室和后甬道顶为横券式，甬道顶为纵券式。窟顶以四方叠套构成三重平棋图案，笔触简洁。这些都与吐峪沟第 2、38 号窟相似，可能是麴氏高昌时期的壁画。[④]第 18 窟后甬道顶（图 6–14），平棋图案仿木构装饰。用四方套叠构成三重斗四平棋，中间饰大莲花，周围

图 6–14　柏孜克里克第 18 窟[⑤]后甬道顶部平棋图案

①新疆维吾尔自治区博物馆编《新疆石窟·吐鲁番柏孜克里克石窟》，乌鲁木齐：新疆人民出版社，1989 年，162 页。

②吐鲁番地区文管所《柏孜克里克千佛洞清理简记》，《文物》，1985 年第 8 期，第 49—65 页。

③阎文儒《新疆天山以南的石窟》，《文物》，1962 年第 2 期，第 55 页。

④贾应逸《柏孜克里克石窟初探》，《新疆佛教壁画的历史学研究》，北京：中国人民大学出版社，2010 年，第 426 页。

⑤新疆维吾尔自治区博物馆编《新疆石窟·吐鲁番柏孜克里克石窟》，乌鲁木齐：新疆人民出版社，1989 年，36 页。

图 6–15 奇康湖第 4 窟[①]后甬道顶部平棋图案

的功德水中涡旋云涌，含苞待放的花蕾伸向四角。各层岔角或绘莲花，或饰蔓草，枋上以三角纹、平行线和图案化了的树叶纹填充，装饰性强，富有地方特色。文殊山后山千佛洞顶部平棋图案中也有蔓草纹、三角纹饰，尤其是三角纹饰，与其几乎同出一辙。

奇康湖石窟，位于柏孜克里克东北六公里火焰山一小沟谷口。现有 10 个洞窟，其中 5 个保存壁画，第 1、4 号中心柱窟绘千佛、菩萨等，是唐以前的遗存。第 6、9、10 号窟大约绘于公元九世纪后半叶。[②]第 4 窟(图 6–15)左甬道顶绘平棋图案，为斗四式四重平棋。中心绘莲蓬，四岔角和枋内都用三角纹饰填充，两边饰忍冬卷草。

文殊山后山第 69 窟（千佛洞)(图 6–16）甬道顶部现存一周平棋图

图 6–16 第 69 窟(后山千佛洞)顶部平棋图案

①新疆维吾尔自治区博物馆编《新疆石窟·吐鲁番柏孜克里克石窟》，乌鲁木齐：新疆人民出版社，1989 年，153 页。

②买买提·阿吉《吐鲁番石窟遗址》载于《新疆石窟吐鲁番柏孜克里克石窟》，新疆人民出版社，上海美术出版社，1992 年。

案，也为斗四平棋图案，形式同样是二重叠套。中间绘一朵大莲花和莲蓬，莲花背景为象征水池的绿色填充，这与以上三窟的绘制方式完全一致。其外部的蔓藤卷草纹、三角纹和仿木边饰，在这几窟中找到完全相同的纹饰。在用色和绘制技法上也非常的相近，不同的是从色彩的明度上来看，千佛洞的平棋图案有可能经过后世的二次重绘，颜色较厚，但基本样式并没有发生变化。

（二）与吐峪沟石窟早期禅窟形制的比较

禅窟始于公元前 2 世纪，是毗珂罗窟的一种，毗珂罗是梵文 Vihara 的音译。毗珂罗窟起源于古印度，印度的佛教有坐禅修行的传统，其原意为僧房、精舍，是为适应僧尼禅修的要求而建，主要用于坐禅修行。阿旃陀的僧坊窟形制由前廊、中央大厅和多个小禅室构成，小禅室开凿在大厅的左、右、后三壁，呈对称排列（图 6–17）。这种平面布局的僧坊流行地域较广，大约从公元前 2 世纪中叶一直延续使用到公元 7 世纪。[1]在佛教石窟东渐的过程中，首先受到影响的是新疆地区。这种外来的窟形一边要保持

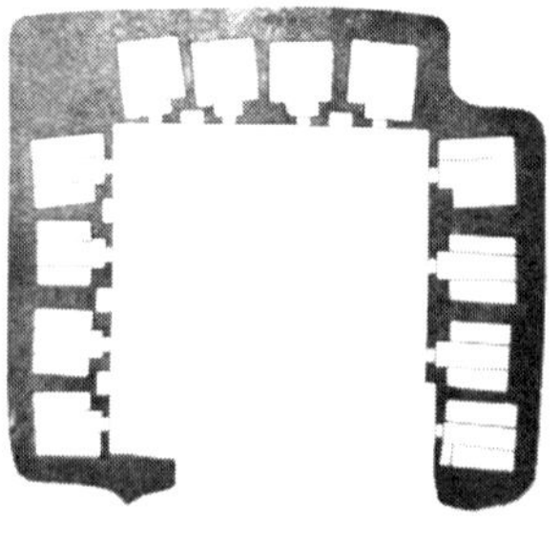
图 6–17　阿旃陀第 12 窟平面图[2]

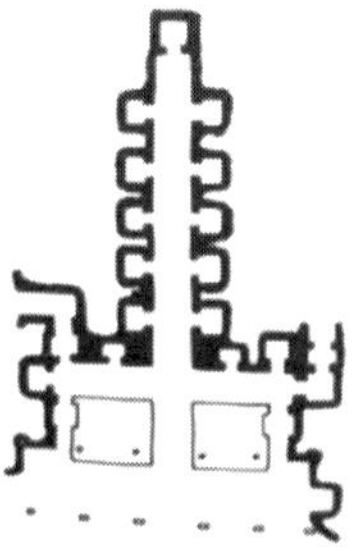
图 6–18　库车苏巴什第 5 窟平面图[3]

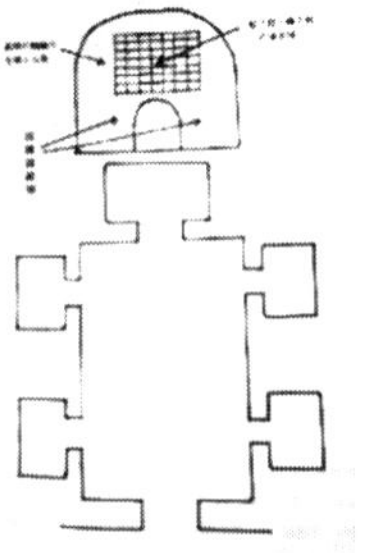
图 6–19　吐峪沟石窟第 1 窟平面图与正壁[4]

①李崇峰《佛教考古从印度到中国 II》，上海：上海古籍出版社，2015 年，第 564 页。
②李崇峰《佛教考古从印度到中国 II》，上海：上海古籍出版社，2015 年，第 570 页。
③李崇峰《佛教考古从印度到中国 II》，上海：上海古籍出版社，2015 年，第 571 页。
④[日]宫治昭《吐峪沟石窟壁画与禅观》，上海：上海古籍出版社，2009 年，第 8 页。

自身的特征，一边还要与当地的自然条件、文化传统和审美情趣相结合，只有这样它才能更好地存在和发展。龟兹苏巴什第5窟(图6-18)为平面纵长方形，有前厅，左右对称各开5个小室。吐鲁番地区的吐峪沟石窟第1、42窟(图6-19)为平面长方形，没有前厅，券形顶，正壁开后室，左右两侧壁分别开两个小室。莫高窟第285窟（图6-20）和北区第113窟(图6-21)也为多室禅窟。第285窟是一座较大型的平面方形覆斗顶窟，建于西魏。后壁正中开一大龛，两侧各开一小龛，内塑一禅僧，南北壁各开四个小禅室。文殊山第88窟(图6-22)，为早期多室禅窟，由于前方崖面塌毁，已看不到原来的面貌。窟内主室平面纵长方形，窟顶纵券式。左侧开有四个小禅室，后两个被后期封堵；右侧现存两个小禅室，另两个疑被后期改作通道，通往隔壁洞窟。正壁凿有两个小禅室，其前有后加建土台。窟内禅室大小相近，宽约0.77米，高约1.21米，深约1.34米，仅供一人坐禅修行。就其形制来看，与吐峪沟第1、42窟和莫高窟第285窟及北区第113窟都存在一定的影响和传承关系，形制上更像是两者的结合。

通过对以上洞窟形制的对比可以看出，文殊山第88窟在形制上与吐

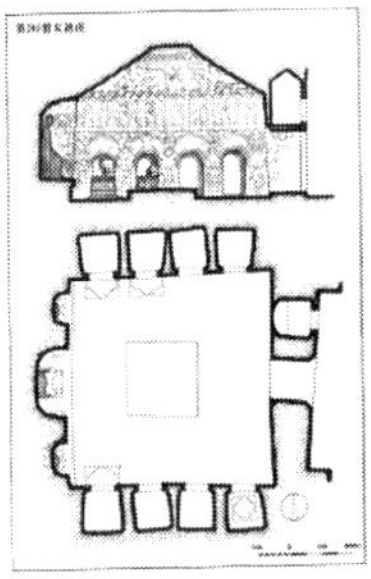

图6-20 莫高窟第285窟立面、纵剖面图①

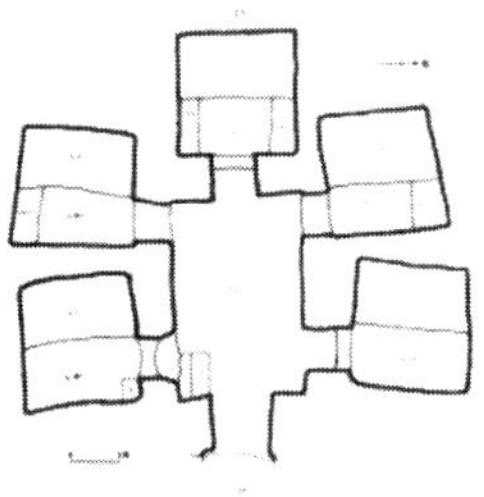

图6-21 莫高窟北区第113窟多室禅窟②

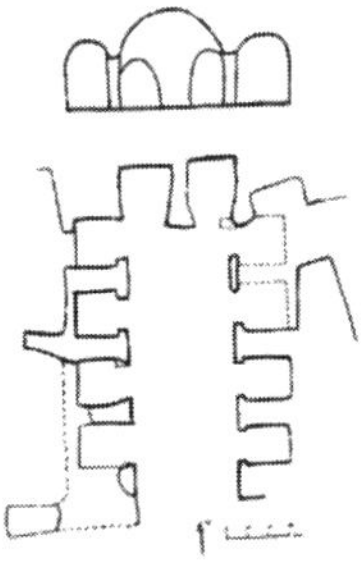

图6-22 文殊山后山第88窟平、立面图③

①敦煌研究院编《中国石窟·敦煌莫高窟》(一)，北京：文物出版社，2013年，第225页。
②敦煌研究院编《中国石窟·敦煌莫高窟》(一)，北京：文物出版社，2013年，第225页。
③暨远志《酒泉地区早期石窟分期试论》，《敦煌研究》，1996年第1期，第68页。

峪沟石窟和敦煌莫高窟之间有着密切的关系，莫高窟和文殊山多室禅窟都应该是受到了吐峪沟石窟的直接影响。与第88窟处于同一水平位置的第69窟（千佛洞）顶部平棋图案中也有着与吐峪沟第42窟一样的壁画内容，因此，文殊山后山第88窟与第69窟（后山千佛洞）应是同一时期所修建的，是作为礼佛和禅修的组合窟形。

如上所述，文殊山后山第69窟（后山千佛洞）以及处于同一水平位置的第88窟多室禅窟，有来自新疆石窟的直接因素和影响，无论是千佛洞的顶部平棋图案还是禅窟的洞窟形制，都可以在克孜尔和吐鲁番地区石窟中找到原型。而这种例子在河西其他石窟中却极其少见，究其原因，李崇峰先生认为："……伊吾路，即唐代的莫贺延碛道，东起古代晋昌（今安西），西至伊吾（今哈密），不经敦煌。……靠近伊吾路的酒泉和玉门地区石窟中出现较多西域样式的洞窟和壁画，应为情理中事"。[①]关于伊吾路《北史·列传》载：

> 发自敦煌，至于西海，凡为三道，各有襟带。北道从伊吾经蒲类海、铁勒部、突厥可汗庭，度北流河水、至拂菻国，达于西海。其中道从高昌、焉耆、龟兹、疏勒，度葱岭，又经钹汗、苏勒萨那国、康国、曹国、何国、大小安国、穆国，至波斯，达于西海。其南道从鄯善、于阗、朱俱波、喝盘陀，度葱岭，又经护密、吐火罗、挹鼾、忛延、漕国，至北婆罗门，达于西海。其三道诸国，亦各自有路，南北交通。其东安国、南婆罗门国等，并随其所往，诸处得达。故知伊吾、高昌、鄯善并西域之门户也，总凑敦煌，是其咽喉之地。[②]

---

①李崇峰《中印佛教石窟寺比较研究——以塔庙窟为中心》，北京，北京大学出版社，2003年，第246页。

②《北史》，北京：中华书局，1974年，第3215页。

据《周书·异域传》载：

自敦煌向其国，多沙碛，道里不可准记，唯以人畜骸骨及驼马粪为验，又有魍魉怪异。故商旅来往，多取伊吾路云。①

又见《隋书·西域传》载：

从武威西北，有捷路，度沙碛千余里，四面茫然，无有蹊径。欲往者，寻有人畜骸骨而去。路中或闻歌哭之声，行人寻之，多致亡失，盖魑魅魍魉也。故商客往来，多取伊吾路。②

由此可知，往来西域之间，有捷径，应是汉以来开通的西域路，而商客多走的伊吾路即是《隋书》中所提到的伊吾路。两条路都经过伊吾，但出发地不同，所经地也不相同。《周书》中所言出发地是敦煌，《隋书》中出发地则为武威。也就是说，有三条路可以通往伊吾，两条是经过敦煌的，一条不经过敦煌，可能有西域画工从这条路至酒泉。

综上所述，文殊山第69窟（后山千佛洞）顶部西域样式的平棋图案，特别是其中两身飞天图样，与河西地区其他例子中所见到的僵硬、不自然的身体表现相较，这身飞天拥有一线画成的舒展，是当地比较特殊的例子。身体起伏的地方施以轮廓线的手法，同样的手法也用于图像式概括面部的表现。这是克孜尔石窟壁画中常见的共通特征。服饰方面，天衣背面宽，覆盖背部的形式，把结扣放在身体左右两个地方的形式等，都是克孜尔石窟壁画中多见的内容。也就是说，这两身飞天图样全面用了西域样式

①《周书》，北京：中华书局，1971年，第915页。

②《隋书》卷83《西域国传》，北京：中华书局，1973年，第1847页。

的表现手法描绘，因此认为这个例子是包含在西域样式的范畴中，加上之前所见的鸟图样的图像化、装饰性等特征，在这身飞天图样上也可看出共通处，面部特征接近克孜尔第 38 窟等壁画中的样式。由上可知，文殊山第 69 窟（后山千佛洞）顶部平棋图案中出现的飞天和鸟的图样是对克孜尔样式的继承和借鉴。此外，第 69 窟（后山千佛洞）顶部的平棋图案则是受到了古高昌地区石窟中平棋图案样式的影响。总的来看，第 69 窟（后山千佛洞）是在融汇了龟兹与古高昌地区石窟的典型壁画样式之后所绘制，因此既有龟兹图案样式，又有古高昌地区石窟中的图案样式，应是对新疆地区石窟壁画完全熟识的西域画工所为。而文殊山第 69 窟（后山千佛洞）底层壁画中隐约可见的天宫栏墙，拱形龛及其中的伎乐都可在龟兹石窟中找到原型，可以说后山千佛洞壁画及布局是完全按照西域壁画模式所绘制的，这是河西地区其他石窟所没有的，是河西石窟受到西域直接影响的典型范例。文殊山后山第 88 窟多室禅窟也在吐峪沟可以找到原型，更说明了文殊山石窟在洞窟形制、题材内容和绘画技法方面，与新疆石窟有着非常密切的关系，受其直接影响更大。

第二节 与河西其他石窟的关系

河西石窟指分布于河西走廊沿线上各石窟群的总称。作为内地通往西域的要道,古丝绸之路的黄金路段,河西走廊在历史上开凿了无数精美的石窟,包括莫高窟、榆林窟、马蹄寺、西千佛洞、文殊山石窟、昌马石窟、天梯山石窟等,这些石窟多开凿于祁连山境内。其中莫高窟延续时间长、洞窟数量也最多,其余各石窟虽然规模小,但都有着各自独特的风格特色,且之间相互影响,在石窟形制和壁画上也有颇为生动的表现。文殊山石窟位于河西石窟的中段,向西有昌马石窟、榆林石窟、莫高窟等,向东有马蹄寺石窟、天梯山石窟、炳灵寺石窟等,他们之间相互影响又各自不同,本节将主要讨论文殊山石窟与以上石窟间的关系。

一、与敦煌莫高窟之间的关系

(一)洞窟形制的相似性

敦煌位于河西走廊最西端,地处丝绸之路的交通要道,是通往西域中亚的最后一站,也是东来入关的第一站,其特殊的地理位置,使敦煌在历史上有着极其重要的作用和意义。敦煌莫高窟位于敦煌市东南 25 公里处，开凿在鸣沙山东麓断崖上。有洞窟近八百余所，跨越十多个朝代的一千多年时间，莫高窟的石窟艺术是由洞窟形制、壁画内容和彩塑作为主体要素构成的。莫高窟的洞窟形制很多，如禅窟、中心柱窟、佛殿窟、中心佛坛窟、大像窟等等。莫高窟的这些洞窟形制在文殊山石窟中都可以找到，如第 285 窟、北区第 113 窟与文殊山第 88 窟同为多室禅窟，他们之间存在着很多的共同因素。

文殊山石窟中现存中心柱窟 8 个，而中心柱窟是敦煌北朝洞窟的主要类型，在莫高窟中占据重要地位，其特点是在主室后部凿有塔柱，也称为塔柱窟、塔庙窟，最早起源于印度的支提窟，但支提窟是在窟中凿建佛塔，与窟顶不连接，传入中国之后，由于各地区地质条件的不同，产生了不同的形制特点，形成了不同的地域特色。其首先传入中国新疆地区，在克孜尔石窟中，洞窟后部的左右甬道开口较低，后壁下开台，上塑涅槃像；发展到敦煌之后，中心柱窟塔柱与窟顶相连接，洞窟后部的通道与窟同高。敦煌中心柱窟早期分为二到三层且四面开龛，同时在塔柱前面的窟顶凿建成人字披屋顶的形式，典型的例子有北魏第 254、251、263、257 等窟、西魏第 288、246、248 等窟、北周第 428、288 等窟，隋代第 427、292 等窟，唐代第 332、9、14 等窟、五代第 22 窟。莫高窟中心柱在不同时期的发展变化，如早期分上下两到三层，四面开龛，到晚期分两层，只一面开龛。受到莫高窟的影响，文殊山中心柱窟前期也分二到三层且四面开龛，后期分两层，只一面或四面开一龛。以北魏第 254 窟为例，第 254 窟平面纵长方形，分前后两室，前部占不到二分之一，有人字披顶，为模仿木结构房屋屋顶。后部为平顶，平面近正方形，在中心凿出直通到顶的方形塔柱。塔柱四周形成可绕行的甬道。塔柱下部有塔基，上部是塔身，四面开龛造像。正面龛较大，龛楣圆券形，上塑火焰纹；龛外左右各塑有龛柱。塔柱其余三面凿上下双层龛；上层龛作阙形，模仿当时的阙形建筑；下层龛和正面的龛形一样，比正面较小。各龛龛内都塑佛像，龛外塑胁侍菩萨像。这与文殊山石窟中的第19窟(万佛洞)非常相似,尤其是阙形龛的绘制形式,文殊山石窟深受敦煌的影响。

文殊山第19窟(万佛洞)为单室中心柱窟,原应有窟前建筑,今已无存。窟内平面呈方形,券顶,中心塔柱上下收分,四面开龛,龛分上下两层,有塔基。与莫高窟第254窟形制基本相同,中心柱正面上层为双层龛门阙形龛(图6–23),与莫高窟早期中心柱窟内的阙形龛相似,剥落出的底层壁画也与第254窟(图6–24)阙形龛上壁画相似,只是龛内塑像已毁。中心柱其余龛均为圆拱形(图6–25),有莲苞束头龛梁,覆莲柱头和柱础,圆柱形龛柱,尖拱形龛楣与莫高窟北魏时期龛楣、龛柱均相似,区别是莫高窟的龛梁为浮塑龙或凤首龛梁,文殊山则没有。文殊山第19窟(万佛洞)中心柱正面下层龛楣,其外层绘有火焰纹一圈,内层为连续忍冬纹,连续忍冬纹半圆弧内中间绘有坐佛一身,有头光和身光,左右各个半圆弧忍冬纹间各有莲花化生童子四身,均有头光,莲花颜色有白色、石青、赭石等,与莫高窟第259龛楣(图6–26)如出一辙,第259窟尖拱形龛楣上也绘有忍冬纹,中间有化佛,左右有化生。不同的是第259窟龛内塑像壁画较完

图6–23　文殊山第19窟中心柱正面上层阙形龛及底层壁画

图6–24　莫高窟北魏第254窟[①]南壁前部上层阙形龛

①敦煌研究院编《中国石窟·敦煌莫高窟》(一),北京:文物出版社,2013年,图版第34页。

图 6-25　文殊山第 19 窟正面下层龛楣、龛柱

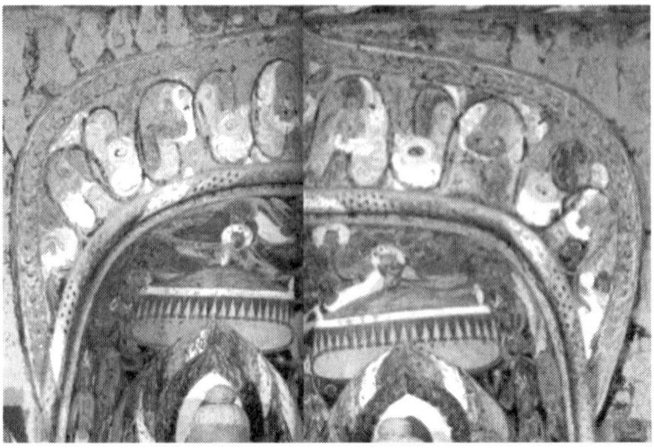

图 6-26　莫高窟第 259 窟[①]中心柱正面龛楣

整，而文殊山第 19 窟（万佛洞）龛内全毁，无法做进一步的比对。

除了禅窟和中心柱窟之外，佛殿窟是文殊山石窟中数量最多的窟形，文殊山早期的佛殿窟也深受敦煌佛殿窟的影响，其形制多为平面方形，有的主壁开龛，有的不开龛。由于文殊山的佛殿窟大多损毁，仅存形制，无法得知其原造像和壁画的样式，也无法判断其具体年代，只能通过残留形制与莫高窟形制的对比，得出一个与莫高窟年代相差不远的一个时代范围。且在河西石窟中这种相似的佛殿窟，只有在莫高窟和文殊山石窟中找到。

（二）壁画内容和绘画技法的相似性

文殊山石窟中保存早期壁画最好的洞窟为第 29 窟（前山千佛洞），由于自然剥落，其壁画也已残失过半。现存前壁和右壁千佛及壁画完整，正壁和左壁壁面已毁，壁画无存，据现存壁画来看，其完整的时候四壁壁画布局一样，是均衡对称的。窟顶一周原绘有天宫栏墙和天宫伎乐，现存 8 身伎乐飞天（图 6-27），与莫高窟早期飞天无论在绘画技法还是服饰装扮上都有许多相似之处（图 6-28）。

①敦煌研究院编《中国石窟·敦煌莫高窟》（一），北京：文物出版社，2013 年，图版第 20 页。

图 6-27 文殊山第 29 窟(前山千佛洞)窟顶《飞天》

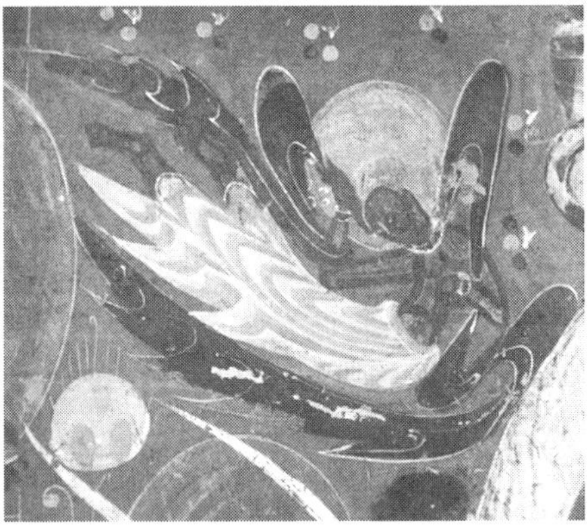

图 6-28 莫高窟第 260 窟北壁前部①《飞天》

窟下一周有供养人近百身。以窟门为界，窟门右侧及右壁为男供养人，窟门左侧为女供养人。依稀可见男女供养人均着交领拖地袍服，可以确认女供养人有头饰。而男供养人则已脱离了北魏早中期鲜卑族窄袖短袍腰束带的胡服模式，着汉装。这种上部供养人、中间忍冬纹、下部三角垂带纹饰的绘制方式(图 6-29)与莫高窟第 275 窟(图 6-30)基本相同。不同的仅是供养人的服饰发生了变化，也可说明其时代上的前后继承关系。右壁中部有一铺说法图，图下一身供养人，头戴冠，穿束胸大袖服，明显已具有秀骨清像风格。前壁下部被门分为左右两侧，画面布局相同，左侧绘四

①敦煌研究院编《中国石窟·敦煌莫高窟》(一)，北京：文物出版社，2013 年，第 58 页。

身立佛像，右侧绘四身立佛像，左右共八身。立佛像和右壁千佛中间绘说法图，下部为供养人的布局形式，在莫高窟早期洞窟中可以找到原型。其中的千佛图像（图 6-31）与莫高窟北魏第 263 窟的千佛（图 6-32）绘制更是如出一辙。

图 6-29　文殊山第 29 窟（前山千佛洞）前壁下层壁画

图 6-30　莫高窟第 275 窟北壁下层壁画①

图 6-31　文殊山第 29 窟（前山千佛洞）千佛

图 6-32　莫高窟第 263 窟东壁北侧千佛（北魏）

除了早期石窟壁画外，文殊山石窟西夏、元时期的重绘壁画也深受莫高窟的影响。如第 19 窟（万佛洞）四角天王图像是对五代归义军时期敦煌壁画四角天王图像的借鉴。文殊山第 69 窟（后山千佛洞）和第 73 窟（古佛洞）中的元代重绘弥勒经变画，水月观音、文殊、普贤等图像更是在榆林窟中可以找到原型。这都说明了文殊山石窟与敦煌石窟间存在着很多的共同点和相似之处，也进一步说明了敦煌和酒泉之间的密切关系。

酒泉、武威、张掖、敦煌为汉武帝时代建立的河西四郡。据《唐·通典》

①敦煌研究院编《中国石窟·敦煌莫高窟》（一），北京：文物出版社，2013 年，第 15 页。

记:“初置酒泉郡,后稍发徙民充实之,分置武威、张掖、敦煌,列四郡,据两关焉。”[①]汉代的敦煌郡即领六县,扼两关,拥有近四万人口,是河西走廊一个新兴的重要城市。北魏时代更是“村坞相属,多有塔寺”。《隋书·裴矩传》里说:“发自敦煌,至于西海,凡为三道,各有襟带。……总凑敦煌,是其咽喉之地。”[②]随着西域之道的打通,中西频繁的交流,佛教和石窟艺术也沿着这条“丝绸之路”传入我国,首先流传于西域(我国新疆地区),然后从南北两路:南路经于阗、楼兰传至敦煌;北路经龟兹、高昌传至敦煌。再从敦煌、凉州而传入中原。[③]可以看出从敦煌往东传播,酒泉是其必经之地,文殊山称“旧有禅室三百”,说明在当时也是较大的石窟寺院,因此,敦煌对文殊山的影响应该是较大和较直接的。当然任何艺术都不是照搬的,要结合当地的文化传统、地质环境,虽然找不到直接文献的记载,但通过对莫高窟和文殊山洞窟形制和壁画的比对,也可以发现他们之间长期影响的关系。

二、与昌马石窟之间的关系

昌马石窟位于玉门市玉门镇南90公里处的祁连山境内。石窟凿于昌马河(疏勒河)流域昌马盆地中部水峡村西南的崖壁上,共有窟龛十一个,依山势分为南、北、中三段。其中南、北二段的七个窟龛多已残破,仅中段四个窟内,还留存着一些造像与壁画。在中段的四个窟中,又以第二和第四窟较为完整。[④]昌马盆地东邻玉门、酒泉,西接瓜州、敦煌,北魏时地属瓜州(敦煌)。

昌马石窟第2窟,平面近方形中心柱窟,有前后室,窟前部为圆拱形

---

①(唐)杜佑《通典》卷191《边防七》,北京:中华书局,1984年,第1027页。

②《隋书》卷67《裴矩传》,北京:中华书局,1997年,第1580页。

③敦煌研究院编《段文杰敦煌石窟艺术论文集》兰州:甘肃人民出版社,1994年,第3页。

④甘肃省文物考古研究所编《河西石窟》北京:文物出版社,1987年,第13页。

顶,正壁开圆拱形大龛(经历代重修),两侧各设拱形门道,中心柱两侧为券形甬道,与文殊山前山中心柱窟的窟形较为接近。昌马石窟第 2 窟,宽 4.05 米、进深 4.25 米、高 3.06 米。文殊山前山第 29 窟(前山千佛洞),宽 4.10 米、进深 3.80 米、高 3.56 米,可见两窟的大小相似。昌马第 2 窟,中心柱每面下层开圆拱形龛,上层不开龛,龛内均塑一佛二菩萨像,现造像大部分被毁,残留部分造像遗迹和破损的造像。窟内原有壁画无存,现全为后世重绘壁画。昌马石窟第 4 窟与第 2 窟基本相同,平面近方形中心柱窟,中心柱分两层开龛造像。每龛均塑一佛二菩萨,佛结跏趺坐,菩萨左右侍立,但大部分塑像损毁无存,较为完整的是中心柱北面上层的趺坐佛(图6-33)和中心柱南面上层龛外的胁侍菩萨。值得注意的是,这两身造像与文殊山前山第 19、29 窟(万佛洞、千佛洞)(图 6-34)(图 6-35)中心柱窟内的趺坐佛和胁侍菩萨有许多相似之处。昌马第 4 窟,佛高 0.85 米,面相丰圆,神态温静,作磨光高肉髻,躯体雄健,着圆领通肩式袈裟,衣领绕脖向后搭于左肩,腹前阴刻衣纹呈“u”形排列,双手置于腹前作禅定印,手腹以下衣襟略分向两侧,覆于台上,腿部衣纹环绕于腿上,结跏趺坐于圆形

图 6-33　昌马第 4 窟[①]中心柱北面上层坐佛

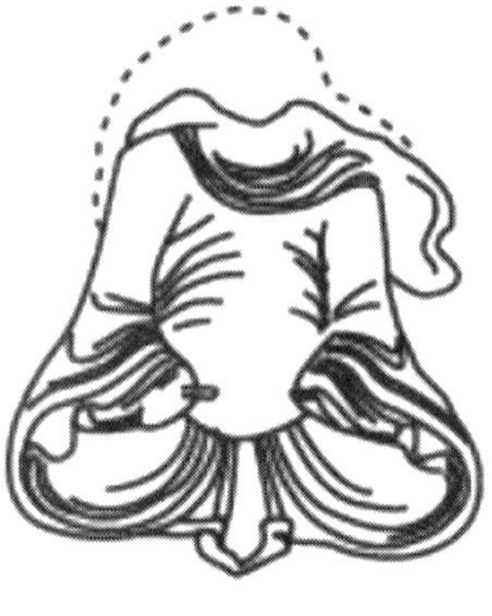

图 6-34　文殊山第 29 窟中心柱左面上层坐佛

图 6-35　文殊山第 19 窟中心柱正面下层坐佛

①甘肃省文物考古研究所编《河西石窟》,北京:文物出版社,1987 年,第 17 页。

图 6-36 昌马第 4 窟中心柱南面上层龛外胁侍菩萨[1]

图 6-37 文殊山第 19 窟中心柱左面上层胁侍菩萨

图 6-38 文殊山第 29 窟中心柱后面上层胁侍菩萨

佛座之上。这与文殊山第 19、29 窟内坐佛基本一致。文殊山第 19、29 窟坐佛残损严重，又经后世重修，但依然可以看到他原来的基本造型样式，头部均无存，身着圆领通肩式袈裟，衣领搭于左肩稍下的位置，阴刻衣纹线条明显，双手于腹前作禅定印，结跏趺坐，短小的衣襟呈三角状垂于佛台之上，腿部衣纹与昌马第 4 窟坐佛几乎一样。不同的是，昌马第 4 窟坐佛的衣摆略向左右分开，线条流畅，基本没有褶皱；文殊山的衣摆较短，但是褶皱较为明显，腹部的衣纹也不尽相同。

再来看看胁侍菩萨，昌马第 4 窟中心柱南面上层龛外有一胁侍菩萨（图 6-36），头部已无存，烟熏较为严重。残存菩萨袒上身，双手合掌放于胸前，颈部佩项圈，大串珠璎珞，披帛于肩部两侧绕手肘伸出，呈二尖角状垂于身体两侧；下身着裙装，裙腰外翻，贴于腿上，群装上为阴刻“u”形衣纹，裸足，双脚向外站立。文殊山第 19 窟（图 6-37）、第 29 窟（图 6-38）残存胁侍菩萨数身，头部均损毁。经后世重新染色，现色彩较鲜艳，原造型与

①甘肃省文物考古研究所编《河西石窟》，北京：文物出版社，1987 年，第 18 页。

昌马第 4 窟如出一辙，如胁侍菩萨袒上身，双手合掌放于胸前，左右肩披帛，飘带从肘部绕出，呈二尖角状垂于身体两侧；下身着裙装，裙腰外翻，呈“倒三角”搭于右腹，与坐佛衣摆较为相似，裙装贴于腿部，突出了腿部结构，裸足，双脚平行站立。

综上所述，昌马石窟与文殊山石窟在洞窟形制和造像上有很多相似之处，说明他们之间存在着一定的联系和影响。昌马石窟属敦煌莫高窟外围的中小石窟群之一，也可以看作是敦煌石窟的扩散，其东邻玉门、酒泉，西接瓜州、敦煌，但由于石窟资料的缺失，石窟原迹的毁坏，无法判断出其准确的修建年代。只能根据窟形和少量的造像遗存，来推测其大致的年代。昌马石窟的造像风格明显不同于敦煌西魏时期，其不具备西魏秀骨清像的造像风格。根据窟形和残存的造像来看，与文殊山前山第 19、29 窟应属同一时期，至少年代相差不是很远。

第七章

文殊山石窟其他问题的探讨

第一节　西夏壁画的讨论

一、西夏佛教概述

西夏（1038—1227 年）是中国历史上由党项人在中国西北部建立的一个政权，西夏的祖先党项族原居四川松潘高原，唐朝时迁居陕北。因平乱有功被唐帝封为夏州节度使，先后臣服于唐、五代诸朝及宋。《西夏书事》卷 12 载：

> 景祐三年（1036 年）年七月，攻回鹘，取瓜、沙、肃三州。
>
> 瓜、沙、肃诸州本唐归义军，向陷于回鹘。建隆中，节度使曹元忠以州内附，子孙世主军事。元昊引兵攻之，求援于回鹘，不应，三州相继没。于是，元昊尽有河西之地。①

宋宝元元年（1038 年）李元昊称帝建国，即夏景宗，西夏正式建国。西

①（清）吴广成撰《西夏书事》卷 12，上海：上海古籍出版社，1995 年，第 387 页。

夏建国后，因拥有河西之地，为西夏政治、经济、文化的发展开创了良好的局面，尤其是为佛教在西夏的流布提供了广阔的空间。

河西旧属月支，汉分酒泉、敦煌两郡。黑山峙其东北，黄河绕其西南，地方二千余里，川无蛇虺，泽无虎兕，诚羌戎之都会，屯守之要区也。历南北朝为诸凉所据。唐大历中，始陷吐蕃。宋初，回鹘得之，遂号富强。太祖时，沙州曹元忠虽举地来归，亦羁縻勿绝而已。元昊自凉州尽有其地，则控制伊西，平吞漠北，从此用兵中原，无后顾忧矣。①

河西地区是中国佛教信仰很早的地区，自北凉、北朝经隋、唐，佛教在这一地区已经盛行了六七百年。西夏统治河西时，此地早已是寺塔林立，信徒众多，佛教艺术极其兴盛，这些都为西夏佛教的繁荣发展奠定了基础。西夏最早的佛事活动在其建国前就已经开始了。《西夏书事》卷12载：

景德四年(1007年)五月……德明嫡母罔氏卒，遣都押牙贺承珍诣京师告哀。真宗命殿中丞赵稹为吊赠兼起复官告使，授德明镇军大将军、右金吾卫上将军，员外置同正员，余如故。德明以鼓乐迎至柩前，明日衣禫衣受赐，泣对使者曰："蕃夷母丧，蒙天子吊赠、起复，宠荣极矣。"及葬，请修供五台山十寺为母祈福。真宗遣閤门祗候袁瑀为致祭使，随护送德明所供物至五台。②

①(清)吴广成撰《西夏书事》卷12，上海：上海古籍出版社，1995年，第387页。
②(清)吴广成撰《西夏书事》卷9，上海：上海古籍出版社，1995年，第361页。

宋天圣八年十二月(1031 年),德明又派使臣去宋朝,求赐佛经一藏。[①]可见,佛教此时已经成为党项王室的重要信仰。西夏建国初,李元昊为了巩固统治,非常注重佛教的发展,积极开展各种佛事活动。加之他本人通晓浮屠学,蕃汉文字,因此,他在位期间,修建佛寺、译经,并向宋求经。如宋景祐元年十二月（1035 年），向宋求赐佛经一藏。[②]宋宝元元年(1038 年),又遣使诣五台山供佛宝。[③]此外,还修建了高台寺和数十丈高的佛像图,都说明了西夏佛寺规模之大,显示了西夏对佛事的重视程度。而高台寺修建的目的则是贮藏大藏经,请回鹘僧人在寺内将经文译为西夏文。此后西夏的历代统治者都将佛教置于很高的地位,数次向宋请赐佛经。

除了向宋求经和修寺译经之外,西夏时期的开窟造像也很兴盛,在敦煌莫高窟、安西榆林窟、瓜州东千佛洞、肃北五个庙、旱峡石窟以及武威的天梯山石窟等地都有西夏人开窟造像的痕迹。开窟造像活动在整个西夏历史上几乎没有停止过。[④]据刘玉权《敦煌西夏洞窟分期再议》一文的最新分期中,调整后的全部西夏洞窟共有 77 个,其中莫高窟有 62 个,榆林窟有 10 个,东千佛洞有 2 个,五个庙有 3 个。[⑤]文殊山石窟属当时的肃州,早在景祐三年(1036 年)七月西夏就攻取了瓜、沙、肃三州之地。因此,当时属肃州的文殊山石窟内出现西夏风格的壁画也就不足为奇了。以下将通过与其他石窟西夏壁画的比对,结合当时的政治历史环境,对文殊山石窟中具有西夏风格的壁画进行论述。

①(宋)李焘著《续资治通鉴长编》卷 190,北京:中华书局,1985 年,第 1747 页。

②(宋)李焘著《续资治通鉴长编》卷 115,北京:中华书局,1985 年,第 1031 页。

③《宋史》卷 485,北京:中华书局,1985 年,第 13995 页。

④刘玉权《敦煌西夏洞窟分期再议》,《敦煌研究》,1990 年第 3 期,第 3 页。

⑤刘玉权《敦煌西夏洞窟分期再议》,《敦煌研究》,1990 年第 3 期,第 3 页。

二、文殊山石窟中的西夏壁画

(一)第29窟(前山千佛洞)

文殊山第29窟(前山千佛洞)是文殊山现存的几个石窟中保留早期壁画最多的洞窟，窟内正壁和左壁全部损毁，前壁和右壁有早期壁画原迹，底层再无壁画。中心柱上的壁画经西夏重绘，龛楣绘有西番莲卷草纹。经笔者仔细查看，中心柱正面上层，右面上层为清代重绘，其余龛楣均为西夏重绘。造像一佛二胁侍菩萨均为清代重妆，色彩较为鲜艳。前壁中间门洞上方有长方形方框，长0.55米，宽0.36米，内绘西夏着装风格的对坐供养人像两身(图7-1)。左侧供养人高0.28米，黑色短发，脸部稍有损毁，面部饱满圆润，着通体白色交领右衽长袍，胸部系有黑色束腰带，腰带两端向下整齐搭于腿间，双手合掌持荷花，面向右侧盘膝坐于红色垫子之上。中间绘一座覆钵式佛塔，塔顶左右两侧有黑色榜题框，题记不清。右侧供养人高0.24米，面部有损毁，着青灰色圆领长袍，束红色腰带，手持博山炉，面向中间的舍利塔盘膝坐于红色垫子。从两身供养人的大小和服饰来看，左侧供养人身份应该更为尊贵。这种着衣风格和衣带处理方式与中心柱所绘十佛很相似，为同一时期所绘。左侧供养人像与《西夏译经图》中的人物发式、右衽的服饰及绘画风格都极其相似，属西夏时期绘画风格。

《西夏译经图》(图7-2)为西夏佛教文献，是西夏文佛经卷首版刻图画。在西夏文《现在贤劫千佛名经》卷首，边长27厘米×27厘米，图中刻僧俗人物二十五身，有西夏文题款十二条计六十三字，记图中主要人物的身份和姓名。上部正中跏趺而坐的高僧为“都译勾管作者安全国师白智光”，即译场主译人。他斜披袈裟，跏趺而坐，正在讲解经文，并以手势相辅助。旁列十六人为“助译者”，其中八僧分别有党项人或汉人名题款。图下部人身较大者，左为“母梁氏皇太后”，右为“子明盛皇帝”，知为西夏惠宗秉常及其母梁氏皇太后。此图形象地描绘了西夏时期译经的场面和皇太后、皇帝重视译经、亲临译场的生动情景。是现存唯一的一幅译经图。今藏于中国国家图书馆。①

通过两幅图像的比对,可以看出,文殊山第29窟(前山千佛洞)(图7-3)供养人的着装为交领右衽,与译经图中的中间一排"助译者"交领右衽的服饰相同,其发式也一致。文殊山第29窟(前山千佛洞)左侧持花供养人与榆林窟第29窟南壁东侧持花供养人,不管是绘画技法还是供养方式都相似。再与黑水城出土的X-2416《阿弥陀佛来迎图》相比较,文殊山第29窟(前山千佛洞)右侧持香炉供养人的形象及所持香炉与X-2416《阿弥陀佛来迎图》(图7-4)画面左下角持香炉供养人的形象如出一辙,

图7-1　第29窟(前山千佛洞)门洞上方供养人像

图7-2　《西夏译经图》

图7-3　文殊山第29窟(前山千佛洞)供养人像线描图

图7-4　X-2416《阿弥陀佛来迎图》(局部)

①任继愈主编《佛教大辞典》,南京:江苏古籍出版社,2002年,第480页。

均为灰黑色圆领长袍，系红色腰带。因此，虽然两供养人之间的榜题难以辨识，但基本可以认为是具有西夏风格的供养人像。

(二)第 19 窟(万佛洞)

文殊山第 19 窟(万佛洞)整窟为西夏重修，仅中心柱和左壁墙面有剥落，露出部分底层壁画。中心柱四面上下层龛梁上方绘树形宝盖，宝盖两侧各绘弟子四身(图 7-5)，前面一身弟子为全身像，后面三身有半身和头像。弟子有圆形头光，着右衽交领袈裟，领口处和衣袖处露出白色外翻底衣。人物造型以线描为主，以赭红色晕染头光和面部低处，色不压线，相得益彰，与山嘴沟西夏石窟中的比丘(图 7-6)、罗汉(图 7-7)形象十分相似。

第 19 窟(万佛洞)正壁中间绘大日如来佛(图 7-8)，大日如来佛绘于后壁正中位置，高 1.00 米、宽 0.85 米，结跏趺坐于莲华台上，头戴五佛宝冠，宝冠分三层，第一层紧挨额头，中间和两侧有白色宝珠，里边是否有字和图不清；第二层中间绘莲花，花上绘白色大圆圈，圆圈内以前应该有字，但现在难以辨认；最高层有五个白色圆形身光，内绘坐佛五身，中间一身最大，宝冠外有火焰宝珠纹。脸形圆润，眉毛细长，双眼微张向下俯视，直鼻小嘴，为菩萨像，眉心有白毫。耳长垂肩，戴大型耳饰。内穿僧祇支，从左肩向右下而窝，露出胸部以上，腹前系带打结，外穿半披右肩袈裟，袈裟裹左臂搭至右肩，袈裟紧裹双腿，衣袖各自对称垂于莲台前，左肩袈裟上挂一璎珞。做大日如来剑印，双手合掌放于胸前，左右二无名指、二小指右压

图 7-5　第 19 窟(万佛洞)中心柱龛楣上方(局部)《弟子和宝盖》原图及线图

图 7-6 K2 外室南壁壁画比丘(局部)[①]

图 7-7 K2 外室南壁壁画罗汉[②]

左,相刃入掌,二中指直竖,屈第一节,头相跓如剑形,二大指入掌,平伸二头指,屈押二大指甲头相跓,有圆形头光、身光,周围有层层卷云纹围绕,从莲花台下直到头光上。大日如来佛周围绘千佛,千佛"一"字形整齐排列,每个千佛高 0.10 米、宽 0.80 米,通体用红色色线勾勒。高锥形发髻,长椭圆形脸,五官勾勒简略,眉毛眼睛位置较高,耳长垂肩,着袒右红色袈裟,结跏趺坐于白色佛床之上,佛床用红色线竖分为块状,椭圆形白色头光,灰白色身光,千佛皆做大日如来剑印。正壁下部损毁,存右下部萨埵太子舍身饲虎局部。

第 19 窟(万佛洞)主壁大日如来图像和手印的绘画风格与中心柱上弟子像相同,应出自同一位画师之手。

第 19 窟(万佛洞)左壁绘弥勒上生经变(图 7-9),画面长 2.30 米、宽 3.40 米,这是一幅场面宏大,保存完整的弥勒上生经变画。画面中人物形

①宁夏文物考古研究所《山嘴沟西夏石窟(下)》,北京:文物出版社,2007 年,图版 24。
②宁夏文物考古研究所《山嘴沟西夏石窟(下)》,北京:文物出版社,2007 年,图版 26。

图 7-8　第 19 窟(万佛洞)正壁《大日如来佛与千佛》原图及线描图

图7-9　第19窟(万佛洞)左壁《弥勒上生经变》

象丰富,有佛、菩萨、天王、化生、伎乐、供养人等各种人物共239身,分布于大型的“工”字形建筑之间,构图对称均衡,布局合理,上下左右相呼应。此外,经幢、菩提树、宝珠、宝冠等,均对称布局,成对出现。“工”字形的大殿组合一般被认为是北宋以后宫殿建筑的典型布局方式。楼阁殿堂刻画细致,斗拱、大殿明间使用了三组补间铺作,在柱头之上还出现了普柏枋。此外,画面中的城门还是过梁门,这些均为都元大和义门之前的样式,元代开始的城门都是券门了,所以时代上比元代要早。这幅巨制既展现了佛国世界的美好,也是一幅精美的西夏建筑界画。其中弥勒佛结跏趺坐于大殿内的莲座上,头戴花冠,花冠中间绘坐佛,有圆形身光;耳长垂肩,戴有螺式耳饰,耳部左右有“S”形发辫,身穿红色藏式法衣,结跏趺坐于莲花座上,左手手心有一白色莲花,右手做说法印。值得注意的是,这里的弥勒佛已经身穿红色藏式法衣,说明此时密教已经盛行,并开始流行藏式装束的佛画。

弥勒信仰始于晋代，南北朝时期净土信仰以弥勒最盛，在河西地区同样流行，此时的造像也以弥勒居多。西晋竺法护始译《弥勒下生经》一卷、《弥勒菩萨所问本愿经》一卷；姚秦鸠摩罗什译《弥勒下生成佛经》一卷以及《弥勒下生经》一卷；北凉沮渠京声译《观弥勒菩萨上生兜率天经》一卷；北魏菩提流支译《弥勒菩萨所问经》一卷等等，直至隋、唐、宋、西夏以来，一直都有关于弥勒经典的译著。其中《佛说观弥勒菩萨上生兜率天经》《弥勒下生经》和《弥勒成佛经》影响最大，被称为“弥勒三部经”。西夏也颇受这一信仰的影响，从黑水城出土的许多关于弥勒经典的文献亦可知。弥勒经变画开始出现于隋代的洞窟，唐时兴盛，终于西夏，洞窟中的弥勒上生经变和弥勒下生经变一般同时存在。莫高窟、榆林窟共计 97 铺，肃北五个庙第 1 窟西壁、第 3 窟窟顶和文殊山万佛洞东壁存 3 幅西夏弥勒经变。[①]第 19 窟（万佛洞）弥勒上生经变与新疆北庭西大寺 E204 窟南侧弥勒上生经变图（图 7–10）有许多相似之处，说明文殊山西夏风格的壁画还受到高昌回鹘壁画的影响。

第 19 窟（万佛洞）前壁左侧绘有大肚弥勒佛像（布袋和尚）一身（图 7–11），画面高 0.83 米、长 1.25 米，绘于甬道门口壁面的正中。弥勒坐于地上，双眼微闭，神态安详，袒露胸怀，大腹便便。内有偏衫外披袈裟，右肩搭木制拐杖，右手扶右膝，左手握一卷轴样物品，赤脚，两只浅口布鞋放于一侧，头后有圆形头光，额部向右侧引出一云状化光，化光中有佛趺坐于莲花座上，佛像损毁不清，可见有圆形头光、身光、背光。大肚弥勒佛也是西夏时弥勒信仰盛行的表现。大肚弥勒流行于宋代，画家崔白和梁楷都曾绘《布袋和尚图》，图中弥勒形象都是袒露胸怀，大腹便便，神态安详，憨态可掬。其形象与第 19 窟（万佛洞）所绘大肚弥勒的形象基本相同。

---

①崔红芬《西夏河西佛教研究》，北京：民族出版社，2010 年，第 273 页。

图 7-10 新疆北庭西大寺 E204 龛南壁《弥勒上生经变》①

图 7-11 文殊山第 19 窟(万佛洞)《大肚弥勒佛像》

①新疆维吾尔自治区文物局编《新疆佛教遗址(下册)》,北京:科学出版社 2015 年,第 678 页。

前壁左侧绘坛城图一幅(图 7–12),部分漫漶损毁。坛城图外圆内方,方城四周似城墙建筑,中间各有一城门,上下左右对称,绘制内容相同。城内以斜交叉线分为四部分,四边交叉线上为四身天王像,中间绘五护世佛母,城内交叉斜线上绘有天王图像四身。坛城梵文的音译为曼陀罗,藏语称“吉廓”,有“中轮”“轮圆”之意。它源于印度佛教密宗、系密宗本尊及眷属聚集的道场。在莫高窟、榆林窟,到了晚唐、宋代,密教图像绘制渐多,西夏密宗增加了藏传佛教的成分。[①]前述已知,西夏晚期大量吸收和传播藏传佛教的仪轨,那么,在文殊山石窟中出现显密结合的图像,应该是也受到了这种影响的结果。

图 7–12 文殊山第 19 窟(万佛洞)《坛城图》

前壁下部左侧绘供养人(图 7–13),画面长 2.10 米、宽 0.45 米。正中为红色榜题,有杂乱回鹘文题记,应为后世游人题记,已漫漶不清。榜题左侧有一排供养人,右侧绘上师像,头戴三山冠,面部氧化为黑红色且损毁严重,内着交领左衽白色长衫,披红色通肩外衣,手持黑色佛珠,趺坐于方形床榻之上,身后有供养童子一身。前有一方几,几上置一大盘,内有红色供品,几下有一矮桌,桌面为红色,上有金刚杵,损毁过半。画面左侧绘两僧尼及大小供养人七身,除两小孩外,后三身人物形象依次渐小,头饰似桃形塔状椎髻,这与回鹘头饰相似。值得注意的是,右侧的这身上师像(图 7–14)与榆林窟第 29 窟(图 7–15)的国师像有许多相似之处。“国师”在西

①张宝玺《东千佛洞西夏石窟艺术》,《文物》,1992 年第 2 期,第 91 页。

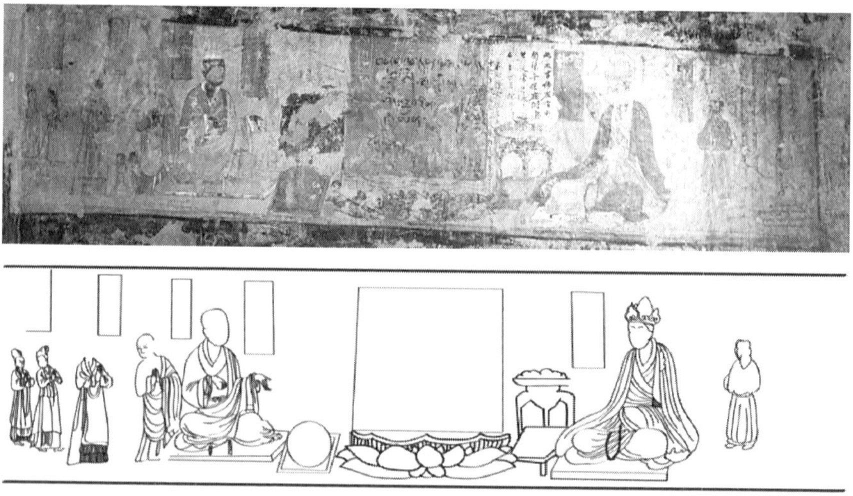

图 7-13　文殊山第 19 窟(万佛洞)前壁供养人原图及线描图

图 7-14　文殊山第 19 窟(万佛洞)前壁供养人局部

图 7-15　榆林窟第 29 窟《国师像》①

夏地位很高,“西夏国俗,自其主以下,皆敬事国师”。“《天盛律令》中所见僧人师号有:国师、法师、禅师、定师等,这些僧人的官位和职务一般都比较高”。②由此可见,国师是西夏时期具有较高官位和职务的僧人。不同的

①段文杰主编《中国敦煌壁画全集 10·敦煌西夏元》,天津:天津人民美术出版社,1996 年,第 65 页。

②张天顺主编《西夏天盛律令研究》,兰州:甘肃文化出版社,1998 年,第 136 页。

是，文殊山第 19 窟（万佛洞）的上师像着衣为左衽。杨富学先生在其《文殊山万佛洞西夏说献疑》一文中，指出西夏服饰皆右衽，元代则非一，除元代官员统一右衽外，其余百姓等之服饰左衽右衽皆为常见。是故，文殊山万佛洞所见衣服左衽之上师，只有可能为元代之遗墨，不可能为西夏时代。① 但是纵观整窟重绘壁画，绘制有序，风格统一，又杂糅了藏传佛教的经典和仪式仪轨，为同时代所绘。前述《弥勒上生经变》中所绘城门是元代以前的样式，元代开始的城门都是券门了，当然也不排除元代承袭之前的样式。也就是元代早期或者西夏晚期，又第 19 窟（万佛洞）重修壁画与文殊山第 31、69、73 窟元代重绘壁画相比，第 19 窟（万佛洞）属西夏晚期绘画风格的可能性要大一些。再者，左侧女供养人着装与莫高窟第395 窟（图 7–16）西夏女供养人也很相似。

前壁右侧损毁（图 7–17），残存四身僧人像，僧人上方有红色榜题框，内容不清，下侧有两行藏文题记，已模糊不清。两僧并坐，自左向右，第一身坐像，着交领左衽暗红色服饰，双手合掌趺坐于薄毯上，其余不清。第二

图 7–16　莫高窟第 395 窟西夏女供养人②

图 7–17　文殊山第 19 窟（万佛洞）前壁僧人像

①杨富学《文殊山万佛洞西夏说献疑》，《西夏研究》，2015 年，第 1 期，第 30 页。

②敦煌文物研究所编《中国石窟敦煌莫高窟（五）》，北京：文物出版社，2011 年，第 174 页。

身坐像，交领左衽服，左肩披红色袈裟，双手合掌趺坐于薄毯上，左上有汉文题记：“武威郡海藏寺僧孜真……威群。”第三身坐像，右侧损毁，仅存左侧局部，为正面趺坐像，右侧露出红色半袖，其余不清。第四身仅存部分红色膝部。

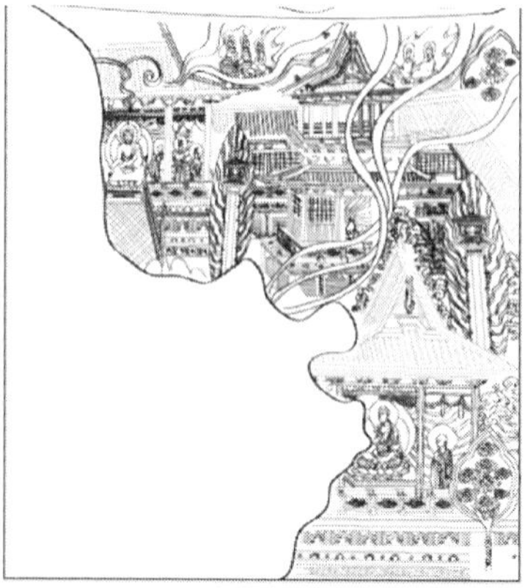

图 7–18　文殊山第 19 窟（万佛洞）右壁经变画（残存局部）

窟内右壁（图 7–18）残损大半，仅存右侧有些壁画遗存，与左壁绘画风格相同，其建筑、人物形象等一致，为同时期所绘的经变画。

主壁、左壁、右壁下部绘经变画（见表 7–1），主壁下：舍身饲虎；左壁下：须达拏太子本生、尸毗王本生、睒子本生、须阇提本生、海神问船人、波斯匿王丑女及一幅未识别图；右壁下：沙弥守戒自杀、火宅喻品、尸毗王本生等，现存 11 幅。其布局一致，都是以单幅的图像表现某一佛经故事中的主要情节，不像敦煌壁画会以多幅图像表现，因此，情节较为单一，有些佛经内容仍

表 7–1　文殊山第 19 窟（万佛洞）下部本生故事画一览表

	原图	线描图
东壁（右壁）从右至左		 须达拏太子本生
		 尸毗王本生

续表

<table>
<tr><td rowspan="6">东壁
（右壁）
从右
至左</td><td>原图</td><td>线描图</td></tr>
<tr><td></td><td>
睒子本生</td></tr>
<tr><td></td><td>
须阇提本生</td></tr>
<tr><td></td><td>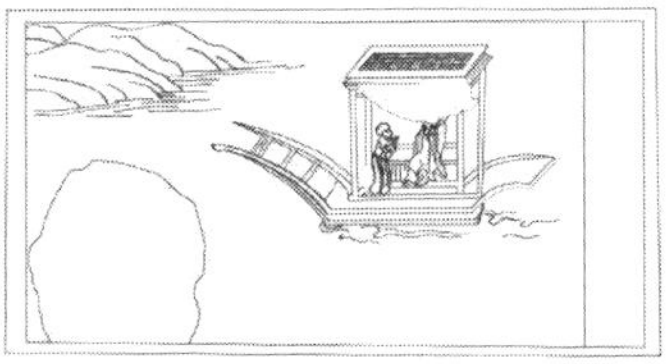
海神难问船人</td></tr>
<tr><td></td><td>
波斯匿王丑女</td></tr>
<tr><td></td><td>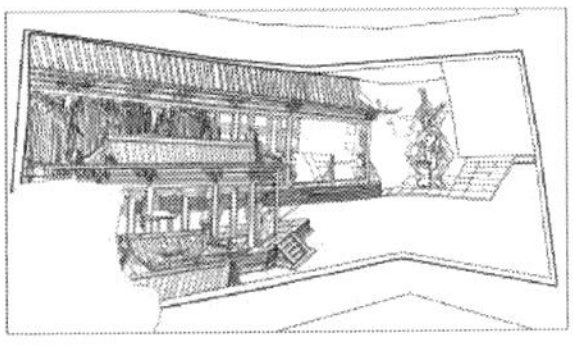
未识别</td></tr>
</table>

续表

	原图	线描图
正壁 左下	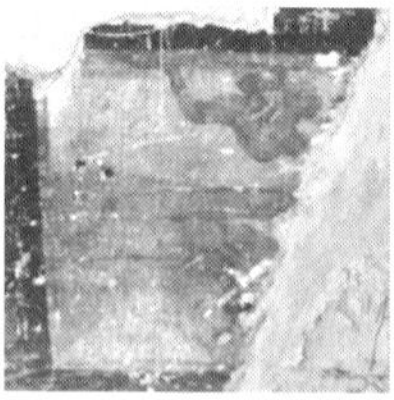	 萨埵太子舍身饲虎
西壁 （左壁）		 火宅喻品
西壁 （左壁）		 沙弥守戒自杀
		 尸毗王本生

然待考。绘画风格方面，既有中原画风又受到了回鹘佛教的影响。

窟顶四角绘四天王像，窟顶四角成弧形三角平面，每个三角内绘一身天王像。据方位依次为：东南角绘东方持国天王，右手持剑，左手举一布囊，衣带飞舞飘逸，从双脚的动态看，似正疾驰而行，面向窟门（图 7–19）。

西南角应该为南方增长天王，已漫漶损毁。西北角绘西方广目天王，天王为侧立面像，右手持三股戟，双脚叉开（图 7–20）。东北角绘北方多闻天王，天王为正面立像，左手举鞭，右手托塔，双脚叉开（图 7–21）。这三身天王像高约 1.2 米，身穿铠甲，手持法器，双目圆瞪，目光如炬，威武刚健，均为站姿，人物衣饰以铁线描为主兼有高古游丝描和折芦描，敷彩淡雅，各天王依方位列于窟顶四角。[①]

窟内四角天王形象的绘制，最早出现于莫高窟第 98 窟，该窟为曹氏政权首个新建的功德窟，由于其规模宏大，窟主地位显赫，供养人群体庞大等特点，成为曹氏时期的一座标志性石窟建筑。之后，曹氏家族先后在莫高窟开镌了一批大型石窟，其中最具代表性的如第 61、100（图7–22）、108、146、261（五代建）、55、152、454（宋初建）窟，这些洞窟窟顶均绘制了与第 98 窟形制相同的四天王图像，窟顶四角天王形象便成为曹氏时期新建石窟的一个典型特征。伴随曹氏政权的衰落，这种形制也逐渐消失。[②]

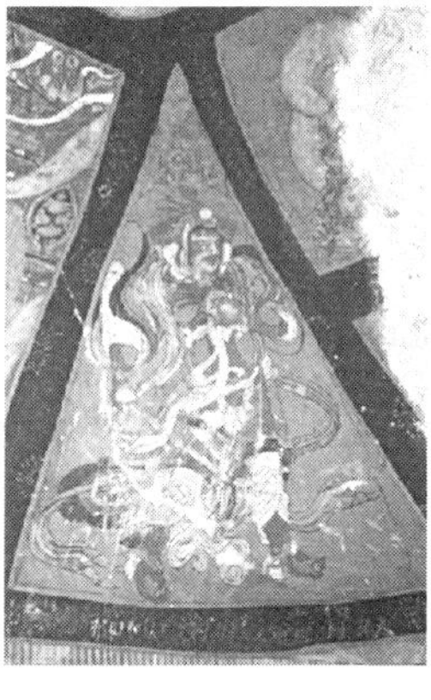

图 7–19　文殊山第 19 窟（万佛洞）《东方持国天王》

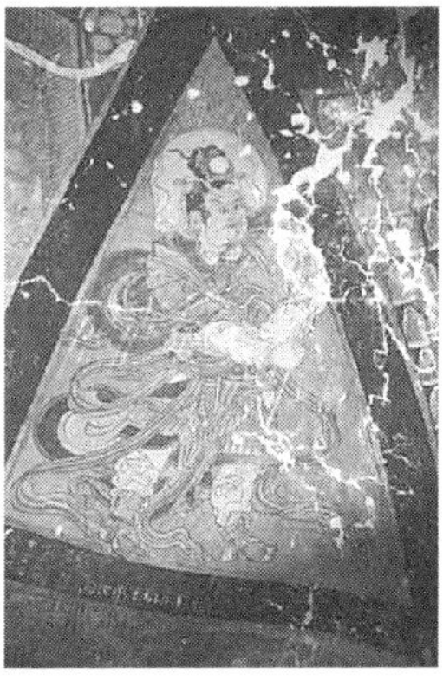

图 7–20　文殊山第 19 窟（万佛洞）《西方广目天王》

图 7–21　文殊山第 19 窟（万佛洞）《北方多闻天王》

①李甜《酒泉文殊山万佛洞西夏四角天王图像初探》，《西夏学》，2017 年第 2 期，第 181 页。

②李甜《酒泉文殊山万佛洞西夏四角天王图像初探》，《西夏学》，2017 年第 2 期，第 180 页。

莫高窟第 100 窟《东方持国天王》

莫高窟第 100 窟《南方增长天王》

莫高窟第 100 窟《西方广目天王》

莫高窟第 100 窟《北方多闻天王》

图 7–22　莫高窟第 100 窟《四角天王》[①]

窟顶一周绘立佛像（图 7–23），立佛大小相同，佛衣绘染一致，脸型圆润，细长眉，眉间有白毫，眼角上翘，小鼻翼，薄唇，大耳垂肩，尖头锥螺状高肉髻，肉髻顶染红色。着右袒式袈裟，左手握袈裟一角，右手下垂于膝前，掌心向内，做触地印。双脚呈外八字裸露在外，立于莲花座上，有圆形头光和长椭圆形身光。立佛绘制技法和晕染风格与整窟画风统一，为同时期所绘。

综上所述，从文殊山西夏重修壁画可知，西夏时期的壁画艺术，既有自己的特色，又承袭了传统的绘画艺术。正如段文杰先生在《莫高窟晚期的艺术》一文中所言："西夏壁画起初继承曹氏画院规范，内容更趋贫乏，

①米德昉《敦煌曹氏归义军时期石窟四角天王图像研究》，《敦煌学辑刊》，2012 年第 2 期，第 85—86页。

形式上满足于装饰效果，而不求深入。以后在人物造型上受到回鹘高昌壁画的影响，继而又在进一步汉化的基础上产生了兼有中原风格和党项民族特征的人物造型。”[①]这些特征在文殊山西夏壁画中都有体现。

图 7-23 文殊山第 19 窟(万佛洞)顶部立佛原图及线描图

①段文杰《晚期的莫高窟艺术》，《段文杰敦煌艺术论文集》，兰州，甘肃人民出版社，1994 年，第 246 页。

第二节　回鹘与文殊山石窟

一、回鹘概述

回鹘即回纥，为匈奴后裔，其历史悠久。隋时与铁勒等部组成联盟，称为“回纥”。《旧唐书》：“唐贞元十一年六月，册拜回纥腾里逻羽录没密施合禄胡毗信可汗。元和四年，蔼德曷里禄没弭施合密毗迦可汗遣使改为回鹘，义取回旋轻捷如鹘也。”[①]后多称为“回鹘”。唐末，回鹘被击败后，其部族分几支溃逃，一支向西投奔葛逻禄〔铁勒人诸部之一，地处北庭西北，金山（今阿尔泰山）之西，与车鼻部接〕；一支投吐蕃（今河西走廊）；一支投安西（今新疆库车县）。据《旧唐书》载：

> 开成初，其相有安允合者，与特勒柴草欲篡萨特勒可汗，萨特勒可汗觉，杀柴草及安允合。又有回鹘相掘罗勿者，拥兵在外，怨诛柴草、安允合，又杀萨特勒可汗，以卢级特勒为可汗。有将军

①《旧唐书》卷195，北京：中华书局，1997年，第5195页。

> 句录末贺恨掘罗勿,走引黠忧斯领十万骑破回鹘城,杀卢级,斩掘罗勿,烧荡殆尽,回鹘散奔诸蕃。有回鹘相馺职者,拥外甥庞特勒及男鹿并遏粉等兄弟五人、一十五部西奔葛逻禄,一支投吐蕃,一支投安西。又有近可汗牙十三部以特勒乌介为可汗,南来附汉。[①]

其中,投奔吐蕃的回鹘人,被吐蕃统治者分散于河西各地。《新五代史》载:"回鹘……其余众西徙,役属吐蕃。是时,吐蕃已陷河西、陇右,乃以回鹘散处之。……当五代之际,有居甘州、西州者尝见中国。"[②]此外,尚有散布在河西和陇右的诸多部落,见于记载的有贺兰山回鹘、秦州回鹘、凉州回鹘、合罗川回鹘、肃州回鹘和瓜、沙州回鹘等。[③]吐蕃统治回鹘不久,发生内乱,沙州土豪张议潮乘机起义,推翻了吐蕃在沙州的统治,继而攻占了瓜、沙、伊、肃等十一州。唐宣宗时沙州置归义军,以张议潮为节度使,河西回鹘始归张氏义军所辖,势力逐渐壮大。天祐四年(907 年)唐亡,时张承奉执政的归义军去归义军号,建立了西汉金山国,后向甘州回鹘汗称父,甘州回鹘的势力达至甘、肃二州。自此以后,乃至 10 世纪前半叶,河西地区几乎全部为甘州回鹘所控制。[④]直至 1028 年甘州陷于西夏,部分回鹘撤往肃州等地,元昊在接连攻下甘州和凉州之后,于1035 年攻占瓜、沙、肃三州,尽有河西之地。元昊既据夏、银、绥、宥、静、灵、盐、会、胜、甘、凉、瓜、沙、肃诸州立国,而以石堡、洪门诸镇升为洪、威、龙、定四州。又以肃州为蕃和郡;甘州为镇夷郡,置宣化府。[⑤]元昊在尽有河西之地之后,大量的

---

①《旧唐书》,卷 195《回纥传》,北京:中华书局,1997 年,第 5213 页。

②《新五代史》卷 74《四夷附录第三》,北京:中华书局,1974 年,第 916 页。

③朱悦梅、杨富学《甘州回鹘史》,北京:中国社会科学出版社,2013 年,第 73 页。

④朱悦梅、杨富学《甘州回鹘史》,北京,中国社会科学出版社,2013 年,第 80 页。

⑤(清)吴广成撰《西夏书事》卷 12,上海:上海古籍出版社,1995 年,第 390 页。《续修四库全书本》。

回鹘人仍然留居于这一带，且在西夏有很高的社会地位。洪皓《松漠纪闻》记："（回鹘）甘、凉、瓜、沙旧族皆有族帐，后悉羁縻于西夏。唯居四郡外地者，颇自谓国，有君长。其人卷发深目，眉修而浓，自眼睫而下多虬髯。"[①]河西历来为佛教传播之重地，回鹘人据此多年，深受其影响，信奉佛教。《松漠纪闻》曰："回鹘奉释氏最盛，共为一堂，塑像其中，每斋必刲羊，或酒酣，以指染血涂佛口，或捧其足而鸣之，谓之敬亲，诵经则衣袈裟，作西竺语。"[②]回鹘佛教势力在河西的强大，从此地发现大量的回鹘文佛经，且在莫高窟、西千佛洞及榆林窟中保留的 20 余所他们重建、重绘的洞窟便可知晓。西夏建国初，便开始翻译佛经，并建寺塔请回鹘高僧译经。《西夏书事》卷 18 记："元昊五月五日生，国中以是日相庆贺。旧俗止重冬至，元昊更以四孟朔为圣节，令官民礼佛，为己祈福。至是，于兴庆府东一十五里役民夫建高台寺及诸浮图，俱高数十丈，贮中国所赐《大藏经》，广延回鹘僧居之，演绎经文，易为蕃字。"[③]回鹘在河西地区的影响和佛事活动几乎没有中断过。至元代，更是大力推崇回鹘文化。《元史》载："我国家肇基朔方，俗尚简古，未遑制作，凡施用文字，因用汉文及畏兀儿字，以达本朝之言。"[④]《新元史》卷 29 云："畏吾氏，本回鹘之裔，音转为畏吾。或云畏兀，又作伟兀，又作卫兀。本在和林之地。唐末衰乱，徙居火州，古高昌国也。太祖初兴，其王巴而术阿而忒的斤举国入觐，太祖以公主妻之，自是世为婚姻。凡世言高昌、北庭者，皆畏吾部族。"[⑤]元初，还未有自己的文字，故以汉文和回鹘文为主。这一点通过文殊山石窟所出元泰定三年立《重修文殊寺碑》正面

①（宋）洪皓《松漠纪闻》，长春：吉林文史出版社，1986 年，第 15 页。
②（宋）洪皓《松漠纪闻》，长春：吉林文史出版社，1986 年，第 15 页。
③（清）吴广成撰《西夏书事》卷 18，上海：上海古籍出版社，1995 年，第 438 页。
④《元史》卷 202《释老传》，北京：中华书局，2016 年，第 4518 页。
⑤（清）柯劭忞《新元史》卷 29《氏族表下》，北京：中国书店，1988 年，第 121 页。

汉文,背面回鹘文便可知。[①]文殊山石窟历史上属酒泉(肃州)辖区,河西四郡之一,位于凉州、甘州与沙州之间,应属于河西回鹘散居的重要聚居地。那么,回鹘佛教文化对文殊山石窟寺院必将产生深刻的影响。

二、回鹘文碑文与题记

据《重修肃州新志》载:"(肃州)城西南三十里山硖之内,凿山为洞,盖房为寺,内塑佛像……旧称有三百禅室,号曰小西天……岁久湮废,唯台子寺、玉皇阁尚存……其西有淄衣僧募建圣寿寺,内有元太子喃答失重修碑记。"[②]此碑一般全称为《有元重修文殊寺碑铭》(图 7–24),简称《文殊寺碑》,碑高 1.24 米、宽 0.74 米,碑额和碑座已失。正面为汉文,共26 行,每行 52 字;背面回鹘文,也是 26 行。[③]由碑额、碑座已失,可知,此碑应是被移动过数次。有关此碑所在地最早的记载是《重修肃州新志》,其言此碑位于圣寿寺(青衣寺);据刘兴义《酒泉文殊山石窟寺院的兴衰》中所记,其初见时存于太子寺大殿,近年发现地又为清凉寺百子楼内,说明此碑被多次移动。重修后的文殊寺是以文殊殿为主,并配有钟楼、碑楼。现存寺院没有钟楼也没有碑楼,是清代所建寺院,已不是原貌。因此,此碑原在地应已被毁,后被多次重移。

《文殊寺碑》为正面汉文,背面回鹘文,经考证汉文、回鹘文内容基本相同,但不完全一致。这不仅表现在内容和细节的不同,而且表现在文体上的不同:汉文是散文体,回鹘文则为韵文体。[④]碑文中所记喃答失太子是察哈台后裔的一支,驻守于河西一带,为蒙古第三代豳王。长期与河西回

---

①耿世民、张宝玺《元回鹘文〈重修文殊寺碑〉初释》,《考古学报》,1986 年,第 254 页。

②(清)黄文炜修,吴生贵等校注《重修肃州新志》,北京:中华书局,2008 年,第 557 页。

③耿世民、张宝玺《元回鹘文〈重修文殊寺碑〉初释》,《考古学报》,1986 年第 2 期,第 253 页。

④耿世民、张宝玺《元回鹘文〈重修文殊寺碑〉初释》,《考古学报》1986 年第 2 期,第 254 页。

图 7-24　《有元重修文殊寺碑铭》正面汉文、背面回鹘文[①]拓片

鹘保持着密切的关系，这也体现在碑文的回鹘文部分，证明河西回鹘及其佛教文化在元代的存在与继续发展直至明清。撤往西域的回鹘在 16 世纪初已经彻底消亡。[②]至康熙二十六年（1687 年）时，回鹘文在西域地区早已成为“死文字”了。[③]河西回鹘得以幸存，一脉相承直到清代，尽管没有相关的文献记载，但从文殊山等地发现的大量回鹘佛教遗物，特别是文殊山石窟内有纪年的回鹘文题记便可知晓。另外，还有俄国学者马洛夫（Malov.S.E.）于 1910 年在文殊山寺院发现的回鹘文《金光明最胜王经》写本，共 397 页，现藏圣彼得堡俄罗斯科学院东方学研究所，写本题跋曰：

---

①图片由杨富学老师提供。

②杨富学《回鹘之佛教》，乌鲁木齐：新疆人民出版社，1998 年，第 40 页。

③杨富学《酒泉文殊山：回鹘佛教文化的最后一方净土》，《河西学院学报》，2012 年第 6 期，第 4 页。

我从康熙二十六年六月初八辛鼠日开始写，至八月十五日满月时写竟。让其流布后世吧！善哉！善哉！[①]

之前的研究认为，这份康熙二十六年抄于敦煌的回鹘文《金光明最胜王经》是最晚的回鹘文文献，但从文殊山第19窟（万佛洞）发现的回鹘文题记来看，有比这更晚的。

文殊山第19窟（万佛洞）内有回鹘文题记13方，其中有2方使用生肖纪年，其余均以年号纪年，题记中出现的年号以时代为序有嘉靖三十年（1551年）、万历十五年（1587年）、万历二十（1592年）、万历四十二年（1614年）、顺治八年（1651年）、顺治九年（1652年）、顺治十五年（1658年）、康熙十三年（1674年）、康熙十三年（1674年）四月初三、康熙五十二年（1713年）等。

其中最早为明嘉靖三十年（1551年）的题记（图7-25）：

1. 于嘉靖（？）三十年（1551年）二月新日（初一）。

2. （我们）怀念圣文殊师利住地，来到（此寺）并看他像（后），

3. 认为（他是）守护毗婆尸佛者，故来此（像）膜拜。

4. 吉日，即末日（来此者）：僧人Tün（？）·Toyčï、僧人Darm、僧人Sanggaš iri……[②]

最晚题记为康熙五十二年（1713年）（图7-26）：

---

①杨富学《酒泉文殊山：回鹘佛教文化的最后一方净土》，《河西学院学报》，2012年第6期，第4页。

②伊斯拉菲尔·玉素甫，张宝玺《文殊山万佛洞回鹘文题记》，吐鲁番学研究院编：《语言背后的历史——西域古典语言学高峰论坛论文集》，上海古籍出版社，2012年，第106页。

图 7-25　文殊山第 19 窟（万佛洞）右壁回鹘文题记（嘉靖三十年）

图 7-26　文殊山第 19 窟（万佛洞）前壁回鹘文题记（康熙五十二年）

1. 我们，僧人 Bilgä·Taluy、僧人 B(ilgä)·Saqšï
2. 沙弥、Agil、Kärdi（等）大小（人）都
3. 敬拜（此佛寺）后返回。
4. 康熙五十二年（1713 年）四月
5. 初六敬拜①

从这些题记中我们发现，康熙五十二年的题记中僧人 Bilgä·Taluy 的名字和俄国马洛夫在文殊沟所发现抄于康熙二十六年（1687 年）的回鹘

①伊斯拉菲尔·玉素甫，张宝玺《文殊山万佛洞回鹘文题记》，吐鲁番学研究院编：《语言背后的历史——西域古典语言学高峰论坛论文集》，上海古籍出版社，2012 年，第 96 页。

文《金光明最胜王经》抄写人之一，Bilgä·Taluy 僧人同名，且二者都是康熙年间的回鹘僧人，那么很有可能为同一人。由这些题记和回鹘文《金光明最胜王经》写本，可以说明，至少到康熙五十二年（1713 年）为止，河西地区仍然存在着回鹘佛教集团，而且继续使用回鹘文。也证明明清时期酒泉文殊山一带仍然流行着回鹘佛教文化。

此外，文殊山第 19 窟（万佛洞）内正壁及左右壁下方绘有《贤愚经变》中的一些内容和佛本生故事画。每个经文故事均以单幅绘制的形式呈现，绘经文中某一个故事情节，内容过于简单，因此有个别内容还需考释。张宝玺先生认为贤愚经变及佛教故事画每侧都书写红地的回鹘文榜题，存在着出自回鹘文《贤愚经》的可能性。虽然至今尚未发现回鹘文《贤愚经》，但壁画中的回鹘文榜题说明回鹘文《贤愚经》过去是存在的。[①]且窟内左壁的巨幅“弥勒上生经变”，和新疆北庭西大寺 E204 龛南壁高昌回鹘时期的“弥勒上生经变”极为相似，都足以说明回鹘佛教文化和文殊山石窟有着密切的关系。

综上所述，从文殊山石窟寺院所出有关回鹘文佛经、题记、壁画可以看出，从公元 10 世纪到元代，酒泉文殊山石窟寺院一直是河西回鹘佛教文化的中心之一。

①张宝玺《河西北朝石窟》，上海：上海古籍出版社，2016 年，第 112 页。

第三节　太子寺、文殊寺、文殊寺与文殊信仰

一、太子寺

据刘兴义1956年绘《酒泉文殊山石窟寺观遗迹图》[①]中所列有太子寺两座，一座在文殊沟峡口处，标记为太子寺；另一处位于前山百子楼右后方，记元太子寺。关于太子寺名称的由来说法不同，相传北魏太子拓跋恪身患疥癣，来到文殊山下的一个水泉沐浴，没想泉水很有疗效，疥癣治愈，于是他出钱在泉边修建了一座寺院，取名“太子寺”，为泉命名为药水泉。拓跋恪返回洛阳后，留下30名士兵驻守在这座寺院旁边，并为他们修建寺院居住，取名青衣寺。元太子寺，位于圣寿寺（青衣寺）西侧，靠山有一座石窟，窟前建有寺院。窟内左右壁各开三个圆拱形龛，窟四周后砌高大且宽厚的台基。原有塑像不存，现供有喃答失太子，原有壁画不存，近代重绘藏传密教壁画，寺内有一眼泉水。

---

①酒泉市肃州区委员会编《酒泉文史1—5辑》（合编本），深圳市普加彩印刷有限责任公司，2005年。

据《重修肃州新志》载：

> 文殊山，城西南三十里。山硖之内，凿山为洞，盖房为寺，内塑佛像，今年又修庵阁，曰黑窑洞、曰红门寺、曰大士清庵、曰台子寺、曰接引殿、曰亥母洞、曰园觉庵，曰千佛阁、曰观音堂、曰玉皇阁，古雕无数，旧称有三百禅室，号曰小西天。增废先后不常，大约皆是唐贞观中所遗也，岁久俱湮废。维台子寺，玉皇阁尚存，今有喇嘛三百余人，住持大寺。其西有淄衣僧，募建圣寿寺，内有元太子喃嗒失重修碑记刊名。两山南北对峙，中有药泉水东流。[1]

由上文可知"台子寺、玉皇阁，均为唐贞观中所建。……维台子寺，玉皇阁尚存。……其西有淄衣僧，募建圣寿寺，内有元太子喃嗒失重修碑记刊名"。台子寺的西边有圣寿寺，与图中所绘相符，那么，刘兴义图(图7-27)中所绘峡口处的太子寺应为台子寺，后被误读为太子寺。而元太子寺与北魏太子寺应为同一寺院。上文记"岁久俱湮废"，直到元代于此地重建寺院后，又称为元太子寺，重新修建的青衣寺则命名为圣寿寺。

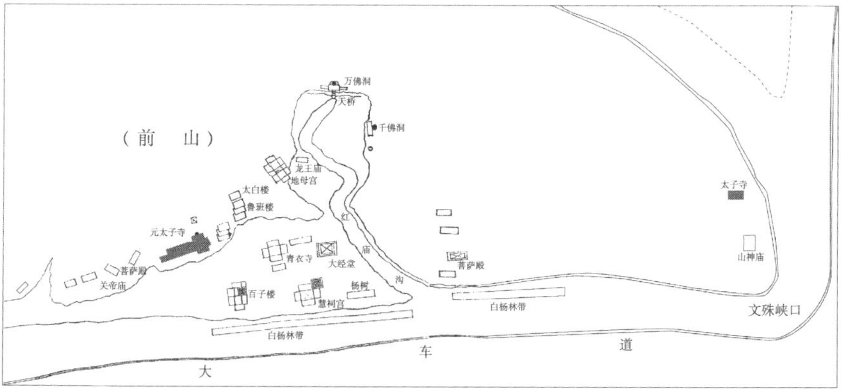

图7-27 《酒泉文殊山石窟寺遗迹图》(前山部分)(刘兴义1956年绘)

①(清)黄文炜修，吴生贵等校注《重修肃州新志》，北京：中华书局，2008年，第557页。

二、文殊寺

文殊寺位于文殊山前山红庙沟东侧，是一座藏式寺院建筑。后殿后室靠山是一座早期开凿的平面方形佛殿窟，本文中编号为31窟（文殊寺）。窟内四壁无开龛，壁画均为元代重绘。正壁壁面为圆拱形，外边框以五种色线勾勒，中间下部绘有三身圆形头光与身光，同期造像不存，现供有文殊菩萨塑像三尊。正壁壁面中央正上方绘有三身较大的守护佛母曼荼罗（图7-28），中间为大随求佛母，四面八臂。在《究竟瑜伽鬘》和《成就法鬘》中，大随求佛母有三面十臂、四面八臂及四面十二臂三种类型，莫高窟第148、156窟中所绘大随求佛母为一面八臂，榆林窟第三窟中所绘为四面八臂。大随求佛母右侧为大寒林佛母，通身黑褐色，为变色所致，由于烟熏严重，能看清的仅有一面双臂。与榆林窟第三窟大寒林佛母类似。在《究竟瑜伽鬘》和《成就法鬘》中所描述大寒林佛母有一面四臂、三面六臂以及三面八臂三种类型。大随求佛母左侧为大孔雀佛母，比较模糊，能辨出三面三眼两臂，手持两支荷花。在《究竟瑜伽鬘》和《成就法鬘》中所描述大孔雀佛母有一面二臂、三面六臂以及三面八臂三种类型。据方位判断，大随求佛母左侧一般都为大孔雀佛母，右侧为大寒林佛母，此处只绘了三身，应该还是按照方位绘制的，与榆林窟第三窟有相似的绘画风格与布局。正壁除了上部中央绘三身守护佛母之外，其余壁面均绘文殊菩萨，从左至右为拱形排列。造型和绘画风格几乎一致，头部有高尖状肉髻，戴红色五叶冠，额前有尖三角髻，小脸，五官清秀。戴红色耳饰、项饰、臂钏、腕钏等饰物。披帛裸上身，帛有黄色、红色、蓝色等颜色，以披帛颜色来看，各绘四身文殊形象进行重复依次排列，类似千佛的绘制形式。下身均着红裙，趺坐于莲花座上，有圆形头光和身光，颜色有蓝色、黄色、红色，其中黄色为贴金，蓝色染青金石。满壁文殊菩萨均右手持剑上举，剑的长短方向一致，左手置于胸前持青莲花，花枝的大小、颜色、姿态相同，花芯部位均绘经函。

图 7-28 文殊寺正壁中央《守护佛母曼荼罗》

图 7-29 文殊寺右壁《观音菩萨》

图 7-30 文殊寺左壁《四臂观音菩萨》

右壁中间绘有趺坐观音菩萨一身(图 7-29),有圆形头光和身光,面部损毁,戴环形红色大耳饰和项饰,有圆形双层高肉髻。上身披灰绿色天衣,其余身体裸露部分均为暗红色,双手相交自然置于双脚跟之上,双手间托一净瓶,瓶口处绘有灰绿色桃形物品。其余壁面均绘文殊菩萨。

左壁与右壁相对应,中间绘有趺坐四臂观音菩萨一身(图 7-30),头光、身光与左壁相同。观音一面四臂,面部有损毁,圆形双层高肉髻,戴五佛冠,身着红色披肩天衣,衣带飘绕于四臂、腿间,戴珍宝耳环、珍宝项链、珍宝瓔珞,周身金黄色。第一双手臂分别上举,右手持水晶念珠,左手持花,花为白色绿叶,花瓣损毁,绿叶清晰可辨。第二双手臂当胸合掌,全跏趺坐与莲花宝座之上。其余壁面均绘文殊菩萨。

顶部中央绘曼陀罗坛城(图 7-31),最外层为火轮纹,中间黑底上绘

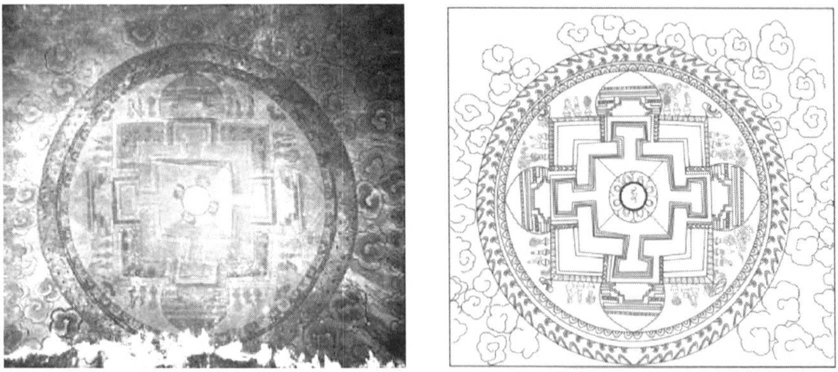

图 7-31　文殊寺顶部《坛城》原图及线描图

一圈白色连珠纹，最内圈为连续荷瓣纹。圆圈外一周绘有四色云朵，分别为绿、红、蓝、白。圆圈内有方形坛城，方城四周似城墙建筑，中间各有一城门，上下左右对称，绘制内容相同，城墙门上部为桃形，内绘有城楼。外部左右各绘云朵天女，天女下方绘有三个红色宝瓶，里面分别装有拂尘、宝幢、菩提树，左右上下对称，共有四组十二个。四周城角绘有两身裸体仙人，有圆形头光和身光，盘坐于四角。坛城中间绘有双层圆形莲花瓣，外层莲花瓣纹，内层绘有为红色梵文种子字“𑖮𑖳𑖽”，汉文读“吽”。坛城外其余壁面均绘有文殊菩萨。

坛城源于印度佛教密宗，是密宗本尊及眷属聚集的道场，是藏传佛教密宗修行时必须供奉的一种对象。还称为曼陀罗、坛场等。以其平面可分为四种，即大坛城、三昧耶坛城、法坛城和羯磨坛城。大坛城是以青、黄、赤、白、黑五种颜色，一一描绘诸尊的形体，这五种颜色则分别代表地、火、水、风、空；三昧耶坛城，指不直接画诸尊的形象，而仅描绘代表诸尊的标识和手印；法坛城，主要画诸尊的种子字和一切经的文字义理，表示诸佛、菩萨种子文字的坛城，故又称种子坛城，修行者见到代表诸佛、菩萨各自称的第一个梵文字母，就如拜见诸尊一样；羯磨坛城，是描绘塑造诸佛、菩萨威仪事业的坛城，以及诸佛、菩萨的铸像、画像和捏像等雕塑。

综上所述，文殊寺顶部坛城中间有梵文种子字“[illegible]”，是文殊菩萨的种子字，应属法坛城。这说明此窟是以文殊菩萨为主尊的佛国坛城，是为文殊菩萨所做道场。虽然原有主尊文殊菩萨塑像已毁，但窟内的布局和四壁所绘千身文殊菩萨像足以证明。值得注意的是，窟内四壁所绘千身文殊菩萨像，这与我们以往看到的石窟内四壁绘千佛不同，在其他石窟壁画中也尚未发现有相似者，在石窟中是较为独特的一例。这些文殊菩萨像大小相近，姿态相同，绘制工整，身体均为黄色贴金，披帛以蓝、红、黄三色为主。千身文殊均戴红色五髻冠，右手持剑上举，左手置于胸前持青莲花，花芯部置经函，与密宗文殊菩萨仪轨相符。

三、文殊寺与文殊信仰

文殊寺因崇信文殊菩萨而得名，窟内原有主尊文殊塑像虽已不存，由四壁所绘千身文殊菩萨像和顶部坛城图仍可看出，此窟是为文殊菩萨所做的道场，主尊为文殊菩萨。文殊菩萨在大乘佛教中的地位很高，为一切菩萨之首。文殊菩萨与般若经典关系甚深，故称为大智文殊师利菩萨。文殊菩萨是大智慧的象征，也是佛陀怙恃之一。文殊菩萨又称法王子，为智慧之象征，身紫金色，形如童子，五髻冠其项；右手持金刚宝剑（表示智能之利），能斩群魔，断一切烦恼；左手持青莲花，花上有金刚般若经卷宝，象征所具无上智慧；坐骑为一狮子（表示智能威猛）。密宗文殊图像大多持青花经函和宝剑。《阿弥陀经疏》曰：

> 文殊师利法王子者，次第二列名。按梵本云曼殊室利，此云妙德。新译称赞净土经名妙吉祥，正法华名溥首。有经名濡首，《悲华经》云：“过去有佛名宝藏如来，时转轮王第三子聪明智慧，发深大愿修菩萨行，彼佛语言。我今字汝为文殊师利……释迦佛言我今得佛是文殊恩，文殊是我过去本师，过去无数诸佛皆文殊

弟子，当来亦尔。”文殊者佛道中之父母也。①

由上经文可知文殊菩萨在大乘佛教中的地位很高，为一切菩萨之首。《金刚顶经瑜伽文殊师利菩萨法一品》云：

想其智剑渐渐变成文殊师利童真菩萨，具大威德，身著种种瓔珞，顶想五髻，右手持智剑，左手执青莲花，花上有般若波罗蜜经夹，身色如郁金，心诵阿罗跛者曩一遍。②

《大毗卢舍那成佛神变加持经》卷一：

先图妙吉祥，其身金色，五髻冠其顶。犹加童子形，左持青莲华，上表金刚印。慈颜遍微笑，坐于白莲台。③

《五字陀罗尼颂》：

身色如紫金，作妙童子相，五髻被首饰，冠宝五方冠，右持金刚剑，上发火焰色，左手持青莲花，有般若梵箧。④

通过比对，文殊寺窟内所绘千身文殊图像（图 7–32）与此经文完全相符，如：面相童子形，身色金黄色，均为右手持花，花上置经函，左手持剑，五髻在首，臂钏、腕钏、颈钏皆绘为红色火焰形纹饰，结跏趺坐于白莲台之

①（唐）窥基撰《阿弥陀经疏》，《大正藏》，第 37 册 No.1757，页 318a。
②（唐）不空译《金刚顶经瑜伽文殊师利菩萨法一品》，《大正藏》，第 20 册 No.1171，页 707a。
③（唐）善无畏译《大毗卢舍那成佛神变加持经》，《大正藏》，第 18 册 No.0848，0006a。
④（唐）不空译《五字陀罗尼颂》，《大正藏》，第 20 册 No.1174，页 751a。

图 7-32　文殊寺《千身文殊菩萨像》原图及线描图(局部)

上。这种容姿和图像表现形式为典型的密宗文殊菩萨图像,正是元代文殊信仰的图像表现。

文殊信仰在我国由来已久，其相关经典在东汉末年所译佛教典籍中已经开始出现。随着佛教传播的深入,文殊菩萨逐渐被大众接受,在与中国文化的不断融合中,得到普遍的信仰和崇敬。敦煌莫高窟的文殊造像多以大乘佛教为主,文殊菩萨多以披璎珞、戴三珠宝冠、披肩巾、着长裙、骑青狮的形象出现。五台山为其说法修行的道场。唐宋时期,中原的文殊信仰已经十分兴盛,唐贞元年间更是“天下梵宇各置大圣文殊菩萨像,以旌圣功也。又诏，以文殊师利菩萨为上座”。[1]中原的文殊信仰流行也影响到了河西一带，莫高窟现存五台山图七幅，其中：中唐四窟，分别为第159、222、237、361窟；晚唐两窟，为第9、144窟；五代一窟，为第61窟。五代第61窟因其主要内容是供奉文殊菩萨而被称为文殊堂。在洞窟中，把文殊菩萨奉为主尊，在莫高窟来说是极为独特的一例，它是敦煌一带文殊信仰的体现。[2]此外，五代时莫高窟第220窟甬道重修壁画中，出现“新样文殊”。还有藏经洞发现至少50余幅“新样文殊版画”，足以说明此类造像在曹氏归义军时期的流行，表明了“新样文殊”信仰在当时的兴盛。[3]除莫高窟外，安西榆林石窟第3、19、32、33窟和肃北五个庙第1窟也有文殊变。经笔者调研，文殊山后山第73窟(古佛洞)左壁第一幅为元代重绘文殊变一幅，右壁对应为普贤菩萨。这些都足以证明文殊信仰对河西地区的深远影响。

据元泰定三年(1326年)《重修文殊寺碑》载：“肃州西南三十里嘉谷山者，乃一切贤圣栖神化远之归心……爰有郑善进睹兹祥瑞，发心修盖文殊寺院已经年远。今遇喃答失太子……所观文殊圣寺古迹建立已经八百年矣。我今坐叉合歹宝位，将寺宇翻盖重修……文殊殿内愿立长明灯一”。[4]可知初建文殊菩萨殿为北魏孝昌年间（526年），至元代泰定三年(1326年)，文殊山的文殊信仰已经延及800年。北魏时期有关文殊经典的译著已经很多，如东汉时安世高译《宝积三昧文殊师利菩萨问法身经》、支谶译《阿阇世王经》《文殊问菩萨署经》等，三国支谦译《维摩诘经》，西晋竺法护译《文殊师利普超三昧经》《佛说文殊师利净律经》《佛说文殊悔过经》等，东晋佛陀跋陀罗译《文殊师利发愿经》，后秦鸠摩罗什译《新维摩诘经》《摩诃般若波罗蜜经》《小品般若婆罗蜜经》等，北魏菩提流支译《文殊师利巡

①(唐)圆照集《大唐贞元续开元释教录》:《大正藏》，第55册No.2156，页759b。
②赵声良《莫高窟第61窟五台山图研究》，《敦煌研究》，1993年第4期，第88页。
③沙武田《敦煌画稿研究》，北京：中央编译出版社出版发行，2007年，第160页。
④耿世民、张宝玺《元回鹘文〈重修文殊寺碑〉初释》，《考古学报》，1986年，第263页。

行经》等等。这说明在初建文殊寺时，相关文殊经典译著已经相当丰富了，也是早期文殊信仰在河西一带流行的直观证明。后随着华严经的翻译，文殊道场五台山信仰开始在中原盛行。据《大方广佛华严经疏》卷47载：

> 清凉山，即代州雁门郡五台山也。於中现有清凉寺，以岁积坚冰夏仍飞雪，曾无炎暑故曰"清凉"。五峰耸出顶无林木，有如垒土之台故曰五台，表我大圣五智已圆，五眼已净，总五部之真秘。洞五阴之真源。故首戴五佛之冠，顶分五方之髻，运五乘之要，清五浊之灾矣。然但云东北方者，其言犹漫。《案宝藏陀罗尼经》云："我灭度后，于南赡部洲东北方有国名大振那，其国中间有山，号为'五顶'，文殊师利童子游行居住。"①

中原佛教对文殊道场的信仰，以修建文殊阁和在五台山修建寺院来表现。而河西一带文殊道场的信仰，则以石窟壁画的形式来表现。从敦煌莫高窟的"文殊堂"到文殊山文殊寺，文殊信仰的流行似乎没有中断过。隋唐、宋以来翻译的文殊经典就更多，以唐代的高僧不空为代表，他是唐代翻译文殊经典最多的四大译经师之一，且又以翻译密教经典为主，如《金刚顶超胜三界经说文殊五字真言胜相》《文殊师利菩萨根本大教王金翅鸟王品》《五字陀罗尼颂》《曼殊室利童子菩萨五字瑜伽法》等，为密宗文殊图像的出现打下了基础。至回鹘、西夏、元时期都有文殊经典的翻译，典型的就有回鹘文《五台山赞》，是回鹘佛教中五台山信仰的体现。黑水城藏品中有许多西夏文译经，如《文殊师利所说不思议佛境界经》《文殊师利咒藏中数珠功德现量经》以及武威所出《文殊师利行愿品》等。西夏时，德明和元

---

①(唐)澄观撰《大方广佛华严经疏》卷47《诸菩萨住处品第三十二初》，《大正藏》，第35册No.1735，页859b。

昊都曾前往五台山礼佛，之后更是在贺兰山中修建以五台山清凉寺命名的寺院,说明文殊信仰在西夏的流行。元代释智重译《文殊所说最胜名义经》并题名为《圣妙吉祥真实名经》。

结 语

石窟既是佛教文化的特殊载体,又是综合的佛教艺术形式。石窟群依山势开凿于文殊山谷口、前山、营房后、后山四个区域的崖壁上,分布于南北 1.5 千米、东西 2.5 千米的范围之内。由于洞窟数量多,分布范围广,前人研究多仅局限于有壁画装饰的 4 个中心柱窟,而这些洞窟仅占文殊山石窟总数的很少一部分,所以学界对文殊山石窟目前的整体情况认识仍不清楚。那些损毁严重的洞窟,与内容丰富的洞窟一样,同为文殊山石窟必不可少的组成部分,也要对其进行完整地记录。经笔者数次调查,文殊山石窟现存各类洞窟,包括已经塌毁废弃地洞窟在内,共计 152 个,包括中心柱窟、禅窟、僧房窟、佛殿窟等洞窟形制。

本文旨在对文殊山石窟现存所有洞窟进行分区、编号、测绘记录和研究,对早期有壁画的洞窟进行分期断代,并结合佛教文献释读所有壁画内容。最后,再与其他地域的石窟进行比较研究,进一步探析文殊山石窟与敦煌莫高窟、玉门昌马石窟、新疆克孜尔石窟、吐峪沟石窟等佛教遗迹之间的影响和传承关系。综合运用考古学、宗教学、图像学及文献学等研究方法,主要从以下几个方面对相关内容进行了梳理与研究:

首先,对文殊山石窟所有遗存进行测绘记录与分区,笔者将其分为四大区域,即谷口区、前山区、营房后区、后山区。通过分区和对同种洞窟形制的分类,发现每一个区域内的洞窟类型和开凿都有着一定的次序和规律。特别是处于同一水平位置的几个不同洞窟形制所形成的洞窟组合,他们发挥其各自的功能,从而组成一个完整的石窟寺院,如第19、20窟是中心柱窟与佛殿窟的组合;第31、32、33窟则是中心柱窟、佛殿窟及禅窟的组合,通过这些组合形式的变化也可判断出其开窟的时代顺序。

其次,对几个保存较好的早期洞窟的造像题材和壁画内容进行了梳理,并结合佛教文献释读壁画内容,特别对后山第69窟(千佛洞)和第73窟(古佛洞)内的壁画进行了辨识。这两个洞窟由于烟熏损毁严重,长久以来研究者对窟内壁画的内容认识不足,错误也较多。对研究成果较多的前山第19窟(万佛洞)和第29窟(千佛洞)的早期壁画和重绘壁画做了年代考证。在这些研究的基础上,通过与敦煌石窟、新疆石窟的洞窟形制和壁画风格的比对,笔者对早期洞窟进行了分期断代,将其分为前后二期,时代定于北魏与西魏。对于有研究者提出的北凉之说,笔者认为没有确定实物证据,不足为信。

再次,文殊山石窟历史上属酒泉辖区,临近敦煌,西至新疆,它的开凿与莫高窟和新疆地区石窟寺必然有着不可分割的联系。通过类型学的比较,笔者发现,文殊山早期洞窟及壁画无论从洞窟形制、壁画内容和绘画技法上,都能在敦煌和新疆石窟壁画中找到原型。特别值得注意的是,后山第69窟(千佛洞)顶部平棋图案与新疆石窟内的图案内容如出一辙,可能有西域画工参与其壁画的绘制。后山第88窟禅窟,更是与敦煌莫高窟、新疆吐峪沟石窟中的禅窟形制相似,应是受到了它们的直接影响。此外,通过比对,文殊山早期洞窟中的造像组合形式与昌马石窟中的造像组合形式很接近,这既说明它们之间有某种联系,也可说明其属同一时期,对于推断它们的开凿年代有着重要的参考价值。

最后,对文殊山石窟中有西夏风格的壁画做了全面梳理和论述。通过与西夏山嘴沟石窟壁画的比对发现,不论从人物造型还是绘画技法上,二者都有很大的相似性。特别是第19窟(万佛洞)内所绘巨幅《弥勒上生经变》,既是一幅宏伟的经变画,又是精美的西夏建筑界画,对我们研究西夏建筑艺术有着极其重要的意义。西夏晚期藏传佛教开始盛行,至元代更是奉其为国教,文殊山在元代进入了一个辉煌的时期。泰定三年,元太子喃答失对文殊寺进行了重修,并立有碑记《有元重修文殊寺碑铭》,文殊山遂成为察合台一支的皇家寺院，这与中原自唐以来盛行的文殊信仰不无关系。文殊寺内主尊文殊造像虽毁,但满壁的千身文殊菩萨像便是对此最好的证明。此外,在文殊山石窟中发现了许多回鹘文题记,近代还出土了回鹘文的佛教文献，这对已经消失很久的回鹘文化研究提供了新的研究资料。

文殊山石窟的营建及其佛教艺术，始终与酒泉在丝绸之路上所处的重要位置有关，这也使文殊山石窟的佛教艺术成为多方面文化影响的交汇点。早期石窟的洞窟形制、造像题材与布局、壁画内容等,明显受到来自新疆和敦煌的影响。西夏、元时的文殊山石窟除受到新疆、敦煌的影响外,还吸收了中原佛教、藏传佛教以及道教等多种宗教文化因素。正是因为文殊山石窟悠久的历史,多元宗教的兼容并蓄,使其成为多种宗教文化的聚集地。

有限于学识、能力等各方面的制约,虽然本文对文殊山石窟做了较为全面的整理和研究,但是仍有许多问题没有解决,有待进行更加深入的研究。如个别壁画还未能释读出其内容,并找到所对应的文献出处;对于区域石窟之间的关系论述仍有不足；特别是对悬于半崖无法勘测的洞窟深感遗憾。笔者将在以后的研究中,继续完善,以期有更加全面的研究成果。

图版目录

一、插 图

二、图 版(补充)

(注：图版 9、11、15~39、43、46~50、52、54、85 照片由魏文斌老师提供,其余均为作者拍摄)

三、表

图版(补充)

图版 1 文殊山自然环境

图版 2 文殊山石窟远景

图版 3　文殊山石窟分区图

图版 4 文殊山谷口区石窟分布图

图版 5 文殊山前山区文殊菩萨殿全景图

图版 6　文殊山前山区石窟分布图

图版 7 第 19 窟(万佛洞)外景

图版 8 第 19 窟(万佛洞)内景

图版 9　第 19 窟(万佛洞)中心柱正面

图版 10　第 19 窟(万佛洞)中心柱正面下层龛楣与底层原作壁画

图版 11　第 19 窟(万佛洞)中心柱左面上层与顶部

图版 12　第 19 窟(万佛洞)中心柱左面下层重绘壁画

图版 13　第 19 窟(万佛洞)中心柱右面上层龛外胁侍菩萨

图版 14　第 19 窟(万佛洞)中心柱右面上层龛内坐佛

图版 15　第 19 窟(万佛洞)中心柱右面上层宝盖和弟子

图版 16　第 19 窟(万佛洞)后壁大日如来及千佛

图版 17　第 19 窟(万佛洞)后壁左下《舍身饲虎图》

图版 18　第 19 窟(万佛洞)右壁壁画局部

图版 19　第 19 窟(万佛洞)右壁下部《尸毗王本生图》

图版 20 第 19 窟(万佛洞)右壁下部《沙弥守戒自杀图》

图版 21 第 19 窟(万佛洞)右壁下部《火宅喻品图》

图版 22 第 19 窟(万佛洞)右壁与后壁拐角处《天王图》

图版 23　第 19 窟(万佛洞)后壁与左壁拐角处《天王图》

图版 24　第 19 窟(万佛洞)左壁《弥勒上生经变》

图版 25　第 19 窟(万佛洞)左壁《弥勒上生经变》(局部)

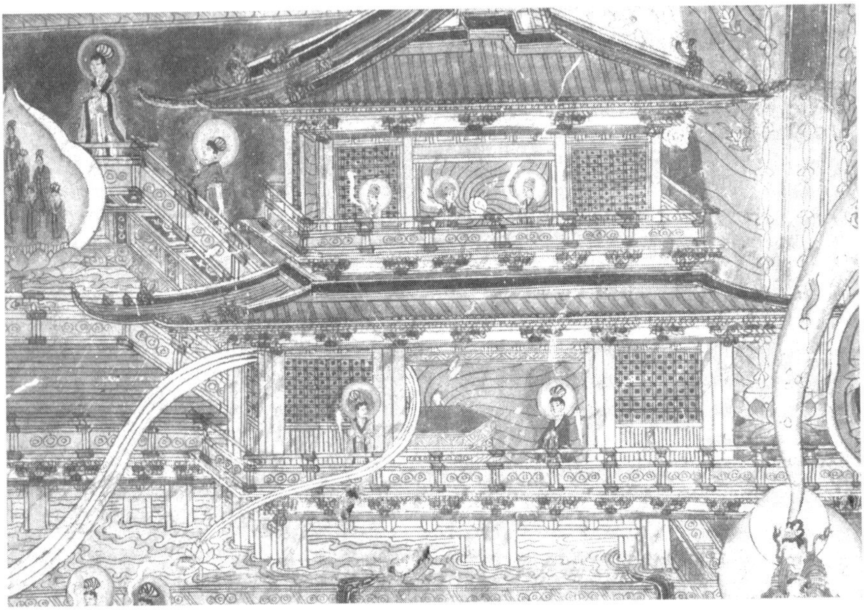

图版 26　第 19 窟(万佛洞)左壁《弥勒上生经变》(局部)

图版 27　第 19 窟(万佛洞)左壁《弥勒上生经变》(局部)

图版 28　第 19 窟(万佛洞)后壁与左壁拐角处下《须达拏太子本生图》

图版 29　第 19 窟(万佛洞)左壁拐角处下《尸毗王本生图》

图版30　第19窟(万佛洞)左壁下部《须阇提本生图》

图版31　第19窟(万佛洞)左壁《海神难问船人图》

图版 32　第 19 窟(万佛洞)左壁下部《睒子本生图》

图版 33　第 19 窟(万佛洞)左壁与前壁拐角处下部《经变画》

图版 34　第 19 窟(万佛洞)左壁与前壁拐角处下部《波斯匿王丑女图》

图版 35　第 19 窟(万佛洞)左壁与前壁拐角处《天王像》

图版 36 第 19 窟(万佛洞)前壁曼陀罗坛城

图版 37 第 19 窟(万佛洞)前壁下方供养人

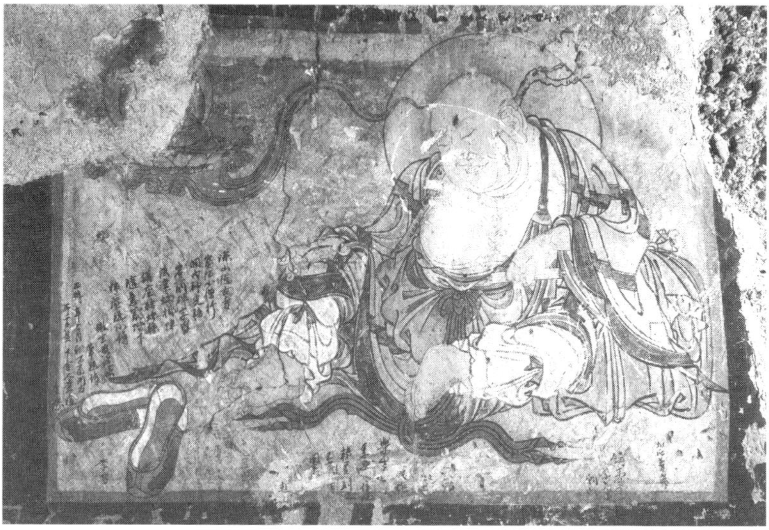

图版 38　第 19 窟(万佛洞)门口上部布袋和尚

图版 39　第 19 窟(万佛洞)前壁右侧供养僧人

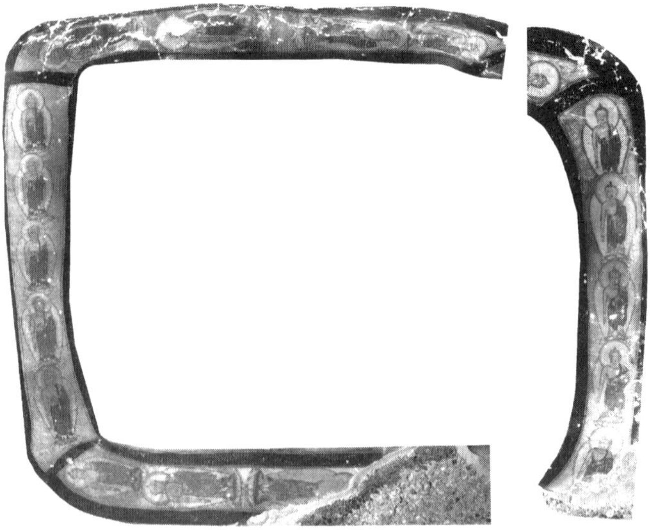

图版 40　第 19 窟(万佛洞)顶部一周立佛

图版 41　第 29 窟(前山千佛洞)外景

图版 42　第 29 窟(前山千佛洞)内景

图版 43 第 29 窟(前山千佛洞)中心柱正面

图版 44 第 29 窟(前山千佛洞)中心柱后面下层龛外左右胁侍菩萨

图版 45 第 29 窟(前山千佛洞)中心柱后面龛外重绘壁画

图版 46　第 29 窟(前山千佛洞)前壁千佛与顶部伎乐飞天

图版 47　第 29 窟(前山千佛洞)前壁门洞左侧立佛

图版 48　第 29 窟(前山千佛洞)前壁门洞右侧立佛

图版 49 第 29 窟(前山千佛洞)前壁窟门上方供养人像

图版 50 第 29 窟(前山千佛洞)前壁下方男供养人像

图版 51 第 29 窟(前山千佛洞)右壁

图版 52 第 29 窟(前山千佛洞)右壁说法图

图版 53　第 29 窟(前山千佛洞)顶部伎乐飞天

图版 54　第 29 窟(前山千佛洞)顶部伎乐飞天局部

图版 55　第 31 窟(文殊寺)窟前建筑外景

图版 56　第 31 窟(文殊寺)内景

图版 57　第 31 窟(文殊寺)正壁中央守护佛母曼荼罗

图版 58　第 31 窟(文殊寺)正壁千身文殊像

图版 59 第 31 窟(文殊寺)右壁净瓶观音菩萨

图版 60 第 31 窟(文殊寺)左壁四臂观音菩萨

图版 61　第 31 窟(文殊寺)左壁千身文殊菩萨像

图版 62　第 31 窟(文殊寺)顶部坛城

图版 63　文殊山营房后区石窟分布图

图版 64　第 41 窟右壁壁画

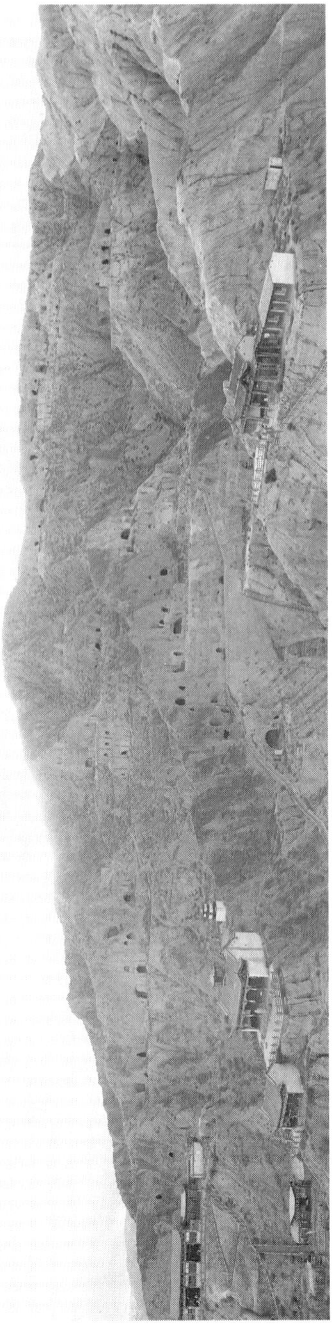

图版 65　文殊山后山区石窟分布图

图版 66　文殊山后山第 69 窟(千佛洞)与第 73 窟(古佛洞)外景

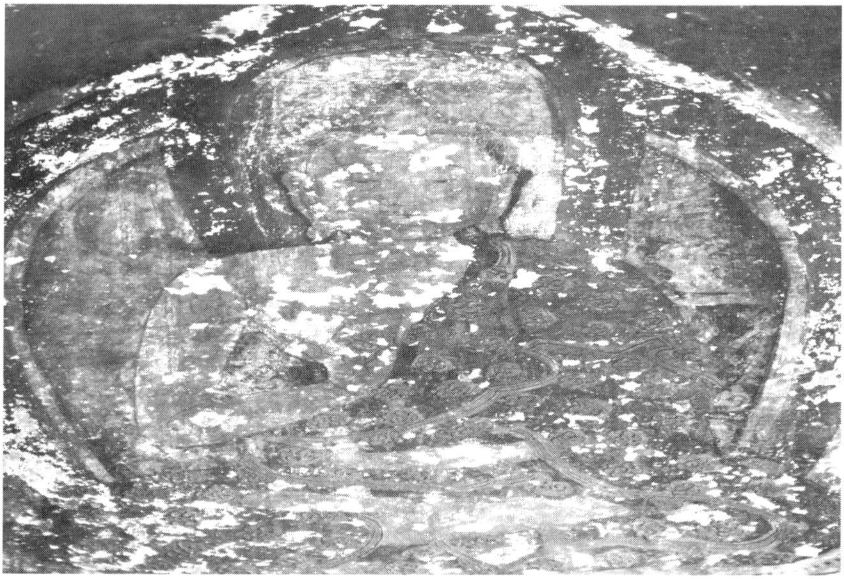

图版 67　第 69 窟(后山千佛洞)内景

图版 68 第 69 窟(后山千佛洞)中心柱正面

图版 69 第 69 窟(后山千佛洞)中心柱左面壁画

图版 70 第 69 窟(后山千佛洞)中心柱左侧上层重绘壁画与底层壁画

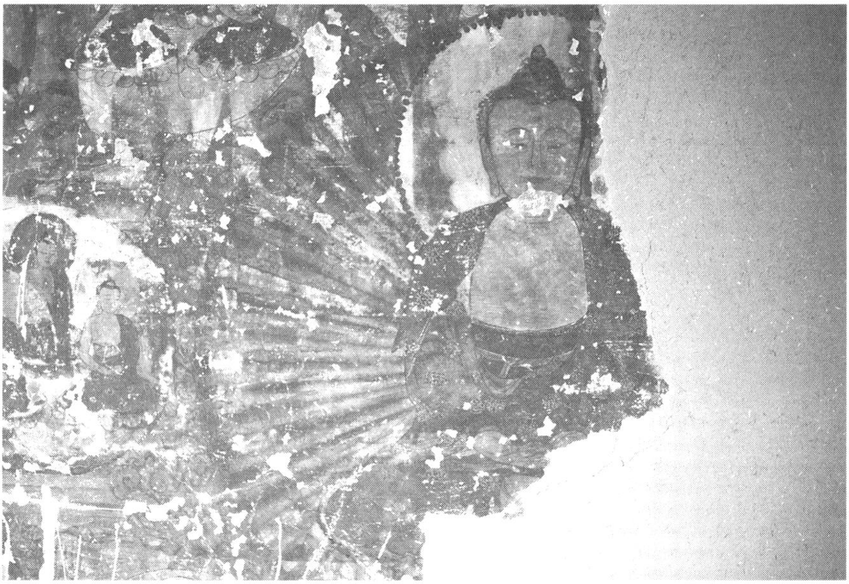

图版 71　第 69 窟(后山千佛洞)左壁壁画

图版 72　第 69 窟(后山千佛洞)右壁壁画

图版 73 第 69 窟(后山千佛洞)窟顶壁画

图版 74 第 69 窟(后山千佛洞)前壁窟门上方圆形建筑

图版 75　第 73 窟(古佛洞)内景

图版 76　第 73 窟(古佛洞)中心柱正面下层

图版 77　第 73 窟(古佛洞)中心柱正面上层《涅槃图》

图版 78　第 73 窟(古佛洞)中心柱后面龛

图版 79　第 73 窟(古佛洞)中心柱左面龛

图版 80　第 73 窟(古佛洞)中心柱右面上层坐佛

图版 81　第 73 窟(古佛洞)顶部壁画

图版 82　第 73 窟(古佛洞)前壁两幅《水月观音图》

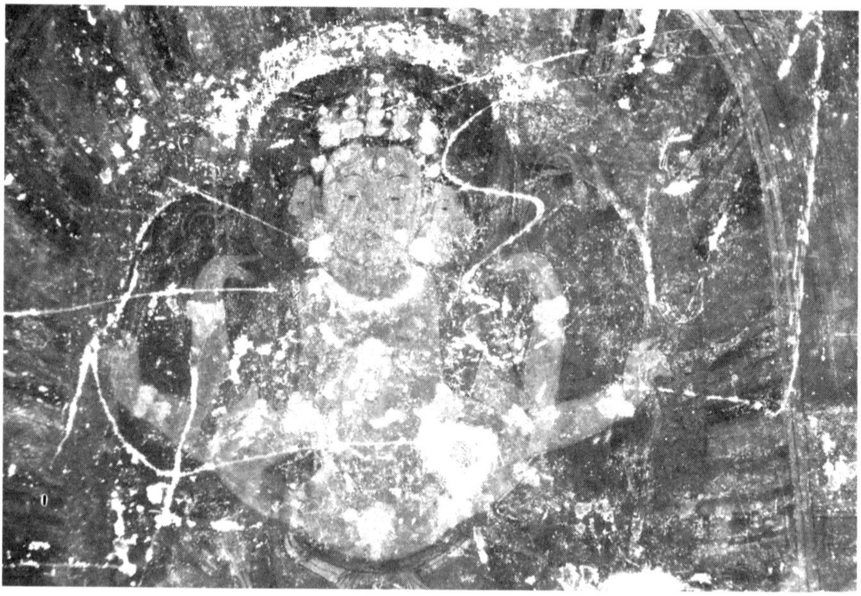

图版 83　第 73 窟(古佛洞)前壁《摩利支天图》

图版 84　第 73 窟(古佛洞)右壁壁画

图版 85　元重修文殊寺碑(汉文)

图版 86 元重修文殊寺碑(回鹘文)

附 录

附录一：文殊山石窟历代题记

一、第19窟（万佛洞）题记

（一）中心柱四面

1．钦差分守肃州右参将金川张世忠因防虏至此　万历三十九年(1611年)七月十四日

2．乾隆四十四年（1779年）四月初八日□香信道弟子董沾☑张□善　王振□　张□□　李□□

3．四十七年（1782年）四月初八日　董□□　王振□宋㨗　李□　李□　董□□

4．道光卅年(1824年)四月初三辛学□……

（二）左壁

1．康熙七年(1668年)四月初八日上香

肃州协营内司人等□□

殷进中　杨羲杰　未臣

李宗唐　表海

2. 试看山美景诸侠在内藏

昙华来现瑞大放百毫光

康熙二十六年(1687 年)四月初一日朝山弟子游僧

明恭明白系镇番人氏

海清寂染等二□时中吉祥如意

王

3. 光绪三十三年(1907 年)四月初一日朝山进香

中□　李元　鲁兴玉

王吉才　黄草坝　朱定祁

4. 康熙二十六年(1687 年)八月十九日

肃州营左右哨三队信士到此题

亢金龙　刘勇

刘俊　赵怀清

□得胜　王□

□进库　尚进禄

□得仁　杨泉

5. 康熙二十六年(1687 年)四月初一日朝山进香弟子

云游□堡惠西安付家禅主人

张成　常光显　赵□成等重□□……

6. 弘治三年(1490 年)二月道士石□……

7. 古洞寂寞深

佛龛现法身

不见僧主应

香云缭绕空

万历壬寅年(1641 年)六月吉旦

云游道人林峯子题

8. 弘治三年(1490 年)正月初□日

□□善□□□□

甘州道□石云妙名

善清妙元妙□

陈无妙□

9. 光绪十八年(1892 年)四月初一日引诱经□□

問□□ □□ 王门□

10. 嘉靖二十一年(1542 年)……

游方道人……

过了一山又……

山坡堤四好……

路破铁戟无……

今日终到□……

若问贫道……

只看图……

(三)前壁

1. 光绪十八年(1892 年)四月初一日朝山人

移至宣统元年(1909 年)四月一日

闫海 李友德 张□仁 李昌

朱定邦 穆得保 张自千

张癸云 王吉才 衆善会

首

李元 朱□成 鲁兴玉 雷法林 王进贤 盛克九

王彦福　全孝忠　朱英录

安登才　王吉福

盛祥

2. 正德二年(1507年)十月六日……

3. 正德十五年(1520年)九月□□日

4. 此大古佛在宝山

闻听千佛在洞□

若是常年永无□

来年四月把香焚

肃郡信女洪王氏于嘉靖

十六年(1537年)六月初一日进举许愿焚香五□□

5. ……□□指挥□事许忠……□□十□年六月□日

6. 深山隐古寺

塞陌少僧行

洞内神光暗

岩前碑字昏

法堂蚊排阵

讲座结蛛丝

随意来階下

拂尘题小诗

微生黄暄拙笔题诗

正统八年(1443年)七月初一日肃州右

所千户黄下舍人黄暄　黄琼

7. 嘉靖二十五年(1546年)六月内张文子提调到此

8. 海藏寺僧孜真……威群

二、第19窟(万佛洞)回鹘文题记①

(一)右壁

1.(1)万历十五年(1587年)……

(2)月初九……Bqšdar、

(3) Bulta……沙弥到此(敬拜后)返回。

2.(1)唵、嘛、吽,吉祥年……

(2)于大清顺治十五年(1658年)四月初四,

(3)为求得文殊师利发愿而来的有信仰之心者:

(4) 僧人Ilitä·Upaya、Qunčuy沙弥、Taluy沙弥、Atdan·Tükäl优婆塞。

(5)还有(以下)Tarïm(姓者):

(6)Qua·Ččäk·Tarïm、Udumbar·Čäčäk·Tarïm、Kösüm bar·Čäčäk·Tarïm等。

(7)(此)第三十次(?)拜佛功德之量,愿我们得以解脱,洗刷罪过。

(8)愿我们得以解脱,灾难消除,

(9)愿烦恼之苦果禁灭。

3.(1)于嘉靖(?)三十年(1551年)二月新日(初一)。

(2)(我们)怀念圣文殊师利住地,来到(此寺)并看他像(后),

(3)认为(他是)守护毗婆尸佛者,故来此(像)膜拜。

①伊斯拉菲尔·玉素甫,张宝玺《文殊山万佛洞回鹘文题记》,吐鲁番学研究院编《语言背后的历史——西域古典语言学高峰论坛论文集》,上海古籍出版社,2012年,第94—106页。

(4)吉日,即末日(来此者):僧人 Tün(?)·Toyčï、僧人 Darm、僧人Sanggaširi……。

(二)左壁

1. (1)顺治八年(1651 年)四月初五敬拜。我们在僧人 Darmašri带领下

(2)入此(寺)。(我们),僧人 Malayï 和 Yïruq、僧人 Suvsadï·Ratnabalï 敬拜后返回。

(3)我 Ratnabalï 书写(题记),愿后来僧人当做留念。

(4)唯进入欢喜(?)寺,且静坐祈祷吧。

2. (1)顺治九年(1652 年)四月初四,

(2)我们,(即)Ratnabalï·Baqšï、Itäčü、Sümtä·Törüčü……

(3)Ünäčäy、Lu·Qogdu、Bulatuq(č)ï(敬拜)。

(4)愿后来僧人当做纪念吧。

3. (1)顺治九 (2)年(1652 年)四

(3)月初 (4)四

(5)时(写)完 (6)我们,Budaya·Sayï、

(7)Taga·Čičlä、 (8)Sazda·Torčï、

(8)Mardan·Čäčäk、 (10)Tan Yua an

(11)六月 (12)九(日)

(13)来(此敬拜)。

4. (1)万历二十(? 年? 月)

(2)初二,我们,僧人 Bu(d)a balï、

(3)僧人 V(a)čir、优婆塞…-čamastu、

(4)优婆塞 Ta、优婆塞 Tard、

(5)Sayïn(和)Buldan 与妻子一起

(6)来(此寺)敬拜。

(7)唵、嘛、吽,祝福。

(8)我们,僧人 K(a)plan、僧人 Qavčum、

(9)优婆塞 Bod·Töküz、Badum·Tarïm、tämir baš 男子

(10)等已属于他世(即来世)的

(11)(母亲 Batmï·Tarï)

(12)吉祥之骨从这山林

(13)(送)到…(处),回向报恩后返回。

(14)愿后人(将此题记)当做纪念吧。

(15)来的人还有:

(16)我,(即)僧人 Iskäp、

(17)僧人 Särinmäk、

(18)僧人 Blgä·、Taluy、僧人

(19)ïqbal……、僧人 Solučm、Ratna·V(i)čay

(20)沙弥、Töčük·Irsimšü 沙弥、

(21)V(a)čir·Közätkü 沙弥

(22)等。愿(通过)此功德,(佛祖)

(23)恩惠近于(我们)吧。善哉。

5. (1)康熙十三年(1674 年)……solungqa suy(?)……

(2)吉祥年四月初三,来……

(3)所有新(?)……我们,Sävinč·Baqšï、……、

(4)……Sügpü 敬拜(此寺)。(愿题记)当作纪念吧……

(5)……之子得到佛果吧。

6. (1)康熙十三年(1674 年)四月初三

(2)为敬拜而来者:

(3)僧人 Sodpa、僧人 Buyan·Tartï、

(4)Sarïn·(a)na 沙弥、Buyq(a)·Y 一……

(5)沙弥、Karma……

(6)愿佛赋予(我们)希望。

7. (1)万历四十二年(1614 年)六月

(2)初一,我们 Ačïnday-va、

(3)Nikäy·Saday-va、boday-va、Ačula、

(4)Mangal·T(ö)küz 和 Tana·Töküz 沙弥

(5)敬拜(此佛寺)后返回。

(6)愿(此题记)作为纪念,(当后人)见其(时,对佛法的)信念继续吧。善哉。

8. (1)我们,僧人 Bilgä·Taluy、僧人 B(ilgä)·Saqšï

(2)沙弥、Agil、Kärdi(等)大小(人)都

(3)敬拜(此佛寺)后返回。

(4)康熙五十二年(1713 年)四月

(5)初六敬拜

三、第 19 窟(万佛洞)藏文题记①

1. 山夫旦桑布,祖结口口,喜萨如口□,洪占　祖云□□

2. ……僧人以身语意顶礼! 愿一切灾祸得以消除。善哉!

3. 普那巴罗桑彭措、罗桑钦排等朝圣至此,齐集在文殊座下。……佛祖释迦……

①张宝玺《河西北朝石窟》,上海:上海古籍出版社,2016 年,第 188 页。

4.(经咒),罗桑彭措……

四、第69窟(后山千佛洞)题记

前壁门上有一长方形题记框,题记框边线以泥条浮塑,内有题记:

南无阿弥佗佛,胜缘寺僧惠启宗□□,夹□□,□总旗,赵进南,与父还愿进香,十八年九月。

五、第73窟(古佛洞)题记

前壁右方近入口处,有泥金凸起的题记四行,文已磨减过半,题记如下:

弘治十年(1497年)春重修……子。请大方画工,路洪,河忠……

附录二:《有元重修文殊寺碑铭》汉文录文

唵達凡昔帝悉怛大吉祥者,崇信三宝,如清凉帝青宝于世界,□为总为大。[太]祖皇帝真吉思天赐金轮宝位,绍继于薛禅皇帝金轮天子,皇帝、皇后、皇太子及金枝玉叶,皆积集善根,广种良田,于法门中作引道者,普利众生,悉令开悟。金转轮王皇帝南赡部洲为世之主,传位与真吉思皇帝,即位之年降生下叉合歹:义勇绝世,相貌端严,聪明乃义贯人间,福德而智慧具足,真金上子,万民可爱,真□有倚。于中花佛国降生[拜答]里大王:洪福高厚,宿世作因,万国之上,真龙太子。阿[禄]嵬大王降生世间:福气超伦,万事皆至,无业真心法宝同体,根本真性。降生下主[伯]大王:上根无比,于佛法性,如真甘露,法门道中,行理相同。降生喃忽里大王:智慧聪明,福禄最高,礼义非常,博通经律,妙解真空,于诸戒中最为第一,天下万民,无不钦仰。于大地中降生喃答失太子。从上诸王皆坐叉合歹金位后俱升天矣。喃答失太子见登□叉合歹金轮宝位,钦信佛法,深种福田,大启妙善真心,广作无涯胜福大菩提心,以圆满最吉祥身之光明,福惠周全,功德成就。且肃州西南三十里嘉谷山者,乃一切贤圣栖神化远之归心。林泉秀美,涧壑寂寥,神光现于长空,石室藏于畔侧。爰有郑善进睹兹祥瑞,发心修盖文殊殿已经年远。今遇喃答失太子,[常]闻[圣]境之地,每慕觐仰之心,同众兄弟等于六月二十三日,特进焚香。豁然天面雨分,现五色之瑞光,众皆咸睹。于三宝中得广大成就,大开青莲之目。所观文殊圣寺古迹建立已经八百年矣,我今坐叉合歹宝位,将寺宇翻盖重修,普渡沉沦,于佛会中同得受生。我发大心,救护众生,无量无边,总皆成佛。南忽里父、完者母诞降生喃答失太子。巴都麻答并亦禄歹二妃子,公主孤麻等,众兄弟子孙等,众宰相官员及百姓等,悉皆欢悦,喜跃无尽。金资贿赂,随力所施,同结胜缘。寺宇周成,材梁整台,殿方高墙,壁乃彩绘,圣容间金,而五色妆就,宝瓶琉璃皆砌周全,钟楼碑楼工成咸就,周围垣墙悉成已毕。愿今大菩提心喃答失太子寿年绵远,盛体安康,永无灾虞,边方宁静,及十方界五谷丰登,合国内万民安乐。又广启虔心,文殊殿内愿立长明灯一座,所施灯油田地一十顷,永为常住,付主持僧耳你长老加令真、耳立、嵬梨忍普。所将种种善根功力伏乞[天]上[地]下一切神[祇],天下地上一切灵享,运大威严祈祐喃答失太子等,常皆拥护,无诸魔障。法门广遍十方世界,功圆行满,福德周成,金枝永茂于千春,命等南山之寿算,凡修善心总愿成就,所作黑业皆悉不成,此世来生福慧增明,尽法界虚空界,我愿广遍普及众生,超证佛果,直至菩提者矣。大元泰定三年岁次丙寅八月丁酉朔十五日丙戌上旬。喃答失太子立石。弘法僧速那令真撰　秦亭辩吉□。

附录三：元回鹘文《有元重修文殊寺碑铭》汉译文

（译文中阿拉伯数字表示行数）//表示原碑后面的字抬头书写。/表示一行结束，其后下一行开始。①唵速吼昔帝悉怛吉祥如意。为赐福给继承崇信(？)以佛为首三宝的、像如意宝珠一样的、虔诚的……//②成吉思汉(帝位的)、//③薛禅可汗的黄金后代—//④(当今也孙铁木耳)皇帝、皇后(和)皇太子等伟大后裔。//⑤承继察哈台位的喃答失太子(今特)命人修建此文殊寺(并)立碑石(为证)。从转轮王…(南)赡部洲之主…菩萨//⑥成吉思汗生察哈台俱录。从该高贵、善良的汗那里生所有人民、国家的骄傲、(像)莲花宝一样拜答里大王。(又)从该有福的圣者那里/⑦生以前做…天中天阿鲁忽提提格。(又)从该威严的汗那里生十分虔诚的……主伯大王。/⑧(又)从该敬信佛法的圣者那里生如甘露一样纯真的、遵行佛法的喃忽里毗伽。(又)从该有福者那里生福禄智慧之(主)、/⑨行菩萨道的、敬信佛法的、(成为)一切人众骄傲的、大慈大悲的、具有纯洁智慧的、怀有不二诚心的、/⑩具有吉祥妙身的、像绿宝石宝贝一样漂亮的具有神力的摩诃萨埵//⑪喃答失太子。//⑫从阿鲁忽开始到喃忽里诸有大福的圣者在继承察哈台宝位后都上昇兜率天去了。现在喃答失太子…/⑬继承察哈台宝位后，由于十分敬信纯洁三宝之故，它和兄弟等人去拜谒位于肃州嘉谷沟中的、以前…由郑善进修建的圣文殊寺时，/⑭于六月(二十三日)看见天空中异样五色光辉，(于是)益发全心崇信(佛法)。崇信佛法的、/⑮如菩萨一样的喃答失太子听说(重)修已毁寺院功德无量，多筑…精舍则作金轮王，一切…都将…/⑯在其宽大心中。虔诚……迅速……以(青)莲之目看见该寺院。　该特异的寺院建立以来已过八百年。/⑰现在(自己)继承(察哈台宝位)，应(重新)修建(此寺院)。(于是)他为了一切众生的利益，发大心以金口对众人说道：/⑱为以后……虔诚的众官员，让我们(重)修此(文殊)寺院,使人们永解系缚,天上人间常享快乐,成无上//⑲正等觉,他这样亲口劝说了。众人听到这等劝说后,同菩萨喃忽里(大王)和完者夫人所生喃答失太子及(名叫)巴都麻…和(亦禄)歹/⑳的(二)夫人侍女等以及虔诚的众兄弟、子孙、众官员一起,都诚心尽力捐施金银(宝)钞,把该寺院/㉑修葺得从未见过地那样漂亮。(殿)台建得高高的,内外刷饰一新,彩绘周墙,请来圣文殊(菩萨像),用金色装饰,(四周)镶砌圆状之宝饰,并立钟楼碑石。/㉒为了(当今)皇帝的长寿,(又)施灯(油)、香烛(钱)一十顷田地给僧众,以作寺院财产。愿借此功德,天上/㉓(人间)一切神祇神力增加,并愿它们以其增加之神力保佑具有大福的喃答失太子及其兄弟、国家、人民无灾无难,/㉔并愿其善法广布十方(世界),愿具有大福的喃答失太子与其家族长寿健康,愿今后菩萨喃答失太子永无厄难,福慧添/㉕增。(并)愿陷于生(死之)网的一切众生永离生死轮迴,增添无上……。此碑石为一切众人所见,/㉖立于大(元泰定三年)秋八月……丙寅年八月十五日……(作者)依尔普阿答法师,抄写人亦赫迷失·哈牙,刻工李克西。(摘自耿世民、张宝玺:《元回鹘文〈重修文殊寺碑〉初释》,《考古学报》1986年第2期,第261页。)

附录四：文殊山石窟信息一览表

分区	名称	编号	窟形	时代	坐标或位置	尺寸(米)			备注
						宽	深	高	
谷口区		K1		未知	坐标:N39° 39'16.83" E98° 21'15.22" 高程:1699 米 位于文殊山入口处				K1~K4 窟塌毁严重，无法进行实际测绘，仅给予编号
		K2		未知					
		K3		未知					
		K4		未知					
		K5	纵长方形窟	未知	西偏南 30°	3.10	3.40	1.89	废弃
		K6		未知					K6~K8 残留部分窟口，窟内塌毁掩埋，无法进行实际测绘，仅给予编号
		K7		未知					
		K8		未知					
		K9	纵长方形窟	未知	西偏南 20°	2.73	4.76	1.75	废弃

续表

分区	名称	编号	窟形	时代	坐标或位置	尺寸(米)			备注
谷口区		K10	刀把形窟	未知	正西	2.86	3.52	1.88	废弃
		K11	方形窟	未知	正西	2.75	2.31	1.73	废弃
		K12		未知					塌毁
		K13	长方形窟	未知	南偏东 35°	4.20	2.40	1.67	废弃
		K14	刀把形窟	未知	南偏东 40°	2.68	2.48	2.63	废弃
		K15		未知					K15~K18 塌毁严重,无法进行实际测绘,仅给予编号
		K16		未知					
		K17		未知					
		K18		未知					
前山区	万佛洞	K19	中心柱窟	北魏	坐标:N39° 39'19.28" E98° 20'55.55" 高程:1737 米 南偏西 15° 红庙沟山壁北侧	5.60	5.65	3.60	有壁画、塑像
		K20	佛殿窟	未知	南偏东 3°	6.14	6.56	3.37	塌毁
		K21	禅窟	未知	南偏西 20°	2.46	5.00	1.99	废弃

续表

分区	名称	编号	窟形	时代	坐标或位置	尺寸(米)			备注
前山区		K22	禅窟	未知	南偏西 20°	2.28	5.08	1.89	废弃
		K23	龛窟	未知	南偏西 20°	3.44	0.97	2.10	位于 22 窟上方
		K24	禅窟	未知	南偏西 13°	2.78	3.21	2.20	改为现代民房
		K25	禅窟	未知	南偏西 13°	2.87	3.16	1.86	改为现代民房
	观音殿	K26	禅窟	未知	南偏西 25°	1.70	3.60	1.50	近代重妆
	弥勒殿	K27	禅窟	未知	南偏西 25°	1.70	4.10	1.50	近代重妆
	地藏殿	K28	禅窟	未知	南偏西 25°	2.30	3.90	1.5	近代重妆
	千佛洞	K29	中心柱窟	北魏	南偏西 35°	4.10	3.80	3.56	有壁画、塑像
		K30	中心柱窟	未知	南偏西 35°	3.43	2.68~4.10	3.75	塌毁
	文殊寺菩萨殿	K31	佛殿窟	元代	东偏南 55°	5.60	4.56	4.05	有塑像壁画
		K32	中心柱窟	未知	东偏南 50°	4.65	2.70	3.06	塌毁严重
		K33	禅窟	未知	西偏南 30°	3.25	4.21	2.09	内供佛像
营房后区		K34	佛殿窟	未知	坐标:N39° 39′ 02.29" E98° 20′ 33.71" 高程:1725 米 东偏南 32°	2.57	2.63	1.90	废弃
		K35	佛殿窟	未知	东偏南 60°	2.80	1.71	1.52	塌毁过半

续表

分区	名称	编号	窟形	时代	坐标或位置	尺寸(米)			备注
营房后区		K36	佛殿窟	未知	东偏南 60°	2.56	1.75	1.41	残窟
		K37	未知	未知	东偏南 57°				塌毁
		K38	佛殿窟	未知	东偏南 30°	3.05	2.73	2.01	废弃
		K39	佛殿窟	未知	东偏南 34°	2.61	2.27	1.76	废弃
		K40	佛殿窟	未知	东偏南 33°	2.48	2.04	1.90	废弃
		K41	佛殿窟	未知	东偏南 30°	2.99	2.56	2.23	有残留壁画
		K42	佛殿窟	未知	东偏南 19°	2.24	1.78	1.47	塌毁
		K43	佛殿窟	未知	东偏南 19°	3.21	2.51	1.98	废弃
		K44	未知	未知					塌毁
		K45	未知	未知					悬于半崖
		K46	未知	未知					悬于半崖
		K47	未知	未知					悬于半崖
		K48	未知	未知					悬于半崖
		K49	佛殿窟	未知	东偏南 50°	2.47	2.60	1.72	废弃
		K50	佛殿窟	未知	东偏南 52°	2.51	2.72	1.74	废弃
		K51		未知					塌毁
		K52		未知					塌毁
		K53		未知					塌毁
		K54		未知					塌毁

续表

分区	名称	编号	窟形	时代	坐标或位置	尺寸(米)			备注
营房后区		K55	佛殿窟	未知	南偏西 47°	5.43	3.20	3.50	废弃
		K56	佛殿窟	未知	东偏南 41°	5.98	3.52	5.10	废弃
		K57	佛殿窟	未知	东偏北 7°	5.19	4.15	4.50	废弃
		K58	佛殿窟	未知	东偏北 8°	2.42	3.20	2.90	废弃
		K59	佛殿窟	未知	东偏南 42°	2.80	2.30	2.91	废弃
后山区		K60	禅窟	未知	坐标:N39° 38'96.02" E98° 20′ 33.71" 高程:1769~1843 米 北偏东 18°	3.20	4.10	2.50	废弃
		K60	禅窟	未知	坐标:N39° 38'96.02" E98° 20′ 33.71" 高程:1769~1843 米 北偏东 18°	3.20	4.10	2.50	废弃
		K61	僧房窟	未知	东偏南 23°	4.00	3.70	2.81	有烟道、炕迹
		K62	僧房窟	未知	东偏北 14°	1.40	3.50	2.53	有烟道
		K63	禅窟	未知	北偏西 17°	1.60	1.95	1.00	留拱形小窟口，顶部塌毁

续表

分区	名称	编号	窟形	时代	坐标或位置	尺寸(米)			备注
后山区		K64	佛殿窟	未知	北偏西 7°	2.80	2.70	2.80	由三个龛窟组成，有窟前建筑已塌毁，左侧龛：宽 1.25 米、进深 1.80 米、高约 2.20 米；右侧龛：宽 1.25 米、进深 1.70 米、高约 2.20 米
		K65	方形窟	未知	北偏东 45°	3.60	2.51	2.00	坍塌过半
		K66	佛殿窟	未知	北偏东 23°	3.71	3.78	2.13	坍塌过半
		K67	中心柱窟	未知	北偏东 40°	4.50	4.41	3.87	中心柱正面有佛龛遗迹，左侧有侧室
		K68	方形窟	未知	北偏东 25°	4.40	3.72	1.35	有前后两甬道分别通往 67 窟和 73 窟
	千佛洞	K69	中心柱窟	西魏	北偏东 40°	6.15	5.35	3.90	有塑像壁画
		K70	佛殿窟	未知	北偏东 23°	2.71~3.80	2.18~3.75	1.55	有两个窟口，窟口处坍塌严重
		K71	佛殿窟	未知	东偏北 23°	4.32	4.43	3.20	主壁有龛，左壁有侧龛

续表

分区	名称	编号	窟形	时代	坐标或位置	尺寸(米)			备注
后山区		K72	禅窟	未知	东偏北 15°	2.15	1.85	2.33	塌毁严重
	古佛洞	K73	中心柱窟	西魏	东偏北 22°	5.40	5.55	3.50	有壁画
		K74	僧房窟	未知	东偏北 43°	5.93	3.46	2.83	窟前建筑塌毁,窟内有烟道
		K75	近方形	未知	南偏西 59°	2.33	1.07	2.21	塌毁严重,残留右侧泥坯墙
		K76	佛殿窟	未知	南偏西 57°	3.00	3.16	2.80	近代重妆
		K77	中心柱窟	未知	东偏南 40°	8.30	7.65	3.23	损毁严重
		K78	佛殿窟	未知	北偏东 54°	2.10	3.95	2.47	近代重妆
		K79	佛殿窟	未知	北偏东 53°	3.40	2.66	3.35	塌毁严重
		K80	佛殿窟	未知	北偏东 53°	3.31	2.05	3.35	塌毁严重
		K81	佛殿窟	未知	北偏东 7°	5.90	2.60	2.77	窟口塌毁,窟内残存佛坛
		K82	僧房窟	未知	北偏东 42°	4.93	3.63	2.43	废弃
		K83	佛殿窟	未知	东偏南 30°	10.54	4.10	3.80	主壁开龛
		K84	僧房窟	未知	西偏南 20°	4.34	5.12	2.93	后室:3.85、3.35、2.30 侧室:4.95、4.48、2.30
		K85	佛殿窟	未知	西偏北 4°	4.33	4.40	2.91	后室:5.94、3.67、2.31 左室:3.10、4.46、2.31

续表

分区	名称	编号	窟形	时代	坐标或位置	尺寸(米)			备注
后山区		K86	僧房窟	未知	西偏北 20°	3.65	2.30~5.24	2.31	后世重新改造现已废弃
		K87	近方形	未知	北偏东 6°	1.71~2.71	3.10	2.31	塌毁严重
		K88	禅窟	西魏	北偏东 5°	2.60	7.00	2.40	早期禅窟，部分塌毁
		K89	僧房窟	未知	南偏东 45°	4.21	3.46	2.86	后世重新改造现已废弃
		K90	僧房窟	未知	东偏北 12°	3.00	4.38	2.72	有烟道，左右壁有甬道通往 91 和 89 窟
		K91	僧房窟	未知	东偏南 39°	3.53	3.67	2.70	有玻璃窗户，现代重妆
		K92	组合窟	未知	东偏北 37°	1.60	1.54	2.31	左室:1.40、2.00、2.31
		K93	僧房窟	未知	北偏东 60°	5.98	1.98	1.93	左室:4.85、2.33、2.42 右室:2.47、3.11、2.50
		K94	僧房窟	未知	北偏东 65°	3.05	4.54	2.50	现代重修，有门有窗
		K95	方形窟	未知	北偏东 65°	2.37	3.58	2.55	窟内废弃、堆满杂物
		K96	佛殿窟	未知	北偏西 30°	4.40	3.51	3.80	后世重修
		K97	禅窟	未知	南偏西 15°	3.19	5.40	2.80	右壁有龛，可坐禅
		K98	僧房窟	未知	南偏西 15°	4.74	4.56	3.00	有烟道

续表

分区	名称	编号	窟形	时代	坐标或位置	尺寸(米)			备注
后山区		K99	方形窟	未知	南偏西 20°	3.87	5.10	2.95	废弃
		K100	方形窟	未知	南偏西 30°	3.52	2.45	2.30	废弃
		K101	佛殿窟	未知	南偏西 25°	1.45~4.17	2.84	1.94	位于 100 窟与 102 窟上方
		K102	佛殿窟	未知	南偏西 40°	3.42	4.06	2.12	现代重妆
		K103	佛殿窟	未知	西偏北 22°	3.66	3.94	2.63	主壁及左右壁下方有双层佛坛
		K104	近方形	未知	东偏南 30°	1.54	2.06	0.68	塌毁严重
		K105	佛殿窟	未知	东偏北 30°	8.24	4.57	4.70	后室:3.36、3.58、3.54 左龛:1.48、1.91、1.74 右龛:1.49、1.91、1.74
		K106	佛殿窟	未知	东偏北 40°	7.78	4.55	4.30	后室:3.74、3.60、3.27
		K107							整窟塌毁,仅给予编号
		K108	方形窟	未知	东偏北 40°	3.83	1.90	2.75	废弃窟内堆满沙石
		K109	马蹄形	未知	东偏北 37°	2.73	3.30	2.34	塌毁严重
		K110	方形窟	未知	北偏东 14°	3.87	1.88	1.98	塌毁严重
		K111	方形窟	未知	东偏北 16°	4.16	2.35	2.34	废弃

续表

分区	名称	编号	窟形	时代	坐标或位置	尺寸(米)			备注
后山区		K112	僧房窟	未知	北偏东 67°	2.74	4.41	2.91	右室:1.73、2.40、2.81
		K113	僧房窟	未知	北偏东 18°	1.65	4.70	2.46	前室 1:2.63、2.00、3.22 左室 2:2.40、2.00、2.20 左室 3:1.90、2.20、2.00 右室 4:2.53、2.45、2.40 右室 5:2.00、2.90、1.93
		K114	佛殿窟	未知	北偏东 40°	3.05	2.88	3.21	残留清代重绘壁画
		K115	龛窟	未知	北偏东 46°				位于 114 窟上方
		K116	不规则	未知	北偏东 55°	5.34	3.86	3.30	塌毁严重
		K117	佛殿窟	未知	北偏东 38°	2.20	0.90	1.89	窟前有建筑遗迹，窟内残留清代重绘壁画
		K118	佛殿窟	未知	东偏北 4°	1.54	2.00	1.35	塌毁严重
		K119	佛殿窟	未知	东偏北 4°	1.09	1.02	1.35	
		K120	佛殿窟	未知	东偏北 4°	1.13	1.02	1.29	龛内残留泥皮和壁画痕迹
		K121	佛殿窟	未知	东偏北 4°	1.14	1.05	1.24	龛内残留泥皮和壁画痕迹
		K122	佛殿窟	未知	南偏西 10°	4.34	2.38	1.56	有窟前建筑遗迹
		K123	佛殿窟	未知	南偏西 15°	1.80	2.40	1.65	崖面塌毁,存拱形龛窟

续表

分区	名称	编号	窟形	时代	坐标或位置	尺寸(米)			备注
后山区		K124	佛殿窟	未知	北偏东 71°	4.33	1.95	2.43	有窟前建筑遗迹
		K125	佛殿窟	未知	北偏东 71°	2.08	5.00	2.20	窟前有建筑遗迹,窟内残留清代重绘壁画
		K126	佛殿窟	未知	北偏东 71°	4.38	2.97	2.27	后室:1.86、0.98、2.23
		K127	不规则	未知	南偏西 13°	5.90	2.10	2.60	窟内堆满沙石
		K128	佛殿窟	未知	南偏西 50°	4.10	3.10	3.64	右室:4.65、2.82、2.80
		K129	方形窟	未知	南偏西 50°	5.46	2.48	3.33	窟内堆满沙石
		K130	僧房窟	未知	南偏西 45°	5.68	2.21	3.33	塌毁严重,有烟熏痕迹
		K131	近方形	未知	西偏南 28°	5.00	4.00	3.06	有长方形食槽,后世改为马圈
		K132	近方形	未知	南偏西 50°	5.20	3.24	3.00	窟口塌毁，内有长方形食槽,后世改为马圈
		K133	不规则	未知	南偏西 60°	2.15	1.76	1.16~2.00	塌毁严重
		K134		未知	南偏西 55°				塌毁
		K135	僧房窟	未知	西偏南 25°	4.86	2.86	3.20	右壁与前壁拐角处有烟道
		K136	方形窟	未知	南偏西 15°	2.08	3.36	1.97	塌毁严重

续表

分区	名称	编号	窟形	时代	坐标或位置	尺寸(米)			备注
后山区		K137	佛殿窟	未知	西偏南 40°	6.87	3.52	2.30	后室:2.63、3.90、3.00
		K138	僧房窟	未知	南偏西 55°	3.15	4.00	1.97	下底部有烟道痕迹
		K139	组合窟	未知	正南	2.90	4.50	2.75	右室:3.00、4.50、2.75
		K140	僧房窟	未知	西偏北 25°	7.08	5.15	3.10	后室:2.20、2.85、2.70
		K141	组合窟	未知	西偏北 40°	3.50	4.07	2.76	右侧室:2.44、3.45、2.75
		K142	方形窟	未知	南偏西 3°	2.98	4.00	2.90	残留近代壁画
		K143	僧房窟	未知	西偏南 40°	7.60	2.80	2.46	后室:3.10、4.05、2.05
		K144	僧房窟	未知	西偏南 30°	8.00	3.16	2.78	后室:2.57、3.14、2.70
		K145	组合窟	未知	西偏北 26°	2.43	4.20	1.63	右侧室:2.70、1.25、2.77
		K146	僧房窟	未知	南偏西 40°	3.62~4.74	3.90	2.30	窟前有建筑遗迹,窟内有泥砖砌炕痕迹
		K147	方形窟	未知	北偏东 72°	1.48	2.41	1.31	窟内堆满沙石
		K148	组合窟	未知	北偏东 63°	5.00	2.43	1.48	后室:4.50、0.90、1.47
		K149	方形窟	未知	北偏东 68°	3.48	1.41	1.30	窟内堆满沙石
		K150		未知					塌毁严重,无法进入测绘,仅给予编号
		K151		未知					塌毁严重,无法进入测绘,仅给予编号
		K152		未知					塌毁严重,无法进入测绘,仅给予编号

参考文献

一、文献典籍

1. 史籍

《史记》,北京:中华书局,1963 年。

《汉书》,北京:中华书局,1975 年。

《后汉书》,北京:中华书局,1965 年。

(北魏)郦道元著,陈桥驿校证《水经注校证》,中华书局,2007。

(北魏)崔鸿《十六国春秋》,钦定四库全书本。

(北魏)杨衒之《洛阳伽蓝记》,《大正藏》第 51 册。

《魏书》,北京:中华书局,1997 年。

(梁)释慧皎撰,汤用彤校注《高僧传》,北京:中华书局,1992 年。

《北史》,北京:中华书局,1974 年。

《周书》,北京:中华书局,1971 年。

(唐)杜佑《通典》,北京:中华书局,1984 年。

《晋书》,北京:中华书局,1996 年。

《隋书》,北京:中华书局,1973 年。

《旧唐书》,北京:中华书局,1975 年。

(南宋)祝穆《方舆胜览》,北京:中华书局,2003 年。

(宋)释道诚撰,富世平校注《释氏要览校注》,北京:中华书局,2014 年。

（宋）李焘著《续资治通鉴长编》，北京：中华书局，1985 年。

（宋）赞宁撰，范祥雍点校《宋高僧传》，北京：中华书局，1997 年。

《新五代史》，北京：中华书局，1974 年。

（宋）洪皓《松漠纪闻》，长春：吉林文史出版社，1986 年。

《宋史》，北京：中华书局，1985 年。

《元史》，北京：中华书局，1976 年。

（清）柯劭忞《新元史》，北京：中国书店，1986 年。

（清）徐松，朱玉麒《西域水道记》，北京：中华书局，2005 年。

（清）顾祖禹《读史方舆纪要》，中华书局，2005 年 3 月。

屠寄《蒙兀儿史记》，北京：中国书店，1984 年。

（清）黄文炜修，吴生贵等校注《重修肃州新志》，北京：中华书局，2008 年。

（清）李德魁纂修《甘肃省肃镇志》，顺治十四年抄本，成文出版社有限公司印行。

（清）吴广成《续修四库全书》，上海：上海古籍出版社，2002 年。

《明史》，北京：中华书局，2004 年。

2. 经藏

《大正藏》

二、专著

张维《陇右金石录》，甘肃省文献征集委员会校印，1942 年。

（唐）张彦远《历代名画记》，北京：人民美术出版社，1963 年。

陈垣《释氏疑年录》，北京：中华书局，1964 年。

［日］水野清一《中国の佛教美术》，平凡社，1968 年。

许容等监修《中国边疆丛书》（第 2 辑），《甘肃通志》，台湾：文海出版社，1966 年。

王毅《北凉石塔》,《文物资料丛刊》第1辑,北京:文物出版社,1977年。

汤用彤《隋唐佛教史稿》,北京:中华书局,1982年。

《裕固族简史》编写《裕固族简史》,兰州:甘肃人民出版社,1983年。

周锡保《中国古代服饰史》,北京:中国戏剧出版社,1984年9月。

刘敦祯《中国古代建筑史》,北京:中国建筑工业出版社,1984年。

陈炳应《西夏文物研究》,银川:宁夏人民出版社,1985年。

张宝玺《文殊山万佛洞西夏壁画内容》,《1983年全国敦煌学术讨论会文集》(石窟·艺术编),兰州:甘肃人民出版社,1985年。

《新疆艺术》编辑部编《丝绸之路造型艺术》,乌鲁木齐:新疆人民出版社,1985年。

刘玉权《莫高窟西夏艺术》,兰州:甘肃人民出版社,1986年。

孙修身《莫高窟壁画艺术——元代》,兰州:甘肃人民出版社,1986年。

甘肃省文物工作队编《陇东石窟》,北京:文物出版社1987年。

甘肃省文物考古研究所编《河西石窟》,北京:文物出版社,1987年。

史金波《西夏佛教史略》,银川:宁夏人民出版社,1988年。

史金波,白滨,吴峰云编《西夏文物》,北京:文物出版社,1988年。

杨建新《中国西北少数民族史》,银川:宁夏人民出版社,1988年12月。

[英]约翰·马歇尔著,王冀青译《犍陀罗佛教艺术》,1989年。

智观巴·贡却乎丹巴饶吉著,吴军、毛继祖、马世林译《安多政教史》,兰州:甘肃民族出版社,1989年。

新疆维吾尔自治区博物馆编《新疆石窟·吐鲁番柏孜克里克石窟》,乌鲁木齐:新疆人民出版社,1989年。

薄小莹《敦煌莫高窟六世纪末至九世纪中叶的装饰图案》,《敦煌吐鲁番文献研究论集(五),北京:北京大学出版社,1990 年。

朱英荣,韩翔《龟兹石窟》,乌鲁木齐:新疆大学出版社,1990 年 10 月。

张宝玺《河西北朝中心柱窟》,《1987 年敦煌石窟研究国际讨论会文集·石窟考古编》,沈阳:辽宁美术出版社,1990 年。

云冈石窟文物保管所《中国石窟·云冈石窟》(一),北京:文物出版社·平凡社,1991 年。

《新疆石窟吐鲁番柏孜克里克石窟》,新疆人民出版社,上海美术出版社,1992 年。

郑炳林《敦煌碑铭赞辑释》,兰州:甘肃教育出版社,1992 年。

陈守忠《河陇史地考述》,兰州:兰州大学出版社,1993 年。

杜斗成《陇右高僧录》,兰州:兰州大学出版社,1993 年。

温玉成《中国石窟与文化艺术》,上海:上海人民美术出版社,1993 年。

林保尧《法华造像研究》,北京:艺术家出版社,1993 年。

国家文物局教育处编《佛教石窟考古概要》,北京:文物出版社,1993 年。

[日]前田正名著,陈俊谋译《河西历史地理学研究》,北京:中国藏学出版社,1993 年。

新疆龟兹研究所编《龟兹佛教文化论集》,乌鲁木齐:新疆美术摄影出版社,1993 年。

敦煌研究院编《段文杰敦煌艺术论文集》,兰州:甘肃人民出版社,1994 年。

张宝玺《甘肃石窟艺术雕塑篇》,兰州:甘肃人民美术出版社,1994年。

段文杰《敦煌艺术论文集》,兰州:甘肃人民出版社,1994 年。

金申《中国历代纪年佛像图典》,北京:文物出版社,1994 年。

杨耀坤《中国魏晋南比朝宗教史》,人民出版社,1994 年。

黄新亚《中国魏晋南北朝艺术史》,人民出版社,1994 年。

李并成著《河西走廊历史地理》,兰州:甘肃人民出版社,1995 年。

黄征、吴伟编校《敦煌愿文集》,湖南:岳麓书社 1995 年。

敦煌研究院《敦煌石窟内容总录》,北京:文物出版社,1996 年。

宿白《中国石窟寺研究》,北京:文物出版社,1996 年。

马德《敦煌莫高窟史研究》,兰州:甘肃教育出版社,1996 年。

段文杰主编《中国敦煌壁画全集 10·敦煌西夏元》,天津:天津人民美术出版社,1996 年。

[俄]萨玛秀克著,许洋主译《丝路上消失的王国——西夏黑水城的佛教艺术》,台北,1996 年。

张金龙《北魏政治史研究》,兰州:甘肃教育出版社,1996 年。

汤用彤《汉魏两晋南北朝佛教史》,北京:北京大学出版社,1997 年 9 月。

张宝玺《甘肃石窟艺术壁画编》,兰州:甘肃人民美术出版社,1997 年。

敦煌研究院编《中国石窟·安西榆林窟》,北京:文物出版社,1997 年。

杨富学《回鹘之佛教》,乌鲁木齐:新疆人民出版社,1998 年。

张天顺主编《西夏天盛律令研究》,兰州:甘肃文化出版社,1998 年。

杜斗城《北凉佛教研究》,台湾:台湾新文丰出版公司,1998 年。

季羡林《敦煌学大辞典》,上海:上海辞书出版社,1998 年 9 月。

胡小鹏《元代西北历史与民族研究》,兰州:甘肃文化出版社,1999 年。

马德《敦煌石窟知识辞典》,兰州:甘肃人民美术出版社,2000 年。

阮荣春《佛教南传之路》,长沙:湖南美术出版社,2000 年。

殷光明《北凉石塔研究》,觉风佛教艺术文化基金会,2000 年。

新疆龟兹石窟研究所编著《克孜尔石窟内容总录》,新疆美术摄影出版社,2000 年。

邵如林《中国河西走廊》,兰州:甘肃人民美术出版社,2000年。

张宝玺《甘肃佛教石刻造像》,兰州:甘肃人民美术出版社,2001年。

贾应逸,祁小山《印度到中国新疆的佛教艺术》,兰州,甘肃教育出版社,2002年。

李淞《长安文明与宗教艺术》,北京:中华书局,2002年。

谢继胜《西夏藏传绘画——黑水城出土西夏唐卡研究》,石家庄:河北教育出版社,2002年。

任继愈主编《佛教大辞典》,南京:江苏古籍出版社,2002年。

上海古籍出版社、法国国家图书馆合编《法国国家图书馆藏敦煌西域文献》上海:上海古籍出版社,2003年。

李崇峰《中印佛教石窟寺比较研究——以塔庙窟为中心》,北京:北京大学出版社,2003年。

李裕群《古代石窟》,北京:文物出版社,2003年。

李裕群《北朝晚期石窟寺研究》,北京:文物出版社,2003年。

阎文儒《中国雕塑艺术纲要》,广西师范大学出版社,2003年。

阎文儒《中国石窟艺术总论》,桂林:广西师范大学出版社,2003年。

酒泉市肃州区委员会编《酒泉文史1—5辑合编本》,深圳:深圳市普加彩印刷有限责任公司,2003年。

李裕群《北朝晚期石窟寺研究》,北京:文物出版社,2003年。

阮荣春主编《丝绸之路与石窟艺术》(第二卷河西胜境),沈阳:辽宁美术出版社,2004年。

罗丰《胡汉之间——“丝绸之路”与西北历史考古》,北京:文物出版社,2004年。

梁银景《隋代佛教窟龛研究》,北京:文物出版社,2004年。

敦煌研究院编《2000年敦煌学国际学术讨论会论文集·石窟考古卷》,兰州:甘肃民族出版社,2003年。

彭金章，王建军《敦煌莫高窟北区石窟第 2 卷》，北京：文物出版社，2004 年。

王岩松编著《雪域民族——东纳藏族史略》，兰州：甘肃人民出版社，2004 年。

金申《佛教美术丛考》，北京：科学出版社，2004 年。

李正晓《中国早期佛教造像研究》，北京：文物出版社，2005 年。

李最雄编著《丝绸之路壁画彩塑保护》，北京：科学出版社，2005 年。

郑炳林，沙武田《敦煌石窟艺术概论》，兰州：甘肃文化出版社，2005 年。

贺世哲《敦煌图像研究》，兰州：甘肃教育出版社，2006 年。

敦煌研究院编《2004 年石窟研究国际学术会议论文集》，上海：上海古籍出版社，2006 年。

云冈研究院编《2005 年云冈国际学术研讨会论文集·研究卷》，北京：文物出版社，2006 年。

王建林绘《新疆石窟艺术线描集》，乌鲁木齐：新疆青少年出版社，2006 年。

张掖市文物研究保护所《张掖石窟研究文集》，兰州：甘肃人民出版社，2006 年。

［日］宫治昭著，李萍译《犍陀罗美术寻踪》，北京：人民美术出版社，2006 年。

宁夏文物考古研究所《山嘴沟西夏石窟》，北京：文物出版社，2007 年。

沙武田《敦煌画稿研究》，北京：中央编译出版社，2007 年。

安邕江《酒泉史话》，兰州：甘肃文化出版社，2007 年。

刘敦愿《美术考古与古代文明》，北京：人民美术出版社，2007 年。

中子著《新疆石窟艺术纵览》，乌鲁木齐：新疆美术摄影出版社，2007 年。

新疆龟兹石窟研究所编著《克孜尔石窟内容总录》，乌鲁木齐：新疆美术摄影出版社，2009 年。

杜斗成《河西佛教史》，北京：中国社会科学出版社，2009 年。

魏文斌，吴荭《甘肃佛教石窟考古论集》，兰州：甘肃民族出版社，2009 年。

[日]宫治昭《吐峪沟石窟壁画与禅观》，上海：上海古籍出版社，2009 年。

马世长，丁明夷《佛教美术全集：中国佛教石窟考古概要》，北京：文物出版社，2009 年。

[日]宫治昭，李萍，张清涛编《涅槃和弥勒的图像学》，北京：文物出版社，2009 年。

李天雪《裕固族民族过程研究》，北京：民族出版社，2009 年。

[美]芮沃寿著，常蕾译《中国历史中的佛教》，北京：北京大学出版社，2010 年。

贾应逸《新疆佛教壁画的历史学研究》，北京：中国人民大学出版社，2010 年。

崔红芬《西夏河西佛教研究》，北京：民族出版社，2010 年。

高荣《河西通史》，天津：天津古籍出版社，2011 年。

敦煌文物研究所编《中国石窟·敦煌莫高窟》（一），北京：文物出版社，2011 年。

敦煌文物研究所编《中国石窟·敦煌莫高窟》（二），北京：文物出版社，2011 年。

敦煌文物研究所编《中国石窟·敦煌莫高窟》（三），北京：文物出版社，2011 年。

王政德，田自成《祁连山中文殊寺》，兰州：甘肃民族出版社，2011 年。

孙占鳌《酒泉通史》，兰州：甘肃文化出版社，2011 年。

苏国庆《甘肃石窟志》,兰州:甘肃教育出版社,2011 年。

杨永贤《肃南文物》,兰州:甘肃民族出版社,2012 年。

吐鲁番学研究院编《语言背后的历史——西域古典语言学高峰论坛论文集》,上海:上海古籍出版社,2012 年。

敦煌研究院编《中国石窟·敦煌莫高窟》(四),北京:文物出版社,2013 年。

敦煌研究院编《中国石窟·敦煌莫高窟》(五),北京:文物出版社,2013 年。

夏鼐《夏鼐日记》,上海:华东师范大学出版社,2011 年。

朱悦梅、杨富学《甘州回鹘史》,北京:中国社会科学出版社,2013 年。

魏正中《区段与组合——龟兹石窟寺院遗址的考古学探索》上海:上海古籍出版社 2013 年。

杨富学《回鹘与敦煌》,兰州:甘肃教育出版社,2013 年。

任继愈《魏晋南北朝佛教经学》,北京:国家图书馆出版社,2013 年。

王敏庆《北周佛教美术研究》,北京:社会科学文献出版社,2013 年。

郑炳林,魏迎春,赵青山编《陇东河西石窟研究文集》(上、下),兰州:甘肃文化出版社,2014 年。

[韩]李妵恩《北朝装饰纹样——五六世纪石窟装饰纹样的考古学研究》,故宫出版社,2014 年。

陈育宁,汤晓芳《西夏艺术史》,三联出版社,2014 年。

孙占鳌主编《酒泉华夏文明概论》,兰州:甘肃人民出版社,2014 年。

马世长《中国佛教石窟考古文集》,北京:商务印书馆,2014 年。

新疆维吾尔自治区文物局编《新疆佛教遗址上下》,北京:科学出版社,2015 年。

李瑞哲《龟兹石窟寺》,北京:中国科学出版社,2015 年。

李崇峰《佛教考古从印度到中国Ⅰ~Ⅱ》,上海古籍出版社,2015 年。

蔡俊堂主编《酒泉历史文化读本》,兰州:甘肃文化出版社,2015 年。

侯旭东《五六世纪北方民众佛教信仰——以造像记为中心的考察》,北京:社会科学出版社,2015 年。

刘荣主编《李暠与西凉国》,兰州:甘肃文化出版社,2015 年。

王宝东主编《肃州历史文化遗产研究文集》,兰州:甘肃文化出版社,2016 年。

张宝玺《河西北朝石窟》,上海古籍出版社,2016 年。

王雪梅《弥勒信仰研究》,上海古籍出版社,2016 年。

新疆龟兹研究院《龟兹石窟保护与研究国际学术研讨会论文集》,北京:科学出版社,2016 年。

霍旭初《龟兹石窟与佛教历史》,乌鲁木齐:新疆人民出版社,2016 年。

魏文斌《麦积山石窟初期洞窟调查与研究》,兰州:甘肃教育出版社,2017 年。

王惠民《敦煌佛教与石窟营建》,兰州:甘肃教育出版社,2017 年。

林立《西域古佛寺——新疆古代地面佛寺研究》,北京:科学出版社,2018 年。

三、期刊论文

史岩《酒泉文殊山的石窟寺院遗迹》,《文物参考资料》,1956 年第 7 期。

王忠《论西夏的兴起》,《历史研究》,1962 年第 5 期。

阎文儒《新疆天山以南的石窟》,《文物》,1962 年第 2 期,第 55 页。

黄文弼《亦都护高昌王世勋碑复原并校记》,《文物》,1964 年第 2 期。

甘肃省文物工作队《马蹄寺、文殊山、昌马诸石窟调查简报》,《文物》,1965 年第 3 期。

王毅《北凉石塔》,《文物资料丛刊》,1977 年第 1 期。

刘慧达《北魏石窟与禅》,《考古学报》,1978 年第 3 期。

贺世哲《敦煌莫高窟北朝石窟与禅观》,《敦煌学辑刊》,1980 年第 1 期。

樊锦诗,马世长,关友惠《敦煌莫高窟北朝洞窟的分期》刊《敦煌研究文集》,甘肃人民出版社,1982 年。

初师宾《石窟外貌与石窟研究之关系——以麦积山石窟为例略谈石窟寺艺术断代的一种辅助方法》,西北师大学报(社会科学版),1983 年第 4 期。

吐鲁番地区文管所《柏孜克里克千佛洞清理简记》,《文物》,1985 年第 8 期。

[日]东山健吾《敦煌莫高窟北朝期尊像图像的考察》,《东洋学术研究》第24 号,1985 年。

谷方《佛教与魏晋南北朝时期的封建政治》,《中州学刊》,1985 年第 1 期。

董玉祥,杜斗城《北凉佛教与河西诸石窟的关系》,《敦煌研究》,1986 年第 1 期。

耿世民、张宝玺《元回鹘文〈重修文殊寺碑〉初释》,《考古学报》,1986 年第 2 期。

宿白《凉州石窟遗迹与“凉州模式”》,《考古学报》,1986 年第 4 期。

张英群《试论北齐佛教造像艺术》,《中原文物》,1987 年第 2 期。

张宝玺《河西北朝中心柱窟》(摘要),《敦煌研究》,1988 年第 2 期。

吕建福《五台山文殊信仰与密宗》,《五台山研究》,1989 年第 2 期。

孙安邦,杜斗城《五台山是传习〈华严经〉的圣地》,《山西大学师范学院学报》,1989 年第 2 期。

杨曾文《唐宋文殊信仰与五台山》,《五台山研究》,1990 年第 1 期。

刘玉权《敦煌西夏洞窟分期再议》,《敦煌研究》,1990 年第 3 期。

赵秀荣《试论莫高窟 275 窟北壁故事画的佛经依据——附 275 窟等年代再探讨》,《敦煌研究》,1991 年第 3 期。

张宝玺《东千佛洞西夏石窟艺术》,《文物》,1992 年第 2 期。

赵声良《莫高窟第 61 窟五台山图研究》,《敦煌研究》,1993 年第 4 期。

杜斗成《关于河西早期石窟的年代问题》,《敦煌学辑刊》,1994 年第 2 期。

谭中著,包青萍译《中国佛教石窟艺术的历史透视》,《敦煌研究》,1995 年第 4 期。

史金波《西夏佛教制度探考》,《汉学研究》第 13 卷,1995 年第 1 期。

暨远志《张掖地区早期石窟分期试论》,《敦煌研究》,1996 年第 4 期。

暨远志《酒泉地区早期石窟分期试论》,《敦煌研究》,1996 年第 1 期。

魏文斌,吴荭《地方统治者与甘肃早期佛教石窟的开凿》,《敦煌佛教文化研究——敦煌佛教文化研讨会论文集》,1996 年。

刘玉权《石窟考古测绘工作浅谈》,《敦煌研究》,1996 年第 1 期。

孙修身《中国新样文殊与日本文殊王尊、五尊像之比较》,《敦煌研究》,1996 年第 1 期。

孙修身《四川地区文殊信仰述论》,《敦煌研究》,1997 年第 4 期。

周伯勘《佛教初传流布中国考》,《文史哲学报》,1997 年第 47 期(台北)。

殷光明《北凉石塔分期试论》,《敦煌研究》,1997 年第 3 期。

杨益民,唐晓军《肃南县文殊山石窟寺院》,《丝绸之路》,1998 年第 1 期。

李国《河西几处中小石窟论述》,《敦煌研究》,1998 年第 3 期。

[英]索伯著,殷光明译《北凉和北魏时期的甘肃》,《敦煌研究》,1999

年第4 期。

郜林涛《八思巴与五台山》,《五台山研究》,2000 年第 4 期。

温玉成《中国早期石窟寺研究的几点思考》,《敦煌研究》,2000 年第 2 期。

孙儒僩《我曾经参加过的几次石窟考察》,《敦煌研究》,2000 年第 2 期。

[日]宫治昭,李静杰《近年来关于佛像起源问题的研究状况》,《敦煌研究》,2000 年第 2 期。

[日]宫治昭,赵莉《丝绸之路沿线佛传艺术的发展与演变》,《敦煌研究》,2001 年第 9 期。

秦春梅《浅谈中心柱窟的演变及马蹄寺石窟群的中心柱窟》,《敦煌学辑刊》,2001 年第 1 期。

吴荭,魏文斌《甘肃中东部石窟早期经变及佛教故事画题材考述》,《敦煌研究》,2002 年第 3 期。

施爱民《文殊山石窟万佛洞西夏壁画》,《文物世界》,2003 年第 1 期。

王艳云《河西石窟西夏壁画中的弥勒经变》,《宁夏大学学报》,2003 年第 4 期。

霍旭初《克孜尔石窟艺术模式及其对外影响》,《吐鲁番学研究》,2003 年第 1 期。

谢继胜《莫高窟第 465 窟壁画绘于西夏考》,《中国藏学》,2003 年第2 期。

殷光明《从北凉石塔看莫高窟早期三窟的建造年代》,载《敦煌学国际学术讨论会文集·石窟考古卷》,甘肃民族出版社,2003 年 9 月。

李海波《唐代文殊信仰兴盛的政治背景》,《西北大学学报》,2004 年第 1 期。

党燕妮《五台山文殊信仰及其在敦煌的流传》,《敦煌学辑刊》,2004

年第1期。

杨富学《回鹘五台山信仰与文殊崇拜考》,载于《麦积山石窟艺术文化论文集》,兰州:兰州大学出版社,2004年。

王惠民《敦煌经变画的研究成果与研究方法》,《敦煌学辑刊》,2004年第4期。

刘晓毅《试论佛教石窟中的飞天》,《敦煌学辑刊》,2004年第4期。

聂鸿音《西夏帝师考辨》,《文史》,2005年第3期。

郑炳林《敦煌写本相书理论与敦煌石窟供养人画像——关于敦煌莫高窟供养人画像研究之二》,《敦煌学辑刊》,2006年第4期。

张先堂《瓜州东千佛洞第2窟供养人身份新探》,《敦煌学辑刊》,2006年第4期。

扬明芬《莫高窟早期净土思想表现——以北凉三窟为中心》,《敦煌学辑刊》,2006年第4期。

[日]宫治昭,贺小萍《犍陀罗初期佛像》,《敦煌学辑刊》,2006年第4期。

[日]村松哲文,李茹《中国南北朝时期菩萨像胸饰之研究》,《敦煌学辑刊》,2006年第4期。

王惠民《弥勒信仰与弥勒图像研究论著目录》,《敦煌学辑刊》,2006年第4期。

玉卿《有关文殊师利菩萨的经典》,《五台山研究》,2006年第3期。

张元林《敦煌北朝时期〈法华经〉艺术及信仰考察》,《敦煌研究》,2006第5期。

龙红,王玲娟《论中国石窟艺术的设计意匠》,重庆大学学报(社会科学版),2006年第4期。

赵声良《敦煌北朝石窟形制诸问题》,《敦煌研究》,2006年第5期。

安阳《北凉统治与高昌佛教》,《敦煌学辑刊》,2007年第4期。

赵晓星,寇甲《吐蕃统治敦煌时期的密教源流与艺术风格——吐蕃统治敦煌时期的密教研究之三》,《敦煌学辑刊》,2007 年第 4 期。

屈直敏《敦煌早期石窟空间结构中的儒家思想观念初探—以隋代以前石窟中窟顶和四壁造像为中心》,《敦煌学辑刊》,2007 年第 4 期。

牛达生《西夏石窟艺术浅谈》,《宁夏社会科学》,2007 年第 2 期。

王艳云《河西石窟西夏壁画中的界画》,《宁夏社会科学》,2007 年第 1 期。

史金波《中国藏西夏文献综述》,《西夏学》,2007 年 7 月。

费泳《佛像服饰中的“僧祇支”与“偏衫”问题》,《敦煌学辑刊》,2008 年第 1 期。

张宝玺《喃答失太子〈有元重修文殊寺碑铭〉再考》,《龟兹学研究》,2008 年第 3 辑。

陈悦新《云冈石窟佛衣类型》,《故宫博物院院刊》,2008 年第 3 期。

魏文斌《麦积山石窟初期洞窟三佛造像考释》,《敦煌学辑刊》,2008 年第 3 期。

崔红芬《再论西夏帝师》,《中国藏学》,2008 年第 1 期。

张先堂《莫高窟供养人画像的发展演变——以佛教史考察为中心》,《敦煌学辑刊》,2008 年第 4 期。

樊锦诗《关于敦煌石窟研究的一些思考》,《中国史研究》,2009 年第 3 期。

谢静《敦煌石窟中的西夏服饰研究之二——中原汉族服饰对西夏服饰的影响》,《艺术设计研究》,2009 年第 3 期。

刘玉权《敦煌西夏石窟研究琐言》,《敦煌研究》,2009 年第 4 期。

王中旭《吐蕃时期敦煌〈五台山化现图〉与五台山信仰》,《美术研究》,2009 年第 3 期。

杨富学《西夏五台山信仰斟议》,《西夏研究》,2010 年第 1 期。

郑怡楠《瓜州石窟群唐玄奘取经图研究》,《敦煌学辑刊》,2009 年第 4 期。

王冀青《关于敦煌莫高窟“藏经洞壁画问题”》,《敦煌学辑刊》,2010 年第 4 期。

顾淑彦《晚唐五代宋时期敦煌石窟贤愚经变研究》,《敦煌学辑刊》,2010 年第 4 期。

张海娟,杨富学《蒙古豳王家族与河西西域佛教》,《敦煌学辑刊》,2011 年第 4 期。

李海波,赵万峰《唐代政权与文殊菩萨信仰的互动》,《宗教学研究》,2011 年第 4 期。

郑炳林主编《曹氏敦煌归义军时期五台山文殊信仰考论》,《传承与发展——百年敦煌学论文集》,西安:三秦出版社,2011 年。

黄淑钦《水月观音的演变》,《雕塑》,2011 年第 5 期。

郑怡楠《俄藏黑城出土西夏水月观音图像研究》,《敦煌学辑刊》,2011 年第 2 期。

任平山《克孜尔第 118 窟的三幅壁画》,《敦煌学辑刊》,2012 年第 3 期。

张善庆《马蹄寺千佛洞第 1 窟“梨车”榜题释论——甘肃马蹄寺石窟群千佛洞第 1 窟北朝壁画考》(一),《敦煌学辑刊》,2012 年第 4 期。

孙晓峰《麦积山第 127 窟七佛图像研究》,《敦煌学辑刊》,2012 年第4 期。

张小刚《关于凉州瑞像的一些新资料——兼谈黑水城出土凉州瑞像》,《西夏研究》,2012 年第 4 期。

杨富学《酒泉文殊山:回鹘佛教文化的最后一方净土》,《河西学院学报》,2012 年第 6 期。

米德昉《敦煌曹氏归义军时期石窟四角天王图像研究》,《敦煌学辑刊》,2012 年第 2 期。

沙武田，李国《敦煌莫高窟第3窟为西夏洞窟考》，《敦煌研究》，2012年第4期。

陈清香《吐蕃时代的文殊菩萨图像探讨》，载于《敦煌吐蕃统治时期石窟与藏传佛教艺术研究》，兰州：甘肃教育出版社，2012年9月。

武海龙《敦煌莫高窟第31窟金刚经变说法图主尊探微》，《敦煌学辑刊》，2013年第2期。

董华锋《南朝造像题记与南朝佛教相关问题考论》，《敦煌学辑刊》，2013年第4期。

魏文斌《汉至北魏秦州佛教史料与麦积山石窟》（一），《敦煌学辑刊》，2013年第4期。

李崇峰《鸠摩罗什译经与中土石窟营造》，《石窟寺研究》，第五辑，2014年。

张世奇，沙武田《敦煌西夏石窟研究综述》，《西夏研究》，2014年第4期。

杨春燕《文殊山石窟在藏传佛教中的地位》，2014年第4期。

公维章《明代的敦煌佛教》，《敦煌学辑刊》，2015年第1期。

郭俊叶《莫高窟第217窟佛顶尊胜陀罗尼经变中的看相图及相关问题》，《敦煌学辑刊》，2015年第1期。

黄文昆《中国早期佛教美术考古泛议》，《敦煌研究》，2015年第1期。

周维娜《西夏晚期石窟壁画风格探析》，《历史考证》，2015年第6期。

杨富学《文殊山万佛洞西夏说献疑》，《西夏研究》，2015年第1期。

张小刚，郭俊叶《文殊山石窟西夏〈水月观音图〉与〈摩利支天图〉考释》，《敦煌研究》，2016年第2期。

李金娟《莫高窟第12窟〈索义辩出行图〉研究》，《敦煌学辑刊》，2016年第3期。

薛艳丽《莫高窟〈六字真言碣〉中四臂观音像作者试考》，《敦煌学辑刊》,2016 年第 3 期。

马若琼《莫高窟第 285 窟窟顶壁画题材与构图特征》,《敦煌学辑刊》,2017 年第 4 期。

邵强军《莫高窟第 98 窟〈维摩诘经变〉新探》,《敦煌学辑刊》,2017 年第1 期。

赵莉,杨波《龟兹石窟〈天相图〉演变初探》,《敦煌学辑刊》,2018 年第 3 期。

四、外文文献

[日]镰田茂雄《北周废佛と禅》,日本《宗学研究》,1964 年。

[日]水野清一《中国の佛教美术》,平凡社,1968 年。

[日]冈田健《北斉様式の成立とその特質》,《佛教艺术》第 159 号,每日新闻社,1985 年。

[日]片冈理《北周の宗教废毁をめくる史料の一考察》,日本《史观》1988 年总第 118 册。

[日]井上豪《酒泉·文殊山石窟後山区千仏洞の西域様式壁画について》,早稻田大学大学院文学研究科纪要第 43 辑第 3 分册,1998 年。

[日]曽布川宽,冈田健《世界美术大全集东洋编第三卷三国·南北朝》,小学馆,2000 年。

[日]曽布川宽《中国美術の図像と様式》(图版篇,研究篇),中央公论社美术出版,2006 年。

五、图册

[日]大村西崖《中国美术史雕塑篇》,东京国书刊行会复刻,1980 年。

陈炳应《西夏文物研究》,银川:宁夏人民出版社,1985 年。

敦煌文物研究所《中国石窟·敦煌莫高窟》(1—5),北京:文物出版社,

1987年。

甘肃省文物工作队编《河西石窟》,北京:文物出版社,1987年。

甘肃省文物工作队编《陇东石窟》,北京:文物出版社,1987年11月。

中国美术全集编辑委员会,宿白主编《中国美术全集绘画编12·墓室壁画》,北京:文物出版社,1989年。

新疆文物管理委员会《中国石窟·克孜尔石窟》北京:文物出版社,1989年。

新疆文物管理委员会《中国石窟·克孜尔石窟》,北京:文物出版社·平凡社,1990年。

王磊义编绘《中国历代佛教画像集》,北京:北京工艺美术出版社,1991年。

新疆维吾尔自治区博物馆编《新疆石窟·吐鲁番柏孜克里克石窟》新疆人民出版社、上海人民美术出版社,1992年。

新疆维吾尔自治区文物管理委员会《中国石窟·库木吐喇石窟》,北京:文物出版社,1992年。

沈从文《中国古代服饰研究》,上海:上海古籍出版社,1997年。

张宝玺《甘肃石窟艺术壁画编》,兰州:甘肃人民美术出版社,1997年。

酒泉市博物馆《酒泉文物精粹》,北京:中国青年出版社,1998年。

张宝玺《甘肃佛教石刻造像》,兰州:甘肃人民美术出版社,2001年。

中国敦煌壁画全集编辑委员会《中国敦煌壁画全集》,天津:天津人民美术出版社,2002年。

金维诺主编《中国寺观造像全集·早期寺观造像》,黑龙江美术出版社,2005年。

段文杰主编《中国敦煌壁画全集》,天津:天津人民美术出版社,2006年。

张爱红绘《克孜尔石窟壁画精选:服饰》,乌鲁木齐:新疆人民出版社,

2006年。

王建林绘《新疆石窟艺术线描集》,乌鲁木齐:新疆青少年出版社,2006年。

新疆龟兹石窟研究所编《森木塞姆石窟内容总录》,北京:文物出版社,2008年。

新疆龟兹石窟研究所编《克孜尔尕哈石窟内容总录》,北京:文物出版社,2009年。

周龙勤等《中国新疆壁画艺术 1—6》,乌鲁木齐:新疆美术摄影出版社,2009年。

金维诺等《中国美术全集》,合肥:黄山书社,2010年。

新疆维吾尔自治区文物管理委员会《中国石窟·克孜尔石窟(1—3册)》,北京:文物出版社,1996年。

盛春寿《新疆石窟艺术》,北京:中国旅游出版社,2011年。

姚桂兰主编《文殊山石窟》,兰州:甘肃人民美术出版社,2018年。

后 记

2015年，我有幸考入兰州大学敦煌学研究所攻读博士学位，这是我在工作多年后又一次以学生的身份进入大学课堂，内心的激动与自豪是无法比拟的。只不过，随着时间的推移，最初的激动与自豪慢慢地转化为不安与焦虑。我是学美术出身，跨学科、跨专业考入兰州大学敦煌学研究所，基础差，专业知识更是薄弱，要学习的东西太多。石窟考古、佛教佛经、历史文献等对我来说非常陌生，都需要重新学习。压力随之而来，却也成为前进的动力。直到现在，每当回忆起那段时光，虽然艰辛，仍然会感觉无比充实与满足。

我的博士论文选题是导师魏文斌老师拟定的，在我迟迟不能确定做什么选题的时候，导师说那就做文殊山石窟吧。这时候我对文殊山石窟几乎是没有任何了解的。我迅速地翻阅了关于文殊山石窟的所有资料，相关论述很少，更没有形成系列研究，这让我既高兴又担心，高兴的是确定了选题，担心的是不知道自己有没有这个能力做出来。第一次去文殊山石窟是导师带我们去的，当我看到自谷口到后山满山遍布的洞窟遗存时，很绝望，洞窟遗存太多了，分布范围太大了，我一个人怎么做，但这个时候已经没有退路了。之后的数次文殊山之行，有汗水，也有泪水，但我都收获满满。恍然间，又想到寒风中、烈日下一次次在文殊山山顶测绘、记录、拍照的景象。而此刻，一切都是值得的，没有付出就没有回报，昨日的种种艰辛现在回想却也是人生中难得的回忆和经历，而此文的完成恰是对博士学习历程的最好证明。四年的时间一晃而过，这期间让我感动的人和事太多,需要感谢的更多:感谢兰大敦煌所,为我们的学习和学术研究提供了优越便利的环境。感谢所长郑炳林老师对我们的谆谆教诲。郑老师学识渊博,成绩斐然却为人谦和,是我们学习的榜样,这本书能够出版也得益于郑老师的诸多帮助。感谢在敦煌所给我们上过课的马德老师、杨富学老师、王晶波老师,让我对石窟壁画、佛教义理、文献释读等有了更进一步的认识和了解。感谢魏迎春老师对我们生活和学业的关照,感谢车老师对我们借阅书籍提供便利。更要感谢郑阿财老师、王晶波老师、沙武田老师对论文提出中肯的修改意见,让我可以对论文进一步完善。

特别要感谢我的导师魏文斌老师,他不仅是我的导师,还是我们石窟考古课程的授课教师。在课堂上聆听老师的授课,知道了石窟考古的基本理论知识。之后的学习中,老师数次亲领我们考察各地石窟,实地讲解、测绘、记录,几年下来,竟不知不觉走遍了西部的大小石窟,也学习到了有关石窟考古的各种专业知识,这些都为我的毕业论文打下了坚实的基础。我的论文从选题到章节设置,老师都亲自修改订正。为了提高论文的严谨性和科学性,老师不远千里,数次一同前往文殊山石窟,进行实地指导、讲解、亲自示范绘图。老师严谨的治学态度和对石窟考古的热爱让我深深感动。我至今保留着论文初稿。上面老师用红笔细密地修改,大到文章内容,小到标点符号的运用,老师都一一批注。老师的严谨治学让我深感惭愧,按照老师的意见对论文做了认真仔细地修改,才有了今天的这篇论文。写石窟方面的论文不仅要有实践数据,还需要考古学、历史文献学的基本理论知识,而这方面一直都是我的弱项,还好老师没有放弃,并教会了我诸多石窟研究和文献运用的方式方法,才使我得以顺利写完博士论文。在此,为老师的辛勤付出表示最真挚的感谢!

文殊山石窟占地广、遗存较多,仅凭一己之力难度较大,因此,特别感谢兰大考古所在对文殊山石窟的实地测绘和拍照中,提供了所有相关设备、器材等,保证了测绘的准确性和科学性。特别感谢帮忙拍照、测绘、制图的岳峰、张铭、张敏、刘丹、张利明，他们都曾至文殊山一起爬山入窟，其中艰辛，自当铭记于心；感谢张田芳、姬慧、张丽娜、金学艳对文章内容及格式的悉心校对；感谢闫丽对论文摘要的英文翻译。感谢敦煌所 2015 级的所有同学，很高兴和你们曾共同学习、相聚过。

最后更要感谢我的家人，没有他们在背后默默地支持和鼓励，恐怕论文难以顺利完成。尤其是入学一年后父亲因病去世，曾一度让我消沉，甚至绝望，幸得良师益友的开导与陪伴，让我度过了那段黑暗的时光。而此时此文，是对父亲在天之灵的最好告慰。感谢我的爱人李斌，从备考到毕业，他都是我事业和学业方面最大的支持者，这让我没有后顾之忧，全身心地投入到学习中，特别是四年里把每年仅有的休假时间都用到了我的实践调研之中。每次休假不远千里开车载我们到文殊山石窟，并帮忙测绘，甚至学会了简单的制图，让我无比感动和感恩。感谢母亲对我不能常伴左右的理解和学业上的全力支持。感谢公婆对女儿生活的照顾，让我可以安心地写作。感谢我的宝贝女儿，小小年纪便知道妈妈要写论文，所以乖巧懂事，很少无理取闹。

窗外风光依旧，室内书香浮动，经过了一年多的修改，论文终于成形，并且即将出版，回顾兰大四年的学习生涯，必定是我人生中最难忘的经历。再次感谢我的导师和所有支持鼓励过我的亲朋好友，未来还远，愿我们都幸福安好！

虽然本文的写作得到师友的无私帮助，但时间的关系和本人的能力所及，疏漏与不当之处在所难免，祈请大家批评指正。

李　甜

2020 年 8 月 5 日